昭和20年４月、沖縄戦で対地攻撃を行なう米軍のＦ４Ｕコルセア戦闘機

（上）昭和20年４月、沖縄に上陸を開始する米軍
（下）戦闘により無残な状況となった首里

NF文庫
ノンフィクション

新装版

沖縄県民斯ク戦ヘリ

大田實海軍中将一家の昭和史

田村洋三

潮書房光人新社

本書では太平洋戦争末期の沖縄戦が、海軍を指揮した大田實中将とその家族の物語を軸に描かれます。

沖縄では、日本陸海軍将兵ばかりではなく、県民たちも過酷な戦いを強いられます。大田中将は戦闘ののち、自決しますが、「沖縄県民斯ク戦ヘリ、県民ニ対シ後世特別ノ御高配ヲ賜ランコトヲ…」との電文を打ちます。

仁愛あふれる大田中将の素顔が綴られた感動作です。

沖縄県民斯ク戦ヘリ――目次

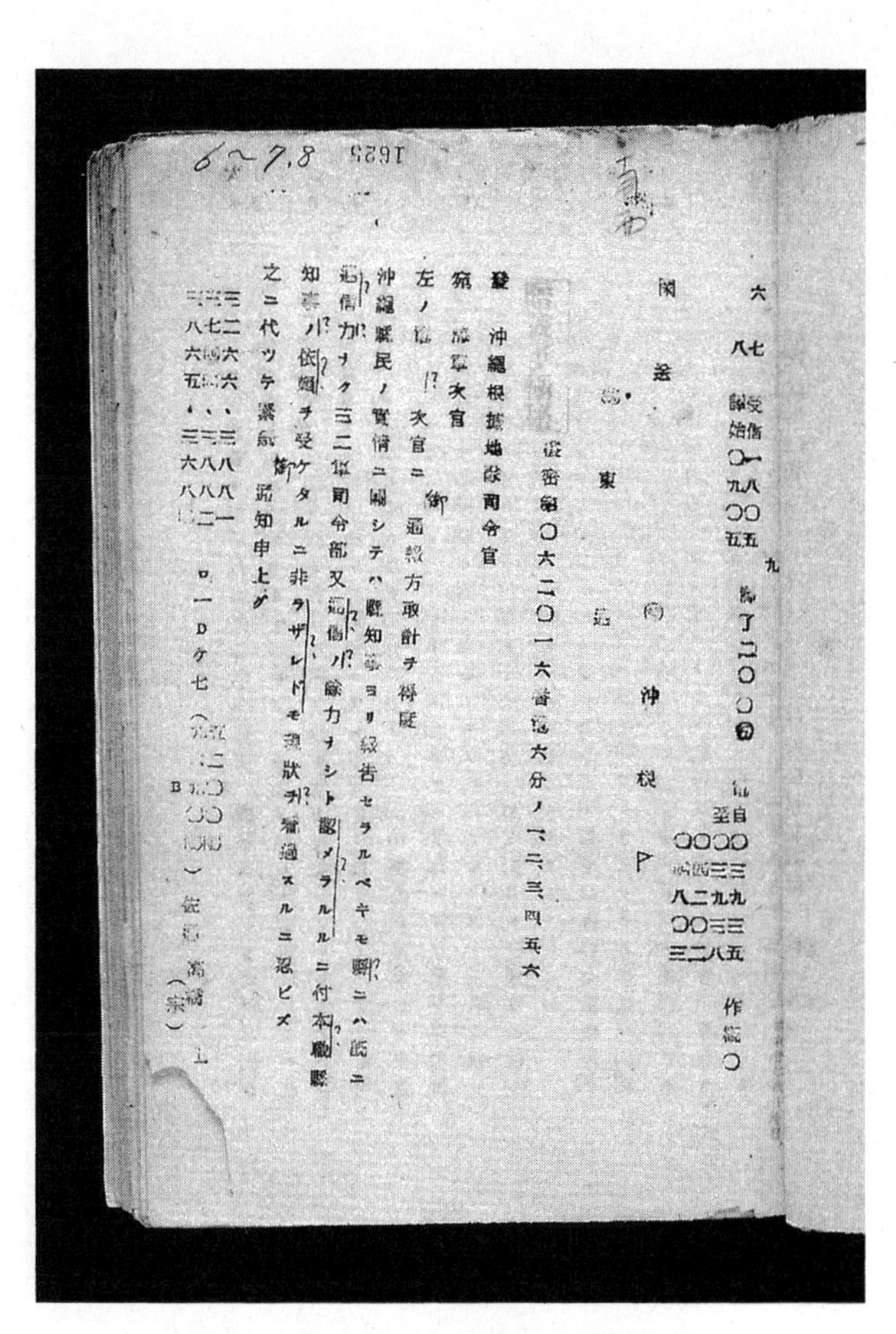
発 沖縄根拠地隊司令官
宛 海軍次官
機密第〇六二〇一六番電 六分ノ一、二、三、四、五、六
左ノ電□次官ニ御通報方取計ヲ得度
沖縄県民ノ実情ニ関シテハ県知事ヨリ報告セラルベキモ県ニハ既ニ通信力ナク三二軍司令部又通信ノ余力ナシト認メラルルニ付本職県知事ノ依頼ヲ受ケタルニ非ラザレドモ現状ヲ看過スルニ忍ビズ之ニ代ツテ緊急御通知申上グ

昭和二十年六月　南西諸島方面電報綴
六月六日二十時十六分、沖根司令部発

ルニ陸海軍部隊沖縄ニ進駐以来終止一貫勤
労奉仕物資節約ヲ強要セラレツツ（一部ハ兎角ノ
悪評ナキニシモアラザルモ）只々6　日本人ト　1626

沖縄島ニ敵攻略ヲ開始以来陸海軍方面防衛戦闘ニ専念シ県民ニ関シテハ殆ド顧ミルニ暇ナカリキ然レドモ本職ノ知レル範囲ニ於テハ県民ハ青壮年ノ全部ヲ防衛召集ニ捧ゲ残ル老幼婦女子ノミガ相次グ砲爆撃ニ家屋ト家財ノ全部ヲ焼却セラレ僅ニ身ヲ以テ軍ノ作戦ニ差支ナキ場所ノ小防空壕ニ避難尚砲爆撃ノ　ニ中風雨ニ曝サレツツ乏シキ生活ニ甘ンジアリタリ而モ若キ婦人ハ卒先軍ニ身ヲ捧ゲ看護婦烹炊婦ハ元ヨリ砲弾運ビ挺身切込隊スラ申出ルモノアリ所詮敵来リナバ老人子供ハ殺サルベク婦女子ハ後方ニ運ビ去ラレテ毒牙ニ供セラルベシトテ親子生別レ娘ヲ軍衛門ニ捨ツル親アリ

看護婦ニ至リテハ軍移動ニ際シ衛生兵既ニ出発シ身寄無キ重傷者ヲ助ケテ　真面目ニシテ一時ノ感情ニ駆ラレタルモノトハ思ハレズ更ニ軍ニ於テ作戦ノ大転換アルヤ夜ノ中ニ遥ニ遠隔地方ノ住居地区ヲ指定セラレ輸送力皆無ノ者黙々トシテ雨中ヲ移動スルアリ是ヲ要スルニ陸海軍部隊沖縄ニ進駐以来終止一貫勤労奉仕物資節約ヲ強要セラレツツ（一部ハ兎角ノ悪評ナキニシモアラザルモ）

シテノ御奉公ノ護ヲ胸ニ抱キツツ遂ニ　　　　ヘ　コトナクシテ本戦闘ノ末期ト沖縄島ハ実情形　　一木一草焦土ト化セン糧食六月一杯

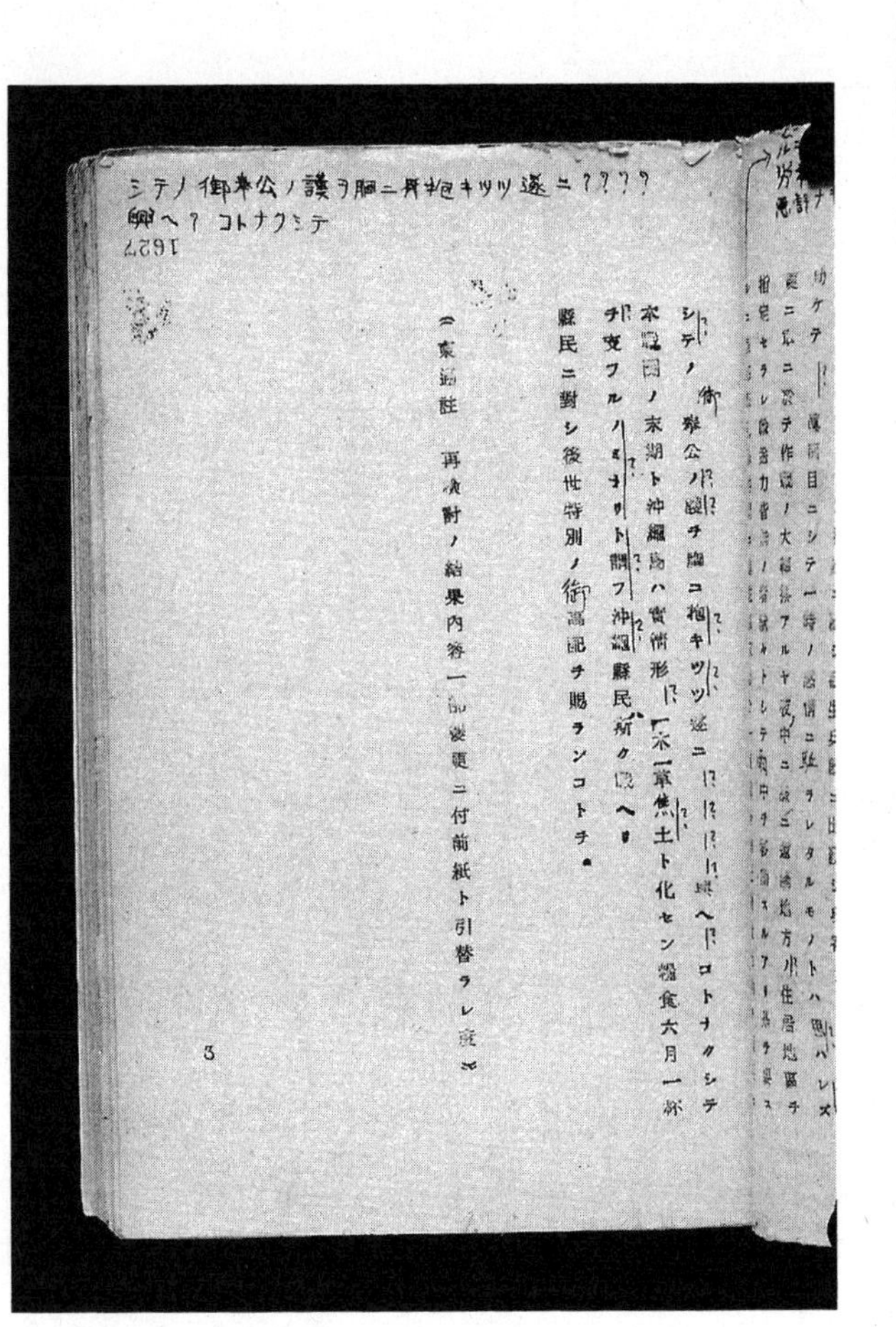
シテノ御奉公ノ護ヲ胸ニ抱キツツ遂ニ？？？？
報ヘ？コトナクシテ

シテノ御奉公ノ護ヲ胸ニ抱キツツ遂ニ？？？？報ヘ？コトナクシテ
本戰鬪ノ末期ト沖縄島ハ實情形？一木一草焦土ト化セン糧食六月一杯
ヲ支フルノミナリト謂フ沖縄縣民斯ク戰ヘリ
縣民ニ對シ後世特別ノ御高配ヲ賜ランコトヲ

＝東京註　再檢討ノ結果内容一部變更ニ付前紙ト引替ラレ度シ

3

（防衛省防衛研究所所蔵／原寸はＢ５判大）

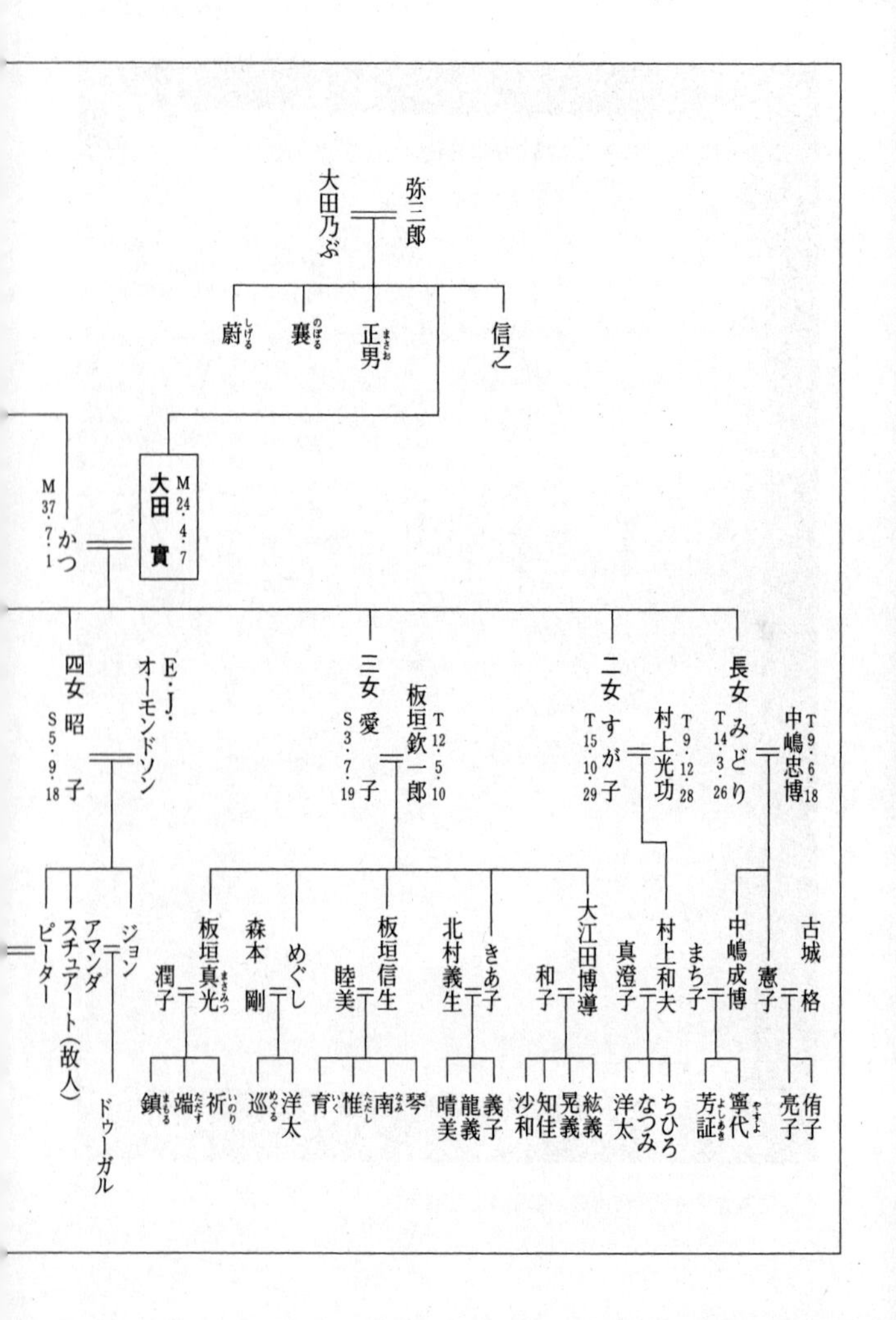

弥三郎
大田乃ぶ
信之
正男（まさお）
襄（のぼる）
蔚（しげる）
大田實 M24・4・7
かつ M37・7・1
長女 みどり T14・3・26
中嶋忠博 T9・6・18
二女 すが子 T15・10・29
村上光功 T9・12・28
三女 愛子 S3・7・19
板垣欽一郎 T12・5・10
四女 昭子 S5・9・18
E・J・オーモンドソン
古城格
憲子
中嶋成博
まち子
村上和夫
真澄子
大江田博導
和子
きぁ子
北村義生
板垣信生
睦美
めぐし
森本剛
板垣真光（まさみつ）
潤子
ジョン
アマンダ スチュアート（故人）
ピーター
侑子
亮子
寧代（やすよ）
芳証（よしあき）
ちひろ
なつみ
洋太
紘義
晃義
知佳
沙和
義子
龍義
晴美
琴
南（なみ）
惟（ただし）
育（いく）
洋太
巡（めぐる）
祈（いのり）
端（ただす）
鎮（まもる）
ドゥーガル

大田 實中将家系図

平成6年1月1日現在

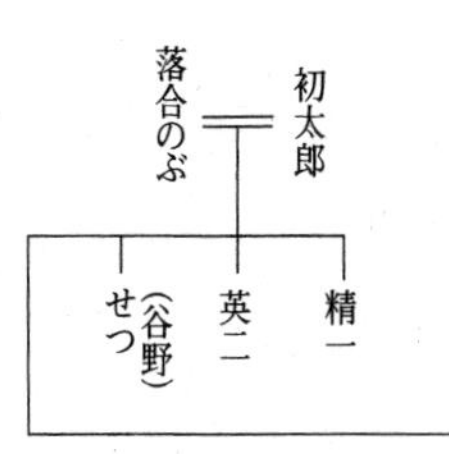

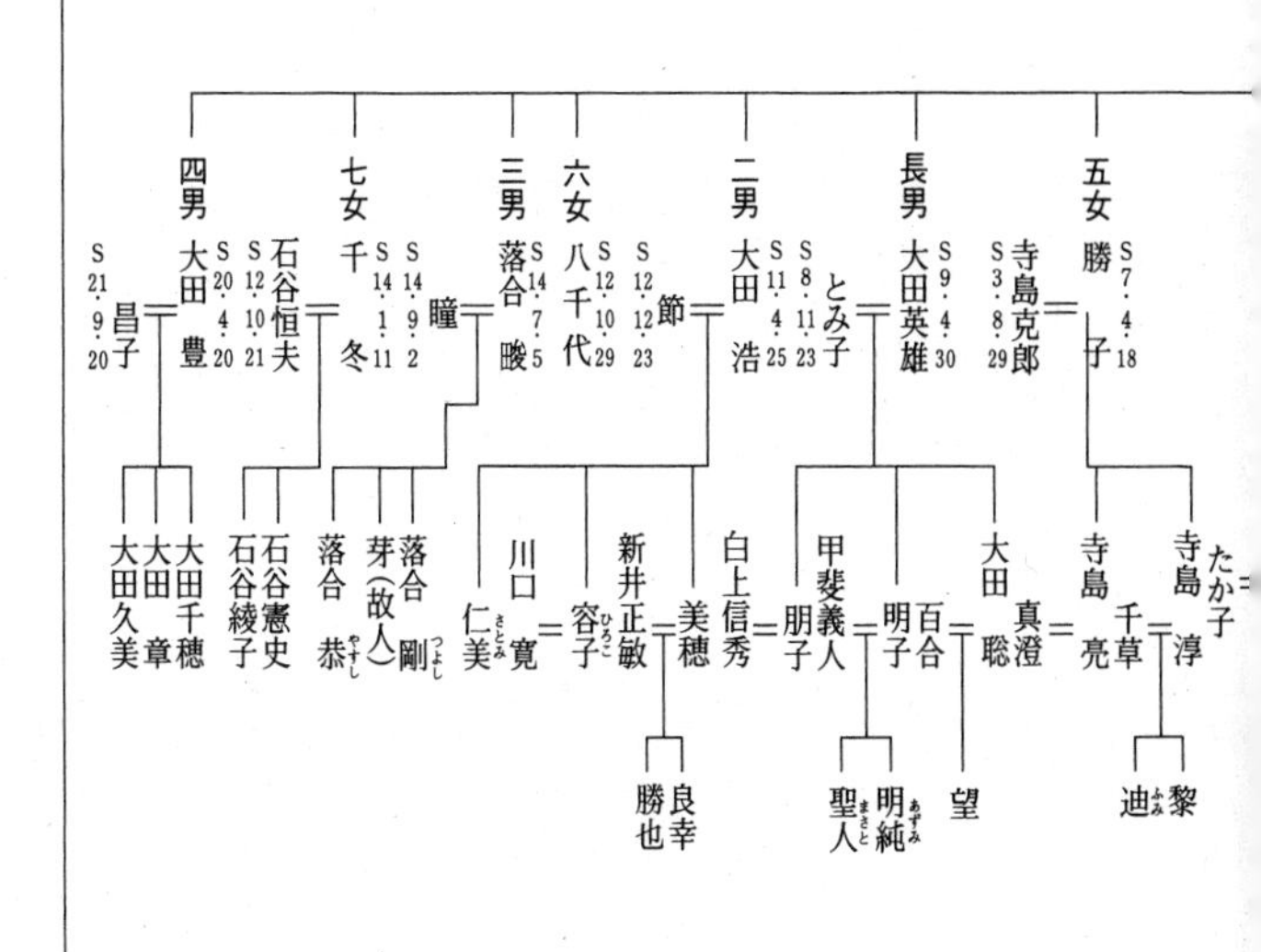

沖縄県民斯ク戦ヘリ

——大田實海軍中将一家の昭和史

第一章　落合海将補

1

海上自衛隊の「ペルシャ湾掃海派遣部隊」（母艦「はやせ」以下六隻、五百十一人）指揮官として、湾岸戦争後の日本の国際貢献に力を尽くした落合畯（たおさ）海将補（五四）（以下、年齢・肩書きは単行本刊行時の一九九四年三月時点）は、帰国後、一年半の間、「ペルシャ湾の掃海任務を終えて」と題する報告講演のために、全国各地を駆けずり回った。

部隊は平成三年四月二十六日に出発、炎熱の危険海域で三十四発の機雷を爆破処理し、同十月三十日に帰国したが、講演の依頼はその直後から殺到した。同年十一月二十九日の東京を第一回に、平成五年三月十九日まで、北海道から沖縄まで実に百九十会場をこなし、約四万六千人の聴衆に感銘を与えた。

この間、落合さんは四年一月十三日付で海将補に昇任するとともに呉地方総監部幕僚長、五年四月一日付で第二掃海隊群司令に任ぜられたが、呉での席が温まる間もなかった程である。

なぜ、こうも引っ張りだこだったか？

平成三年から四年にかけ、国連平和維持活動（ＰＫＯ）のあり方をめぐって様々の意見が闘わされる中で、自衛隊として初の海外実動任務となり、実質的な国際貢献第一号となった掃海部隊の実情を聞いておきたい、という人が多かったことは確かだ。

それに加えて、落合さんのソフトで、ざっくばらんな語り口で展開する苦闘の日々、国際協力の頼もしさが人々の胸を打ち、「あれは良いぞ」の評判が、口コミで全国各種団体の間を駆け巡ったという事情も見逃せない。

筆者も四年二月五日、兵庫県防衛協会が主催して神戸商工会議所の大ホールで開いた時に聞かせてもらったが、例えば、部隊編制に関するくだりは、ざっとこんな具合だ。

「海上自衛隊は今、四万五千人居りますが、今回の派遣五百十一人は、お前は来い、お前は要らない、というふうに特別に選別した者ではありません。昨年四月十六日に行く船が決定した。たまたま、それに不幸にして乗っていた奴（やつ）が、大当たりで行っちゃった。

中には高校を卒業して、教育隊に入って、初めて乗った船がドンピシャリ、ペルシャ湾へ行っちゃった、というのが五百十一人中約五十人も居ました。十八歳から十九歳の若者であります。

こうした人たちがペルシャ湾でやった掃海作業は、正に３Ｋの最たるものです。危険、きつい、汚い。おまけに暑い、いつ爆発するかわかんない。しかし、隊員はだれ一人、只（ただ）の一度も、帰りたいの辞めたいの、の苦情は言いませんでした。

目標に向かって、各員が自分の最善を尽くしたからこそ百八十八日間無事故、百パーセントの稼働率ということであります。本当に、何と素晴らしい隊員であろうと思うのであります」

平成四年三月末、講演行脚に忙しい落合さんを呉地方総監部に訪ねた。豪放磊落、会っていて誠に楽しい好漢である。畯という難しい名前のいわれを聞くと、こんな答えが返って来た。

「家中で、変な名前は私だけなんですよ。兄貴は英雄と浩、弟は豊でね。極めて普通のリーズナブルな名前なのに、私だけ、とんでもないのを付けられて……。お蔭で小学校以来、ホント苦労しました。あれで、偏が田んぼの田でなくて馬だったら、今頃、競馬で大もうけしてるんだろうけど、田んぼではねえ。

親父が海軍軍人だったもんで、兄貴二人は海軍に入って、お国に奉公しなさい。お前は家に残って、畯、つまり田の長、田を作る農夫になって、家をしっかり守りなさい、という意味だと聞いているんですけどねえ。それが私、海上自衛隊に入っちゃった」

このざっくばらんな調子は、講演でも少しも変わらない。それが人気の秘密だったとも言えるが、掃海部隊の準備段階の話も、あけすけだ。

「私どもが正式に『行くよ』と（防衛庁）長官から準備命令を頂いたのが（平成三年）四月十六日、政府で最終的に派遣を決定されたのが四月二十四日、翌々二十六日に出航という状況でありました。

こういう場合、普通はかなりの準備期間を設けて、やれ、これが要る、あれが要ると、物の調達から搭載まで、相当な時間を掛けるんでありますが、今回、そんな事を言ってる暇はない。とにかく有る物、何でも積んでけ、足りない物は後から請求すればいいや、と準備に掛かりました。とは言うものの五百十一名の隊員は、それぞれの船が所属する横須賀、呉、佐世保の港で、朝早くから夜遅くまで搭載作業で大変な日を送って居りました。夜十一時ごろ家へ帰る。そして、もうバタンキュー。奥さんとゆっくり『留守中、どうするか』といったような話をする時間の余裕など、恐らく無かっただろうと思います。従いまして、四月二十六日に日本を出たものの、行った本人よりも、送り出した家族の方がいろんな不安を持っておっただろうということであります」

この辺りで、聴衆はもう身じろぎもせず聞き入っている。編制のくだりで、半ば偶然のような隊員の選ばれ方に驚き、次いで準備段階から出航へ、その人たちと家族を覆った心情の報告。こりゃ、事前に予想した内容とは大分違うわい、という会場の空気にかぶせるように落合さんは続ける。

「そこで私は出航四日後の四月二十九日、奄美(あまみ)大島の笠利(かさり)湾に全部隊を集め『さあ、みんな、これからやるぞッ』という顔見世興行をやりました。その時、五百十一人の全隊員に『次の二つの事を守ってくれーッ』とお願いしました」

慌ただしい出発で、何となく吹っ切れない気持ちのまま艦艇に乗り組む隊員。心もとなく見送った家族。しかも部隊は第一掃海隊群（司令部・呉）、第二掃海隊群（横須賀）、自衛艦隊（同）から急遽集められ、艦艇相互の乗組員は顔も良く知らない。国民注視の大きな任務を控え、こんな波間に漂う感じの急造部隊の士気を高めるために、落合司令は全隊員に何を語りかけたか。

「我々はこれからペルシャ湾へ行く。イラクが敷設した約千二百個の機雷を除去し、船舶の航行の安全を確保するために行く。みんなの気持ちを、その目標一つに合わせよう。他の事は考えまい。難しい事をくどくど考えてもはじまらない。これが第一点。

もう一点は、準備期間が短く、諸君はご両親や奥さんとゆっくり話す暇もなく出て来ただろう。家族に心配させてはいけない。機会あるごとに、入港の度に手紙を書きなさい、電話をかけなさい。家族と気持ちを通わせつつ、やろうじゃないか。この二つを守ってくれ」

簡潔明瞭。仕事と家庭の二点だけに絞った気配りあふれる訓示は、隊員によく守られ、家族の不安は薄皮をはぐように解消、隊員が後顧の憂いなく任務に集中できる事につながった。

この落合海将補の実父が、実は世界の戦史に不滅の「沖縄県民斯ク戦ヘリ」の電文で有名な、海軍沖縄方面根拠地隊司令官・大田實中将なのである。

防衛庁海上幕僚監部はペルシャ湾掃海派遣部隊の出発に先立って、「指揮官・落合畯――その人となり」と題する十二ページのパンフレットを作り、隊員とその家族に配った。その中でも大田中将は、第一部で四ページにわたって紹介されている。内部資料だが、お許しを得て一部を紹介する。

《落合畯　一等海佐（当時）を語るには、まずその父・大田實中将について語らねばなるまい。

大田中将は海軍における陸戦の第一人者であった。彼は、太平洋戦争末期の沖縄戦において海軍陸戦隊約九千名を指揮し、数多くの挺身斬り込みを敢行し、米軍を震撼せしめた勇将であり、同時に戦局が絶望的になっても最後まで沖縄県民を守り、軍に対する献身的支援への感謝を忘れなかった真将である。

彼がとった行動は沖縄県民に感動を与え、旧日本軍に対する反感が根強い沖縄でも、多くの人人に愛される数少ない軍人の一人である。——》

パンフレットはこの後、大田中将の情理をわきまえた沖縄戦での人間像を縷々綴っている。それは本稿のテーマなので次章以降に詳しく書くとして、話を落合さんに戻す。

2

海上幕僚監部が落合さんの紹介パンフレットを作ったのは、前記のように派遣決定から出発までに日数がなく、また参加艦艇の出航地が横須賀、呉、佐世保と散らばっていたため、全隊員が親しく指揮官の人柄を知るのが遅れると判断したからである。

《——部隊の能力は指揮官の能力を超えることはないと言われる。(中略)指揮官は、ある時は十分に深い知識を持ったエキスパートであり、ある時はどっしりとした山のような存在となって、部下に安堵感を与える父でもある。》

あらゆる組織に通じる含蓄深い前書きに続いて、第二部では指揮官の横顔が、たっぷり描かれている。生い立ち、大田家から落合家へ養子に行った経緯、自衛隊に入ってからの掃海任務、沖縄・名護募集事務所長などの経歴、実績を紹介した上で、大要次のように結論付ける。

「彼は父・大田中将の素晴らしい人格と無私の心を受け継いでいる。武将を父に持ち、同じ沖縄で働き、専門の掃海任務で自衛隊初の海外実動任務に向かう。晙は人格、能力に加え、まさに運がいい男であると言えよう。

　船は一つの家族。船の雰囲気は、艦長によって決まる。『晙の船』はいつも和気藹々で、活力に満ちている。ペルシャ湾での掃海には、この雰囲気と運が必要なのだ。彼は打って付けの指揮官である」

　当の落合さんは「いやあ、あのパンフレットには参りました」と謙遜するが、この人の奥ゆかしさ、感謝の気持ち、気配りは、やはり父親譲りだろう。講演が声援を送ってくれた国民各層へのお礼で始まるのも、その表われと言えそうだ。

「日本から一万三千キロの距離を飛んできてくれた千羽鶴は二万羽を超えました。一万六千通の手紙の中の約五千通は、国民の皆さんからの激励文でした。こんな多くの励ましが、過酷な条件の中で危険な掃海作業に当たる私たちを支えてくれたと感謝しています」

　部隊は航海に一ヵ月余もかかり、平成三年五月二十七日、ペルシャ湾に入った。先頭を行く掃海母艦「はやせ」は二千トン、トリをとる補給艦「ときわ」は八千トンだが、間を行く四隻の掃海艇は四百トン程度の木造船。鉄鋼船では機雷に触れ易いから、木造船でなければならないのだ。速力はわずか十ノットだから、人間が自転車を一生懸命こいだ時の、時速十八キロくらいしか出ない。「カルガモのヒナが、親鳥の後ろをちょこちょこついて行くのとそっくり」と落合さんは表現する。

　到着した時、既にアメリカ、イギリス、フランス、イタリア、オランダ、ベルギー、サウジアラビア、ドイツの八ヵ国が、掃海作業の真っ最中だった。この中で一番遅かったドイツに比べても一ヵ月遅い到着で、肩身の狭い仲間入りだったが、それに加えて大変な不安があった事も指揮官は包み隠さず語る。

落合司令が胸を痛めていたのは、何だったのか。

「ペルシャ湾入りが遅れた事もさりながら、私どもが一番心配していたのは、我々はイラクが敷設した機雷に関する情報を何一つ持っていなかった事です。ところが、我々がアラブ首長国連邦のドバイに入港しますと、各国艦艇の指揮官がやって来て『地球の裏側の極東から四百トンの木造船で、よく来てくれた。有り難う。待っていたんだ。一緒にやろう』と歓迎してくれました。そして早速、機雷の腸（はらわた）の情報をはじめ、どういう状態で、どれぐらいセットされているか、湾の状況はどうだ、というような私たちが作業を進める上で、どうしても必要な情報を全部くれました。ようしッ、これなら出来る、という自信は、この時初めて持つことが出来たわけで、国の違いを超えたＮＡＶＹ ＴＯ ＮＡＶＹの友情に感激しました」

掃海と一口に言うが、機雷自体が掃討を避けるために日進月歩の進歩を遂げており、爆破処理はなかなかの難事。その辺も落合さんは、講演の中で手際よく説明する。この機会に、少し勉強しておこう。

今回、イラクがペルシャ湾に仕掛けた機雷は、三種類あった。まず、係維式（けいいしき）は、日露戦争当時から使われている一番古風な機雷。水中にワイヤーでつながれ、浮いていて、船がぶつかると、触角が折れ、海水電池で発火回路が作動し、爆発する。

他の二つは、海底に沈んでいるので沈底機雷と呼ばれるもので、船の磁気に反応する磁気感応式とエンジンやスクリューの音に反応する音響感応式がある。

係維掃海は、艇の後ろからカッター付のワイヤーを流して係維索を切り、浮いてきた機雷を二十ミリ機銃で射撃、爆破する。磁気掃海は、艇から大電流を流し、あたかも二十万トンのタンカーが走ったと同じ磁場を作ってやると、機雷の磁気センサーがだまされて感応、爆発する。音響掃海は、艇が引っ張る発音体、つまり二トンもある水中太鼓の中でモーターを作動させて、これも大きな艦艇が走っているのと同じ規模の音を出し、音響センサーをだまし、爆破させる。

ただ、ここで厄介なのは、先に書いたように感応式機雷は年々、精巧になり、自らエコーを発して艦艇の有無を確かめるなど、磁気・音響などの掃海シグナルではだまされないものが多くなっていることだ。

そこで掃海側も探知機からエコーを出し、機雷の所在を確認、石油のパイプラインがない所では、有線誘導の無人処分具で爆破用の爆雷を運び、処理する。しかし、確認した場所で処理出来ない場合は、水中処分隊が潜って行き、少量の炸薬（さくやく）で機雷の発火機構だけを破壊、本体はバルーンで浮かせ、安全な所へ持って行って爆破するのである。

平成三年六月五日、自衛隊初の海外実動任務である「Operation Gulf Dawn」、つまり「湾岸の夜明け作戦」と名付けられた掃海作業が始まった。アメリカ海軍の掃海用ヘリコプター六機が、事前掃海に飛んでくれた。

これより先、往路、色々の磁気製品を積んで行ったことに伴う掃海艇の磁気測定やり直しの際には、イギリス海軍が快く磁気測定所を使わせてくれている。機雷情報の提供に次ぐ、さまざまの援護射撃。ここでも、落合さんは感謝しきりだ。

「これらの国際協力がなければ、今回、私たちは任務を達成出来ませんでした。特にアメリカは自国の船以上に、日本の船の面倒を見てくれました。岸壁が空いていなければ、自分たちの巡洋艦や駆逐艦を出航させてまで、我が掃海艇の岸壁を確保してくれました。これは戦後四十数年、日本の民間、経済界、国をあげて、アメリカとの良好な関係を営々と築いて下さったお蔭で、今後も最も大切にせねばならない関係だとつくづく感じました」

戦火がやんで三ヵ月余たっていたとはいえ、現地の環境は、なお厳しかった。当時、まだクウエートで二百の油井が燃えており、その煤煙と砂ぼこりで、多くの隊員が目とのどをやられた。百三十日間、一度も日の出、日の入りを見ることはなかった。

触雷に備えて全員が救命胴衣、ヘルメットを着け、防塵用の眼鏡とマスクの完全武装。そこへ朝でも三十四、五度、最高五十二度の高温が襲う。作業は午前六時から夜八時まで延々十四時間。勤務は二時間ずつ三交代だったが、非番時でも待機は甲板。船室に入ると、触雷時の危険が大きいからである。

昼食はおにぎり二個か缶詰で、水を節約するためシャワーは隔日、洗濯は夜間に回すクーラーからの水を三日分ためて使った。指揮官の感謝は、当然、この隊員に向けられる。

「百八十八日間無事故、稼働率百パーセントと申し上げましたが、実は故障の芽は三百六十件もありました。しかし、すべて乗員の努力によって、小さな芽のうちに摘み取りました。夜八時半ごろ、クタクタになって港に帰って来る。岸壁に横付けを終わって、自分の体を手入れする前に、十一時ごろまでかかって受け持ち機器を手入れする。これが百パーセント稼働につながりました」

そして次は、隊員家族への感謝である。

「ペルシャ湾で作業中に、隊員の家庭で十二人の赤ちゃんが生まれました。おめでたい方はいいんです。七人のご不幸がありました。ところが、家族の方から隊員に対し、申し合わせたように『お前は心配するな。ベストを尽くして来い。葬儀はこちらできちんと済ませておく。心を残すな』と逆に激励を頂きました。大変、素晴らしい隊員であり、家族でありました」

指揮官の謝意は、報道機関にまで及ぶ。平成三年十月三十日、海上自衛隊呉基地に帰った日の記者会見で、落合さんは早々と「本当の私の気持ち」と前置きして「マスコミの皆さん、我々を担いでくれて有り難う」と頭を下げた。

もっとも、すべてのマスコミの報道が、最初からそんなに好意的だった訳ではない。それは掃海部隊の派遣をめぐって、大方の報道各社が張った反対の論調を引きずっていた。その辺についても落合さんは、感謝の気持ちとは別に本音ではっきり語る。講演が評判になった理由は、そんな歯に衣着せぬところにもあったようだ。

「日本を出発した四月下旬から五月にかけての報道は『今にしっぽを出すぞ、何かへまをやるぞ』『フィリピンへ行ったら、次元の低い何かをやるぞ』といった、写真週刊誌的な、ウの目タカの目のニュアンスのものが多かったようです。

それがフィリピン、シンガポール、マレーシア、スリランカと日本を遠ざかるに従いまして、トーンが変わって来ました。極めつけは五月二十六日、ホルムズ海峡を通り抜けた時です。あそこは国際海峡ですから、どこを通ってもいいのですが、トラブルを起こすのは嫌だから、真ん真ん中の公海を通り抜けた途端、オマーン海軍のヘリコプターが飛んで来ました。

そして『日本の艦隊、左に三十度進路を取り、我が領海に入れ』と言います。何かやったかな、とギクリとするのへ、今度は日本語で『日本の掃海部隊の皆さん、遠い所を本当にご苦労さん。頑張って下さい』。同乗取材していた日本の報道陣が声を掛けてくれたのです。私は三十年間、海上自衛隊でめしを食っていますが、新聞記者から激励されたのは初めてで、腰を抜かさんばかりにびっくりしました。(笑い)

六月十一日から一週間、日本から二十六人の記者団が現地に来まして、取材してくれました。論調はおおむね『お前たち、よくやっている、頑張れ』というニュアンスに変わっていまして、うれしく思いました。

そんな報道の何が良いか、といいますと、それを東京からファックスで送ってくる。見た隊員が『ああ、俺たちのことをこんな風に思ってくれているんだな。ようしッ、頑張ろう』と心の励みになる。もっと良い事は、それを日本で読んだ家族、例えば奥さんが『お父ちゃんは、こんなに頑張っているんだよ』と子供さんを安心させてくれる。

お父さんたちはこんな記事が出ているのを知らないいんじゃないかと、新聞の切り抜きを、はるばるペルシャ湾まで送ってきた奥さんがたくさん居ました。報道がこんなに人を力づけるということも、初めて知りました」

3

掃海派遣部隊は平成三年六月五日から七月二十日までペルシャ湾北西部、クウェート沖約五十キロから百キロに設定された第七機雷危険海域の北半分で作業を行ない、十七個の機雷を処分した。

同二十八日から八月十九日までは、イラクとクウェートの国境に当たるチグリス・ユーフラテス川河口の第十機雷危険海域へ移動、この湾最北部でも機雷十七個を爆破した。

その後、クウェートの主要港に至る航路、アラビア石油のカフジ油田に至る水路を掃海、九月十一日、すべての掃海業務を終えるのだが、この間、落合司令が予想もしなかった現象が起きていた。現地の在留邦人が涙を浮かべて喜んでくれたことである。

「この方たちは、最先端で日本経済の根っこを支えているのですが、湾岸戦争では大変苦労された。他国の商社員は飛行機が迎えに来る、航空母艦が迎えに来る。だが、ある国はなかなか来ませんでした。そこで脱出ルートを自分で考え、車を確保し、先ず奥さんや子供さんを送り出した。だんだん緊張が高まって来る。今度は自分が逃げなきゃならない。逃げ遅れた人たちが、捕まった訳であります。

さて、戦争が終わった。他の国は復興のために、船を、飛行機を、医者を送り込んで来た。何にも寄越さない国が一つだけありました。お父さんは仕事先で相手にしてもらえない。従って商売にならない。子供は学校へ行ったら、いじめられる。本当に惨めな思いしておられた。だから、私たちが行った時、本当に感謝してくれました。やーっと、これで胸を張って町を歩ける。有り難う。何人もの支店長さんが、お礼にみえました。アラブ首長国連邦の米山大使からも『君たちのおかげで、やっとおれたちも仕事が出来るよ』という手紙を頂きました。ペルシャ湾の掃海任務が、よもやこんな効果を生むとは、考えても見ないことでした」

バーレーン日本人会（四百八十人）は七月七日、感謝の気持ちをこめて、日ごろ自分たちが利用しているバンカーズ・クラブに、五百十一人の全隊員を招待してくれた。プール、テニスコート、ゴルフ場完備の素晴らしい施設で、隊員は朝から丸一日、スポーツでリフレッシュ。夕方からは飲み放題、食べ放題のバーベキュー兼カラオケ・パーティーを楽しんだ。

翌日、落合司令は会長さんにお礼に出掛けた。

「とんでもない。後半戦もまた頑張って下さい」のやりとりの後、「それにしても隊員さんは、よく飲みますねえ。ビールは一人三本で足りるかと思ったら、十本でした。これから会員のところを回って、浄財を追加徴収します」と言われ、えらく恐縮したという。

掃海派遣部隊は世界八ヵ国の仲間、在留邦人から大歓迎されたが、一番喜んでくれたのは、もちろん湾岸の諸国民である。

だが、平成三年五月二十七日、アラブ首長国連邦ドバイのラシッド港に着いた時点では、隊員たちは現地の人々が着ていたTシャツに大変なショックを受けた。胸の部分に「湾岸の復興に貢献した国々に感謝を捧げる」と書かれ、貢献国の国旗が掲げられていたのだが、既に九十億ドルを拠出していた日本の国旗はなかった。落合さんは講演の中で語った。

「毎月七日に掃海参加九ヵ国の指揮官会議がありまして、作業のすり合わせをやったのですが、二次会の一ぱい飲み会で、その話が出ました。私は癪だから『何言ってんだ。おれんとこだって、九十億ドル払っている。日本人の大人一人が、一万円ずつ払うんだぞ』って言ってやりました。そしたら、皆が言いました。『一万円か。イコール、ニヤリ一百ドルだな。大人一人が百ドル払えば、ペルシャ湾へ来ないで済むんだったら、世界中だれでも払う』とね。ギャフンとなりました」

真の貢献とは、お金で済むことではなく、額に汗することなのだ。それが証拠に七月に入ると、Tシャツには待望の日の丸が入り、隊員たちをホッとさせた。また、クウェート政府が同八月二日に発行した復興記念切手には、平和のシンボルのハトが日の丸を背負って、ちゃんと飛んでいた。

落合さんがクウェートに置かれていた国連の停戦監視団を表敬訪問、見聞してきた実情も、国際貢献のありようを示唆している。

三十五ヵ国から七百五十人が参加、オーストリアの陸軍中将が司令官を務め、うち常時、三百人が前線へ出ていた。なかでも厳しかったのは、停戦監視所の任務。イラクとクウェートの国境、イラク側に十キロ、クウェート側に五キロの非武装地帯を設け、そこに二十六ヵ所置かれていた。その一ヵ所に、中佐を長とする五名が一チームで一週間頑張る。水がなく、昼は五十度、夜は零度になる僻地で一週間務めると、全員が憔悴する。

「司令官は言いました。『期間の長短は問わない。少しでも多くの国が一人でも二人でも派遣してくれれば、それだけ、みんなの負担が軽くなる』と。事実、監視団と言うと米、英、仏といった錚々たる国ばかりだと思っていましたら、とんでもない。国名も良く知らない国が、一人とか二人参加して、それでも国際貢献として評価されていました。

難しい事は判りません。しかし、苦しい時はお互いにそれをわかち合う。共に汗を流し、苦労をわかち合うのが、国際社会の中の一員としての最低限のルールではないか、ということをつくづく感じました」

落合司令が願った隊員と家族の気持ちの連携には、電話や手紙のほかに、艦内で発行した新聞「TAOSA　TIMES」が大いに働いた。艦内新聞は遠洋航海の時などによく発行しているが、今回は隊員と家族のコミュニケーションの場となったところに特徴があった。

発案者は海上幕僚監部広報室長、古庄幸一一等海佐（四七）（現・第39護衛隊司令）。掃海派遣部隊広報担当幕僚の土肥修三佐（四一）（現・第51航空隊所属）を同室から送り込んだので、「隊員に家族あてのメッセージをいろいろ書かせ、紙面をファクシミリで送れ」と注文しておいた。それを「海上自衛隊新聞」に転載、家族に届ける段取りだったが、結局、艦内新聞そのもののコピーを留守宅に配ることになり、家族に大変喜ばれた。

新聞の題字は、落合さんによれば「土肥幕僚が私の名前を勝手に使って命名」、司令部写真長・神崎宏三曹（三一）（現・岩国航空基地隊所属）と二人でワープロを駆使して編集、B4判三〜七ページを十七号発行した。家族への「一言メッセージ」投稿の呼びかけは、創刊号からくどい程繰り返され、第八号から「ペルシャ湾より愛を込めて」欄に登場した。

部隊の雰囲気を伝える出色の記事を、落合さんは講演の中で、コメント付きで紹介している。

「お休みは太郎の寝顔、寂しいとお前の笑顔」（司令部　1尉　妻鳥元太郎）――これはもうホロッとしちゃって、涙なくしては読めないのですが、こういう気持ちで頑張ったということであります。

「今日はここでいい、と自分でドアを閉めた。妻の顔を見られなかった。その妻に、そして、父さんは当分帰って来ない、と薄々感じていた子供達に、もうすぐ帰るよ！」（司令部　2曹　平野正哉）――これも心情を吐露（とろ）していて良いと思いますが、次のような勇ましさと寂しさが、混じり合ったものもあります。

「一九九一年は、半分夏でした。ハイレグのギャルも見えぬこの海で、二十代最後の夏を我過ごさん」（掃海艇・あわしま　3曹　大胡三雄）

「『元気だよ。心配するな』の電話の声で、妻は私の健在を知り、『ドカーン、爆破成功』の声で、世界は日本の存在を知った。無事帰国して私は、家庭内で名誉ある地位を占められるであろうか。多分、三日天下でしょう」（笑い）（あわしま　2曹　小針一範）

――素晴らしい俳句、和歌を作った奴も居ます。

「顔隠すレースの中にも妻の顔」（母艦・はやせ　笹村曹長）――アラブの女性に妻をしのぶ情感です。

「懐かしやヒマワリの花蝉時雨　異国で思う故郷の夏」（はやせ　芝原士長）――日本の夏恋しです。

――中には、ひどい奴が居りまして……

「夢見るは天丼かつ丼君の顔」（補給艦・ときわ　守屋2曹）（爆笑）

4

落合さんは講演の後、必ず聴衆と質疑応答を交わした。兵庫県防衛協会主催の会では、七十歳代の大阪府吹田市の公民館長から、こんな意見が出た。

「掃海派遣部隊解散時の落合さんの訓示が誠に良い内容で、周囲の人に話すと、みんな感銘する。そこで地域の皆さんにも紹介しようと、公民館報の新年号に原稿を書いて、市に出しました。ところが、教育委員会から〝待った〟がかかりました。お宅のニュータウンにはいろんな考えの方がいらっしゃるので、質問や非難があると困るから、お正月の普通の挨拶文に変えてほしい、というのです。

是非載せたい、と言ったら、私たち公務員としてはこういうものはどうも……と言うから、これは国家公務員が話した内容だよ。地方公務員がケチを付けるのかと言ってやりましたが（笑い）、この歳でけんかするのも大人げないので、結局は取り下げました。しかし、だれもが感動する話を差し控えなきゃならないこの国の状態を、私は誠に残念に思うのです」

そんな事には百戦錬磨の落合さんは、終始ニコニコ聞いていたが、公民館長も言うように、その訓示は指揮官の人柄を映す立派な内容である。公民館報に代わって、ここで紹介する。

訓示は先ず、米中央軍海軍部隊司令官テーラー少将と米海軍対機雷戦部隊指揮官ヒューイット大佐から贈られた記念の機雷に添えられたメッセージを披露した上で、三つのことを語りかける。第一点「感謝の気持ちを忘れるな」については、本稿で既に詳しく書いたので省略し、第二の「誇り」から紹介する。

「隊員諸君はこの半年間、ペルシャ湾において高温多湿、砂塵、煤煙といった劣悪な環境条件のもと、機雷処分という危険きわまりない作業を黙々と実施し、我が国の船舶の安全航行を確保するという任務を完遂し、国際的に大いに貢献したことは、実に見事であり大いに誇りとするところである。これはひとえに諸官の自己の使命に対する強い自覚と、それぞれの立場で自己の最善を尽くした努力の賜物であり、諸官も大いに誇りとするところであろう。

だが、しかし、『誇り』とは自分の胸の中にソッとしまっておくべきものであり、これを鼻先にブラさげたり、他人に見せびらかしたり、ペラペラしゃべったりするものではない。それをしたとたんに、『誇り』は真の『誇り』でなく、ゴミ、チリ、アクタのホコリと化してしまう。

誇り高き隊員諸官、諸官の胸に燦然と輝く『ペルシャ湾掃海派遣部隊員記念章』と同様に、この『誇り』を自分を磨く糧として、自分の心の中に大切にしまっておき、苦しい時『何くそ』と自分をふるいたたせる道具として、あるいは自分自身の心を、人間性を磨く糧として使ってほしい。——」

訓示の第三点は「錬磨」について語る。

「今回の『湾岸の夜明け作戦』を通じて、我々が見事に任務を果たし得たのは、ひとえに隊員諸官が、硫黄島で、機雷戦訓練で、戦技で鍛えた術力をいかんなく発揮したからに他ならない。術力は一日にしてつくものではない。常日頃からの不断の錬磨の積み重ねがなければ、いざという時の力の発揮にはつながらない。誇り高き隊員諸官、早速今日から、お互いに切磋琢磨し、腕を磨き、明日に備え、常に鍛えて逞しくなろう。

以上　『感謝の気持ちを忘れない』

『誇りは自分の心を磨く糧とする』

『常に鍛えて逞しくなろう』

という三点を申し述べ訓示とする。これをもってペルシャ湾掃海派遣部隊を解散する。」

これに続いて「横須賀、佐世保への安全なる航海を祈る」とくるのは、船乗りなら常道の締めくくりの挨拶だが、最後に「ご家族の皆様によろしく伝えてほしい」の一言を忘れないところが、この指揮官らしい。訓示の内容といい、気配りといい、やはり実父譲りと言えようか。

兵庫会場では、公民館長に続いて、戦中派と思われる聴衆から、こんな質問が出た。

「ペルシャ湾で掃海の実任務を始めて間もない六月十三日、父・大田中将のご命日をお迎えになりましたが、その日はどう過ごされましたか。また日ごろ、同じ将官として、お父上の教えをどう生かされていますか」

「いやあ、厳しい質問で、参っちゃうんですけど……」と頭をかきながらも、将補は率直に答えた。

「あの日は丁度、防衛記者クラブの方々がはるばる取材に来られ、掃海艇に乗られた日で、その応対に大わらわでしたから、ゆっくり親父を偲んでいる暇はありませんでしたが、夕方、その慰労で記者さんと一緒にお酒を頂きまして、秘かに酒好きだった父を思いました。

私は個人的には、親父は軍人として本当に、最も良い死に場所を得た、と思っています。私自身も沖縄に勤務し、父のことをいろいろ研究しておりますが、教えられるのは『指揮官先頭』といいますか、『指揮官先憂後楽』の精神で、それは常に心がけています。

実は今回の任務につくに当たって、父に負けまいと思ったのは事実です。最初に母艦『はやせ』に乗り込んだ時、『ようしッ、一番最初に俺が〝故・海将補〟になる』と言ったら、皆が『やめてくれ』『やめてくれーッ』と言ってましたがね。今は五百十一人を全員、無事家族の手元に返せて、ホッとしています」

さて、本稿もまた「指揮官先頭」の大田中将を追って、昭和十九、二十年の軍港・佐世保へと飛ぶ。

第二章　白南風の家

1

大田中将といえば、「沖縄県民斯ク戦ヘリ」の電文と共に、一葉の写真が有名である。

数々の戦功を物語る勲章を胸にした正装の少将（当時）を中心に、夫人と十人のお子さんが長崎県佐世保市内の写真館で撮った記念撮影。

沖縄出撃後、さらにもう一人、末子で、四男の豊さん（四八）（海上自衛隊第33護衛隊司令、一等海佐）が生まれ、十三人家族となるのだが、この後、一家の主を襲う運命を思い合わせる時、一家族の集合写真がこれ程、万感胸に迫る例はないとも言える。豊さんにはちょっと悪いが、その写真を説明しながら、大田家の当時の家族を紹介したい。年齢は撮影当時の満、括弧内は現職と現住所である。

前列向かって左から、海軍兵学校第一種軍装そっくりの、母手作りの詰め襟の海軍服姿で指先をピーンと伸ばし、可愛い顔を引き締めて直立不動の姿勢をとるのは佐世保市立・白南風国民学校四年生の長男・英雄さん（九つ）（広島県立広島井口高校校長、同県呉市広小坪二の三の二）。

その隣りに楚々と座るのは夫人のかつさん（三九）。大島紬の和服に市松模様の帯を締め、面長の顔と柔らかく揃えた両手に品がある。平成元年十一月八日、八十五歳で惜しくも亡くなられた。

その右、少将との間に、英雄さんとお揃いの海軍服で立ち、おとなしそうな顔をのぞかせているのは、同二年生の二男・浩さん（八つ）（栗田水処理管理会社第二グループ総チーフ、兵庫県川西市大和西五の四の一三）。

少将は、佐世保海軍警備隊司令官兼佐世保海兵団長時代で、五十三歳。足を開いてどっかと座り、白い手袋の両手を悠揚と膝の上に乗せている。生前「俺の顔はまん丸で、一度見たら忘れられない便利な顔だから〝便面〟と呼ばれている」と話していたそうだが、丸顔というにはややえらが張り、英雄さんが言う「ホーム・ベース型」に近い温顔である。右胸にひときわ燦然と輝くのは、昭和十八年六月に授けられた、勲二等瑞宝章と思われる。

父親の左腕にもたれかかるように、吊りズボン姿であどけない顔を寄せているのは、前章で紹介した三男の畯さん（四つ）。

後は全部娘さんで、パンツルックの七女・千冬さん（三つ）（石谷恒夫・秋田海上保安部長夫人、東京都世田谷区船橋七の二〇の五の二〇五）は、まるまると太って、誠に可愛い。

その後ろは同一年生の六女・八千代さん（六つ）（日本女子大卒、東京都世田谷区等々力一の一〇

佐世保海軍警備隊司令官兼佐世保海兵団長在任中の昭和19年４月29日の旧天長節に、佐世保市内の写真館で撮った家族そろっての最後の写真。前列左から長男・英雄、かつ夫人、二男・浩、大田少将、三男・畯、六女・八千代、その前七女・千冬、長女・みどり、五女・勝子。後列左から二女・すが子、三女・愛子、四女・昭子（四男・豊はまだ生まれていない）（板垣愛子さん蔵）

の八）。黒豆のように黒い瞳（ひとみ）が印象的である。

その右は、白地の和服がお似合いの長女・みどりさん（一九）（旧海軍大尉、元シェル石油会社常務取締役業務本部長・中嶋忠博氏夫人、横浜市中区打越九）。広島県立呉高等女学校（のち呉第一高女と改称）を卒業、中嶋氏との婚約相整い、花嫁修業中で、長姉らしいおっとりした落ち着きが感じられる。

右端は、呉市立五番町国民学校六年生の五女・勝子さん（一二）（寺島克郎・産婦人科医師夫人、千葉県市原市八幡町一三五〇）。この日風邪と扁桃腺（へんとうせん）炎で四十度の高熱があり、やや顔が青白く、元気がない。

後列は左から、同県立呉第一高女を卒業、挺身隊員として呉鎮守府で電話交換手を務めていた二女・すが子さん（一七）（旧海軍大尉・村上光功（てるかつ）氏夫人、神奈川県横須賀市大津町一の四四）。花柄の和服とお下げ髪の大きなリボンが初々しい。

続くセーラー服姿は、学徒動員で呉海軍工廠（こうしょう）水雷設計部で、人間魚雷「回天」の図面を引いていた同高女四年生の三女・愛子さん（一五）（板垣欽一郎・宮城ダイハツ販売会社社長夫人、仙台市青葉区春日町九の六）。優等生らしい色白の顔をシャンと立てている。

最後は長崎県立佐世保高女二年の四女・昭子さん（一三）（ニュージーランド・ジャパンソサエティー会長、故エリック・J・オーモンドソン氏夫人、45 BURBANK CRESCENTCHURTON PARK WELLINGTON 4 NEWZEALAND）。ちょっと小首をかしげたところが愛らしい。

ところで、この写真、世上一般には少将が昭和二十年一月、沖縄出撃に際し、家族を呼び寄せて、お別れに撮ったと思い込まれている。

事実、そういう写真説明を付けた資料が多い。その方が悲劇性は増すのだが、実際の撮影日は十九年四月二十九日の旧「天長節」である。

少将はこの年三月二十日付けで、佐世保海軍警備隊司令官兼佐世保海兵団長を拝命していた。夫人は春休みを待って、同家で「小さい人」と呼ばれていた英雄さん以下を連れて、佐世保市白南風町の官舎へ移り、さらに四月の祝日に、呉に残していた勝子さんから上の「大きい人」を呼んだのである。写真説明で、子供の学校が呉と佐世保に別れていたのは、そのためだ。

長女・みどりさん（六八）が思い返す。

「お父様はこれまで第一線にばかり出ていらっしゃるので、今度、転勤なされば、多分戦死よ、お別れよ、と妹たちと話し合い、会いに出掛けました。父の方にも、借り上げ官舎ですが、佐世保の家を見せておきたいという気持ちがあったのではないでしょうか」

家族が全員揃うと、写真館へ行こうということになった。今度は三女・愛子さん（六五）の回想。

「お父様、行きましょう。こんなに全員揃うことは滅多（めった）にないんですから、写しましょう、と私が騒いだの。父は面倒臭がりやで、正装なんか、なかなかしないんですが、折角だから軍服着て下さい、お母様もお召し替えを、と頼んだのを覚えています」

家族全員が顔をそろえたところで、記念写真を撮ろう、となったが、前記のように五女・勝子さんが呉からの長旅の疲れからか、高熱を出していた。撮るか、撮らないかで、ひと騒動が起きる。当の勝子さん（六二）の思い出。

「寝ている枕元で、みんなに責められました。アーちゃん（勝子さんの愛称）が写らなかったら駄目だ。死んでも良いから連れて行く、って言うんでしょう。もう大変でした」

因みに「アーちゃん」の愛称は、生後一年七ヵ月で勝子さんを妹に持つことになった四女・昭子さんが、回らぬ舌で「赤ちゃん」と呼んだのが姉妹の間に定着したと言うから、子沢山の家らしいニックネーム。それはとにかく、何としてもこの機会に父と写真を、との家族の思いあふれるエピソードに話を戻すと、最もその必要を感じていた長姉・みどりさんは、もちろん〝最強硬派〟だった。

「断固行くべきだ、と言った私は、後で妹の容体が悪くなったらどうしよう、とひそかに心配したものです。そんな事情に気を取られていたせいか、あの写真をどこで撮ったのか、さっぱり覚えていないんです。病人がいたし、車で行った覚えはありませんので、すぐ近くの写真館だったと思うのですが……」

勝子さんは数年前、ご主人と長崎旅行の途中、一時間半程、時間の余裕が出来たことから、にわかに白南風町の家を訪ねたくなった。大雨の中、タクシーを駆って出掛け、白南風小学校と、あの写真を撮ったとおぼしき写真館までは見つけたが、家付近までは車が入れず、後ろ髪引かれる思いで引き返した。

晙さんも昭和五十七年、佐世保を母港とする護衛艦「あさぐも」の艦長時代、懐かしい白南風の家を訪ねたくなり、捜しに行ったが、すっかり町の様子が変わっていて分からなかったと言う。

そんな話を聞くと、筆者はじっとしておれない。とは言っても、ある程度の手掛かりがなければ走れない。佐世保行きに先立って、先年、現地を訪れた勝子さんに、その時たどられた道筋、昭和十九年ごろの自宅周辺の略図を書いてもらうようお願いした。

姉弟の中でも、とりわけ大田家の系譜調べに熱心な勝子さんは、二つ返事で引き受けてくれ、すぐ二枚の図面を届けてくれた。はっきりしないところは、お姉さん方とも電話で連絡を取り合い、記憶をよみがえらせた、とのことだった。

一枚は往時の自宅付近の全体図で、大田家の南隣に「中川」、北西側には「角田」、少し離れた石段の下の家には「海野」の姓が書き込んであった。

住宅地から出た道は、白南風小学校へ通じるゆるやかな上り坂につながっていた。学校とは逆方向、つまりだらだら坂を下り切って、車の通れる広い道路と交差する部分に※印が書いてあり、「この場所で（二十年一月）父と最後のお別れをしたと思います」の「注」があった。

となれば、なおさら現地へ行かねばならない。

勝子さんが送ってくれた図面の、もう一枚は白南風の家の見取り図だった。

南北に長い長方形の木造平屋で、南東隅の石段を二、三段上がると、三和土（たたき）と二畳の玄関の間。そこから北へ延びる中廊下をはさんで、左手、つまり西側に八畳の座敷、六畳の茶の間、風呂、トイレ。右手の東側に六畳の居間、八畳ぐらいの台所が並んでいる。

茶の間には出窓があり、ここにも「西日が射（さ）した」の書き込み。南に広い縁側があり、その先は植え込みで、敷地の周囲は板塀で囲われていた。昭和十年代の住宅としては行き届いた間取りである。

現地を訪ねる手掛かりとしては、これで十分なのだが、近所で名前のわかっているお宅について、もう少し情報がないものかと、長女の中嶋みどりさんに電話するとびっくりするような答えが返って来た。

「角田(かくた)さんは、マリアナ諸島のテニアンで玉砕(十九年八月三日、陸、海軍守備隊一万四千五百人)なさった角田覚治中将(第一航空艦隊司令長官、海軍兵学校39期)のお宅ですの。お嬢様が三人いらっしゃって、真ん中の方が私より一歳上でした。

お隣の中川さんも海軍の特務士官の方で、退役されていましたから、土地の方ではないでしょうか。奥様は私たちの面倒を良く見て下さいました。

海野さんは海軍の方ではなかったと思いますが、昭子と勝子の間くらいのお嬢さんがおられたので、良く覚えています」

大田家だけでなく、何軒か海軍の借り上げ官舎があったとすれば、これは捜しやすい。ただ、軍港の町だけに、戦災に遭っている心配があるし、写真館の追跡も試みる必要がある。

筆者は電話を頼りに、白南風町に現存する写真館を捜したが、同町には今、写真館は一軒もなかった。西隣の三浦町に二軒あるというので、とりあえずうち一軒のウエキ・スタジオのダイヤルを回した。

ご主人の植木明さん(六四)は、親切な人だった。

「私どもは戦後の開業ですから、ご期待に沿えませんが、佐世保の写真師界で生き字引のような方がいらっしゃいますので、お尋ねになったら……」

と、森白汀（本名・繁）さん（八四）（佐世保市島瀬町二の一一）を紹介してくれた。

電話口に出た森さんの声は、若々しかった。

「写真をぜひ見たいですねえ。私も昭和十年から白南風町の東隣の潮見町本通りで開業していましたので私が撮ったかもわかりません。佐世保は二十年六月二十九日の大空襲で市街地は灰に成りましたが、白南風町はほとんど焼け残っています。とにかく、早くいらっしゃいよ。そんな事情なら、私も一緒に捜します」

この人もまた、誠に親身だった。

2

ＪＲ九州の佐世保駅頭に立つと、ビルの間から東北方に標高五百六十八メートルの烏帽子岳が見えた。頂上からは佐世保湾はもちろん、南九十九島を中心にした西海国立公園が望見出来る。この景観に感動した佐世保海兵団軍楽隊長・田中穂積が、明治三十五年に作曲したのが、サーカスのジンタでお馴染みの、あの「美しき天然」である。

緑したたる山は、なだらかに市街地の方へなだれ下るが、そのすそ野に近い斜面にしがみつくようにして白南風町の住宅地が広がり、町域は市の玄関口である駅と駅前広場までを含む。

南風を「はえ」と読ませるのは九州、沖縄地方特有の表現で、梅雨の初期に吹く黒南風に対し、梅雨明けか、八月の昼間に吹く爽やかな南風を白南風と呼ぶ。

白南風の旧字は、佐世保湾の白波を望むところから白波江だったが、明治四十年の町制施行の際、明るく健康な町づくりを目指して白南風の文字を充てた、と後に同町公民館で教わった。

森白汀さんは、駅にほど近い島瀬町の自宅で待っていてくれた。オールバックの髪はロマンスグレーだったが、デニム地のシャツ・ルックにサスペンダーという、電話の声そのままの若々しい姿。姿勢の良い、がっしりした体の上で、柔和な顔がほころんでいる。明治四十二年生まれとは、とても見えない。

早速、大田家の家族写真をしげしげ見ての感想。

「いい写真ですねえ。背景は昭和十年代に流行った『雲バック』とか『柄バック』と呼ばれたグレーの書き割りで、奥行きを出す役割をしたのです。このバックは『引き垂れ』と申しましてね、何種類か用意して、普段はロールにして巻き上げてあるのですが、お客様が見えると、その被写体の雰囲気に合わせて、相応しいものを引き下ろしました。うちでも、これとそっくりなのを使っていたんだが、この写真は撮ったという特別な記憶がないなあ。少将ご一家ともなれば、何か印象が残らねばならんが……」

おしまいは、一人ごちるように言う肩口から、お茶を運んで来た夫人のキヨさん（七七）がのぞき込んで、話に加わった。

「バックの手前にある垂れ幕の柄は、残念ですが、うちのじゃありませんねえ」

結婚翌年の昭和十年に開業したので、しばらく撮影助手を務めたと言うが、女性らしい指摘だ。

「小さなお子さん連れで、白南風のお宅から歩いて行かれたとなれば、うちは少し遠かったし……。戸尾町のミカド写真館じゃあありませんか」

「白南風町にも当時、確か一軒あったと思うし」

と森さん。何はともあれ、森さんの案内で現地へ行き、白南風の家と写真館を捜すことになった。

森さんは佐世保市の中心・栄町一の一で、「森白汀フォトアート・スタジオ」を経営しているが、日常の仕事は娘婿にまかせ、会長職を務めている。だから、時間は割合自由に使えるらしく、「大田家の取材は、鎮守府や海兵団跡を見てからの方が……」とあくまで親切。こちらもその心づもりだったから願ったり叶ったりで、二人でタクシーに乗り込んだ。

旧佐世保鎮守府は今、海上自衛隊佐世保総監部になっているが、昭和二十年六月二十九日の大空襲で、明治二十二年、開府以来の建物は全部焼失した。

大田少将が白南風町の家から通った佐世保海兵団はニミッツ・パークや佐世保公園、海自の防衛史料館のところにあったが、わずかに残り、自衛隊の婦人隊舎になっていた木造の建物は、取り壊しの最中だった。

少将が司令官を兼任していた海軍警備隊の跡は、海上保安部や港湾合同庁舎になっているが、ここにも往時をしのぶ建物は何も無かった。

森さんは、この道中、戸尾町の中央病院横の商店で「ここが先程お話したミカド写真館跡」、潮見町本通りの二ヵ所では「私のスタジオの第一号と第二号の跡」と教えてくれたが、背後の山手に望める白南風町の住宅地から歩いて来るにしては、いかにも距離があり過ぎる。

佐世保駅の筋向かいにある三浦町カトリック教会にも寄った。明治三十二年からの古い教会で、グレーで縁取りしたゴシック式の白亜の天主堂が、まるでおとぎ話の御殿のように、美しくそそり立っていた。晙さんが「綺麗な教会がありましてね。わが家はその上の方、と母から聞いて行ったのですが……」と話していたのを思い出した。

向かいのビルの最上階に上がらせてもらうと、十字架を頂いた尖塔が、後ろの山腹の住宅と重なりあい、平和で、味わいのある風景を醸しだしていた。

さて、いよいよ、家捜しである。先ず、一番の手掛かりである白南風小学校に取りつくことにした。

タクシーは国道三五号線から高台へはい上がったが、ヘヤピン・カーブの連続で、たちまち方角が分からなくなった。山手の住宅街は、これで困る。

森さんは昭和十年代、同校の専属写真師を務め、毎年、卒業写真や学級写真を撮りに出掛けたので懐かしい学校なのだが、「家が建て込んで、すっかり感じが変わったなあ」と舌を巻いている。

突如、という感じで、車は学校の前に出た。

分銅のような特異な形をした校門付近に、大きなクスノキが六本も繁り、グラウンドの向こうに三階建ての真っ白な校舎が広がっていた。

明治三十九年の創立当時は佐世保駅前にあり、昭和十二年、現在地に移っている。大田家の子らが通ったころは、校舎はまだ木造二階建てだった。

小学校であまり時間を費やしている訳にはいかないなあ、と辺りを見回すと、筋向かいに警察の赤色灯があるのが目に入った。佐世保署山祇町警察官駐在所。飛び込んで、居合わせた中年のお巡りさんに寺島勝子さんの地図を見せ「海軍の借り上げ官舎跡は」「白南風町に角田、中川、海野姓の家は今、ありませんか」とせき込むのへ、

「海軍の官舎？　知りませんなあ。白南風は、うちの受け持ちではないので、住民台帳が無いんですよ。駅前駐在所へ行って頂かないと」

　エーッ、もう一度山を下るのか、という落胆が、私たちの顔を覆ったらしい。お巡りさんは電話帳を取り出し、三つの姓を順に引いてくれたが、白南風町に該当の名は見当たらないようだった。

　それでは致し方ない、駅前へ戻って出直すか、とお礼を言って外へ出る背へ「ちょっと待って下さいよ」と、やや弾んだ声。

　大急ぎで電話をしていたが、「この前の道を駅前へ下りる途中の右手に、白南風町の公民館があります。戦争中、斜面に掘った防空壕を利用した、ちょっと変わった建物です。そこで相談して下さい。地元に詳しい人を紹介してくれるよう、頼んでおきましたから」

　佐世保の人は皆、どうして、こう親切なのだろう。後で調べて、井上信博巡査（四三）とわかった。

　公民館へ行くと、熟年の男性とフレア・パンツ姿の綺麗な女性が、表の掲示板に大きな地図を当てがっていた。小柳武彦館長（六五）（同町二〇の一）と職員の馬郡ふじ子さん（四一）（同二八

の三四）。地図を掲示用にラミネート加工する準備だという。見ると、何たる幸運！　真新しい白南風町の住宅全図ではないか。

　館長と馬郡さんは、筆者らを和室の集会室に招き入れ、事情を聞いてくれた後、寺島さんの地図と住宅全図を照らし合わせながら、善後策に額を寄せた。

　井上巡査は白南風小学校のサッカー部のコーチをしており、馬郡さんの小学生の息子さんも部員という間柄が、ここで分かった。

　二人の結論は、馬郡さんのご主人のお母さんに頼る以外にない、となった。

　馬郡家は、かつて福石免字上大野――白波江と呼ばれたこの土地が、明治四十年、白南風と名を変える以前から続く旧家。ふじ子さんの義母・良子さん（七五）は家つき娘で、昭和十年、佐世保高女卒。生まれてから片時も白南風を離れたことがなく、戦時中は町の女子青年団長を務めたというから、これ程の強い味方はない。

　良子さんは、間もなく駆けつけてくれた。若いころは、さぞお美しかったろうとしのばれる臈たけたご婦人。それもその筈、三十年来、池坊流生け花の教授を務め、ご主人の正見さん（七六）は二十年来、宝生流謡曲の教授という芸術ご一家。予想に違わず、白南風の生き字引だった。

「海軍さんの借り上げ官舎？　ございました」

　馬郡良子さんは、白南風町の住宅全図を小柳館長と嫁のふじ子さんが広げるのを待ち兼ねて、ためらいも無くサッと指差した。

「海軍の方は確か、この四〇番地か三八番地辺りにお住まいでした」

それは白南風町の北の端、先刻、タクシーで走り回った山祇町との境界線辺りだった。

「そうそ、この辺を戦中は『梨山(なしやま)の官舎』と呼んでいました。昔から梨畑だったのですが、昭和十二、三年ごろに、四ケ町の浅井呉服店さんが開発されまして、住宅地を造成されたのです」

「四ケ町というのはね……」同道してくれている森白汀さんが、補足してくれた。「島瀬、本島、上京(かみのきょう)、下京(しものきょう)の四町の総称で、明治二十二年、海軍が佐世保に鎮守府を置いてから発展した繁華街なんです」

その間にも、良子さんは「官舎は私の家からは少し離れていましたので、私どもとはお付き合いはなかったのですが、さて、どなたに聞けばいいかしら」と、あちこちに電話をかけてくれていたが……。「分かりました」とハリのある声を上げたのは、ものの十分とは経っていなかった。

「大田實少将（当時）ご一家がお住まいだったのは、白南風町三八の四の馬場実さんのお宅です。あら、お名前が一緒ですねえ。何かのご縁でしょうか。家は、外回りを改装なさっていますけど、中はほぼそのままということですよ。ただ、角田さん、中川さん、海野さんは既に転居なさって、居られません。北隣の大石さんの奥さんがご存じでした」

と、最後の一言は小柳館長とふじ子さんに宛てた。

「助かったあ。来た甲斐(かい)がおました」思わず大阪弁になる当方に「良かったですねえ」と馬郡さん母子も、館長も、森さんも共に喜んでくれた。重ねて言うが、何と親切な人たちなのだろう。物書き稼業は、こういう時本当に嬉(うれ)しい。

聞けば、この公民館は昭和二十二年七月に発足しており、長崎県下第一号と最も古い。元・戸尾小学校校長の小柳館長は「人の和をモットーにしています」と言うが、今回の温かさも、その表われだろう。

「さ、早速、参りましょう。歩いてすぐですから」と、良子さんはさっさと土間へ降り立った。

幅三メートル位の道は、公民館のすぐ東側から緩い石段を四段、その後、急な階段を九段上がった。そこから左方向へジグザグに角を五回曲がり、低い石段を三回上がりながら、住宅地へ分け入った。

路地の突き当たり西側が、目指す旧大田家の馬場さん宅らしく、ベージュ色のモルタル塗りの平屋。じっくり見たかったが、確認が先と、大石さん宅へ先ず案内してもらった。そして玄関の表札に目をやった時、私はオヤッと思った。

3

筆者は平成五年十月に定年退職するまで、読売新聞大阪本社の記者を務めていたのだが、大石さん宅の表札「大石一路（かずみち）」という名前は、九州で読売新聞を発行している西部本社の記者と同姓同名だったのである。

しかし、そんなことはよもや、と打ち消しつつ、馬郡さんの紹介を待って取材目的を切りだしたところ、その家の主人の大石鈴子さん（七八）（白南風町四〇の二八）が、色白の顔をほころばせながら言った。

「うちの息子は、読売新聞社に勤めていますの。今は理工専門学校の方へ出向していますけど」

ヒエーッ、と驚いたのは、こっちである。捜しに捜していた大田中将の旧宅の所在を知る人が、よりにもよって、かつての仲間のお母さんとは……。

筆者は在職中、大阪読売新聞労働組合の役員を務めたことがあり、その時、西部労組で同じく役員をしていたのが、大石一路記者（五六）（現・学校法人　読売理工学院　福岡理工専門学校事務局長）だった。時、正にオイル・ショックの真っ只中。労働運動史上、語り草になっている〝三万円春闘〟の苦楽を共にしただけに、忘れ難い〝戦友〟の一人である。

まじまじとお母さんの顔をみながら、世間は狭いと言うより、これは大田中将の霊のお導きではないか、と思ったものだ。

大石家は、元は佐世保市の中心・八幡町に住んでいたが、昭和十三年、新築なったこの住宅地の一軒を買い、移り住んだと言う。お母さんが、懐かしそうに話してくれた。

「海軍が何時から住宅を借り上げたのかは、はっきり致しませんが、大田少将のご一家が移って来られたのは、十九年の春ごろだったと思います。この前の、今、馬場さんがお住まいのお家です。

お子様が多うございましたから、お賑やかでございましたもんね。奥様は高官のご夫人とは思えない、大変、気さくな方でしたので、気安くお付き合いさせて頂きました。あのころはもう物不足が酷くなっていましたので、垣根越しにお惣菜や裏の家庭菜園で出来た野菜やお花を差し上げますと、とても喜んで下さいましてね。

少将は浴衣姿で表へ出て、くつろいでいらっしゃるのを何回かお見かけしたことがありますが、朝は早かったのでしょうか。正装はついぞ、お見かけしたことはありませんでした。
　空襲が激しくなった秋ごろだったでしょうか。大田家のお向かい、今、谷川さんがお住まいの所は、まだ空き地だったのですが、そこへ海兵団の兵隊さんを二、三十人連れて来て、防空壕を掘って下さいました。コの字型の大きく、深い壕で、私たちの隣組十五軒三、四十人は、全員この壕に避難出来たので助かりましたが、戦後そこへ家を建てた方が、土地が沈むと言う程、念入りなものでした」

「あの戦争末期、このご近所は大変でした」と大石鈴子さんは、深いため息をついた。

西隣、今は元県立高校校長さんがお住まいの瀟洒な邸宅に住んでいた第一航空艦隊司令長官・角田覚治中将は昭和十九年八月三日、マリアナ諸島のテニアン島で玉砕、夫人と三人の娘さんが残された。

　大田少将宅の筋向かいに住み、戦艦「金剛」に乗り組んでいた浦田安少佐は同年十一月二十一日、台湾沖で艦と運命を共にした。

　そして、大田少将は翌二十年六月十三日、沖縄で戦死する。十二人の家族は既に白南風の家を引き払っていたが、近隣の人々の哀悼の思いは変わらなかった。

　軒並み戦没者の住宅だった。今、当時の家に住んでいるのは、浦田少佐の子息で、少尉として福岡の陸軍気象部に勤務していた龍夫さん（七一）（同町四〇の二四）だけ。「私は福岡に居たので、よく知りませんが、どのご遺族も白南風町に思いを残しておられると思いますよ」と寂しく話した。

鈴子さんは、大田家の十一人の子供さんがそろってお元気で、しかも各界で活躍されている、と伝えると、我がことのように喜んだが、「角田さんの奥様は日宇町（佐世保市）にお住まいと、風の便りに聞きましたが、どうなさっておいでか」と気遣った。

ただ、大田家の南隣に住んでいた中川大尉は熊本市に健在であることが分かった。同市世安町二八六、熊本民踊会名誉会長・中川久蔵さん（九三）で、電話口に出られた声は明治三十三年生まれとは思えない程、明解だった。

「昭和十九年当時、私は大村海軍航空隊の内務長をしておりましたが、隣人と言っても大田少将は海兵団長ですからね。お会いしても『お世話になっています』と言って敬礼するくらいで、そんなに親しく口をきく訳には参りません。でも、何時もニコニコと、愛想の良い方でした。私も五人の子持ちでしたが、子供たちは奥様に随分、可愛がって頂きましたよ」

さて、いよいよ「白南風の家」――同町三八の四、馬場実さん（八〇）宅を訪ねた。

来意を告げると、馬場さんは「えっ！　この家に、そんな偉い人が住んでいたの。知らなかったなあ。家は五年前に手を入れたので、大分変わっていますが、どうぞ上がって自由に見て下さい」と、あけっぴろげだった。

終戦直後、画家の北村綱義さんが、この家と南側の旧中川大尉宅を買い、廊下を渡して住んでいたが、その後、西肥自動車会社が買収、馬場さんは昭和四十二年、同社を退職する際、譲り受けたと言う。馬場さんが言う通り、現在の家は、寺島勝子さんから頂いた図面とは大分変わっていた。

板張りだった外壁は、前記のようにベージュ色のモルタル塗りになり、元の入口の三段の石段は残っていたが、玄関は少し北側に移動していた。

中廊下の右手にあった六畳は、台所とぶち抜きのダイニングキッチンになり、八畳の座敷の違い棚は押し入れに、六畳の茶の間の出窓は取り払われて、サッシの戸が入ったベランダになっていた。

しかし、茶の間には、図面の「注」そのままに、午後の西日がさんさんと射し込んでいた。座敷の床柱や書院の欄間(らんま)などの褐色の艶(つや)は往時を偲ばせた。たたずんでいると、大田家の皆さんから聞いた暮らしが、甦(よみがえ)った。

第三章　岩尾の身

1

　大田家は大正十二年、大田實・かつ夫妻が結婚してから、横須賀―呉―佐世保市相浦町―同白南風町へと、鎮守府と海兵団のある都市を西へ移って行くが、それと共に父親としての彼は次第に優しくなっていったようだ。相浦、白南風では、呉との二重生活になり、同居していたのは小学生以下の小さい子供が多かったということも、あるのかも知れない。

　齢（よわい）五十を超え、まだ幼い子が三人。しかも、戦局は日々、予断を許さぬ状況へと陥りつつある。陸戦の第一人者として、その情勢が分かり過ぎるだけに、子らに与えられるだけの愛を注いだのではなかったか。

　二女・村上すが子さん（六七）は「あのころのお父様は、私たちの子供時分には考えられない程、いつもニコニコニコニコ、ニコニコニコニコしてらしたわね」と言い、長女・中嶋みどりさんは「ホント、あの厳しかった人が、すっごく優しくなって、弟や妹たちを可愛がって、可愛がって……」と回想する。

そこで、五女の寺島勝子さんから「でしょ？　だからお父様は本来、お姉様たちがおっしゃる程怖くないのよ」との指摘が出るのだが、みどりさんの「年代によってお父様のイメージが違うのは、時代のせいなのよ」という辺りが、的を射ていると言えようか。

朝。かつ夫人が玄関で三つ指ついて「行ってらっしゃいませ」と見送る。「行って参ります」と丁寧に挨拶を返す。子供たちの「行ってらっしゃーい」の声にも「オッ」と答え、敬礼して出掛ける、というのが横須賀以来の、この家の慣習だった。

だが白南風では、これに先立って、もう一つの〝セレモニー〟が加わった。そのころ末っ子だった七女の千冬さんを抱き上げ、「高い高い」とあやすのだ。

夕方。海兵団から帰宅。すぐお風呂に入り、汗を流すが、千冬さんを必ず一緒に入れた。

その間に、六畳の茶の間のテーブルに、夕食の準備が整う。風呂上がりで、西に面した出窓を背にした定位置に、冬場なら褞袍（どてら）、夏場は浴衣姿でどっかと座り、ここでも千冬さんを膝に乗せて、好きな日本酒の杯を傾けた。

子供たちの夕食は、それまでに済んでいるのが通例だったが、子供心に一パイ飲んで機嫌の良い、お父様のふわあっとした優しい笑顔見たさに、食卓の回りに集まった。

三女・板垣愛子さんの回想。「私たち上の五人は名前を呼び捨てでしたが、下の方はいろんな愛称で呼んでいましたねえ。八千代（六女）には『やっぺちゃん、ご機嫌いかがですか』、晙（三男）には『たんころさん、今日は何をして遊んだの』とか、千冬には『ちいぺいた、おとなしくしていたかい』とか、ホント優しく、盛んに話しかけていました」

「白南風の家」時代の大田少将は、幼い子供たちにだけ優しかったのではない。先に、父の優しさを強調した五女・勝子さんが、それを語る。

少将は佐世保海軍警備隊司令官兼佐世保海兵団長に任じられた昭和十九年三月、挺身隊や学徒動員などに出ていた年上の娘さんたちを広島県呉市に残し、夫人と四女・昭子さん以下の小さい子供を連れて赴任したが、小学生では五女の勝子さんだけ呉に残した。

彼女は呉市立五番町国民学校の六年生で、翌春、同県立呉第一高女の入試を控えていた。同国民学校は進学校で、当時、模擬試験の最中。ここで転校させると学力が落ちるのでは……との親心だった。

しかし、それは勝子さんには耐えられない寂しさだった。その前後の心情は、彼女が俳句の同人誌に寄せた亡き父を偲ぶ一文「白い手袋」から紹介したい。

《――折角、内地に父が居て、母、弟、妹、すぐ上の女学生の姉さえ一緒に住む佐世保を、私はどれ程恋しく思ったことだろう。呉で一学期の終わった日、強引に長姉の承諾を得て、空襲は慣れっことばかり、私は一人で佐世保へ向かった。徳山や小倉での避難、下関、鳥栖の乗り換えも、ものの数ではなかった。

久しぶりの父母の膝下での楽しい夏休みの後、頑として呉へ帰ることを承知しない私を、父は別に叱りもしなかった。

編入した白南風国民学校は、手旗信号が正規の授業に取り入れられ、六年生ともなれば、かなりの長文の発信と読み取りが自由であった。手旗を振ることも読むことも出来ず、べそをかく私に、手を取って教えてくれた父。通学も履物は禁止で、はだしの往復。慣れぬ佐世保弁と通学路の痛さに、自分から言い出した転校なので泣き言も吐けなかったが、父は上手に励ましてくれた。

(中略)

佐世保では夕食後、女学校二年の姉の英語のリーダーの詩を朗々と読み、説明する父と姉とを羨望(せんぼう)と尊敬のまなざしで見た印象が鮮やかである。》

と綴(つづ)る勝子さんだが、日曜日に教わった論語、漢詩のうち今も胸に残るのは、父が愛誦(あいしょう)した盛唐の大詩人・李白の「早発白帝城(そうはつはくていじょう)」である。

朝(あした)ニ辞ス白帝彩雲ノ間
千里ノ江陵一日ニ還(かえ)ル
両岸ノ猿声(えんせい)啼イテ住(や)マズ
軽舟(けいしゅう)已(すで)ニ過グ万重(ばんちょう)ノ山

早朝、曙(あけぼの)の雲が輝くころ白帝城を出て、遠く湖北の荊州まで一日で帰った。両岸の山で啼く猿の声が、まるで一匹のそれが続いているのかと思う程、舟脚軽く深山を越えた――というほどの意味。

「私がサル年なものですから、そんなこともからめながら、上手に説明してくれました。この前、中国書画即売展を見に行きましたら、パッとその掛け軸が目に入りまして、あっ、父に教わった詩だ、と、その場で買ってしまいましたの」

2

佐世保に赴任した大田少将は当初、「小さい人」も含め、子供はだれ一人連れて行く気は無かったようだ。十九年春の時点では、まだ〝本土決戦〟は取り沙汰されていなかったが、それを見通して、佐世保と呉のどちらが安全かを早くも考えていたのだ。それは沖縄出撃の際はっきりするので、その時に書く。

　さらに、もう一つの理由は、長女のみどりさんが女学校を卒業し、呉の家事を取り仕切っていたため、弟妹の面倒を見ることが出来たことにもよる。長男・英雄さん（五九）が話す。

「父は初め、今でいう単身赴任をし、母と一番上の姉に交代で来てもらい、身の回りの世話をやらせようと考えていたようです。ですから、十九年の春休みに私たち小さい子供が母に連れられて行った時も、最初は遊びに行くつもりだったのです。ところが、私たちは白南風の家がすっかり気に入りましてね。……」

　と言って、英雄さんはフフフと楽しそうに笑った。遊び盛りの少年の目に映った白南風町は……。

「呉の家は大きな門構えと塀をめぐらした邸宅でしたが、あの家はちょっとした垣根がある程度で、横も前も皆、民家でしょ。だれとでも、すぐ遊べる。これが先ず、気に入りました。

　しかも、時はまさに春。周囲には菜の花が咲き乱れ、家の裏には広いキャベツ畑があって、キヤベツに青虫が群がり、蝶がいっぱい飛んでいました。少し離れたため池には、オタマジャクシが泳いでいました。初めて触れる自然でしょ、何もかもが新鮮でしたねえ。朝から日暮れまで、野山を駆けずり回っていました。ですから、新学期が始まっても呉へ帰る気にならず、十日ぐらいグズグズしていたと思いますよ。挙げ句は父にねだって、白南風国民学校へ転校させてもらったんです。短かったが、忘れられない土地です」

当時三歳だった千冬さん（五二）も、この家にやはり忘れられない印象を持っている。

「お父様の着物のたもとにつかまって、あの茶の間の出窓から綺麗な夕焼けを見たのを覚えてるの。その時〽ギンギンギラギラ夕陽が沈む……の歌を教えてもらったと思うんですけど」

白南風の家に今、住み、筆者が訪れた時、気安く家の中を見せてくれた馬場実さんが後日、ご丁寧にも改築前と改築後の見取り図を郵送して下さった。

その前者の図面、六畳の茶の間のところに「膝までの高さの出窓。ここから海の一部と、天気の良い日は入り日が見事に見えました」とあった。

三歳児にここまで記憶させる情の濃さに、打たれてしまう。

食料難は厳しさを増していたが、料理上手のかつ夫人はあれこれ工夫し、夫の食膳を賑わした。酒の肴は少量をちまちまと、料亭のように綺麗に盛りつけ、料理がたっぷりある時でも、決してどさっとは出さなかった。だから、食膳にまつわるお子さんたちの記憶は多いのだが、先ず、すが子さんが話してくれた。

「料理にすっごくうるさいんです、うちの母は。『冷たいものは冷たく、熱いものは熱いうちに頂く時間てものがあるでしょ！』と怒ったりして。後の話ですが、うちの主人が冷たくない物、ぬるい物が好きだと言うと『おいしい物を不味くして食べる人とは付き合えない』と陰でプリプリしておりました」

次は愛子さん。「お父様だけ、どうしてこんなにおかずが一杯有るんだろうと思うくらい、母はやりくりをして、何品も作っていました。冷や奴とか湯豆腐とか、お豆腐と大根おろしだけは毎日、欠かしませんでしたねえ」

そして、長男・英雄さん。「酒好きの父は毎日がちょっとした宴会で、刺し身や何かを肴においしそうに呑んでいました。そんなおかずが欲しかったので、よく覚えているんです。そうそ『岩尾身』という文字を刻んだ徳利を愛用していました」

愛用の徳利については、みどりさんの記憶は当然ながら、もっと詳しい。

「父が愛用していた徳利は、三本ありました。二合は入るずんぐりした四角い形の備前焼きと、一合入りの柿右衛門の赤絵磁器。これは柿の実の赤い色と葉っぱの微妙な色をよく覚えています。もう一本は一合五勺入りくらいの少し背が高い白磁器で、胴に藍色の字で『岩尾身』と斜めに染め付けてありました。父が、心酔していた宮本武蔵の『五輪書』に出てくる言葉ですが、裏側に父の署名も染め付けてありましたし、横須賀時代にはなかった物なので、呉か佐世保で焼いてもらった物ではないでしょうか」

佐世保取材の途次、筆者は海上自衛隊の防衛史料館を見学させてもらったが、第一室の「鎮守府長官室」に入った途端、ハッと目を吸い寄せられた。

高さ四、五十センチの白磁の花瓶が六本、ずらりと展示してあったが、そのどれもに藍色の文字で「古賀峯一」（のち連合艦隊司令長官、大将、殉職）、「宇垣纏」（のち第五航空艦隊司令長官、中将、特攻死）など、鎮守府長官経験者の自署が染め付けてあった。横に「寄贈　佐賀県有田町　深川製磁株式会社　深川明」の掲示。大田家の徳利も、この種のものではないか、と同社に電話した。

応対してくれた同販売会社の西村太郎常務（七七）は「その色、仕上がりなら多分、わが社の製品だと思いますよ」と言った。

西村常務は、突然の電話なのに丁寧に答えてくれた。

「我が社は戦争中、海軍の御用達で、四鎮守府に兵や士官、艦艇用の食器を納入していました。ですから海軍の管理工場にもなっていまして、各鎮守府や海兵団の人事異動があったり、艦隊が佐世保に入港したりしますと、高官が随分、見学にお見えになり、記念に署名や揮毫入りの作品を残していかれました。

そんな作品は必ず二つ書いて頂き、一点はお土産にお持ち帰り頂き、もう一点は本社で所蔵しておりました。防衛史料館に寄贈したのは、こうして残っていた作品なのです。

大田閣下が『岩尾身』と染め付けられたという徳利は、残念ながら当社には残っておりません。また、当時、私は海軍省との連絡を担当し、東京営業所に勤務しておりましたので、閣下がお見えになったという確証はありませんが、白磁に藍色の顔料の焼き物は当時、深川焼きと言われ、我が社特有の物でしたので、多分、間違いないと思います」

「岩尾の身」は、みどりさんが言ったように、宮本武蔵が遺した言葉である。この剣の求道者の兵法書「五輪書」が、大田少将の愛読書であったことは家族が等しく認めており、その中でもとりわけ心動かされた文言だったのだろう。

武蔵は慶長十七年（一六一二）四月十三日、小倉藩お抱えの剣士、巌流・佐々木小次郎と関門の孤島・船島で決闘、一撃の下に打ち倒すが、その後、二十八年間、杳として姿をくらます。寛永十七年（一六四〇）、熊本城下に現われ、城主・細川忠利の招きで客分として遇されるが、翌十八年二月、細川公の求めによって「兵法三十五箇条」を書いた。武蔵が自身の兵法・二天一流を筆に著わした最初のものだが、その三十四箇条目に「岩尾の身」が初めて登場する。

《一、いはほの身と云事
岩尾の身と云は、うごく事なくして、つよく大なる心なり。身におのづから万理を得て、つきせぬ処なれば、生有る者は、皆よくる心有る也。無心の草木迄も根ざしがたし。ふる雨、吹く風もおなじこころなれば此身能々吟味あるべし。》

岩尾（巌）の身というのは、不動の心である。悟りを開いて動じないから、生あるものは避けて通る。草木さえも根を張れない。風雨とて同じだから、巌の趣は、よくよく味わうべきである——と説く。

武蔵はこの考えを、二年半後の寛永二十年十月から二年がかりで書いた兵法の極意書「五輪書」でも展開する。それは、兵法の実際の技法を述べた第三巻「火之巻」に登場する。

宮本武蔵が説く「岩尾の身」の内容は、「兵法三十五箇条」より「五輪書」の方が、より具体的である。

《一、いはほのみといふ事

岩尾の身といふ事、兵法を得道して、忽ち岩尾のごとくに成りて、万事あたらざる所、うごかざる所、口伝。》

岩尾（巌）の身というのは、兵法の道を極めることにより、たちまちにして巌のように堅固となり、どんなことがあっても斬られることなく、動かされぬようになることである。口伝によってのみ伝えられる秘法である――と言うのだ。

分かったようで、まだ良く分からんなあ、という顔をしておられる読者のために、熊本城下に今も語り継がれる一つのエピソードを紹介しよう。

武蔵に「兵法三十五箇条」を書かせた細川忠利公が「岩尾の身とは、どういうことか」と武蔵に尋ねた。武蔵は悠然と「殿が最も信頼する家臣をお召し頂きたい」と頼み、細川公の耳元で何事かを囁いた。

やがて、家臣が呼び出され、平伏した。打ち合わせ通りの命令が下される。「頭を上げい。訳ありて、そちに切腹を申し付ける」。家臣は深く一礼し、何事も無かったような面持ちで、静かに御前を退出した。

家臣が去るのを待って、武蔵は言い放った。

「岩尾の身でござる」

訳ありて、と言うだけで、全く心当たりがないまま、突如、死という極限状態と向き合った家臣の心中は、如何ばかりであったろう。しかし、彼は動じることなく信ずる主君の命を承った。その覚悟、揺るがぬ心。「此身能々吟味あるべし」と武蔵は語りかけるのだ。

大田少将が「岩尾の身」に心酔するのは昭和十三年、海軍軍令部に出仕、海南島上陸作戦の策定に没頭していた頃と思われる。

この作戦については、章を改めて紹介するが、同年十二月二日の日記に「五輪書火之巻を見る」とある。しかも、この記述は、この後、五日から十日まで六日間、連日書き込まれている。それも午前や午後をたっぷり、それに費やす集中ぶりから、とても再読とは考えにくいからである。

作戦策定中だったからこそ、少将は武蔵の兵法の極意書に、心引かれたのではなかったか。その書を繙く時、少将が心動かされた理由が浮かび上がるように思える。

武蔵が残した文章が、「兵法三十五箇条」から「五輪書」へ発展したことは既に書いたが、究極のものは「独行道」である。これは正保二年（一六四五）四月、「五輪書」を書き上げた武蔵が、自らの病が重く、死期の近いのを悟り、死の一週間前の同年五月十二日、最後の力を振り絞って書いた自戒の書。

言わば、「武蔵の遺言」とも言うべきもので、前二書で披瀝した様々の考え、自身の生き方の本当の姿を二十一箇条に集約した。

その第八条は《一、いづれの道にも、わかれをかなしまず》

第十七条は《一、道においては、死をいとはず思ふ》と書く。

白南風の家で束(つか)の間、子らをいとおしんだ大田少将にも、その別れの時が迫っていた。

第四章　白い挙手

1

昭和二十年の松飾りが取れて間もない日、あるいは七女・千冬さんの誕生日である一月十一日が過ぎて間もなくとしか分からない。かつ夫人の兄で、東京帝国大学教授（医学部薬学第二講座）の落合英二さん（昭和四十九年、七十六歳で他界）から白南風の家に電話がかかった。英雄さんが後年、母から聞いたところでは、こんな内容だった。

「こっちは三ヵ日から、空襲の連続だよ。九日の真っ昼間にも、空中戦があってね。今のところ、こっちには異常はないが、實さんの身に何か変わったことはないか」

同月十日と十一日付け読売報知新聞によれば、マリアナ諸島を発進したB29六十機が九日午後一時半ごろから三時ごろにわたって、関東、東海地方を空襲、八王子上空では空中戦があり、十一機撃墜、うち四機は陸軍特攻機の体当たりで撃ち落としたとある。

落合教授は、世界の薬化学界にさきがけて、たくさんの有用な有機化合物の合成に成功した高名な薬学者で、のち昭和四十年「藤原賞」、同四十四年「文化勲章」に輝いた人。日ごろから歯に衣着せぬ毒舌家で、妹夫婦にも面と向かって「子供ばっかり、いっぱい生みやがって」と言って憚らぬ人だったが、そのくせ大変な大田贔屓だった。

同じ千葉県の出身。県立千葉中学（旧制）では落合さんの方が七年後輩だったが、お互いに自分にないものを求めあったらしく、大田少将も「英ちゃん」「英ちゃん」と年下の義兄と親しんだ。戦後、大田家の窮状を見かね三男・畯さんを養子に迎えたのも、こうした愛情、友情の表われと言えよう。

また科学者特有の閃きか、日ごろからこの人の予感は奇妙に的中した。この時の心配も、その日の内に現実となるが、義兄弟の間柄とはいえ、学者が軍人の身を案じなければならない程、戦況は悪化していた。

十八年五月のアリューシャン列島・アッツ島に始まる日本軍守備隊の玉砕は、マキン、タラワ、クェゼリン、ルオット、サイパン、テニアン、グアム、アンガウル、ペリリュー島でも相次いだ。特にサイパンなどマリアナ諸島の失陥は、Ｂ29の本土空襲をほしいままにし、十九年十一月から全国百十四都市・町への大空襲が始まっていた。

この間、連合軍は、ニューギニア、ブーゲンビル島、フィリピンへの反攻を開始、日本軍がビルマ防衛とインドからの援蔣ルート遮断を狙ったインパール作戦も惨憺たる敗北に終わった。

落合教授が電話してきた日の数日前、一月九日には米軍はフィリピン・ルソン島のリンガエン湾に上陸していた。次は沖縄か、台湾か。いずれにしても、その戦いは本土決戦準備のための時間稼ぎでしかなかった。

落合教授から電話があったその日の夕方、大田少将は柔和な〝便面〟で、いつもより早めに帰宅した。

兄の予感の鋭さを知る夫人は、夫が帰るまで気をもみ続けたが、いつもと変わらぬ穏やかな顔を見て、安堵(あんど)の胸をなで下ろした。

着替えを済ませると、いつものように千冬さんと一緒に風呂に入った。浴室から童謡を歌わせる声、千冬さんのキャッキャッとはしゃぐ声が聞こえた。

風呂から上がると縕袍姿になり、六畳の茶の間のテーブルに用意された夕食の膳に向かった。西に面した出窓を背にした定位置にくつろぎ、膝に千冬さんを乗せ、テーブルを取り囲む子供たちに何かと話しかけながら、愛用の徳利を傾けた。

同席したのが「小さい人」が主だったのは、少し寂しかったが、すべてが、いつも通りに運んでいた。それが夫人には何にも増して嬉(うれ)しかったのだが……。

ここから先は五女・勝子さんの記憶に頼る。

「冬の日ですから、外はもう真っ暗でした。部屋の入口を入って左側の壁に、昔の、あの壁掛け式の電話が付いていたのですが、それがチリチリン、チリチリンと鳴りました。

お給仕をなさっていたお母様が、すぐお立ちになって、電話を取られた。私はお母様の顔が見える所でしたから、多分、部屋の隅っこの方に座っていたと思うんですけど、相手が名前を名乗られたのでしょう。お母様の顔色がサッと変わったのを覚えています。
それで、お父様がすぐ、お立ちになった。そして、アッという感じですよね。どういう事か、よく分からなかったですけど、あの瞬間のお父様の顔は、やっぱり、すごく印象が強いですよね」

長男・英雄さんは、母の顔を見ていた。「顔色が変わり、あわてふためいたというか、やや取り乱した感じがしたことを子供心に鮮やかに覚えています」

四歳になったばかりの千冬さんは、その印象のあえかさに焦れる。「姉たちには、後で聞いた話だって信じてもらえないんですけど、お父様の顔が急に変わったのが、私の頭にも残っているんです」

勝子さんは、先に紹介した随想「白い手袋」の中でこう書いている。

《昭和二十年、松の取れて間もない夕餉。子供達七人を周りに、機嫌の良い父にかかって来た電話は生涯忘れられないものとなった。電話を受けた母の顔にさっと走る緊張。受話器の父の口調にも子供ながら緊迫した空気を感じた。

それは佐世保鎮守府長官からの、海軍沖縄方面根拠地隊司令官への転属命令と後で聞かされた。今、思えば、父母共に、帰らぬ旅への命令と覚悟を決めた瞬間であったに違いない。》

2

発令は一月二十日付けであった。

「お父様、沖縄へ御出撃」――の知らせは、かつ夫人からの電話で、呉の留守宅を守っていた長女・みどりさん、三女・愛子さんに伝えられた。

二女・すが子さんは前年十一月、村上光功海軍大尉（海兵69期）に嫁ぎ、夫の任地・千葉にいたので、軍の情報で知った。

「お父様、沖縄になったのよ。実戦経験が有るのは大田しか居ないということで、お名指しを頂いたの。覚悟の上で、お別れしないといけないみたいよ」

愛子さんが覚えている母の言葉は、白南風の家での一時の取り乱しなどおくびにも出さぬ、武人の妻らしい落ち着き払った口調だった。

それにしても、次の決戦場は沖縄か、台湾か、と言い出してからの慌ただしい司令官異動。

その内情は、娘婿の村上さん（七二）が知っている。この人は千葉県館山の海軍砲術学校教官から二十年四月、佐世保特別陸戦隊参謀兼副官に転任する。敵の本土上陸に備え、当時、九州に居た海軍兵力約九万のうち三万を使って、長崎を防衛する任務だった。

佐世保鎮守府（略称・佐鎮）の指揮下だったが、同鎮守府は沖縄方面根拠地隊（同・沖根）の上級司令部でもあったから、親子とも時の鎮守府長官・杉山六蔵中将（海兵38期）の指揮下にあった。

もちろん、そんな内輪話は、発令当時に聞けるわけはない。終戦直後、と話は前後するのだが、村上さんが杉山長官から直接聞いた一級史料だ。

「鎮守府の残務整理をしている時でした。杉山さんが私に『実は、そのう……、今だから話すけれども、そのう……、大田君に沖縄へ行ってもらったのには訳があって、非常に気の毒なことをした。これは少ないけれど、遺族に差し上げてくれ』と言って、二千円（当時の公定価格米が十キロ約四円）を差し出された。

その訳というのは、大田の前の沖根司令官は、大田より海兵のクラスが二つ上の人だったのですが、航海出身なもので、陸上のことがサッパリ分からない。状況が段々切迫してくるので、佐鎮からチョイチョイ視察に行くんだが、期待したように戦備が進まない。それで本人も精神的に相当、参っていたらしい。

そこで杉山長官としては、陸戦の第一人者である大田君に行ってもらえればベスト、これ以上の人事はなかろう、と前任者を大田の後の佐世保海兵団長にし、相互交代させたのです。大田って人は、剣道の達人で、思い切りの良い人でしたから、竹刀を構えて『さあ、来い』という感じで沖縄へ向かったのではないでしょうか。湊川（みなとがわ）の心境だったと思います」

南北朝時代の武将・楠木正成（くすのきまさしげ）は、東上する足利尊氏の大軍を決死の覚悟で兵庫・湊川に迎え討ち、戦死した。本編も武人・大田の心情を追わねばならない。

3

大田少将の佐世保出発は、一月十九日と決まった。海軍省をはじめ、挨拶回りという名の〝お別れ〟が慌ただしく続く。

樋口芳包（よしかね）海軍少将も、それを受けた一人だった。戦後、日本弁護士連合会副会長を務め、昭和六十一年、九十七歳で亡くなられたが、著書「海軍生活を顧みて」の中で、その時の様子を書いている。

《――私の海軍生活二十余年の間、最も親交を深めた海軍少将・大田實君は、当時、佐世保海兵団長をしていた。彼がある夜半、私の官舎を訪れた。同君は上海で二回、陸戦隊長として勇戦し、第二回目には、正に全滅の危機にひんしていた在留日本人を救出した勇将である。

彼の軍装のままの来訪に私は驚き、この火急の訪問は何か緊急事態が発生したものと直感して、その事情を尋ねた。同君がおもむろに口を開いて言うには「いよいよ敵の来襲に備えて、沖縄防衛に万全を期するよう内命を受けたので、明朝彼の地に向かう。戦員は将兵合わせて約四千名であるが、生還は期せられないので、今生の別れにきた」とのことであった。

最後の別れを惜しんで、二人の話は尽きない。宮本武蔵の「五輪書」にある「いわおの身」の編について談じ合った。これは死に直面しての心の据えどころを教える剣の奥義を説いたものである。――》

やはり、「岩尾の身」である。死をにらんで、少将の胸の裡で「うごく事なくして、つよく大なる心」は不動のものになっていた、と言えよう。

あっという間に、日は経った。すが子さんは館山を離れることが出来ず、呉からみどりさんが一足先に、次いで愛子さんが学校と動員先の海軍工廠のお許しを得て、佐世保へ駆けつけた。

愛子さんの回想。「佐世保まで行くのが、命からがらで、もう大変。空襲の連続で、列車が動かないんですよ。その度に防空頭巾をかぶって、避難しなければならないんですが、防空壕がないから、列車の中で縮こまっていました。それを何度も繰り返して……。お別れの日が十九日とすれば、前々日の十七日の夜行で呉を出たと思いますが、翌日いっぱいは掛かったのじゃあなかったでしょうか」

出撃の前夜、佐世保市白南風の家の夕餉は、いつもの茶の間から奥八畳の座敷に場所を変え、お別れの小宴となった。愛子さんの到着は、まだだったが、先に着いていたみどりさんの思い出。

「私は母のことが心配で、心配で……。というのはゆうちゃん（四男・豊さん）がお腹にいて、七ヵ月でもう大分大きかったのですが、ちいちゃん（千冬さん）をお産みになった時、お医者様に『お母様は今度、赤ちゃんをお産みになったら、心臓弁膜症で亡くなっちゃいますよ』と言われていたのです。……」

娘時代から健康そのものだったかつ夫人は、大正十四年から昭和十六年までに、年子二人、他は隔年に計十人の子供を産んで、少し心臓を傷めていた。みどりさんの回想を続ける。

「昭和十六年に千冬が産まれた時、私たちは三日間母に会わせてもらえなかった程でした。ですから、私はその頃、九人、いや今度産まれて来る子を含めると十人の弟妹が居て、お母様が死んじゃったら、どうしよう、という思いがいつもありました。そこへ、お父様も戦地に行ってしまわれると思うと、心配で、心配で、涙を堪えて座っているのがやっとでした」

母の心臓病に関しては、勝子さんにも忘れ難い思い出がある。

「十九年の九月に白南風国民学校の六年生に転校を許されたのですが、その年の秋、母が倒れたって、学校へ呼び出しがかかったのです。私は学校にいた英雄、浩、八千代を連れて飛んで帰ったのですが、家へ帰るまでお母様が死んでいるのでは……と心配でならなかったものです」

お別れの宴に、話を戻す。

勝子さんによれば、大田少将はいつもの通り千冬さんを胡座の膝に乗せ、ニコニコ子供たちに目を遣りながら、杯を口に運んでいた。「私はこれで父と別れるのかと思うと、凄く悲しかったですねえ」

この夜のことは、「小さい人」の胸の内にも様々な形で残っている。年端も行かない時の記憶だけに、やや整合性を欠く部分もあるが、それはそれとして、それぞれに忘れ難い一こまとして記録しておく。

一年生だった六女・八千代さん。「私の記憶では、父は『もう帰って来ないから』と言って、みんなを集め、郵便貯金通帳を一人ずつにくれたような気がするのです」

五歳の三男・畯さん。「なんか、夜、寝ていたら起こされて、父が教訓を垂れたのかなあ。その後、お別れ会のようなものがあって、いつもと様子が違うなあと感じたのを覚えています」

食事の後、歌になった。四年生の長男・英雄さん。「一人一人、父の前で小学唱歌や童謡を、まるでしりとりのように歌いました。『七つの子』『故郷』『花』というような歌でしたねえ。後に父と同じ道を歩むことになる畯は、床の間に立って『靖国神社のお父様』を歌いました」

〽靖国神社のお父様
僕です　この顔見えますか
わがまま言わずに　勉強して

よいこになるよと　言いました
僕はほんとに　偉いでしょ

「大きい人」はひたすら悲しく、「小さい人」は何かいつもと違うな、との思いのうちに、夜は更けた。

夜更け、愛子さんは、やっと白南風の家にたどり着き、父の前に進み出た。「呉からお別れに来ました」の挨拶に対する答えは、こうだった。

「こういう事態だから、何も言うことはない。敵は台湾に来るか、沖縄に来るか、九州か、いずれにしても本土決戦になると思う。いよいよ敵が本土に来るようになると、佐世保より呉の方が瀬戸内海を控えている分だけ安全だと思う」

愛子さんは、やや無念の表情を浮かべて話す。

「他の姉弟（きょうだい）には悪いんですけど、私はすごく父に可愛がられていましたから、いつも色々な話をしみじみとしてくれました。でも、あの時はそうじゃなかった。望む方が無理かもしれませんが……。でも後で聞くと、母には色々のことを話していたようです」

それは、どんなやりとりだったか。愛子さんが戦後、かつさんから聞いた話で再現する。

「褞袍くらい持っていらっしゃったら……」

「そんな、着物でくつろぐ間なんかないんだ。竹槍（たけやり）で戦争しろって言うんだから。体だけで行く」

「竹槍?」

「そうだ。海軍省へ挨拶に行ったら、もう飛行機も弾丸も、武器も、食糧も、何も有りませんから、竹槍で頑張って下さい、と言われた。だから、軍服以外何も要らない。刀だけは持って行くが……」

「沖縄は、やはり難しいのですか」

「沖縄へ回せる飛行機が何機あるかで、俺の運命は決まるだろうなあ。アメリカが上陸して来て、何ヵ月持つかなあ。だが、安心しろ。ぶざまな戦はせん」

その話を聞いた時、愛子さんはすかさず母に聞いた。今度は、その時のやり取り。

「へえーっ、そんな事まで言ってらっしゃったの」

「そりゃあ、お父様は南の方でアメリカの戦力を知り尽くしていらっしゃったんだもの。それで、沖縄へ実情を知っている司令官が行かなきゃあ、どうにもならないというのでチェンジになったのだから、やっぱりお父様は〝最後の砦（とりで）〟の人なのよ」

竹槍については、長女・みどりさんにも忘れられない思い出がある。「十九年の暮れ、私が呉の家で留守番をしている時に、佐世保から出張して来た父が突然、立ち寄りました。京都へ竹を仕入れに行った帰りだ、と言うのです。竹なんか何に使うのだろう、と思っていると、竹槍なんか何の役にも立たないけれど、武器がないから仕様がないんだ、と言ってました」

愛子さんは往時を思い返して、しみじみと話す。

「当時、母は四十歳で、十一人の子供を残されたのですものね。私も五人の母親になってみて、旦那（だんな）さんに先立たれることを思うと、背筋がゾッとしたものです。軍人の妻として覚悟の程は出来ていたのでしょうが、辛かっただろうなあって、今思うのね。でも母は涙一つ見せなかった。偉かったんだなあ、って尊敬しています」

4

いよいよ、お別れの一月十九日が明けた。吐く息も白い、どんより曇った、雪もよいの冷たい朝だった。午前七時過ぎ、家族十一人は出撃する父を見送るため、そろって家を出た。

みどりさんは「海兵団の車が迎えに来る場所まで、家から少し距離がありました。坂というか、石段というか、舗装のしていない、だらだら坂を下った下なのです。そこまで送って行きました」と言う。

小学二年生だった二男・浩さん（五七）は「学校へ通じる上に上がって行く道と、父が出勤する下への道は途中で分かれるのですが、あの日は珍しく父と一緒だったので、ちょっといつもと違うなと感じました」と回想する。

「白南風の家」を突き止めた私は、ついでのことにその道筋、お別れの場所にも立ってみたいと思い、大田家を知っていた大石鈴子さんに尋ねた。

「ああ、それでしたら、そこの村上さん、河田さん、古賀さんの角を曲がって、公民館のすぐ上の市道に出る道です。そうそ、白南風の出征兵士は皆、公民館の前で万歳三唱をして、お見送りしたのですよ」

取材に付き添ってくれた馬郡良子さん、後から駆けつけた小柳公民館長が、そばから「それなら、今、私たちが上がって来た道ですよ」と教えてくれた。

写真師の森白汀さんも含めた一行四人は、来た時とは逆に、そのジグザグ道を下った。

三度目に角を曲がった瞬間、坂道の眼下に佐世保の海が西日にキラッと光って見えた。

しかし、曇っていたという四十八年前の冬の、その朝まだき、気もそぞろの大田家の人たちには、この海は恐らく目に入らなかっただろう。

そんなことを思いながら、それからさらに百メートル程下ると、市道と交わる三叉路に出た。

そこがお別れの場所らしかった。

幅数メートルの道路は今、綺麗に舗装され、烏帽子岳やその麓の住宅街へ行き交う車、バスなどが頻繁に通る。ゆっくり写真を撮るのも危ない交通量だが、車の切れ間、暫くそこにたたずんでいると、大田家の皆さんから聞いた光景が彷彿と甦った。

勝子さん。「朝早かったから、その辺には誰も居なかったわねえ。海兵団からのお迎えの黒塗りの自動車がもう来ていて、運転の兵隊さんがドアを開けて待っていたのよね」

千冬さん。「わが家は何かあると、小っちゃい者順、大きい者順に並んだのだけど、あの時は大きい者順じゃあなかった?」

みどりさん。「そう、みんな、只、黙って、息を白く見せながら、大きい順に並んだのよ」

「只、黙って」と言ったみどりさんだが、十九歳の多感な乙女だった彼女は、激情に襲われていた。

「それまでに何度も父の出征を見送る度に、ああ、もうこれが最後だ、と思っていましたけど、今度こそは本当に、いよいよ最後だなと感じました。

　私と愛子ちゃんが留守番をしていた呉の家にも、出征前夜の父の若い後輩方が、よく立ち寄られました。第一波止場までお見送りしましたが、それから何日か経つと、彼も戦死、彼も戦死でしょ。ああ、とうとうお父様の番だなあ、という感じでした」

　愛子さんの記憶は、他の情景はすべてぼやけて、そこだけスポットライトを当てたように、父の顔と姿しか浮かんで来ない。

「母がどんな顔をして見送っていたのか、姉弟がどんな風に並んでいたのか、見る心の余裕なんかなかったのね、きっと。

　ああ、これがお父様の最後の姿なのか、とジッと見つめた父の顔は、言葉で巧く言えませんけど、悲壮でしたね、やっぱり。何とも言えない顔でした。お国のために戦死することは分かっていても、あれだけ沢山の子供たちを置いて行くと思うと、やはり堪らなかったのでしょう。

　その父の顔と『よろしく頼むよ』と言った言葉、白い手袋で敬礼している姿しか頭に出て来ないのです」

　その顔は、八千代さんの眼裏にも焼きついている。「一緒にお風呂に入ったり、お酒を呑んでいる時の顔とは違う、とても厳しい顔をしていました」

　別れの時が迫った。次は勝子さんの記憶による。

「父は白い手袋の右手を軍帽にかざし、挙手の礼をしたまま、家族一人一人の顔を順番にじぃーっと、思いを込めるように眺めていきました。目と目で話すというのか、言葉は何も交わさなかったと思います。

私も愛子姉様と同じで、父の顔以外は余り見ていなかったのですが、年の順で私の隣に並んでいた英雄がサッと挙手の礼を返したのが、チラッと目の隅に入りました。彼は長男で、小さい時から男の子の教育を受けていますから、すごく姿勢が良いんです。ああ、やっぱり男の子だなあ、と頼もしかったですねえ」

年嵩（としかさ）の人たちは無言だったと言うが、千冬さんの記憶には、忘れられない父の言葉がある。

「お父様は白い手袋をかざしながら『ちいぺいた、行って来るからね』と言われたと思うのです」

締めくくりは、勝子さんの随筆「白い手袋」から。

《――父の思い出の凝縮する、この佐世保での五ヵ月余りの日々（前記のように彼女は前年八月に同居している）。一月十九日、吐く息も白い朝、父は整列して見送る母と私達十人（ママ）の子供全員に、白手袋の挙手の礼を無言で一人一人にした後、車の中に消えた。これが最後に見た、生きた父の姿であった。》

真っ白の手袋をかざし、万感の思いこもる挙手の礼で別れを告げる五十三歳の大田少将。さまざまな感慨を胸に、それを見送る四十歳のかつ夫人と十九歳のみどりさんを頭にした九人の子供たち。その朝の、白南風町のこの辻は、何と非情な別れ道であったことか。

取材に同行してくれた森さん、小柳公民館長、馬郡さんも「ここでねえ……」と、しんみり辺りを見回していたが、そんな私たちの感慨は、次々疾走してくる車の警笛で、手もなく破られた。となれば後は、大田家の人々があの記念すべき家族写真を撮った写真館を突き止めなければならない。

数年前、この地を訪れた五女・寺島勝子さんは、それとおぼしき写真館の位置について「佐世保駅のすぐ近くにあるカトリック教会（前記、三浦町カトリック教会）の裏通りの石段の下」と言った。

そこに、確かに写真館は現存した。勢い込んで問い合わせると、戦中は他の場所で営業しており、現在地へ来たのは戦後の昭和二十七年と分かり、これも消えた。

だが、森さんが「白南風町にも、確か一軒……」と言っていた写真館を、馬郡さんが知っていた。

「長島写真館というのが、公民館から少し下がった今のモトヤマ和裁学院の前にございました。大田さんご一家が、あの家から歩いて行かれたとしますと、丁度良い、お散歩程度の距離ですよ。そうそ、長島さんの娘さんが県会議員の豊島さんに嫁がれて、つい、そこにお住まいですから、お聞きになれば……。ご案内しましょう」

さすが、白南風の〝生き字引〟と感心しながら、私はまたまた好意に甘えた。

豊島すみえさん（八二）（同町二一の二二）は、佐世保港が一望出来るお宅に一人住まいだった。大田家の家族写真に、眼鏡越しの優しい視線を注ぎながら、

「写真館は私より二つ年上の、死んだ兄貴の勤が昭和の初めごろからしよりましたが、私は七年に長崎へ嫁ぎましたので、詳しいことは分かりません。

この写真のようなスタジオも作っていましたが、十九年の春ごろ海軍工廠写真部に徴用され、その後、台湾へ報道班員で出征したと聞いていますので、十九年の天長節にこの写真を撮らせてもらえたか、どうか。うちの写真には『ナガシマ』という、プクッとふくれた刻印を押しよりましたが、これにはありませんしねえ。何とも言えません」

ということで、確証は得られなかった。長島写真館のあった場所は今、空き地になっており、近く建物でも建つのか、足場が組みかけてあった。

茫々（ぼうぼう）四十九年、人も、建物も、戦争に翻弄（ほんろう）され、その苦い残滓（ざんし）の中で生きていた。

（追記）大田家が家族写真を撮った写真館は、一九九九（平成十一）年になって、佐世保市天満の佐世保警察署前にあった海軍御用達の「重野写真館」と分かった。

第六章に登場する鹿児島市在住の外科医で、幼時から大田家の姉妹と親交があった川井田勝さん（七七）が戦中、大田家から贈られた原版写真を拡大鏡で子細に調べ、写真の右下部分に「K. SHIGENO　SASEBO」の刻印を見つけてくれたからである。

同写真館は戦後、廃業しており、それ以上のことは分からない。

第五章　民の子にて候

1

大田中将を追って、この稿もまた直ちに沖縄へ向かいたいところだが、ちょっと待って頂きたい。まだ、この人については横顔の一端に触れた程度だし、それでは彼が「沖縄県民斯ク戦ヘリ……」の電文を打った心の背景や、今なお県民の大いなる尊敬を集めている理由が説明し切れない。

ここは、しばらく時代を大きく巻き戻し、生い立ちから辿りたいと思う。

中将は明治二十四年四月七日、九十九里浜に近い千葉県長生郡水上村高山（現・同郡長柄町高山六八六の一）の農家の二男に生まれた。

今は、東京駅からJR東日本・外房線の特急で丁度一時間の茂原駅で降り、タクシーを北西方向へ飛ばせば約二十分で行き着くが、首都圏が広がる高度経済成長時代までは、誠に不便な草深

千葉県長生郡長柄町高山にある大田中将の生家長屋門

い田園地帯であった。

大田家は所番地通りに、山を背にして、静かなたたずまいを見せている。まず正面に、時代劇によく登場するような総ケヤキ造りの長屋門があり、これだけで七十三平方メートルと、都会では家一軒分の広さがある。門の奥に二百平方メートル近い母屋があり、それらを含めた宅地千六百五十平方メートルは、高いマキの垣根で囲まれている。

長屋門に向かって左側の垣根を回った外側に、擬宝珠に似た形、高さ二メートルくらいの御影石で出来た「海軍中将　大田實顕彰碑」が建っている。昭和四十八年六月十三日の祥月命日に、長柄町が建てたもので、碑には辞世の和歌、

「身はたとへ沖縄の辺に朽つるとも　守り遂ぐべし大和島根は」

背後にある黒御影石の碑録には、海軍兵学

校41期の保科善四郎氏（故人、元衆議院議員）が、同期の級友の武勲を讃えた後、こう綴っている。

「『沖縄県民斯ク戦ヘリ　県民ニ対シ後世特別ノ御高配ヲ賜ランコトヲ』と訴えた切々の悲願は世界戦史上不朽の電文であり　終戦後二十七年　沖縄県の祖国復帰に伴い　本土の人々の心を南方同胞援護に向かわせる指標となっている。（後略）」

大田家は、中将の甥で、長柄町役場の助役だった進さんが昭和四十八年、五十歳の若さで他界した後、妻ちへ子さん（六一）が守っている。

「私が昭和三十年にお嫁に来た時には、主人の祖父母はもちろん、父、つまり大田實さんの長兄も亡くなっていましたから、中将のことは叔父、つまり弟さん方と主人から少し聞いたくらいで頼り無いんですよ。なんでも大変な働き者で、この家に帰ると鍬や鎌を持って、畑仕事をサッササッサと手伝いなさったそうです。それに、本家は大事にしなきゃあいかん、が口癖だったと聞いています」

大田家は、大きな農家であると共に教育者一家でもあった。いずれも故人だが、中将の母・乃ぶさんは家付き娘で、いとこに当たる千葉中学、千葉師範学校出身の漢学者・弥三郎さんを婿養子に迎えた。父は水上村尋常高等小学校校長の後、水上村長を務めている。

長男・信之さんから四男までは同じ千葉中出身で、信之さんは旧制第二高等学校、東京帝国大学を出た史学者。朝鮮半島北端の新義州高等普通学校校長をしていたが、昭和九年、四十七歳の若さで亡くなった。

二男が中将で、三男・正勇さんは、東京高等師範学校を卒業した国漢学者。秋田師範学校教諭、旧制千葉県立鶴舞高等女学校校長を務めた。四男・襄さんも、同じ鶴舞高女で地理・歴史を教えた。

五男・蔚さんだけが旧制大多喜中学を出て、家業の農業を継ぎ、二兄の慰霊に努めて来たが、この人も平成三年三月、亡くなられた。

この機会に、かつ夫人の実家である落合家の方も紹介しておくと、こちらも教育者の家庭で、錚々たる人物を輩出している。

家は千葉市の名刹・千葉寺近くにあり、境遇は大田家とそっくり。字は違うが同名の、のぶさんが家付き娘で、やはりいとこの初太郎さんが婿養子。この人は千葉師範の教頭から県立木更津中学校校長を務めた。

長男・精一さんは海軍機関学校出身の少将。

二男が既に紹介した東大名誉教授で、文化勲章受章の薬学者・落合英二氏。落合海将補の義父である。

長女は、日本のキャリアウーマンの草分けで、山川菊栄さん、藤田たきさんに次いで三代目の労働省婦人少年局長を務めた谷野せつさん。九十一歳になられるが、ご壮健で、東京都世田谷区等々力一の一〇の八で大田家の六女・八千代さんと共に暮らしておられる。

末っ子の二女が、県立千葉高等女学校出身のかつさんである。

大田家と同じ長生郡の出身で、中将の二女・すが子さんの夫である村上光功さんが、頬を緩めて話す。「両家とも、教育者である養子の婿さんが亭主関白で、嫁さんをいじめたらしいんだなあ。入り婿の威張るの程、どうにもならないものは無いんだって。そりゃ、そうだよね。お嫁さんは、出て行けっ、て言われても、出て行くところが無いもの。

それにね、落合教授は『落合家は国定忠次の四代目だ』って、言ってましたよ。何でも、先祖は栃木県下都賀郡の出身なんだが、墓参りがきっかけで、系図を調べて分かったって言うんです。忠次は巷間(こうかん)伝えられる単なるヤクザではなく、義侠(ぎきょう)心のあるしっかりした人物だ、とも言ってました」

剣豪・宮本武蔵に心酔する大田中将、侠客・国定忠次の血を引く(?)かつ夫人。歴史上の人物続々登場で、何やらゾクゾクして来た。

千葉県長生郡の大田家については、縁の方々が色々な形で見聞しているが、先ず、みどりさん、すが子さんが交々(こもごも)語るのは、その草深さである。

「父の実家は辺境の地でして、村に電気が来たのはなんと終戦後なんです。戦前、祖父が村長をしていた時に電気を引く話があったそうですが、『そんなのが来たら、どうなるか分からない』という反対の声がありまして、取り止めになりました。ところが、日中戦争が始まってみると、ラジオのニュースも聞けない。『じゃあ、今から引いて頂きましょう』となったが、事変で銅線が高くなって、とてものことでは引けない。それで結局、戦後になってしまったということでした。ですから、父の里へ行ったら、ランプの生活ですよ。それがまた珍しくて、子供心に楽しかったのですけれど……」

みどりさんは、長屋門の印象が濃い。「向かって左側は馬小屋で、馬がちゃんと飼ってありました。右側は和室で、父の末弟の蔚さんが書院に使っていたようです。二階は納屋になっていました」

すが子さんと勝子さんが記憶しているのは、門冠りの松。「長屋門の奥に母屋のお玄関があるのですが、傍に大きな黒松があって、枝がピューンと門のところまで伸びていて綺麗でした。それが千冬（七女）の松なんです」

後で詳しく書くが、中将は子供の命名を父・弥三郎さんに任せていた。昭和十六年一月、千冬さんが産まれた時、この松にあやかり、千年も色濃く繁るようにと「千松」の名を考えたようだが、それでは女の子には余りに可哀相だと、産まれたのが冬だったのに因んで、千冬と命名したと言う。

一族の中で最年長の谷野せつさんは、大正十四年三月、妹のかつさんがこの家でみどりさんを出産した時、病気の母に代わって、お祝いに訪れている。

「私はまだ、日本女子大の学生時分のことでしたが、産着を持って参りましたの。土間に年貢米が堆く積んである大百姓で、立派なお家でございました。そのころ弥三郎さんは、もう村長をされていましたが、明治時代に師範を出られる程ですから、かなりのインテリで、一家言持っていらっしゃったようです。

私が少し生意気なものですから、そう映ったのかも知れませんが、なかなか厳格で、難しい方の様でございましたねえ。ご養子と伺っていましたが、そんな気配はぜーんぜん。旦那様が威張っちゃって、全く昔風の亭主関白もいいところで、家付きのお嬢様の乃ぶさんが、小さくなっていらっしゃいましたよ」

この弥三郎さんの印象は、孫娘たちから見ると「甘く優しいおじいちゃん」になるから、何とも面白い。

上総(かずさ)の国の山村に育った大田中将の少年時代について、長女・みどりさんは「家に押し入った日本刀強盗を追っ払ったという話を祖父から聞きました」と言い、当主のちへ子さんも「亡くなった主人が、そんな話をしていました」と言う。

どんな状況だったのかな、と思っていたら、中将の沖縄での戦死が大本営から発表されて二日後の昭和二十年六月二十八日付朝日新聞に、それに触れた記事が載っていた。

《――大田實少将（当時）は、三十年間小学校教員の清貧に甘んじていた父の武人的教育と母のあふれる愛を受けて成長した。同郷の人は次のように語る。

實少年が九歳の時、日本刀をもった強盗が押し入った。さっと刀をぬき「騒ぐとためにならぬぞ。有金を全部出せ」とおどし文句を並べた。父母と一緒の床に寝ていた少年は、がばと床をけっておき、「何だ、僕の親をどうしようというのです。乱暴はよして下さい」ときっと曲者(くせもの)をにらみつけた。強盗はその意気にのまれたのか、枕元の金目のものだけを集めて、出て行った。

――》

また、同二十六日付読売報知新聞では、海兵41期の同期生で、当時、軍需省航空兵器総局総務局長を務めていた故・酒巻宗孝中将が、こう語っている。

《同じ千葉県の出身で、村も二、三里しか離れてゐない。千葉中学時代から剣道の達人で、兵学校の時などは彼に対抗して勝つ者は余りゐなかった。何時も元気で、ハチキレさうな朗らかな男で……》

父や兄と同じ千葉中学へ進むのは明治三十八年。みどりさんは「初めは寮生活だったそうですが、二階からオシッコをして追い出されましてね。仕方なく毎朝四時半に起き、提灯で足元を照らしながら、田舎の家から通ったそうです」と笑う。

腕白だが、剣道は群を抜いて強く、いつも級長を務める活発な少年だったが、漢学者の父譲りで、文章もよくしたらしい。それは一年生の時から「千葉中学　校友会雑誌」にしばしば投稿、五年生では同誌の編集委員六人の一角に加わっていることでも分かる。

一年の時の「運動会の模様を報知する文」は、友人に宛てた手紙の形式を取る凝りようだが、なかなかの名文である。

《春過ぎて夏猶浅く、四方の山々緑を飾る若葉の頃と相成り候処、貴兄には、愈々御壮健にて御暮らしなされ候由、賀し奉り候。……》

で始まり、運動会の様子を伝えた後、

《――競走の終りしは午後六時頃にて、此の時に会長より閉会の辞を告げられ、その終るや、生徒一般に菓子の分配ありて会は全く終り申し候。頗る空腹を感じたる折なれば、余は、これを貰ひて覚えずほゝ笑み申し候。……》

大田少年のごんたな笑顔が、見えるようだ。

2

明治末年の「千葉中学 校友会雑誌」に見る大田少年の作文は、一年生の時は無邪気さが勝っていたが、二年生になると、グンと磨きがかかる。二十一号のそれに掲載されているのは、題して「佐倉成田地方遠足の記」で、上総の自然育ちらしく、書き出しからして情感豊かである。

《花開き鳥囀る陽春の頃は、人の心も浮き立ちて、外がちなるは、東西の別あるべくもあらず。学年試験の難関も過ぎたる今日此頃は、春気頓に加はりたる心地して、昨日迄悄然として見えたる千葉寺の森は、俄に青みがゝつて、其が満足を現す如く、そよ吹く風は梢をならして、其が復活をさゝやくやうに見ゆ。袖ケ浦の青き漣も戯れ居るが如く、猪鼻台上の青々たる麦浪も之に和するが如く、織るが如く行き交う人車も、亦一として楽しげに見えざるはなし。げに楽しきは此頃なり。……》

この遠足は、前書きとは裏腹に強い風雨の中、江戸時代前期の下総国の義民・佐倉宗吾を祀る宗吾神社と成田山新勝寺を巡るコースだった。その感想でも、少年は〝大田らしさ〟をのぞかせる。

《――県道より折れ、泥濘膝を没する道を拾数丁歩めば神社なり。靴もゲートルも、ズボンも泥と変じ、其困難実に大なりき。

神社は、有名なる割合に華美ならずと雖、自ら神威の荘厳なるを覚ゆ。あゝ、かゝる僻村よりかゝる義民出づるか。げに勇ましく、げに慈み深き宗吾かな。宜なる哉。今日の如き雨中も、か

く香の煙の絶えざる。余は深く感銘しぬ。宗吾の仁なるに、義なるに、勇なるに。……》
千葉中学では当時、毎年秋に、最上級生の五年生による「秋期発火演習」なるものを行なっていた。九十九里浜沿いの集落を戦場に見立て、南北両軍各二中隊に分かれた生徒が、一泊二日で日ごろの軍事教練の成果を示す、実戦さながらの行軍演習。
大田少年が五年生になっていた明治四十二年十一月十、十一両日にわたって行なわれた際には、彼は南軍乙中隊の中隊長に任じられている。その「演習日誌」によれば、大田中隊長は三個小隊麾下の十二分隊を率い奮戦しているが、中にこんな記述がある。
《大田中隊長（中略）頑強に此の地点を固守せんと誓ふ。かくて此の要地を死守せる我軍は力の限り精限り、固死して一歩も退かず……》
先に紹介した作文の内容、表現力といい、演習での指揮、活躍ぶりといい、栴檀は双葉より芳し。描写する対象は違い過ぎるが、沖縄戦末期の絶体絶命の窮地の中で、歴史に残るあの仁愛溢れる電文を認めた人の、文武両道の萌芽を見る思いがする——と言えば、余りにうがち過ぎだろうか。
少年期から青年期へ向かうころの中将の物の考え方は、千葉中学五年生の時に書いた「端艇選手競漕に就いて」と題する一文に表われている。校内の伝統行事であるボートのチャンピオン・レースが、勝敗にこだわる余り弊害が出ているとして、学校当局に再考を求めた勇敢な文章だが、その冒頭で彼は後輩に語りかける。
《吾人青年が青雲の志を抱き、笈を負うて葉城（千葉中）に来る、そも何の故であらう。言はずもがな、将来この活社会に立つて、中もしくは中以上、否、帝国忠良の臣民として、社会国家に貢献せむがためであるのだから、吾人が、智に、情に、将又、意に心を注いで修養せねばならぬのは、当然のことだけれど、吾人は体育の均しく大切なるを忘れてはならぬ。

唯、先輩の言に感心してをる許りではいかぬ。本人の諸君と吾らとが、適切に意識しなければ不可能である。或場合――今日の学校教育は一般に智育にのみ走るさうな――に於いては、智育より盛んな位にやつても可なりだらう。

だから、僕は実際やつてをる。盛んにやつてをる。又、諸君にも充分お勧め申してをる次第である。殊にオゾンに富める海上のボート遊はいゝ、実にいゝ。海国男児の本性は、実に、海上に於て発揮せられる。机と首引連の得て見る所にあらずだ。……》

これを読まれた読者は、成る程、海軍兵学校（略称・海兵）へ進むわけだ、と思われるだろうが、どっこい、第一志望は第一高等学校だった。その経緯は、二女・すが子さんがご本人の口から聞いている。

「父は、嗚呼玉杯に花うけて、緑酒に月の影宿し……の一高寮歌に憧れて、受験したんだそうですが、落っこっちゃったから兵学校へ行ったんですって。田舎の大百姓や校長の子供といったって、とても浪人させる余裕なんてありませんから、すべて公費の利点に頼ったのじゃありません？」

明治四十三年九月六日、彼は故郷・千葉を出て、八日午後、江田島の人となった。「海軍兵学校生徒ヲ命ズ」の辞令をもらうのは同十二日だが、三日後の十五日の日曜日、早速、母校・千葉中の校友会雑誌あてに「海軍兵学校たより」を書いている。

兵学校生活が、いかに端然かつ整然としているかを起床から消灯巡検まで分刻みの日課表で示した後、学年ごとの学科を説明、さらに受験準備に言い及ぶ。筆まめであり、書くのが好きだった事は確かだが、それ以上に後に続く後輩を待ち望んでいたようだ。

《――本校は整然たるを以て鳴る。元気旺盛なるを以て鳴る。独特の棒倒しを以て鳴る。（中略）あゝ、かゝる美点を備へたる本校に何がために来らざる。千葉県の出身者目下九名、他府県に比して旗色挙がらず、而して千中よりは僅に二名のみ。――》

大田中将の軍歴、勤務ぶりを伝える
「将校」勤務録（村上すが子さん蔵）

海軍士官の成績序列、先任順序は「ハンモックナンバー」と呼ばれた。海兵の大田生徒のそれは中程で、いわゆるエリートではなかった。

日露戦争後の日本はロシアの巻き返しを恐れ、三回にわたり日露協約を結ぶかたわら、軍備の拡張に余念がなかった。そんな気運にあおられて、海兵は陸士と並んで青少年の憧れの的となり、百二十人前後の募集に対し、全国から秀俊が馳せ参じた。従って、上位の成績を取るのは容易ではなかったようだ。

しかし、大田生徒は持ち前の温厚篤実な人柄と明るい性格で、周囲の信望を集めた。大正二（一九一三）年十二月十九日、海兵を卒業、即日、海軍少尉候補生を命ぜられると共に、練習艦隊巡洋艦「吾妻」乗り組みを命じられた。

この年の練習艦隊は巡洋艦「吾妻」と同「浅間」の二隻で、第一期実務練習航海として近海は中華民国沿岸、遠洋航海はハワイ、北米沿岸に出掛けている。翌三年八月十一日、遠洋航海から帰ると、翌日、第二期実務練習として、第一艦隊所属の戦艦「河内」乗り組みを命じられた。

日付まで正確に分かるのは、筆者の手元に今、厚さ数センチの「将校勤務録」という立派なノートブックがあるからだ。淡紅色の布装で、表紙の背とコーナー、氏名欄には皮革が張ってあり、そこに「大田實」と墨字で自署が書き込まれている。二女・すが子さんが昭和十九年十一月十五日、村上光功氏に嫁いだ時、父の形見にと呉の自宅の納戸から持ち出したものである。

もっとも、この記録の表紙には「部外秘」の刻印があり、「本人現役ヲ退クトキハ希望ヲ以テ本人ヨリ又本人死亡ノトキハ所轄長（本人現役ニテ死亡ノトキ）又ハ遺族ヨリ之ヲ海軍省ニ納付ス可シ」と書かれている。つまり、民間にはほとんど残っていない資料なのだが、すが子さんの父を思う心から、今、有り難いことに目にすることが出来る。

中は上質のグラフ罫の用紙で、そこに綺麗な、カッチリしたペン字で、様々の勤務記録が書き込まれている。例えば「軍艦・河内準戦闘射撃実施要領」「新四等水兵特別教育実施方策」「潜水艦発見ニ関スル研究」があるかとおもうと、「洗濯釣床乾燥位置」といったものもあり、精励ぶりがうかがえるが、巻頭に一際、綺麗な文字で書かれているのは、大正三年八月二十三日の「宣戦詔書」である。

「天祐ヲ保有シ万世一系ノ皇祚ヲ践メル大日本帝国皇帝ハ忠実勇武ナル汝有衆ニ示ス　朕茲ニ独逸国ニ対シテ戦ヲ宣ス……」

第一次世界大戦への日本参戦で、大田少尉候補生が「河内」乗り組み中に迎えた〝初陣〟である。大戦の発端は、今、武力衝突後の難民問題で揺れるボスニアの首都サラエボで、この年六月二十八日、オーストリア・ハンガリー帝国の皇太子夫妻が、セルビアの一学生に暗殺されたことに始まる。

3

大田少尉候補生が軍人生活を始めたころの国際情勢について、少し書いておきたい。

二十世紀はスタートから、対立の時代だった。列強は世界に勢力を張り、植民地の再分割を狙った。日露戦争（一九〇四～〇五年）自体、直接戦ったのは日露両国だったが、日本の後ろにはイギリス、アメリカが立ち、ロシアの背後にはフランス、ドイツが控えており、第〇次世界大戦とも言えた。

これが一九〇七（明治四十）年になると、ヨーロッパはドイツ・オーストリア・イタリアの三国同盟と、イギリス・フランス・ロシアの三国協商の二大陣営に分かれ、にらみ合った。そこへ放たれたサラエボの一発。両陣営は、なりふり構わぬ帝国主義戦争に突入した。

日本も、欧米列強と肩を並べる世界的地位を固めるため、大戦につけこもうと考える。狙いは、中国山東省のドイツの利権を奪い、中国を日本の勢力下に置くこと、及び太平洋上のドイツ領を取ることだった。国内に渦巻く国民の諸要求をそらしたい、との思いもあった。日本は同盟国のイギリスから「シナ海のドイツ武装商船を撃破して欲しい」と頼まれたのを奇貨として、一九一四（大正三）年八月二十三日、強引に参戦する。

第一艦隊は同二十九日、佐世保を出航、シナ海方面に出動、戦役に従事したが、大田少尉候補生の初陣を語る記録は残念ながら「勤務録」にも無い。

日本陸軍約五万は九月二日、ドイツの中国・膠州湾租借地に上陸、約五千の守備隊を制圧して、十月六日に早、山東省の首都・済南を占領した。さらに同三十一日から青島のドイツ要塞を攻撃、十一月七日には攻略した。この青島攻略作戦には海防艦「周防」を旗艦とする第二艦隊（司令長官・加藤定吉中将）が出動したが、「河内」が属する第一艦隊は参加しなかった。

日本艦隊はかたわら、太平洋のドイツ領を攻撃、ミレー環礁をはじめ、マーシャル諸島のヤルート、カロリン諸島のクサイ、ポナペなどの島々、後に海軍の大基地となるトラック島、玉砕の島となるサイパンを占領した。

大田候補生は、この年十二月一日、少尉に任官、翌四年十月二十七日には、呉海軍工廠で竣工したばかりの戦艦「扶桑」乗り組みを命じられた。わが国が大海軍国を目指して旧式化した艦艇を再編制、国内で新たに建造した戦艦、巡洋戦艦各四隻の内の一隻で、しばらくはその「扶桑」勤務が続く。

大正五年十二月一日、中尉に昇進、一ヵ月後の六年元旦には従七位に叙せられるなど、順調な昇進ぶりだったが、この年十一月十四日の項には「待命仰セ付ケラル」、さらに七年九月二十日には「横須賀鎮守府付仰セ付ケラル」とあり、大尉昇任に四年もかかる。

大田中尉に何があったのか。

青年時代の大田中将は、智育よりむしろ体育を重んじていた。「僕は実際やってをる。盛んにやってをる」という文章そのままに、最も得意な剣道は後に教士七段。そのほか銃剣術、柔道、相撲、水泳など何でもござれのスポーツマンで、娘婿の村上さんは「段位は合わせて十三段と聞いたことがある」と言う。

戦艦「河内」時代の大正四年六月、横須賀在泊中に別科の相撲競技で左膝の関節を脱臼、公務負傷で横須賀海軍病院に入院しているが、大正六年十一月には肺結核を患った。

「スポーツがこよなく好きで、やり過ぎて体を壊しちゃったんです」と、すが子さんが呆れ顔で説明する。「スポーツになるとカンカンで、後の話になりますが、我が家がラジオを買ったのは父が野球と相撲を聞くためなんです。留守中は私たちにスコアを付けておけ、と言いまして、付け方を教えるのです。それが嫌で嫌で、その拒絶反応からでしょうか。私はいまだに野球も、相撲も見ませんの」

みどりさんが、補足する。「だけど、あの頃、海軍で結核に罹る方は多かったようです。軍艦の居住環境が悪かったからでしょうか」

手元に、それから十数年下がった「昭和六、七年の海軍生徒、下士官、兵、軍属患者死亡病名別」という資料がある。それによると、結核性疾患で死んだ人は各年百七十三人と百五十五人で、死者全体に占める割合は各年四十七パーセントと三十五パーセントを占めている。

それはとにかく、二十六歳の大田中尉は海軍でいう「引き入れ」、つまり休職生活に入った。みどりさんとすが子さんが、伝え聞いている。

「千葉県浦安のお友達のお宅で、三年間引き入れしたんですって。海軍士官の父が軍艦に乗れなくなり、陸戦専門になるのは、実はこれがきっかけなのです。それに三年も引き入れすると、ハンモックナンバーはビリになるんです。父はこの時、日蓮を勉強したそうです」

大田家の宗旨は元々、日蓮宗だった。傷心の中尉はそれに心の平安を求めたのではなかったか。しかも日蓮は同じ房総の人であった。

「日蓮は東海道十五ケ国の内第十二に相当たる安房国長狭郡東条郷片海の海人が子也」（本尊問答鈔）

「日蓮は中国、都の者に非ず、戦国の将軍らの子息にも非ず。遠国の者、民の子にて候」（中興入道消息）

貴族時代から武家社会へ、強者が弱者を貪る混沌の時代に、仏法をもって世の道理を説いた日蓮が同郷の「民の子」であることに勇気づけられただろう。

そして「社会不安の原因は人々の思想の乱れにある。正しい考えを人々の心の中に打ち立てることにより、国民大衆の安泰を図る」という立正安国論にも心動かされたに違いない。この「引き入れ」は、後の陸戦隊——沖縄戦——あの電文へと繋がって行く。

第六章　武人とその妻

1

三年間の「引き入れ」を余儀なくされた大田中尉は持ち前の頑張りで病と闘った。みどりさんの話。

「日蓮の書物を読んだり、法華経を写経したりして精神統一をはかったそうです。それと徹底した栄養管理ですね。肺病は固まるのに三年かかる、とよく言っていましたが、三年どころか、完治するまで十年、この療法を続けたようです。それで、後に、私たちが悩まされることになるのですけれど……」

悩まされた内容は後で書くとして、発病から丁度三年、病気も癒えた大正九年十二月、海軍大尉に任ぜられると共に、横須賀の海軍砲術学校高等科学生を命じられ、砲術科将校の道を進むことになった。

一年後、巡洋戦艦「比叡」の分隊長となり、一年九ヵ月の艦隊訓練に励む。第一次大戦は終了していたが、ロシアに革命が起こり、東洋の情勢も不安定だった。また、旧ドイツ領南洋諸島が日本の委任統治領になった直後であったから、艦隊は警備と調査を兼ねて、中国、シベリア、南洋諸島方面へ広く行動、十二年八月には「扶桑」に分隊長として戻った。

結婚は病気のため、遅れていた。そこで、この年、見合いをする。大田大尉三十二歳、かつさんは千葉高女を出て間もない十九歳だった。

この見合いについては、かつさんの長兄である海軍機関少将・精一氏が仲を取り持ったというのが通説になっているが、今回、姉の谷野せつさんが、実に楽しそうに新事実を話してくれた。

「実は、妹も私も、子供時分から、大田實氏が海軍兵学校の制服で、颯爽と歩いていらっしゃる姿を、よくお見かけしていますの。と言いますのは、千葉寺通り、今の千葉市弁天町の落合の家のすぐ下に、男の方たちの下宿住まいを引き受けているお家がありまして、医専だの、師範だのの学生さんが沢山いらっしゃいました。その中に、大田實氏の千葉中学時代からのお友達がおいでになったらしく、日曜日によく遊びにこられましたの。

私らが往来に出て、近所の子供たちと一緒に鬼ごっこをしたり、縄跳び、かくれんぼをしていますと、そこをお通りになる。田舎のことですから、とっても目立つんです。海兵の生徒さんて、短剣吊って、サッサとお歩きになるから、とっても格好良いでしょ」

クスクスッと笑って、谷野さんは続けた。

「ああ、兵学校の方が通られる、とあの界隈で注目されていらっしゃったのよ。そしてね、その下宿にいらっしゃったお友達の方が、大田氏と私の妹を結婚させようと斡旋なさったと記憶しています」

　かつさんの大田大尉に対する見合いの印象は、英雄さんが後年、母から聞いている。

「およそスマートとは言えない風貌で、背も一メートル六十あるかなしかの小柄でしたが、実直そうで、話してみると、とぼけた顔でよく冗談を言う。そんな温かそうな人柄に引かれた、と言っていました。兄も海軍軍人でしたから、軍人の妻になることに抵抗はない、というより、むしろ誇りに思っていたようです」

　大田大尉とかつさんが見合いをした大正十二年、かつさんの姉・谷野せつさんは日本女子大学校社会事業科の二回生だった。大正七年の米騒動にゆり起こされた社会運動が、労働戦線の統一、普通選挙や婦人参政権の要求、小作争議などの形で吹きあがった、いわゆる大正デモクラシーの時代。内務省は社会局を新設、日本女子大も国の示唆で社会福祉の専門家を養成する学科を大正十年に作った。谷野さんは、その二期生である。

　綺麗な白髪、今も矍鑠、毅然たる谷野さんは、東京・等々力の自宅で往時を語る。

「私は少し跳ねっ返りでしたから、新しい学問をやりたいと思いまして、志望しました。進歩的な考えの人、優れた人が居るかとおもうと、出来の良くない人が居たりで、何かチグハグでしたね。ところが、日本女子大には社会問題の専門の先生がいらっしゃらないの。それで東京帝大とか、慶応、早稲田のチャキチャキの教授の講義を聞けましたから、それは幸せでした。ただ、先生によっては、ソッポを向いて講義なさる方がいらっしゃるのね。女に何が分かるか、っていう訳でしょうねえ。まだ、そういう時代でしたよ」

当時、谷野さんは東京・文京区白山御殿町（今の白山三丁目）の小さな借家に、兄・落合英二さんと共に住み、大学に通っていた。落合さんは前年、東京帝大医学部薬学科を卒業、大学に残り研究を続けていた。

九月一日。まだ大学は夏休みで、谷野さんは千葉寺通りの実家に帰っていた。午前十一時五十八分四十四秒、激しい地震が襲った。関東大震災である。死者、行方不明者十万六千人、負傷者五万二千人、家屋の損害六十九万四千戸、特に東京、横浜は市街の三分の二を焼失した。余震は一日が大小二百十回、二日は三百三十三回と記録されている。

「千葉でも揺れがひどく、余震が何度もやって来ました。夜になっても怖くて家に入れず、庭の芝生に布団を持ち出して、まんじりともしませんでしたねえ。東京湾を隔てて、東京の大火災が赤々と見えまして、まるで映画でも見ているようでした。朝になると、東京の方から焼け焦げた新聞紙が飛んで来るやら、商売人が復興用の材木を買いつけに早々と人力車で駆けつけるやら、大変でした」

白山御殿町の借家は幸い、火災を免れた。新学期は九月十日から。それに間に合うよう、東京へ出なければならない。ところが、総武線の汽車は市川止まりでそこから先、東京までは歩くしかなかった。

「震災の後、治安が悪かったでしょ。家の者がね、娘が一人で焼け野原を歩くのはこまるって言うの。たまたま、大田大尉が我が家に現われたので、東京まで送ってもらえって事になりましたの」

かつさんと見合いし、婚約した大田大尉は、千葉寺通りの落合家をしばしば訪れていた。関東大震災発生後は「扶桑」の分隊長として、東京湾岸の被災者救護に奔走、一段落したところで姿を現わしたのだが、途端に頼られることになる。確かに、これ以上の護衛役はない。谷野さんが懐かしそうに回想する。

「日は忘れましたが、市川から夜通し歩いて、朝、白山御殿町の家に着きました。でも、大尉さんの護衛付きですから、とっても楽でしたよ。

東京の街は見渡す限り瓦礫（がれき）で、死体の山のそばも通りました。立っているのは、焼け残った立木と剣付き鉄砲の兵隊さんだけ。それもズラッと並んで警戒していましたが、大田さんは制服を着ておいでしたから、サッと直立不動で敬礼して通してくれるのね。私は、ただもう、大田さんの後をトコトコ歩いただけで、道中お話した記憶もありませんが、丸木橋しかないような所では、手を引っ張ってくれたりしまして武骨のようでいて、なかなか優しい人でしたよ」

大田大尉自身も、震災の被害を被っている。予定していた結婚式場がつぶれ、使えなくなったのだ。

かつさんの長兄らの奔走で帝国ホテルが取れ、式を挙げたのは、震災二ヵ月後の十一月。海軍関係者がたくさん出席し、当時としては盛大な披露宴だった。海兵41期では最後から二番目に遅い結婚で、十三歳違いというのも、二番目に若い奥さんだった。

新居は、横須賀市堀之内に構えた。今の三春町三丁目、京浜急行電鉄「堀ノ内」駅のすぐ海側にあったが、今は残っていない。当時、同市も震災で焼け野原になっていたが、焼け残った古く、小さな貸し家。障子に紙も貼っていないオンボロ家屋だった。

大田大尉は「扶桑」から三日間の結婚休暇をもらってきた。そして、何よりも先ずその酒豪ぶりで、新妻を驚かせる。家財道具もまだ、ろくに買い揃えていないのに、酒と徳利と茶碗だけを買ってきて、新聞紙をお膳代わりに、ぐびりぐびりとやりだした。ニコニコしながらの、静かな酒が三日三晩続いたが、四日目にはケロッとした顔で出勤した。

結婚して二ヵ月ほどたったころ、かつさんが扁桃腺を腫らして寝込んだ。四十度もの高熱が何日も続いたが、夫は乗艦勤務で帰って来ない。見かねた家主が電話をかけてくれ、やっと帰って来た。だが、軍服姿で枕元に突っ立ったまま、言い放った。

「軍人が軍服を着て一歩家を出たら、お国のものだ。たとえ、お前が死んでも、公務についている間は、絶対に帰らんぞ。分かったな」

踵を返しながら、「大事にしろ」と付け加えたのが精一杯の愛の表現だった。

2

堀之内に住んだのは一年くらいで、大正十三年の暮れ、夫妻は同じ横須賀市内の中里町二百十番地へ引っ越した。この家は、京浜急行電鉄「横須賀中央」駅前から南西へ延びる平坂を上がり切って、右側の山手へ入った辺りにあった。今の上町一丁目に当たり、駅から歩いて六、七分の距離だったというが、当時の家は建て替えられて、今は無い。

だが、ここから浦賀方面へ、駅の数で三つ目の大津町に、今住む二女・村上すが子さんは、持ち前の記憶の良さから、この家のことを良く覚えている。

十一人の姉弟は昭和五十六年八月、母・かつさんの七十七歳のお祝いに原稿を持ち寄り、「喜寿の母へ」と題する小冊子を出版したが、すが子さんは「大田家の物語」の中で「中里のお家」を紹介している。

《――お二階一間、下四間。大分狭いお家でしたが、大きな桜の木が一本、もちの木が二本もあり、裏には井戸もありました。ご近所は海軍のご家族が沢山住んでおいででした。大家さんは荒川さんで、家のお隣には絵の上手な清子ちゃん、照子ちゃんがいました。お二階の窓からは、わずかに猿島が見えました。

すぐそばに、小さい土手のようなものがあり、ここを「上田さんのお山」と呼んでいました。近所の子供達が集まり、開戦ごっこなどして遊びまわりました。

家へは十二段くらいのだんだんを上がりました。まだ二歳になっていなかった愛子ちゃんが崖からおち、脱臼していざっていたのを不思議に覚えています。》

家の説明をしてもらう積もりの引用文に、早、子供の姿が飛び出して来たが、無理もない。この家で十一人姉弟のうち、九人までが生まれているからだ。

引っ越した翌大正十四年に長女・みどりさん、翌十五年にすが子さんが、年子で生まれた。その後、五人は一年おきで、奇数年生まれが続く。昭和三年に三女・愛子さん、五年に四女・昭子さん、七年に五女・勝子さん、九年に長男・英雄さん、十一年に二男・浩さん。六女・八千代さんは、また年子で十二年に生まれ、これから後は偶数年に変わって、十四年に三男・畯さんが生まれている。この子沢山をめぐって、大田家に伝わる〝伝説〟がある。みどりさんが笑いながら、披露してくれた。

「父は兵学校の成績が余り思わしくないところへ、病気で三年、引き入れをしまして、ハンモックナンバーがビリになりましたでしょ。三十二歳で結婚して一番若い奥さんをもらったと思ったら、実は二番目だったでしょ。それで、何も一番になるものがないから、せめて子供の数で海軍のトップになろう、と母に言ったそうです。そしたら母が、ハイハイと答えたんですって」

子沢山についての大田實家の〝伝説〟の真偽はとにかく、落合家の両親、兄姉、親戚（しんせき）は、かつさんの身を案じて、さすがにハラハラしていたようだ。姉の谷野さんは、かつさんと顔を合わせる度に「よく産むわねえ。大丈夫？」と聞いたというが「子供は多い程楽しい、というんですから、これはもう私たちの口出しすることではなかったですねえ」と言う。

大田大尉は中里町の家へ引っ越したとほぼ同時期に「扶桑」から降り、横須賀鎮守府付、海軍砲術学校長承命服務を命じられた。この服務は約一年に及ぶが、この間に「陸戦」に関する研究、研修を重ねたと思われる。

大正十四年十二月一日、砲術学校教官兼分隊長を拝命、機関学校教官も兼任した。翌年十二月、少佐に昇進、新婚時代からの「俺は公務に全力を尽くす。お前は子育てに責任を持て」という〝分業〟は、ますます徹底する。

子供の命名すら、郷里の父に任せっ放しだった。

漢学者の弥三郎さんは、他の息子が文系へ進む中で只一人、軍人となった二男・實を「海軍」と呼んでいとおしんでいたから、喜んで漢籍の素養を傾けた、という事情もあったが……。

弥三郎さんは命名の度に、斎戒沐浴して、巻紙に毛筆で「命名書」を認めた。長女・みどりさんが今も大切に持っている「命名書」を見せてもらった。達筆で次のように書いてある。

「命名　みどり

孫女ハ大正十四年三月二十六日酉ノ日ヲ以テ生ル　酉ニ父ノ名（實）ヲ冠スレバみどりトナル而シテみどりハ緑ニ通ズ　緑ハ大田稲草ノ繁茂スルノ徴象ナレバ秋季穣々ノ豊作ヲ意味スルノミナラズ　戊申詔書之所謂去花取實大ノ御言葉ニ合スルモノナルヲ以テ前記ノ如ク命名ス」

みとり、ならぬ、みどりさんの解説。

「祖父は『みとり』と名付けておきながら、私が田舎へ遊びに行くと『みどり』と呼ぶんです。だから自分の名前は『みどり』だとばっかり思っていたら、戸籍名は『みとり』なんです。でも、呼ばれなれた通称の『みどり』を使っていますの」

すが子さんの場合「父、横須賀在任中に生まれし子なれば、すがすがしき子を祈念して」、愛子さんは「誰からも愛される子に」が命名の由来である。

彼女たちが、まだ幼かったころの中里町の家の様子を知る人は、谷野さんしか居ない。女子大生時代も、内務省社会局に勤めてからも、子供可愛さにしばしば泊まり掛けで横須賀の妹宅へ出掛けた。

「子供が増えると、妹はもう手が回らないの。年子の二女なんか、よく寝かされていたから『頭の形が変わっちゃうわよ』と抱っこしてやりました。そうそ、みどりは私にまとわりついて、レコードをかけてくれってうるさいの。それも『三つ違いの兄さんと……』って、壺坂霊験記の義太夫があるでしょ。あれを、回らぬ舌で『おばちゃん、三つ違いの……』なんてねっ、レコードを持ってねだりに来るの。妹に『あんた、何でこんな変なレコードばかり買ってるの』と聞きましたらね、これが面白いの……」

浄瑠璃のレコードは、大田少佐の趣味だった。とりわけ好きなのが壺坂霊験記で、盲目の亭主・沢市に尽くし、ついには開眼させる妻・お里の一念に惚れ込んでいた。谷野さんは言う。

「あれこそ女性の真髄、貞女の鑑、精神が良い、と妹に何度も言っていたそうです。幼いみどりが覚えてしまう程だから、繰り返し何度も聞いたのでしょうよ」

当のみどりさんも、かすかに覚えている。

「耳学問で、私は意味も分からないままに、壺坂を覚えてしまったのね。父の実家へ行った時、『三つ違いの兄さんと……』とうなったのですよ」

父・弥三郎さんが養子とは思えない亭主関白で、家内で君臨していたから、息子の少佐もまた、亭主たるものはそういうもの、妻はお里のように夫にかしずくべきもの、と思っていたに違いない。一方、夫人が育った落合家の両親もまた、夫唱婦随の最たるものだったから、かつさんもまた当然のこととして、ひたすら夫に仕えた。

それは、朝、夫が目覚める瞬間から始まった。愛子さんが話してくれた。

「母は毎朝、お盆の上にお湯の入った洗面器、タオル、石鹸、剃刀、髭剃りのブラシを乗っけて、

『お父様、お髯剃りますよ』と明るく言いながら、父が寝ている枕元へ行くのです。いつも、誰か赤ちゃんをおぶっていましたねえ。父が『オッ』と返事しますと、タオルで髯を蒸して、頭の方から、こんな風に（と立て膝の格好をして）ジョリジョリ、ジョリジョリと剃りまして、綺麗に拭ってあげて『ハイ、終わりました』。父はそれから、やおら起き上がるんですから、あんな、お殿様って、ないですよねえ」

この習慣は、新婚時代からだった。酒好きの夫は、しばしば夜遅くまで呑んで帰った。朝起きるのが辛そうなのを見かねての思いやりが、恒例になった。

話はみどりさんへとリレーする。

「冬の寒稽古で、父が午前四時ごろ出掛けて行く時でも、母は起き出しました。そんな時に限って、赤ちゃんがむずかるんです。すると、さっと背中におんぶして、ジョリジョリやっていました。大変だなあ、と思う一方で、妻はそういう風にするものだと思い込んでいましたから、私、結婚した時に実行しようとしたら……」

と話して、みどりさんは、一人で噴き出した。

「うちのご亭主がびっくり仰天、飛び起きて、殺されるのかと思った、という笑い話があるんですよ」

次は、すが子さんへバトンタッチ。

「父が洗面所へ参りますとね、お水とうがい薬のコップ、適温のお湯がちゃんと置いてありますの。歯ブラシには歯磨き粉までちゃんと付けてありました」

3

父に仕える母の姿を、まだ子供だった愛子さんは、眼裏にしっかり焼き付けている。

「お出かけの時は、母が父の足元に正座しまして、『はい、ハンカチ』『はい、鼻紙』っていう風に、手を差し伸べて渡していました。その度に、父は『ヨシッ』と返事するのね。そして、玄関まで見送って、三つ指ついて『行ってらっしゃいませ』でしょ。『只今(ただいま)っ』って帰って来た時も、帽子、短剣、上着と一つ、一つ、両手で受け取って、それぞれ掛けてあげて、和服をちゃんと着せ掛けてあげる。

晩酌の時だって、子供がいっぱい居て、用があったでしょうに、きちんとそばに付いていましたもの。ほんとーにもう、サービス満点。あんなにされたら旦那様は気持ちいいでしょうねえ。まあ、今どきの日本女性には、見ようったって見られない姿ですよ。そう言う私も、旦那様には余りしてあげない方だから、どう時間をやりくりして、あんな風にしていたのだろう、と七不思議の一つになっています。いわゆるかしずくという姿勢ですね」

一気に話した愛子さんは「でも、今になって思いますとね……」と、話を継いだ。

「あの時代の軍人の妻には、旦那様が生きているうちにサービスしてあげなきゃ、今度出ていったら、いつ死ぬか分からない、という思いが常にあったのじゃあないかと思うのです。だからこそ出来た、至れり尽くせりではなかったか、と……」

その上、夫との約束であった子供の養育にも全力を尽くす。衣と食はすべて手作りだった。みどりさんとすが子さんによれば、かつさんの母・落合のぶさんは千葉県で最初にオーブンを入手、娘二人に三越から取り寄せた洋服を着せ、テニスを勧めたハイカラな人で、衣・食両生活にわたって娘たちを相当、仕込んだらしい。

そのせいか、かつさんは魚を煮たり、焼いたりの単純な料理は嫌いで、得意はスコッチエッグ、ハンバーグ、各種のフライなど手のこんだ洋風だった。おやつはドーナツ、プリン、ケーキ、クラッカー、コーンスターチで作ったゼリーや冷菓と多彩。果物を入れたり、井戸で冷やしたりして子供を喜ばせた。

ミシンが無かったせいもあるが、「フランスの一流の縫い子は手縫い」が持論。型紙から手作りで、洋服はすべて手縫い、得意の刺繍(ししゅう)をあしらった。そのファッションがまた、昭和初年の横須賀には珍しい斬新なものだった。例えば真っ黄色のセーターに真っ赤なショートパンツ、真っ赤なベレー。上の娘さんたち五人は、いつもお揃いだった。

オルガンも得意で、女学生のころから通っていた教会で覚えた賛美歌をよく子供たちに教え、一緒に童謡、唱歌を歌った。そんな時の大田家は、武人の家とは思えない和やかさと優しさに包まれた。

かつ夫人が作る料理の素晴らしさについては、外科医・川井田勝さん（六二）（鹿児島市千年一の四の六）から傍証を頂いた。

川井田さんの父、健・軍医大佐（昭和四十二年、六十九歳で他界）は、横須賀海軍病院の外科長や横須賀海軍共済病院の副院長を務めた人で、一家は横須賀の官舎住まいが永かった。また、姉の東郷房子さん（六八）（宮崎県日南市石崎三の六の一二）が大田家の長女・みどりさんと横須賀市立豊島小学校が同級で、親友だった関係から、両家の姉弟はお互いの家をよく行き来した。昭和八年頃からの親交が、戦後の一時期を除いて今も続いているという微笑ましい間柄である。

　川井田さんも長じて、海兵最後のクラスである78期に五ヵ月籍を置き、今も海軍を語って止まないのだが、横須賀時代を思い返し、懐かしそうに話してくれた。

「親同士は同じ海軍ながら、そんなに親しい行き来はなく、子供同士のお付き合いなのです。昭和十年十一月の末でしたか、私の父が予備役になって、一家が郷里の鹿児島に引き揚げることになった時、私たち姉弟は中里町の大田家へお別れに行きました。すると、かつ夫人が、あなた方のお家は引っ越しで大変だろうから、夕食はうちで食べていらっしゃい、と言って、御馳走して下さいました。その時、頂いたチキンライスの美味しかったこと。当時、私は五歳でしたが、食堂で食べるのより、うんと美味しかったチキンライスの味を、今も良く覚えているのです」

　川井田さんが次に大田家の味に接するのは昭和十七年、父が再召集を受け、呉海軍共済病院副院長を務め、呉市二河町の官舎に今で言う単身赴任をしていた時である。八月の夏休みに一家で呉へ遊びに行ったが、姉弟は川原石の大田家を訪問した。

「その時は白身の魚のムニエルを御馳走して頂きましたが、ホワイトソースがこれまた素晴らしく美味しかった。鹿児島一中一年生時分の食べ盛り、食料難時代のこととは言え、あの味は本物でしたよ」

　と絶賛するのである。

旧制高女生時代の雰囲気を十二分に残す二女・すが子さんは、父母の力関係について「十三も年が違いましたから、うちの母はぺしゃんこ、ちいーさくなっていました」と言い、父親については「家では、なーんにもしませんのね、なーんにもしない。何一つ致しませんでした」と、茶目っ気たっぷりに語る。

しかし、大田少佐は赤ん坊の世話に追われる夫人を見かねてか、あるいは夫人を休息させようと思ったのか、みどりさんとすが子さんを連れて、料亭へ飲みに出掛けた話が残っている。話してくれたのは、横須賀市米が浜通二の一五、料亭「小松」の女将・山本直枝さん（八四）。

海軍士官の史実を綴る以上、やや横道にそれるが、この料亭について触れぬ訳にはいかない。

「小松」は、山本さんの養母・小松刀自（昭和十八年、九十六歳で他界）が、横須賀に鎮守府が開設された翌明治十八年、海

かつ夫人手製の晴れ着を着た昭和６年の大田家族。左から夫人の前は二女・すが子、長女・みどり、四女・昭子を抱く大田少佐、三女愛子、右端はお手伝いさん（村上すが子さん蔵）

軍士官のために同地の田戸（今の横須賀市安浦町）で創業した老舗。屋号にもなった刀自の名前は、彼女がまだ浦賀の料理旅館で働いていた明治八年、海軍の水雷実験視察に来た小松宮様に大層気に入られ、頂いたというから由緒深い。

田戸で三十八年間営業した「小松」は大正十二年、現在地に移転した。今の建物はそのころからのもので、どっしりした門構え、玉砂利の前庭の奥に、古風な木造二階建てがコの字型に連なっている。客室は百二十畳の大広間など十五部屋。

海軍士官の間で、英語の松から取って「パイン」と〝隠語〟で呼ばれるようになるのは、この移転当時からで、別名「海軍料亭」とも言われた。二代の女将にわたる百七年間に足跡を残した顔触れは、とにかく凄い。

海軍の象徴的存在であった東郷平八郎をはじめ、後に総理大臣を務めた山本権兵衛（海兵2期）、加藤友三郎（7期）、米内光政（29期）、駐米全権大使の野村吉三郎（26期）、連合艦隊司令長官の山本五十六（32期）などなど、後の元帥、大将が少しも珍しくない顕官ぞろいである。

提督ばかりでなく、若き士官たちの溜まり場でもあったわけで、大田少佐は砲術学校教官時代の昭和初年から姿を見せ始める。ほぼ同時代の昭和二年、十八歳で二代目を継いだ山本さんは、女将六十五年の年輪を凛と漂わせながら、懐かしさに頰をほころばせて話す。

「大田さんは、お見えになる度に『女将、また女が生まれた』『また女だよ』と嘆いていらっしゃった。元気なお子様なら、どちらだっていいじゃありませんか、と申し上げたのですけど、ある日、そのお嬢様二人を人力車に乗せてお連れになったんですの」

料亭「小松」へ父に連れられて行ったことは、みどりさんが覚えていた。

「大正の末に生まれた私たちが、まだ小さかったから、昭和二、三年のことでしょうか。おうちが広いのでトコトコ走ったこと、芸者衆が遊んでくれたこと、綺麗なお姉様だなあと思ったこと、父が酔って寝込んじゃったもんで、その芸者さんに人力車で送ってもらったことなんか、かすかに覚えています。それとは別に、芸者さんが中里町の家へ父を送って来た記憶もありますので、小松へはよく出掛けていたのじゃあないでしょうか」

大田少佐と幼い子供たちとの触れ合いは、まだある。お正月やお盆、施餓鬼（せがき）といえば、夫人や子供を連れてよく実家へ帰った。青年時代に肺結核を患った時、日蓮に傾倒したことは既に書いたが、大体が信心深い人で、先祖供養にも熱心だった。郷里の氏神・高山神社に、給料全額をポンと喜捨した話も残っている。子供たちにとっては、軍務一筋とは違う父の素顔に触れられる楽しい機会だった。すが子さんの回想。

「父は実家に帰りましたらね、さっと鎌を持ち出して、サッササッサと草刈りをするやら、すごくお手伝いをしていました。畦道（あぜみち）を通って近くの親戚へも連れて行ってくれましたが、蛇が出るといけないからドタドタ足音を立てて歩け、と教えてくれたりもしました。

それを見た村中の人がやって来て、私たちを『海軍の嬢っ子』と歓迎してくれて、それは、もう大変。祖父はどこからか料理人を呼んで来て、ニワトリをつぶすやら、御馳走を作らせるやら、二日二晩くらい飲めや歌えの大宴会が続きました」

謹厳実直な漢学者で、小学校長あがりの村長、名うての亭主関白だった祖父・弥三郎さんも、

「海軍」と呼んでいとおしんだ二男の子らを前にして、いささか舞い上がったようだ。

「おじいちゃんは『僕は昔、飴屋さんだったの』なんて言いまして、私たちが見ている前で『飴屋チンチキリンのスッチャラチャンのチャンチャン』なんて踊るのね。後に、私は父と同郷の村上家へお嫁に行ったのですが、『大田のおじいちゃんは飴屋の歌なんか歌って、すっごく面白い人でした』と話すと、うちの舅がね、『いや、大田先生はそういう方ではない。謹厳実直、大変厳しいご立派な方であった』と、きかないんですよ。とんでもない、飴屋チンチキリンだっていうの」

　愛子さんによれば、祖母・乃ぶさんは腰をかがめながら、小豆を煮て羊羹を作ってくれたという。

　軍人が尊敬され、その家族が大事にされた時代。しかし、見えぬ暗雲は漂い始めていた。

第七章　戦雲暗く

1

　ここで、大田家からちょっと目を離し、少し固くなるが、大正から昭和へと続く軍国日本の暗い軌跡を駆け足でおさらえしておきたい。

　日本と中国の関係は、第一次世界大戦後、一段と険悪になった。日本は参戦の翌一九一五（大正四）年一月、武力を背景に、南満州と東蒙古を事実上の植民地にすることを含む「二十一ヵ条の要求」を中国に突きつけ、その大半を強引にのませた。時の中国大総統・袁世凱（えんせいがい）は「日本は平等の友邦として遇すべき中国をブタかイヌのように扱う」と憤激、要求をのまされた五月九日を「国恥記念日」とし、中国人は日本を民族最大の敵と見るようになる。

　一九一九（大正八）年四月、パリの講和会議は、山東省の旧ドイツ利権を日本に与えた。さらに怒りを募らせた中国の学生、労働者、商人は五月四日、抗議のストライキに入る。有名な「五

・四運動」である。

もっとも日本の外交は、こんな強圧的な態度ばかりでもなかった。一九二四（大正十三）年六月、「護憲三派」内閣の外務大臣を務めた幣原喜重郎は、冷えきっていた日中関係の改善に奔走した。永く欧米に暮らし、国際法を学んだ彼は、現実主義者だった。対中国政策でも相手の要求も受け入れる中で、日本の経済的利益を確保しようとした。

この〝幣原外交〟は、中国からは好感を持たれたが、国内の武断派からは「軟弱外交」と非難された。昭和二年、金融恐慌が起きると、三派内閣は両方の責任を問われて総辞職、融和の時代は終わりを告げる。

この間、虐げられた中国民族の中に、自主独立と統一の気運が高まった。国民党の指導者・孫文は一九二一（大正十）年、広東に国民政府を樹立、その後、毛沢東らの共産党と統一戦線を結んで、打倒軍閥・帝国主義の運動を押し進めた。

孫文は一九二五（大正十四）年、志半ばで病死、国民党と共産党もやがて分裂するが、国民政府は翌二六年、中国統一を早めようと、「北伐」を開始した。諸外国の帝国主義者と結んで国内を四分五裂にする北方の軍閥を倒すのが目的で、蔣介石を総司令とする国民革命軍は広東から北上、翌二七（昭和二）年一月に武漢、三月に上海を占領した。

上海から約五百キロ北の山東省は第一次大戦以来、日本が多くの権益を持ち、二万人もの日本人が居留していた。三派内閣の後を襲った日本の田中義一内閣は、この年五月、居留邦人保護の名目で陸軍に派兵を命じた。第一次山東出兵である。

折から中国では国・共分裂の真っ最中で、北伐は一時延期。日本軍は一旦引き揚げたが、翌年四月、国民政府が北伐を再開すると、第二次出兵を行なう。

海軍も第一遣外艦隊司令部（司令官・米内光政少将）を巡洋艦「利根」で、山東省に派遣した。陸戦の研修に努めていた大田少佐も昭和三年十二月十日、砲術学校教官から同艦隊司令部付を命じられ、陸戦隊に勤務して居留民保護に当たった。

居留民保護のため山東省に在任約十ヵ月、帰国した大田少佐は昭和四年十月、佐世保鎮守府に転じ、佐世保海兵団長承命服務を命ぜられた。先の横須賀での砲術学校長付に続く承命服務で、再度、陸戦に関する研究、研修を重ねた。

五年六月一日、横須賀海兵団砲術長兼分隊長、翌六年十一月二日に海軍砲術学校教官を拝命、陸戦術を担当するが、このころの日中関係は一層の緊迫状態に入っていた。

北伐によって国内を大体、統一し終えた中国の国民政府は、治外法権の撤廃、関税自主権の回復、租界の回収など、独立国としての国権回復を図った。

その勢いは従来、「関外の地」として半独立的無風地帯であった東北三省（満州）にも及び、青天白日旗がひるがえる。これに対して日本では「日本の生命線・満蒙」という言葉が、にわかに叫ばれ始めた。

満蒙というのは、東北三省と内蒙古の東部をひっくるめた言い方で、「ここには日清・日露戦争での日本軍の骨が埋められ、血であがなった権益がある。それが今、中国の排日・抗日のために脅かされているから、断固としてこの生命線は守らなければならない」と説くのである。

その権益は、既に書いた「二十一ヵ条の要求」で半ば火事場泥棒的に奪ったものも含まれていたが、ポーツマス日露講和条約（一九〇五年）で正規に獲得したものもあった。

そこで、日本人の満蒙に対する考えは、単なる権益擁護という法律意識を超えて、もっと奥深い感情と結び付いた。それは曠野（こうや）にそびえる忠霊塔のイメージを伴う「聖地」であり、国民感情を限りなく刺激する源だった。もっとも、すべて日本の立場からの言い分ではあったが……。

そんな思いは当時、朝日新聞社が全国に公募して選定した昭和に入っての最初の軍歌「満州行進曲」（大江素天・作詞、堀内敬三・作曲）に歌い込まれている。

〽過ぎし日露の戦いに
勇士の骨を埋（うず）めたる
忠霊塔を仰ぎ見よ
赤き血潮（ちしお）に色染めし
夕陽をあびて空高く
千里曠野に聳（そび）えたり
（二番～五番　中略）
〽東洋平和のためならば
我等がいのち捨つるとも
なにか惜しまん日本の

生命線はここにあり
九千万のはらからと
ともに守らん満州を

確かに満州は、帝国主義国・日本の運命を左右する重要な植民地だった。だから、この地におよそ百万の国民を移住させ、十六億千六百六十九万円（昭和五年現在）の資本を投下、一万余の関東軍を配備した。そこは中国支配の拠点であり、仮想敵国・ソ連に対する軍事基地として欠かせぬ存在であった。

この権益が危ない、と見た関東軍は、昭和六年九月十八日午後十時すぎ、満州事変を起こす。奉天北郊の柳条湖で満鉄線路を自ら爆破、中国軍の仕業だとして、直ちに付近の中国軍兵営を攻撃した。日本政府は軍事行動不拡大の方針を打ち出すが、実際には戦線は拡大の一途をたどり、わずか二ヵ月で満州全域を占領してしまう。

満州事変が起こると、中国の日本排斥運動は全土に広がった。特に日本人が約二万人と最も多かった上海は、険悪な情勢となった。日本人居留民大会は昭和六年十二月六日に開かれ、抗日団体の解散、生命・財産の安全確保、日中関係の根本的解決などを求めた。

ところが当時、居留民保護の任務についていた日本海軍上海陸戦隊は、千八百三十三人しかいなかった。時の左近司政三海軍次官（海兵28期）は「陸戦隊は、往日の陸戦隊にあらず。二千人、野砲・装甲自動車あり。大丈夫なり」と楽観的だったが、その実、軍令部はこれに先立つ十月、佐世保、横須賀両鎮守府に陸戦隊各二個大隊の急速編制と訓練を命じていた。

佐世保第二、第三、横須賀第一、第二の各特別陸戦隊がそれで、後にこの順序で上海陸戦隊の第三〜第六大隊に増強される。海軍砲術学校の教官をしていた大田少佐は、この時、横須賀第一特別陸戦隊長、つまり上海陸戦隊第五大隊長に任じられることになる。

当初の控えめな陸戦隊配備でも分かるように、海軍は満州事変には反対だった。勃発当時の海軍次官で、その後、連合艦隊司令長官を務めた小林躋造中将（海兵26期）は、太平洋戦争開戦直前にこう語っている。

「海軍は多年にわたる満州不穏の情勢よりして警戒はしていたけれども、海軍の伝統として『政治に触れない』立場から一に政府の平和的施策を信頼し、特に政府に対し意見を具申した事もない。（中略）悪くすると大戦に導入する恐れある満州事変の勃発は好ましからぬ事であった」

従って、陸軍の錦州攻撃（昭和六年十月）の際、海軍は共同作戦の申し入れを断わった程だ。

軍部内にも先行きを危ぶむ声があった満州事変には、当然ながら国際連盟理事会が調査に動き出した。事変を画策し、満州の独立をもくろむ関東軍は、列国の目をそらせるために、更なる陰謀を企てる。

昭和七年一月十八日夕方、上海の工場街・楊樹浦で寒行のため団扇太鼓を打ち鳴らしつつ歩いていた日蓮宗の日本人僧侶二人と信者三人が中国人に襲われ、一人が死亡、二人が重傷を負った。

何の罪もない宗教者が被害を受けた、ということで居留民は憤激した。翌日、右翼結社の日本青年同志会は、加害者は現場付近にある中国人資本のタオル製造会社・三友実業社の職工と決めつけ、放火した。同社は抗日運動の拠点として知られていたからである。更に帰途、共同租界の中国人警察官と衝突、一人を斬殺(ざんさつ)、数名に重軽傷を負わす。

この一連の事件が謀略だった、という衝撃的な証言が飛び出すのは、戦後の極東軍事裁判の中である。

2

上海で起きた一連の血なまぐさい事件について、極東軍事裁判で衝撃的な証言をしたのは、事件当時の上海駐在公使館付武官補佐官であった田中隆吉・陸軍少佐（のち少将、兵務局長）である。裁判の記録や、後にテレビに出演して語ったところによると、概要は次のような内容だった。

「奉天の関東軍司令部へ出張すると、帰りがけに参謀の板垣征四郎大佐（のち大将、A級戦犯として絞首刑）に呼ばれた。満州事変に対する列国の注意をそらせるため、上海で事件を起こせ、という指令で、運動資金として二万円を渡された。これだけでは足りないので、参謀本部第二部支那課に機密費を少し出してくれと頼んだら、関東軍から連絡が行っていたらしく、激励はしてくれたが、金は出してくれなかった。そこで、某社の上海出張所から十万円を借りた。これらの金を男装の麗人スパイ・川島芳子に渡し、中国人を買収させ、江湾路にある日蓮宗妙法寺の僧侶を襲わせた。これが、上海事変の発端となった」

謀略とは知らない村井総領事は、この事件について上海市政府に正式抗議、犯人の逮捕・処罰、抗日運動の即時停止などを求めた。居留民保護のため、先の山東省に続いて上海に出動していた

する。海軍第一遣外艦隊司令官・塩沢幸一少将（海兵32期）も、陸軍の陰謀とは知らず、最後通牒を発

「——満足なる回答がない場合は、帝国の権益擁護のため適当と信ずる手段に出ずる決心なり」

一方、中国側は、前年暮れから上海の防備に当たっていた第十九路軍が、日本の陸戦隊本部に通じる北四川路に堅固な陣地を構築し始めた。同軍は「鉄軍（アイアン・アーミー）」のニックネームを持ち、国民革命軍の中でも最強をうたわれていた。また反日教育も徹底し、「殺身救国、団結抗日」をスローガンにしており、兵力は三万三千五百。当時上海にいた日本の陸戦隊の、二十倍近かった。

ところで、当時の上海には、国籍の数で五十ヵ国にも及ぶ世界の外国人・約五万人が、治外法権地域の共同租界に住んでいた。そこには政府に相当する常設の行政機関として「工部局」という組織が設けられていた。名前の由来は、当初の仕事の中心が、道路工事など土木建設事業が多かったからだが、その工部局が僧侶殺傷事件から十一日目の一月二十八日夕刻、戒厳令を出した。

これを受け、英、米、仏列国軍隊は警備についた。日本海軍陸戦隊も警備につこうとした二十九日午前零時、陸戦隊本部前で中国便衣隊の襲撃を受けた。平服で敵地に入り、後方を攪乱する部隊である。

陸戦隊は直ちに応戦、第一次上海事変は勃発した。

鮫島具重大佐（海兵37期）率いる上海陸戦隊は兵員数でも、火器の数でも、第十九路軍に圧倒

的に劣っていた。しかも、戦闘は市街の五ヵ所で同時に始まり、千八百三十三の兵力を分散せねばならなかったから、たちまち死傷者が続出、苦戦に陥った。

上海市内は幹線を除けば、道路が未整備で、高層のビルが林立していた。十九路軍はそんな建物に立てこもったり、狭い道路に堅固な陣地を構築したりして応戦、陸戦隊を手こずらせた。

軍令部（陸軍の参謀本部に相当する海軍の中央統帥機関）は一月二十九日、横須賀、佐世保で編制待機中の陸戦隊四個大隊に出動を命じた。横須賀第一特別陸戦隊、現地で上海陸戦隊第五大隊となる大田少佐の部隊も急遽出撃、二月一日、上海に上陸するが、出撃の際の訓示が残っている。

海兵の後輩で、高山短期大学理事兼教授の後藤新八郎氏（六八）（75期、岐阜県吉城郡古川町殿町一一の六）が、かつて防衛庁防衛研究所戦史部に勤務中、「上海陸戦隊第五大隊関係綴」と題されたガリ版刷りの資料の中から発見した貴重な記録である。

《只今より不肖大田、特別陸戦隊の指揮官として諸子の生命を預かる。些少にても不満の者あらば、手を挙げよ。（暫く無言、手を挙げる者なし）。

よし。総員指揮官の一令の下に、水火をも辞せず、敢然として邁進することを誓ふ。上海においては既に第十九路軍との戦ひは開かれ、我が幾多の戦友が既に死し、あるひは傷つきたり。今は只、万腔（ママ）の戦闘意識を以て奮闘せよ。行け勇敢に、戦へ猛烈に。》

部隊の長として初めての出征、訓示だけに、力がこもっているが、隊員に意向を尋ねるあたり、この指揮官らしい。第五大隊は二月三日から市街戦に参加するが、この間、海軍の兵力は増強に次ぐ増強を重ねた。

当初、事態の平和的解決を願って、部隊の増援を見合わせたのが裏目に出た格好で、第一遣外艦隊だけでは荷が重いと見て、その上に野村吉三郎中将（海兵26期、のち大将、駐米全権大使）を司令長官とする第三艦隊を新たに編制した。平時には無かった艦隊で、第三戦隊第一水雷戦隊、第一航空戦隊などが指揮下に入る。

その上、陸軍にも出動を要請する。前年、満州事変の錦州攻撃の際、海軍は陸軍の出動要請を断わっているだけに、これは辛い申し出だった。

果たして、陸軍は「満州での事態拡大にさえ絶対反対を唱えてきた海軍が、中国本土で事を拡大するとは何事か」と厭味（いやみ）たらたらだったが、二月二日に第九師団（金沢）、同五日に第十二師団の混成二十四旅団（久留米）、同二十四日に第十一師団（善通寺）と第十四師団（宇都宮）に動員令を発した。

上海事変は、市街戦の連続だった。中国軍は激しい抗日意識に燃える第十九路軍に、第五軍を増強、計六万七千五百の兵力で、日本軍と互角に戦った。戦線は上海共同租界から北へ、呉淞（ウースン）に延びる淞滬（しょうこ）鉄道沿いに拡大、日本陸、海軍の死傷者は相次ぐが、大田少佐率いる第五大隊は、その北端に当たる最前線に展開した。

当時の戦況を報じた写真集が何点か発行されているが、第五大隊の写真が特に多い。日本の報道カメラマンが生命の危険をも顧みず、第一線部隊に従軍したからで、図らずも第五大隊の奮戦ぶりを伝えている。写真を文字で説明する愚を敢（あ）えてするなら、例えばこんな図柄に、こんな説明が付いている。

塹壕の中で、双眼鏡をのぞく将校、右手に抜き放ったゴボウ剣、左手に日の丸の小旗を持つ兵士たちには「二月三日朝、第一遣外艦隊は砲撃を開始するとともに、第五大隊（大田實少佐）に虹口クリーク以東の中国軍を攻撃させた。塹壕で対峙の陸戦隊」。

廃墟と化した工場横で、土嚢の陣地作りを急ぐ兵士には「戦闘は日中両軍とも建造物を遮蔽物とした市街戦となった。宝山破璃廠南側の陸戦隊第五大隊陣地」。

ビル屋上の隅っこに陣取る陸戦隊員には「屋根瓦の崩れた四明公所屋上の第五大隊陣地」。

といった具合だ。こんな写真が報じられる中で、横須賀の大田家をギクリとさせた出来事を、当時五歳だった二女のすが子さんが記憶している。

「新聞の号外で、同姓のオオタさんが負傷、と載ったのです。見た途端、母が血相を変えて、中里町の家の下の方にあった自身番、今でいう町会事務所へ飛んで行きまして、そこの電話を借りて鎮守府へ確かめたのを覚えています。あの時の母は、さすがにうろ

昭和７年１月29日、上海事変に出撃する大田少佐（村上すが子さん蔵）

たえていました」

それは上海陸戦隊第一大隊第一中隊長・太田大尉の負傷を報じた記事で、一家は安堵の胸をなで下ろす。

「軍国美談」として喧伝された「爆弾三勇士」も、この上海事変の出来事である。上海北郊八キロの集落・廟行鎮の敵の鉄条網を破壊するため、混成二十四旅団（久留米）工兵第二小隊の江下武二、作江伊之助、北川丞・各一等兵が点火した破壊筒（竹筒で包んだ爆薬）を抱えて突進、破壊に成功したものの、全員爆死した。

事変は英、米、仏、伊四国公使の勧告で三月三日に停戦、五月五日に停戦協定が成立した。日本軍の戦死者は七百六十九人、負傷者二千三百二十二人に上り、前年来の満州事変の死傷者・千百九十九人を大きく上回った。日本への国際的な疑念も、大きくふくらむ。

本稿の取材に当たり、上海での大田少佐を知る旧軍人を探したが、さすがに、すべて他界されていた。しかし、民間人なら只一人が、ご健在である。

3

上海での大田少佐を知る人は、奇しくも、後年、彼が命を賭して守った沖縄県の人だった。

本島中部西海岸の宜野湾市。平成四年五月十五日、沖縄本土復帰二十周年の記念式典が行なわれた「沖縄コンベンションセンター」に近い同市真志喜二の二四の一四で、西洋陶器の貿易商「英国屋」を営む国吉美恵子さん（六四）の母・鶴さん（八八）である。

そうと分かったのは、大田夫人のかつさんが生前、文通されていたからで、筆者は長男の英雄さんから「父の上海時代の知人」と聞いて、四年二月に沖縄へ取材に出掛けた際、訪ねた。

自宅を兼ねた店舗は、レンガ・タイルの落ち着いた鉄筋コンクリート三階建て。一階がショウルームになっており、ルイス・コンフォート・ティファニーのステンドグラス・ランプのレプリカを主に、ウエッジウッドやガレなど、ヨーロッパ各国の高級食器、装飾品がいっぱいで、店内は花園のようだった。

国吉さん母子は、奥のテーブルで応対してくれたが、「大田中将の上海時代のことを」と切りだした途端に鶴さんの顔が和んだ。有り難いことに、記憶は誠に鮮明。話はまず、上海へ行った経緯から始まった。

鶴さんの夫であり、美恵子さんの父である国吉真政さんは、沖縄一中、長崎医専（長崎大医学部の前身）を出て、県立病院耳鼻科部長を務めた後、開業したが、三年目の昭和五年の初秋、結核のため三十六歳の若さで亡くなった。

鶴さんは四人の子供を抱え、途方に暮れた。その時、仕事の関係で上海にいた実兄の田場盛義氏から「こちらへ来ないか。生活の面倒は見る。沖縄に居るより、場所を変えた方が、気が晴れるのではないか」との誘いを受けた。そこで翌六年春、田場家の母、妹も連れ七人連れで、兄を頼って上海へ行った。

ところで、田場盛義という人もまた、この後、昭和十二年、暗き戦雲の下で非業の死を遂げる沖縄では最初の外交官なので、この機会に紹介しておきたい。

沖縄一中では鶴さんの夫より一年先輩で、東京外国語学校（東京外国語大の前身）英語科在学中の大正六年、外務書記生試験（今の外務公務員採用専門試験）に合格した。香港、厦門、吉林、漢口の各総領事館に勤務するかたわら、大正十一年には国家試験外交科試験（今の同一種試験）にも合格、前途洋々だったはずなのに大正十四年、突然「依願退職」する。

伯父のこの〝挫折〟に疑念を持った美恵子さんは戦後、外務省外交史料館をはじめ、関係者の間を尋ね回って一つの結論を得た。「自分から辞めたのではなくて、首を切られたのです。それが伯父の運命を変えるのです。……」

田場盛義氏の突然の退職は、上司である吉林、漢口総領事とのトラブルが原因だった、と姪の美恵子さんは言う。

「伯父は語学がとっても堪能で、仕事の出来る人でしたから、専門学校出が取得出来る外務書記生の資格では満足出来なかったようです。それで、吉林に勤務した大正九年ごろから外交科試験を受けたい、と総領事に申し出たのですが、人手不足を理由になかなか受け入れてもらえなかった。総領事が外務大臣宛に『忙しい最中に、田場書記生が受験のため帰国したいと言うので困っている。代わりの要員を出してもらわない限り、許可出来ない』と訴えた書簡も残っています。

それに、伯父は公私のけじめをはっきりする人で、上司から私用を頼まれても、それは仕事じゃない、と一切応じなかったそうです。それやこれやで上司のおぼえが良くないところへ、当時のことですから、沖縄県人のくせに、という偏見もあって、詰め腹を切らされたというのが、私の調査した結論なのです」

沖縄近現代史研究会代表の又吉盛清氏（浦添市職員）が、その生涯に大変興味を示し、現在、「田場盛義伝」を執筆中とも聞いた。

外務省退官後の田場氏は、上海の国際通信社編輯部に入り、得意の翻訳を一年、農商務省の下部機関である上海日本商務官事務所嘱託を六年務めるのだが、妹の鶴さんら一族七人が上海入りしたのは、そんな失意の時だった。当時、美恵子さんはまだ三歳。語り手は、鶴さんに代わる。

「兄は子供がなく、奥さんの貞子さんと共同租界の今で言う立派なマンションに入って居りました。そこへ七人が転がり込んだのです。兄嫁は琉球王朝の尚家の家老を務めた奥原家の娘さんで万事、鷹揚な人でしたから、私たちを温かく迎えてくれました。兄は、今こそ親、姉妹に孝行をするんだ、と申しましてね。朝から商務官事務所で働き、夕方、一度帰ってご飯を食べてから、今度は通信社のようなところで三時間程、外国電報の翻訳のしごとをして、私たちを養ってくれました。アルバイトですねえ」

翌昭和七年一月、上海事変が勃発する。

「ある日、日本の陸戦隊から、この辺は危ないから立ち退いた方が良い、と言うお話がありまして、陸戦隊の本部に近い北四川路のマンションへ慌てて引っ越しました。案の定、翌朝、元のマンションへ行って見ますと、焼き討ちに遭って内も外も丸焼けになっていまして、ゾッとしたのを覚えています。事変の間は銃声や砲声が轟き、生きた心地がしませんでした。……」

昭和七年三月三日に第一次上海事変の戦火がやんで間もなく、国吉鶴さんは上海陸戦隊第五大隊本部を訪れ、大隊長の大田實少佐に会う。実妹の田場英子さんは沖縄女子師範学校の出身で、上海へ行ってから上海キリスト教会付属幼稚園の先生をしていたが、教会の牧師さんを通じ「大隊本部へ来て、兵隊の軍服の繕いをやって下さる方はいませんか」との問い合わせを聞いて来たからである。鶴さんは、二つ返事で協力する。

「私たちの共同租界の自宅が焼き討ちに遭い、北四川路のマンションに引っ越した時、陸戦隊の兵隊さんは、それは親切でした。焼け残った荷物をサイドカーやなんかで、運んでくれよったですから。そのお礼の意味もありましたが、それより何より、外地で苦労している日本の兵隊さんのお役に立つのなら、と思いましてねえ」

鶴さんは四人の子供を中国人のお手伝いさんに預けることにし、兄嫁の田場貞子さんも誘った。英子さんと、同僚で山口県出身の家坂さん姉妹は幼稚園から暇をもらって、計五人で応じた。

その朝九時ごろ、第五大隊のサイドカーが皆をピストン輸送してくれた。大隊本部は中国人の会社を接収しており、以後、送り迎えが毎日の定期便となる。

「大田閣下は丸顔の、見るからに優しい人で、ニコニコしながら『奥さん方がお国のためと思って来て下さったのが、本当に嬉しい。兵隊の軍服が破けて見苦しく、仕事も出来ない状態なので、手伝って下さい。国家から差し上げる給料もないので申し訳ないが』とおっしゃった。

あれ、将校さんの部屋だったのでしょう。ミシンが三台、それに針や糸、端切れもちゃんと用意してありまして早速、修理に掛かりましたが、破けた服の兵隊さんが長蛇の列ですよ。破れている、綻びている、裾が切れて垂れ下がっている、ボタンが飛んでない。それも着の身着のままらしく、そこで待っているんです。仕方がないから、そばに座らせておいて、慌てて繕っては着せ、繕っては着せ、というやり方でした」

昼ご飯はもちろん、遅い時は午後五時にも、六時にもなったので、夕飯も出た。大田大隊長はいつも、鶴さんたちと一緒に食事をとった。

「『奥さん方がみえると心が和む』とおっしゃって楽しそうでしたが、特に夕食は……」と言って鶴さんは頬をほころばせて続けた。

「『ご婦人方を前にして失礼だけど、ちょっと一杯やらせて下さい。内地の部隊では出来ないが、これが無いと眠れませんので、勘弁して下さい』と言って、日本酒をコップで二杯くらい飲まれました。奥様や家庭を偲んでいらっしゃるな、と思ったものです」

大田大隊長は、その後一度、上田副官を連れ、上海市北四川路の田場・国吉家を訪問している。田場夫人、国吉鶴さん姉妹の計三人が連日、大隊本部へ軍服補修の奉仕に来てくれていることへのお礼だったが、鶴さんの記憶では、田場盛義氏が折り良く居あわせたので上がり込み、満州や上海情勢について随分永い時間、話し込んでいたという。

その詳しい内容は残念ながら知る由もないが、三歳年少の元外交官で、特に中国情勢に明るい田場氏から、この年昭和七年三月、上海事変のドサクサに発足した満州国の事情を聞いたのではなかったか。

田場氏は五年後に北京の東、三十数キロの河北省通州で、大田少佐は十三年後に田場氏の故郷・沖縄で、いずれも戦争の犠牲となるが、たった一度の邂逅(かいこう)に終わったのが惜しまれる取り合わせと言えよう。

ここで、田場氏のその後を追っておきたい。翌八年満州国から外務局嘱託としてスカウトされ、一家を連れて首都・新京（今の長春）市に転居、永楽町に田場・国吉両家を構えた。九年には事務官に昇格、得意の語学力を見込まれて満州国の広報業務を命じられ、英文雑誌を編集して、世界各国に送っている。

十年十一月、関東軍は通州に冀東防共自治政府を作った。満州支配では足りず、華北への経済進出と抗日運動阻止を図った傀儡政権で、早稲田大学出身の親日家・殷汝耕を主席に据え、三千人の保安隊で治安を維持していた。

田場氏はちょうど一年後、この政府の顧問と通県特派員公署付弁事処（事務所）副処長に任じられ、一旦家族を連れて今度は北京に引っ越し、そこから通勤した。しかし、すぐに家族だけ、新京に戻らせている。日中戦争の危機が迫っていたからである。

果たして、翌十二年七月七日、蘆溝橋事件で日中全面戦争が始まった。そして同月二十九日未明、通州事件が起きる。日本軍は前日から北京総攻撃を始めており、この日飛行部隊が出撃したが、誤って一弾を味方の冀東保安隊に落としたのが、引き金になった。

保安隊は日本軍が自分たちを攻撃したと早合点して反乱、通州市内の日本軍守備隊（百十人）、田場氏（四四）と藤沢平太郎雇員（二六）らがいた弁事処のほか、日本人居留民や邦人経営の旅館の宿泊客など三百八十五人を襲撃、二百二十三人を惨殺した。

当時の新京日日新聞によれば《午前四時頃、突如、叛乱兵の襲撃をうけた田場、藤沢の両氏は、逸早く属官の駱樹人氏に重要書類を携帯させて公署を脱出させ、余った書類は全部焼却した上、公署に立て篭もって勇敢に応戦し、遂に弾丸尽きた。田場氏は体内に十数発の弾丸を受けて殉職した。》とある。

4

田場盛義氏の非業の死を追って、話が通州事件へと先行したが、大田大隊長はまだ、上海に居る。

「繕い物のお手伝いに行っていたある日、大田閣下が『奥さん方、記念写真を撮りましょう』と言われまして……」と言って、鶴さんは古びた分厚いアルバムを取り出し、一枚の写真を指さした。

バックは大きなコンクリート造りの建物で、鉄格子の門が付いた立派な門柱に、墨痕鮮やかに「第五大隊本部」の看板が掛かっている。その前で、戦塵のあと生々し、といった感じの出動態勢の陸戦隊員二十人近くが、顔だけ緩ませて立ち、前列中央に腰掛けた大隊長と、その両側の五人の女性を囲んでいる。大隊長も鉄カブトをかぶり、両膝の間に立てた軍刀を杖の様に突いているが、真ん丸の顔は今にも笑い出しそうな柔和さである。

「閣下から左へ私、家坂さんの姉、妹。右へ私の妹の英子、兄嫁の貞子さん」と、鶴さんは懐かしそうに指でなぞっていたが「はて、何がきっかけで撮ったのかねえ……」と遠い目をした。

大田大隊長は五月五日の停戦協定成立を待たず、四月二十日付で再び、横須賀の海軍砲術学校教官に任じられ、翌二十一日、上海を去る。写真はそれを控えてのお別れだったかもしれない。

退隊の際の大隊長訓示も、前記の後藤・高山短期大学教授の発掘で今、目にすることが出来る。それは「第五大隊警備日誌」の四月二十一日の項に書かれているが、行間に人情指揮官らしさが読み取れる。

《懐かしき第五大隊員に告ぐ

回顧すれば昨昭和六年十月十九日、我が横須賀特別陸戦隊編制せられてより既に半歳、二月一日夜、上海に到着、即刻警備任務に就く。次いで三日、戦闘に参加し、四日より愈々総攻撃となり、或いは天通庵路、同済路に、或いは公共病院、宝山玻璃廠に、或いは四明公所、日本人墓地、或いは水電路、江湾路に、弾雨と厳寒との裡に奮闘すること正に一ケ月。

二月三日の総攻撃より続いて閘北警備に任じ、些少の蹉跌もなく、最大の緊張を継続して今日に至れり。この間諸士の尽忠報国の赤誠と絶大なる努力に対し深き深き感謝を呈する次第なり。

而して敵国土に殉ぜし十九名の英霊と残留の諸氏と離れて、今や思い出多き第五大隊を去る場面に遭遇せり。感慨真に無量なるを覚ゆ。大田は預かり居たる諸子の生命を各員に返す。停戦会議の状況楽観を許さず。又暑気は益々加はらんとす。残留諸士の辛労の大なるを思い、切に自重自愛あらんことを祈る。》

内容は違え、先に紹介した三男・落合畯ペルシャ湾掃海派遣部隊指揮官の部隊解散時の訓示と、余りに似た心配り、言い回しに驚く。

大田少佐は上海から只一度だけ、かつ夫人と子供宛にハガキを出している。「小生元気なり。……」で始まる極めて簡単な近況報告で、大きな文字が三行半でおしまい。以後も、戦地からの

上海陸戦隊第五大隊長時代の昭和７年４月、軍服修理の奉仕に訪れた婦人たちと大隊本部前で。後列中央で軍刀に手を乗せている大田少佐から左へ国吉鶴、家坂姉妹。右へ田場英子、田場貞子のみなさん（国吉鶴さん蔵）

軍事郵便はおおむねこの調子で、夫人が余りのぶっきらぼうさにあきれて付けた命名——「お父様の三下り半」が同家ではその後、定着する。

さて、上海事変は軍事的には成功とは言えなかったが、初めの目的通り、戦闘のすきに清朝最後の皇帝であった溥儀を執政とする「満州国」を、この年三月、作り上げた点で日本の思惑通りだった。

少佐が四月下旬、横須賀に帰還したころ、日本中は戦勝の提灯行列で沸き返っていた。三ヵ月ぶりの帰宅。陸戦隊の軍服を浴衣に着替えた少佐は、ハガキの不愛想とは裏腹に、カバンから上海土産を取り出し、かつさんをびっくりさせた。

夫人には翡翠の指輪、象牙の夫婦箸、子供たちには中国特産の筆や硯など。戦地からのプレゼントに戸惑ったが、夫からの贈り物は結婚後十年目にして初めてである。任務がうまくいったのだな、と思わずにはいられなかった。父・弥三郎さんが、凱旋(がいせん)直前に生まれた五女に「勝子」と名付けてくれたことにも満足そうだった。しかし、なぜか少佐は、いつもの柔和な顔ではなかった。酒の支度をさせると、四畳半の茶の間で一人黙々と呑み始めた。

その夜、横須賀で繰り広げられた凱旋祝賀の提灯行列を、当時五歳だったすが子さんは覚えている。

「バンザイ、バンザイの声とともに、長い提灯の列が平坂を上がり、中里町の家のすぐそばまで来まして大変賑やかでした。あの家はお二階が一間、下が四間で、私たちはよく二階の窓から屋根に出て遊んだものですが、その夜も屋根に出て、バンザイを叫んだのを覚えています」

少佐も一度は二階の窓辺にたたずみ、提灯の流れを眺めたが、すぐ下へ降り、また黙々と杯を傾けた。その夜の父の様子、言葉を、英雄さんは後に母から聞いている。

「時折、フウーと大きなため息をついては、『たくさん死なせてしまったからなあ。あの一つ一つの提灯の灯が、戦死した部下たち陸戦隊員の魂のように思えてならん』と肩を落としていたそうです。二階の屋根で姉たちが、はしゃいでいたものですから、母が『子供たちを下に下ろしましょうか』と言ったのには『いや、それはいいだろう。後で、水兵さんがたくさん戦死したことを教えてやれ』と答え、その夜は酔うこともなく、深夜まで飲み続けたそうです」

部下の死を悼んだことでは、屈指の人と言えよう。

大田少佐が上海から帰還した翌月、昭和七年五月十五日の日曜日の夕方、「五・一五事件」が起きた。犬養毅首相は国賊である――とする海軍青年将校と陸軍士官学校生徒の一団が首相官邸に乱入、老首相は「話せばわかる」と制止したが、暗殺者たちは「問答無用、撃て」と叫んで射殺した。

別の一団は牧野伸顕・内大臣邸、政友会本部、日本銀行、警視庁などに手榴弾を投げ込んでから、東京憲兵隊に自首した。海軍士官七人、陸軍士官候補生十一人の計十八人だった。

夜には、茨城県の右翼団体「愛郷塾」に集う農村青年七人がこれに呼応、東京周辺の変電所施設を破壊して東京を暗黒にし、戒厳令がしかれるきっかけを作ろうとしたが、失敗に終わる。

事件の発端は、大正十年のワシントン会議、昭和五年のロンドン会議で、政府が海軍軍縮条約に調印したことに対する怒りと協調外交への不満だった。軍部の一部急進分子と右翼は「政治家頼むに足らず」と、この事件以前にもテロと反乱を繰り返している。

昭和五年十一月にはロンドン条約を成立させた浜口雄幸・首相が東京駅で右翼青年に狙撃され、重傷を負った。六年三月には軍部急進派「桜会」によるクーデター「三月事件」、同十月には同じ桜会による再度のクーデター「十月事件」、七年二月には井上準之助・前蔵相、三月には団琢磨・三井合名理事長暗殺の「血盟団事件」と相次ぐ。犬養首相の死で政党政治は終わりを告げ、十三年後の敗戦へと続く軍部暴走の時代に入る。

大田少佐の五・一五事件に対する感想は「つまらぬ事をしたものだ」の吐き捨てるような一言だった。軍人勅諭の「一、軍人は忠節を尽すを本分とすへし」の項は「世論に惑はす政治に拘らす、只々一途に己が本分の忠節を守り」と戒めている。武人・大田としては、後輩たちがこの戒めを破り、軍紀を乱し、治安を害したことが残念でならなかったのだろう。

長女・みどりさんのご主人で、海軍機関学校50期の旧海軍大尉、中嶋忠博さん（七三）は、婚約中に、大田少将（当時）に直接、仕えている。十九年一月から佐世保海兵団で分隊長をしているところへ、将来の岳父が三月に海兵団長として赴任して来たのだが、「政治がらみの嫌いな人でした」と、義父の横顔を語る。

「武人中の武人というのは海軍にも何人か居ましたが、どっちかというと右派的な人が多かった。五・一五とか二・二六事件を容認するような。ところが、大田っていう人は尽忠報国の精神一筋で、軍人の本分をピシッとわきまえていましたねえ」

その提督が、桜会や十月事件の中心人物、長勇陸軍中将（第三十二軍参謀長）と沖縄戦を共に戦うことになるのは、皮肉なめぐり合わせである。

第八章　家の中の海軍

1

昭和七年十二月一日、海軍中佐に昇任した時点で、子供は七歳の学齢に達していた長女・みどりさんを頭に、女の子ばかり五人。同家でいう「大きい人」は既に生まれており、彼女たちの記憶も、この辺りから鮮明になり始める。かつ夫人亡き今、筆者の頼りは「大きい人」たちの証言である。

実は今回、大田家の皆さんに取材をお願いしたところ、みどりさんから「記憶違いを正し合う意味からも、都合のつく者だけでも集まった方が良いのでは……」との有り難い提案があり、十一人姉弟中、みどりさん、二女・すが子さん、五女・勝子さん、六女・八千代さん、七女・千冬さん、四男・豊さんの六人が、東京のレストランに集まって下さった。

さあ、懐かしきお父様、お母様の思い出が、出ました、出ました。特に「大きい人」三人は少女時代に返り、頬をピンクに上気させながら、旧制高女生ならではのユーモアとウイット溢れるエピソードを、まるで機関銃のように繰り出した。この章では、他の姉弟にも紙上参加して頂き、話の弾丸に、しこたま撃たれてみよう。

　大田中佐は任官四年目に胸を患い、三年間も休職したのが余程こたえたらしく、子供たちの健康、衛生には神経質すぎる程、気を使ったようだ。まず、みどりさんが、その話から口火を切る。

「私が赤ちゃんの時、薄縁といって畳の上に敷く上敷があって、そこで遊んだのですが、指が一本薄縁から外へ出ましたら、『汚いッ』と言って、クレゾール液で消毒させられたらしいのです。ですから、玄関はもちろん、各お部屋に全部、クレゾール液の容器が置いてありました。後々まで、外出から帰ったら、まず手を消毒し、うがいをすることを習慣付けられました。

　お盆や施餓鬼には父の郷里へお供しましたが、横須賀線に乗って、ちょっと手すりに触ると、また『汚いッ』と叱られるんです。それで父の軍服や、和服の時は袴につかまって行きましたの。父に言わせると、どこも雑菌の塊なんだそうです。今、考えるとナンセンスなんですけどねえ」

（一同、クスクス）

　話の切れ目を待ち兼ねて、次はすが子さん。

「暑い夏の日に、従兵さんがお使いに来たのね。母が気の毒がって、冷し素麺に氷を浮かべて出したんですよ。そうしたら『お上の兵に対し、氷を出すとは何事か。陛下の兵隊を殺す気か。煮て食わせろ』と母を叱りましてね。可哀相に従兵さん、熱い素麺をフーフー吹きながら食べさせられたのよ」（笑い）

東京での取材時、集まってくださった大田家の人たち。右から長女・中嶋みどり、二女・村上すが子、四男・豊、五女・寺島勝子、六女・大田八千代、七女・石谷千冬のみなさん(平成4年3月11日夜)

続いて勝子さん。「だから私たち、お刺し身を頂く時にね、お酢を付けて頂いたんですよ」

(小さい人は、へえーっ)

大田中佐の潔癖ぶりについては、仙台市の自宅でお会いした愛子さんも口をそろえる。

「お金は、おあしと言って、これくらい汚い物はない。人のバイ菌と鼻クソと何とかが付いているから、子供が触るもんじゃあない、って言われました。多分に精神的な教えもあったと思いますが……。だから、私たち、自分でお金を持って、買い物に行くってことはなかった。買い食いなどは、もっての外ですよ」

そこで食べ物は何でも、既に書いたように、かつ夫人の手作りとなるのだが、お金については、娘婿の村上光功さんも話してくれた。

「電車に乗ると車掌がほら、釣り銭を出すでしょ。五銭出して、三銭ぐらいの釣りでも、もらうなッ、汚いッ、ですからねえ」

ついでながら、愛子さんもちょっと触れた金銭感覚について、みどりさんの話を紹介しておきたい。これが大田家の戦後の辛酸と、大いに関わってくるからである。

「父は金銭には全く淡白な人で、軍人には財産も土地もいらん。なまじそんなものがあると、死に際が汚くなる、と申しまして、郷里の土地、田畑の相続権を全部、兄弟に譲ってしまいましたの。それで、母が戦後、苦労するんですけど……」

東京での家族会に、話を戻す。父の衛生観念について、みどりさんの話が続いている。

「私、とっても本が好きだったんです。勉強じゃない、本ですよ。隠れて読んでいるんですけど、見つかると、ターッと言って取り上げ、日光消毒です。一頁、一頁、日に当てるもんですから、頁がそっくり返っちゃって、ピタッとくっつかない状態で、やっと読ませてもらえるんです」

「トランプだって、そうよ」と、すが子さんが後を受ける。「今になって思えば、山本五十六元帥はじめ海軍の方は大抵、ブリッジなんかなさったのね。なのに、うちのお父様は、カードには鼻クソが付いているから、しちゃあいかん、ですからね。私なんぞ、今はその反動で、トランプ狂ですよ」（笑い）

これほどの健康管理だから、大田家の朝は家族総出の海軍体操で始まった。再び、すが子さん。

「母や私たちをズラッと整列させて、腕誘導振（今のラジオ体操の冒頭に取り入れられている手を振る運動）から、体の捻転、足首の運動など、大きな号令付きでやるんです。ちょっとモタモタしていると『真剣味が足らんッ』と怒鳴られてね。通りかかった新聞配達や牛乳屋さん、納豆売りが、何が始まったのか、と塀のすき間からのぞいているんですよ、恥ずかしいことに。それが済んだら、今度は剣道の練習です。――」

語り手は愛子さんにリレーするが、それでも話が少しもぶれないところが、この家の凄いところである。

「剣道の練習には子供用の小さい竹刀が用意してありまして、それで、お面ーッ、お胴ーッ、お小手ーッとやらされるのね。それが済むと、今度は水泳の呼吸訓練。縁側にズラッと並べてある水をはった洗面器の前に立ち、顔を浸したまま、横にずらせてフーッ、フーッと呼吸するんですよ。海軍体操に始まる、この三つをやらない限り、朝のお食事にありつけないんですから、とにかく健康第一と言うのか、教育熱心でしたよねえ」

姉弟は、それぞれ小学校へ上がる前年くらいから、この日課を課せられた。家が横須賀―呉―佐世保へと移り、戦火が激しくなるにつれて、家長の出征が多くなり、途切れ途切れになって行く。しかし、白南風の家でも続いていたことは、畯さんの記憶にある。

「僕も、その三つはやらされましたねえ。特に強烈に印象に残っているのは、お正月の剣道ですが、あれ二十年でしたね。木刀を振ってからでないと、雑煮を食わしてもらえなかった。その時の木刀、数十センチの短いやつですが、今でも持っていますよ」

朝の日課の締めくくりに水泳の呼吸訓練が登場したが、水泳は大田中佐の特技の一つである。砲術学校教官、それも体育科長をしていた時に書いたと思われる「游泳術教育の参考」と題する中佐時代の一文の中に、こんなくだりがある。

《――体操の訓練によりて、我々の関節は運動を完全にし、筋肉内臓を強靭（きょうじん）にし、且（か）つ耐久力を養ひ、技術の巧緻性を培ひ、全身を均斉に発達せしめ、又疲労の回復を計ることが出来る。故に何種の体育運動に拘らず、体操による準備訓練を施したる後、主運動に進むのが定石で（中略）游泳術に於いても之の意味から、出来るならば、冬期の頃から脚、臂頭、臂脚、臂脚連合の動作、深呼吸を正しく陸上に於て練習して置く必要がある。――》

家族に朝の日課を課した理由が図らずも分かるし、いかに子供たちの健康に気づかっていたかも、よく分かる。夫の意を体して、かつ夫人も懸命だった。みどりさんが回想する。

「私たちは赤ちゃんのころから、お風呂の湯に顔をつけさせられたようですが、歩けるようになると、水泳シーズンはほとんど毎日、海通いでした。京浜急行は堀ノ内までは開通していましたが、それには乗らないの。母が赤ちゃんを乳母車に乗せ、歩ける子は歩かせて、中里町から四キロの道を、公郷（今の横須賀市三春町）の海岸まで泳ぎに行くのです。ご近所の奥様方が、びっくりなさって……」

2

横須賀市中里町には、海軍軍人の家族が多かった。

「ネイビーの奥様たちは皆さんお洒落で、こってり厚化粧の方が多かったのです。ところが、母は日焼けした顔に自分で縫った服を着て、乳母車を押して、子供をぞろぞろ連れて海水浴に出掛けるんでしょ。大田さんの奥さんは随分変わっていらっしゃるって、評判だったらしいんですよ」――みどりさんの話である。

子供が多くなると、さすがのかつ夫人も手が回らなくなり、お手伝いさんに来てもらうようになる。同家のお手伝いさんでは古い方の木賀（現姓・宮尾井）むつめさん（七九）（三重県南牟婁郡紀和町大栗須）は、海水浴のことをよく覚えている。

「私が十五歳の時、三女の愛子ちゃんが生まれる一ヵ月前にうかがいまして、五女の勝子ちゃんが生まれるまで、四年程お世話になりました。健康第一のご家庭でしたから、お弁当を作って海水浴によく参りました。奥様が泳ぎの達人で、お子さんたちを泳がされるので、私はもっぱら海の家の屋根の下で、赤ちゃんのお守りをしておりました。ご主人は優しい、無口な方で、お酒を上がられると面白いことをおっしゃいましたですよ」

朝の水泳の呼吸訓練から、話は海水浴へと飛んでしまったが、朝の日課が済むと、やっと朝食になる。しかし、これにもまた、厳しい約束事があった。ここは、姉妹の中で一番、旧制高女生らしい茶目っ気を今も持ち続け、約束事に最もレジスタンスを示したらしい、すが子さんにご登場頂く。

「食卓に向かいますとね、それぞれの前に大根下ろしと生ネギが付けてありますの。大根下ろしは良いとして、問題はネギですよ、ネギ。生ネギをトントントンと刻んで、おかかをかけてあるんです。

それを残しますとね、お夕飯のおかずは、他の人にハンバーグが出ようが、スコッチエッグが出ようが、どんな御馳走が出ようが、私の前には大根下ろしとネギの生だけッ。それが、おかずなんです。本日のメニュー。私には、なーんにも出ないッ。これは相当に、しつこいですよ。

（笑い）

こっちも意地ですから、食べないッ。小さい時から意地っぱりですから。あれ、夫がそうならば、妻も凄く助ける訳ね。言うことを聞くんですね。私は一生懸命、反逆したわね。そんなことを言うんだったら、明日もご飯食べないッ、あさっても食べないッ、ずーっと食べないッ。（笑い）

ところが『それが嫌なら、奉公に行けッ』って言うのね、ふた言目には。それが癖ですもの、あの家の夫婦の。（爆笑）

今となっては『ハイ、そうですか、そいじゃあ、明日から行かせて頂きます。働き口を世話して下さい』って言えば良かったなあ、ああ、言わないで損しちゃった」（爆笑）

規律厳しい朝の日課、朝食が済み、家長が出勤すると、中里町の大田家にホッとした空気が流れた。家の造りは村上すが子さんの記録「大田家の物語」から一部紹介したが、少し補足しておきたい。

間取りは階下が六畳二間と四畳半、三畳の四間。その周囲に縁側があり、台所と風呂場があった。二階は六畳一間しかなかったから、階下の屋根部分が広い。それがトタンぶきで、二階の窓から降り立つと、絶好の遊び場になった。

二階との階段を降り切った突き当たりの壁に、子供の頭くらいの穴がボコッと開いていた。すが子さんが階段を転げ落ち、激突して作ったが、怪我一つしなかったというから、彼女の元気さは口だけじゃない。当時の子供たちの姿は、再び、すが子さんの文章から。

《――よく人様の集まる家でした。お友達もよく遊びに参りました。お母さまはよく「皆、屋根でお遊びなさい！」とおっしゃいました。百武恒子さん（横鎮長官のお嬢さま）もよく遊びにみえ、屋根で遊ばれた口です。屋根からもちの木に伝いおりたり、ブランコ、鉄棒もあり、小さなお庭でしたが、遊ぶのに不自由はありませんでした。

昭和10年、横須賀市中里町の家のブランコの前で。左から四女・昭子、二女・すが子、その前は長男・英雄、かつ夫人の前は五女・勝子、三女・愛子（村上すが子さん蔵）

夕方は、お山ぐるっと、をよくしました。荒川さんの大家さんの前を通り、山下先生の前を抜け、軍艦山の下を通って帰ってきて二十分、毎日このお散歩はしていました。》

夕刻にまた、〝魔の時間〟がやって来る。この種の話は、やはり、すが子さんの独壇場である。

「とにかく、夕食が四時半なんです。これに遅れて帰ったら、家の鍵がガキッと掛かってますの。私、秋山勝三さん（海兵40期、のち少将）のお嬪様とお友達でしたが、おじさまはとっても優しくて、帰ってみえると『オーイ、すが子ちゃん、まだ居たのかあ』なんておっしゃるの。居心地が良いもので、ついつい長居をしてしまい、気づいてすっ飛んで帰ったら、もう鍵はガッチャンですよ。

庭の木伝いに家に入ろうとして、ワアワア泣いていると、決まってお隣の荒川さんのおばちゃんが、母に詫びを入れてくれて、やっと入れてもらうんです。すると、母は『秋山さんの家には時計がなかったの？　お夕食抜きですッ』。仕方がないから、食事抜きで、水を飲んで寝るんです。恐ろしい親。（笑い）

あれ、母の躾けと言うより、父の仰せでしょう。『俺は公務に全力を尽くす、お前は子供の養育に責任を持て』が父の口癖でしたから、父は子供をじかに叱らないで、母を叱るの。『お前の教育が悪い』って。母が可哀相でしたから、なるべく父の言う通りにしてあげなきゃ、とは思うんですけど、それがなかなかそうは行かなくって……」

昭和六年、みどりさんが横須賀市立豊島小学校に入学、翌春に五女・勝子さんが生まれ、八年は、すが子さんの入学、と大田家はおめでた続きとなるが、海軍調の家庭教育は、いささかも変わらなかった。

いや、学齢期の子供が増えるにつれて、ますます徹底したと言える。大田中佐が健康で、健全な家庭を作りたい、と一途に思っていたからだが、それが「大きい人」の感じた厳しさの半面だった。話し手は再度、すが子さん。

「いろいろな規律にしばられての一週間が過ぎ、日曜日になってヤレヤレと思ったら、どうして、どうして、もっと悪いことが起き上がるんです。父は朝から海軍集会所へ剣道の指南に出掛けますが、帰って来ると、疲れも見せず、私たちを順番に呼ぶのです。やらされるのは、海兵団で使っていた海軍読本の朗読、鶴亀算、漢詩の暗唱なんかです。

本を読み始めますと、『三十六センチ！』という声が飛ぶ。何かっていうと、目と書物の距離がそれだけないと近眼になるからって、いつもピンとした姿勢でなきゃいけないんです。机のそばに物差しが置いてありました。さすがに、それで叩(たた)かれはしなかったですけど……。お蔭で姉弟は、みんな目が良いんです」

たまり兼ねた彼女は、またレジスタンスを試みる。

「ある日、私は良いことを思い付いたーッ、と思ってですね、『今日は宿題がございます』って言ったんです。そしたら『宿題も一緒に持ってこい』。もっと悪い事態ですよ。（笑い）

一時間以上、行儀悪くしていたら、二時間も三時間もやられる。ああ、海軍のよそのお父様は、お船に乗って、お留守が多いのに、うちはどうして陸上勤務なんだろう、と恨みに思ったもんです。（笑い）

そして、小学校低学年が『身体髪膚(はっぷ)これを父母に受く……』とやらされるんでしょ。言ってるものの、何が何だか良く分からない。最後はもう、どっちだって良いんだなあ。その、嫌いさ加減。（爆笑）

ところが、残念ながら覚えてるのね、お父様に教わった漢詩、この歳になるまで。私が一番印象深いのは『凱旋(がいせん)』ですよ」

と言って、すが子さんは機関銃のような猛スピードで、暗唱した。余り早いので、聞き返したら「乃木希典ですよ」と叱られた。

　王師百万強虜ヲ征ス
　野戦攻城屍山ヲ作ス
　愧ズ我何ノ顔アツテ父老ニ看エン
　凱歌今日幾人カ還ル

日露戦争に第三軍司令官として出征、旅順攻略戦でわが子を初め多くの部下を亡くした乃木希典大将が、凱旋の直前に作った断腸の七言絶句である。

子供の頃、父に暗唱させられた漢詩に、うんざりしたすが子さんだが、成人するにつれて、乃木希典の漢詩「凱旋」に、父の決意を読み取る。それが何だったかを知るには、先ず「凱旋」の言わんとするところを、おさらえしておく必要がある。

——皇軍百万が、あの強い夷・ロシアを討つため出征した。さすがに敵の備えは堅く、原野の戦いに、要塞の攻略に、我が戦死者の屍は累々と山を成した。幸い勝利をおさめ凱旋することになったが、こんなに多くの将兵を死なせた身として、故国に待つ兵士の父老に対し、どの面下げて会うことが出来ようか。勝ち戦の歌を歌いながら、今日故郷に帰る者は、百万人のうち何人あるだろうか。——

「父は戦場に出掛ける度に、『愧ズ我何ノ顔アツテ父老ニ看エン』の心情でいました。ですから、沖縄で屍が山を成した時点で、死なきゃならない運命にあった。沖縄でついに、死地を得たと思うのです」

大田中佐が愛唱した漢詩は数多いが、「凱旋」と並ぶものに、日露戦争の旅順港閉塞作戦で戦死した広瀬武夫中佐（海兵15期）の「正気歌」がある。日露戦争時代に少年期を過ごした人らしい心酔。少し長いが両武人の心情を推し量るため、全文を紹介する。

死生命アリ論ズルニ足ラズ
鞠躬唯応ニ至尊ニ報ユベシ
奮躍難ニ赴キテ死ヲ辞セズ
慷慨義ニ就ク大和魂
一世ノ義烈赤穂ノ里
三代ノ忠勇楠氏ノ門
憂憤身ヲ投ズ薩摩ノ海
従容刑ニ就ク小塚ガ原
或イハ芳野廟前ノ壁ト為リ
遺烈千年鏃痕ヲ見ル
或イハ菅家筑紫ノ月ト為リ
詞ハ忠愛ヲ存シテ冤ヲ知ラズ
見ル可シ正気ノ乾坤ニ満ツルヲ
一気磅礴シテ万古ニ存ス

嗚呼正気ハ畢竟誠ノ字ニ存リ
呶呶何ゾ必ズシモ多言ヲ要センヤ
誠ナル哉誠ナル哉斃レテ已マズ
七タビ人間ニ生マレテ国恩ニ報ゼン

若い読者のために、少し注釈しよう。

――死生はもとより天の命令、今更論ずるのも馬鹿げている。謹んで只、君国のため一命を捧げて、御恩報じをすれば、それで良い。勇躍国難に赴くに当たって、誰か死を辞する者があろう。従容自若として義勇公に奉ずる。これこそ我が大和魂の偉大なるところではないか。

見よ、一世の義烈・赤穂浪士の義挙が、それではないか。また、楠木氏三代の忠節は、青史に燦然として輝いている。大西郷は国事に奔走した挙げ句、同志の僧・月照と共に、憂憤を抱いて薩摩の海に身を投じた。安政の大獄に連座して、吉田松陰をはじめ幾多の勤皇の志士は小塚原の草を血で染めた。

そして、正成の一子・正行は吉野廟前、如意輪堂の壁に鏃を以て従者百四十三人の名を過去帳に書き連ね、その奥に一首の歌を書き留めて決死の覚悟を定めた。菅原道真は讒言にあって筑紫の果てに流されたが、少しも君を恨むことなく、恩賜の御衣を拝したではないか。

斯くの如く、国史の頁を一度開けば、正気到る所に躍動し、天地に充満し、神州を護っている。

ああ、正気というも、つまるところ、これ誠の一字にあるのだ。くどくどと言を費やす必要はな

昭和10年３月の桃の節句に、おヒナ様の前で。左端のお手伝いさんから二女・すが子、四女・昭子、五女・勝子、三女・愛子、長女・みどり、待望の長男・英雄を抱くかつ夫人(村上すが子さん蔵)

い。誠、この誠を以て終始しよう。たとえ斃れるとも、挫折するものか。七度人間に生まれ来て、国恩に報ずるまでだ。――

要するに、大田中佐の脳裏には、生を享けた国に報いる心しか無かった。

子供たちが少し大きくなると、日曜日の特訓が強化された。朝からの「保健行軍」。大田中佐が剣道指南に出掛けている間に、その意を体したかつ夫人が、子供たちを引率して出掛けるのである。

目的地は海軍墓地のある馬門山、「湘南妙義」とも呼ばれる鷹取山、東京、相模両湾が望める大楠山、金沢八景、観音崎など三浦半島の景勝地で、子供の足にはきつい四～八キロのコース。

愛子さんは「朝から夜まで歩いたこともありました。小さい子は連れて行けませんから、お手伝いさんに預けて行ったんでしょう」と感にたえぬ表情。

夏はこれに、父親による水泳の特訓が加わった。馬堀海岸の水交社の海水浴場へ、一家で行くのだ。着くと早速、大田中佐は家族をズラッと砂浜に並べて、衆人環視の中で号令を掛けての海軍体操。それが済むと、みどりさんから順に水泳の実地訓練である。ここでも、すが子さんは鍛えられる。

「皆さんが見ていらっしゃるのに、足が曲がっとる、呼吸法が悪い、と叱られ通し。私たちには海水浴の楽しさはなくって、もう訓練そのものでしたねえ」

子供同士が仲良しだった川井田家も、主の健中佐（当時）がスポーツ万能で、夏はよく一家を水交社の海水浴場へ連れて行った。みどりさんと親友だった同家の長女・房子さんの回想。

「我が家は頻繁（ひんぱん）と言っても良い程、泳ぎに行きましたが、行けば必ず大田さんのご一家も見えているんですよ。一度、その回数を競ったことがありましたが、タイ記録だったと思いますよ」

行軍や、水泳でクタクタになって帰っても、先に紹介した日曜日の補習は免除されなかった。

こんなに厳しく鍛えたにもかかわらず、子供たちは体があまり丈夫でなかった。

昭和八年、砲術学校の教官だった大田中佐が演習で家をあけていた留守に、五歳の愛子さん、三歳の昭子さん、一歳の勝子さんが揃って疫痢に罹（かか）ったことがある。特に昭子さんはチアノーゼを起こし、医師から時間の問題と言われる程の重症だった。

かつ夫人からの電話で帰宅した中佐は、病院へ駆けつけたものの「結婚した時から、あれだけ言ってあるのに、まだ分からんのかッ。子供の養育は、お前の責任だろ」と言い残し、演習地へ帰ってしまった。

同十一年、小学校五年生のみどりさん、三年生のすが子さん、一年生の愛子さんが、同時に猩紅熱(しょうこう)に罹った時も同じだった。

しかし、みんな長ずるに従って、健康になる。十一人姉弟が今、一人も欠けることなく、健やかに過ごしておられることが何よりの証明で、特に一族の水泳好きが、大きく寄与していると思われる。

畯さんは東京教育大学付属中、高校で、水泳部・紫水会に所属、インターハイの東京都代表にも選ばれている。「水泳部での先輩後輩の付き合いが、人格、人間形成に大いに役立ったと感謝しています」と控え目だが、義兄の村上光功さんが補足してくれた。

「彼は防衛大学でも水泳のリーダーで、海上自衛隊で掃海専門になり、ひいてはペルシャ湾へ行くことになったのも、親が蒔(ま)いた種が育ったのです。大田の家庭教育は、平成の国際貢献にも役立った訳です」

3

昭和九年四月二十九日、大田中佐は上海事変などの戦功により功四級金鵄(きんし)勲章と年金五百円、勲四等旭日小綬章を授けられた。翌三十日、待ちくたびれる程待った長男・英雄さんが、結婚十二年目、六人目の子として生まれ、同家は二重の喜びに包まれた。

中佐は三番目の愛子さんが生まれる辺りから、次は男、次こそ男、と期待していたようだが、期待はその都度はずれた。さすがに、かつ夫人にぼやくことはなかったが、行きつけの料亭「小松」の女将・山本直枝さんに「女将、今度もまた女の子だったよ」と嘆いていた程だから、大変な喜びようだったらしい。その雰囲気を伝える、みどりさんの回想。

「私は小学校の四年生でしたが、学校へ行くなり、担任に『先生、生まれました、生まれました、男の子です。うちの、皇太子様です』って、勢い込んで報告したっていうのね。終戦後の同窓会で、恩師が話してくださったのですが、私が世間的にも一大事だと錯覚する程、父は喜んだのです」

中佐は産院に駆けつけ、生まれたばかりの英雄さんをのぞき込みながら、「サイレンはどうした」「サイレンは鳴らんのか」「サイレンを鳴らせ」と、笑顔で繰り返した。

前年の十二月二十三日、皇太子（今の天皇）がお生まれになっていた。天皇家の場合も、上は四人の女子（内親王）続きで、皇位継承者である男子（親王）の誕生が待ち望まれていたから、東京では、さる知恵者がサイレンの使い分けで、親王、内親王の別を知らせる方法を考え付いた。サイレンが一分間、一回切りなら内親王。十秒後、さらに一分間鳴れば、親王という取り決めで、丸ビルなど市内十八ヵ所にサイレンを設けた。結果は、北原白秋作詞、中山晋平作曲の奉祝歌「皇太子さま　お生れなった」の通りとなる。

〽日の出だ　日の出に
鳴った　鳴った　ポーオ　ポー
サイレン　サイレン
ランラン　チンゴン

夜明けの鐘まで
天皇陛下　お喜び
みんなみんなかしは手
うれしいな　母さん
皇太子さま　お生れなった（二番以下略）

説明が長くなったが、中佐は嬉しさの余り、このサイレンになぞらえたのだ。看護婦に注意されながら産着の前を開き、「おお、付いとる、付いとる、ちゃんと付いとるぞ」と五人の娘たちに見せるのだった。

その日のうちに、大きな鯉のぼりを買って来た。でっかい吹き流し、緋鯉、真鯉が、こぢんまりした中里町の家を覆うように泳いだ。

英雄さんの誕生から一年置いた昭和十一年、二男の浩さんが生まれた。その翌十二年、年子で生まれた八千代さんから後は、男女が交代で生まれ、同家で言う「小さい人」は四対二で男子の方が多くなる。

子供が増えると、かつ夫人とお手伝いさんだけでは手が回らない。そこで「大きい人」を動員しての「お守り当番」制が、この家のしきたりとなった。もっとも、みどりさんとすが子さんは、女学校に入ると、英雄さん以下の弟妹の面倒を否応（いやおう）なしに見させられたが、それが明確な受け持ち制となったのだ。

長姉みどりさんは、当時一番下の千冬さん、次姉のすが子さんは、同じく下から二番目の晙さん、愛子さんは上下三番同士で、八千代さんの担当になった。当番は、どんな任務を果たしたのか。すが子さんは「大田家の物語」の中で、ユーモラスに綴る。

《——朝起きて、夜寝るまで、お食事の時も、外出の時も、私たちは当番です。（中略）お食事時、こぼしたら雑巾（ぞうきん）を取りに行き、洋服を着替えるのも、外出時の顔拭き、洋服の始末、電車の乗り降り、ねんねしたらおんぶ……などすべて。

お風呂から上がったらシッカロールをつけ、おねまきを着せ、お休みなさいをさせ、ふとんの中へ。子守歌などうたって、洋服をたたみ、寝ついて終わり。

こちらもついつい枕など投げたりして遊び、調子に乗った所で、「早くタオサは寝ればよい。明日の試験は大変だ。ネンネンヨシヨシオコロリヨ。早くタオサは死ねばよい」などと歌った私。——》

次は、愛子さんの述懐。

「組み合わせといい、徹底した世話といい、母の教育方針は大したものでした。学校の定期試験があろうと、学年末試験があろうと、ちゃんと自分の役割を果たしてから勉強しなさい、って言うんです。いつかも、定期試験だからちょっと勘弁してもらって勉強部屋へ行こうとすると『まだ寝てませんよッ』。早く寝て欲しい日に限って、いつまでもはしゃいで寝ないのよ」

すが子さんが補足する。

「確かに、試験の時が悩みの種だったわね。でも、その一方で、勉強しないで良い点を取るのを

昭和11年５月27日、海軍記念日の家族。前列左から長女・みどり、三女・愛子、長男・英雄、二女・すが子、前月生まれた二男・浩を抱くかつ夫人、四女・昭子、その前は五女・勝子。うしろはお手伝いさんで左から宮尾井むつめ、渡辺和美さん。掛け軸は東郷元帥の「皇国の興廃此の一戦に在り、……」の墨跡（大田英雄さん蔵）

理想のように思っていたから、子守りに事寄せて、自分を追い込んで行くようなところもありましたよ」

当番は、お守りだけではなかった。他に食事時のご飯、味噌汁、水を補給する当番も決められた。この順番で、おおむね年長の三姉妹が担当した。自分のお守りする子を側に座らせ、その面倒を見ながら、他の弟妹から出る要求に応じるのだ。他に、夕食後の食器洗い、布団敷き、雨戸締め、掃除当番も年長の子らにそれぞれ交代で割り振られ、みんな大忙しだった。

各種当番の〝勤務評定〟は、かつさんが厳しくチェック、その結果次第では〝任務〟の更迭も行なわれた。すが子さんは「大田家の物語」に書いている。

《――三男坊のターちゃん（畯さん）は中々やってくれて、外出の寸前、「居ない」と思う間もなく、大きな万歳という声。門の下の馬車の馬のお腹の下で、べっかんこをしています。

遂にお母様曰く、当番が悪いといたずらになります。愛子ちゃんに代えます。ああ、私の大事なターちゃんは、おとなしい模範生とされている愛子ちゃんにバトンタッチで、私は、後々、やっちゃん（八千代さん）当番になり下がり、二つつむじでロールした髪の可愛い、しかし泣きべそツィーンのやっちゃんと行動を共にすることになりました。――》

厳しさは、家の中だけではなかった。

昭和十二年、みどりさんは神奈川県立大津高等女学校に入学した。学校は、中里町の家から京浜急行で四駅目の湘南大津（現・新大津）にあり、片道四キロはあったが、父から歩いて通学するよう命じられた。しかもカバンは、小学校時代からのランドセルを引き続き背負って行け、というのである。この取り決めは、二年後に入学する、すが子さんも同じだった。みどりさんの述懐。

「徒歩通学は、私たちの体が弱かったからです。雨が降る日だけ、お金をくれまして、電車に乗ってても良いのです。ランドセルは小学校へ入る時、一番良いのを買ってあるので、それを六年間使った挙げ句に、女学校へ行っても使いました。あなた、よく恥ずかしくないわね、ってお友達に言われましたが、私は父に良く言い聞かされていましたから、全然抵抗ないのね。でも、すが子ちゃんは嫌だ、嫌だと言っていたわねぇ」

その、すが子さんの回想。

「当然ですよ。手提げカバンを下げて、万年筆を差して、腕時計をして……というのが当時の女学生のシンボルなのに、ランドセルですからね。しかも、くやしいことに歩いて通わされるんでしょ。小学校の同じクラスから十三人、県女へ入ったのですけど、私はくやしいから、私と一緒に歩いて帰らないと、もう遊ばないい、なんて言って、皆を連れて歩いて帰りましたよ」

そんな厳しい、潔癖性の父親も夕方、自宅に帰り、子供たちに囲まれて一杯やり出すと、途端に柔和になった。今度は愛子さんが語る。

「程良くきこしめした頃は、何となく良い笑顔になりますよね。そうすると、杯持って来い、となる訳です。みんな言われると思って、杯をちゃんと用意して待っていましたねえ」

平和な歳月は、刻々と去って行く。

第九章　文武二道

1

子らの健やかな成長を願う大田實、かつ夫妻の、厳しい中にも慈愛溢れるスパルタ教育に目をやっている間に、軍靴の響きはますます高まりを見せている。

その象徴的な出来事が昭和十一年二月二十六日、夜来の大雪をついて東京第一師団麾下の歩兵第一、第三、近衛歩兵第三連隊の約千四百人が反乱を起こした、いわゆる「二・二六事件」である。

満州事変以来、軍部が進めて来た軍国主義体制は、軍事費の増加による悪性インフレ、国民の戦争政策への不満、中国人の激しい抗日民族運動を呼び起こし、壁にぶつかっていた。

こうした時、常に反乱を企てた陸軍の「桜会」を中心とする統制派は、これまでの失敗を踏まえ、非合法手段に頼らない軍部の発言権強化をもくろんだ。これに対し、統制派とことごとに対立していた皇道派の青年将校二十二人が、手ぬるしとして決起する。
「君側の奸を除く」と斎藤実内大臣（海兵6期）、高橋是清蔵相、渡辺錠太郎教育総監を殺し、鈴木貫太郎侍従長（同14期）に重傷を負わせた。岡田啓介首相（同15期）は、反乱軍が秘書官を間違えて殺害、そのまま引き揚げたため危うく助かった。

事件が四日目に鎮圧されるまで、反乱軍の扱いが三転四転したことは、軍部の横暴を物語る。

この事件で、大田中佐が横須賀から特別陸戦隊一個大隊を率いて東京へ出動したという話は、余り知られていない。それにまつわる秘話を、先に紹介した横須賀の料亭「小松」の女将、山本直枝さんが話してくれた。

養母で、初代女将の小松刀自が事件後、当時の横須賀鎮守府長官・米内光政中将（のち大将、首相）と同参謀長・井上成美少将（のち大将、海兵37期）から直接聞いた話である。

「井上さんは、二十日ごろに事件を予測しなさったそうです。というのは、その三、四日前、陸軍が警視庁襲撃の夜間演習をしたという情報が入り、軍務局勤務の経験からピンときたというのです。それを聞いた米内さんは、すぐに陸戦隊一個大隊を極秘に用意して、軍艦で東京港に送る手はずをととのえ、その指揮官に大田さんを任命された。随分、信頼なさっていたそうですよ」

事件勃発。長老三人を襲撃された海軍は、大田大隊長以下の陸戦隊を、待機させた巡洋艦「那珂」で芝浦から上陸させ、霞が関の海軍省の警備に当たらせた。また、宿毛湾にいた連合艦隊も東京湾に急行、実弾を込めた艦砲を国会議事堂に向け、反乱部隊に対決の姿勢を示した。

こうした海軍の態度は、陸軍首脳と反乱軍がなれ合いで事態を処理することは防いだが、軍部ファッショは以後、戦争への道を一気に進む。

大田中佐は昭和十一年十二月一日、戦艦「山城」の副長となり、「扶桑」乗り組み以来、久々の艦上勤務となった。海軍では、将来将官に進級させる者には、佐官時代に海上勤務を経験させる不文律の内規があり、そのための人事だったと思われる。

翌十二年七月七日、北京の西、蘆溝橋で飛んだ数発の実弾、用便のため隊列を離れた日本兵士を、あろうことか中国軍に拉致(らち)されたと見た大いなる錯覚が発端となって、日中両国は全面戦争に突入した。

この年十月十六日、特務(運送・給油)艦「鶴見」の艦長を拝命したのも、前記内規の一環で、十二月一日、大佐に昇進する。任務は佐世保を基地に、中国全土に戦線を拡大する日本軍への後方支援だった。

今、筆者の手元に、大田大佐が愛用した「昭和十三年　当用日記」がある。先に紹介した「将校勤務録」と合わせ、すが子さんが亡父の遺品として秘蔵されているのを、お借りした。

日記は博文館発行で、カーキ色の布張りの装丁は黄ばみ、表紙ははずれている。表には「皇紀」(日本の紀元を、日本書紀に記す神武天皇即位の西暦紀元前六百六十年を元年として起算した)を示す「2598」の数字と、梅の花の図案が刻まれている。

表紙の見返しは九州と沖縄の地図、巻末の付録には九州要覧が付いているので、軍務の合間に佐世保で買い求めた「九州版」と想像出来る。とすれば、表紙の図案は、太宰府の梅だろうか。

中の直筆は「勤務録」より荒々しい、筆圧の強い万年筆の文字が躍っているが、パラパラと繰ったページから、こんな短歌が目に飛び込んで来た。
「綿津見のそよけき風を身に受けて日に日に守る海と空かな」（五月二十一日）
「江南の将士に送る弾丸と糧食総缶焚きて艦進むなり」（六月十一日）
「勇士等の矛と弾とを積みし艦風募れども馳りつづくる」（六月十四日）
日記が綴る「鶴見」の航跡は、誠に目まぐるしい。一月十日、佐世保を出航、フィリピンのルソン島へ向かい、マニラ、ミンドロ島のスリガオを回って、二月八日、山口県徳山港に帰っている。上陸後、大田艦長はすぐ燃料廠を訪ねており、任務は重油の調達であったらしい。
二月中旬から三月にかけては、前線部隊への食糧、弾薬補給のため青島、威海衛、旅順、済州島へ。四月は台湾・基隆港外へ向かい、軽巡洋艦「川内」「由良」「鬼怒」「那珂」に給油している。

　五月はやはり補給で、台湾の高雄、厦門へ。六月は華南の温州、金門、香港を回り、七月中旬、鹿児島県の男女群島まで引き返したところで、再び温州、厦門へ転進する忙しさである。

　大田大佐の日記は、出動、帰港中とを問わず、午前七時までの「起床」に続いて、判でついたように「体操」「居合」と書き出されている。家族に課した朝の日課を、自らもきっちり実行していたことがわかるが、この年、三度目の出撃を控えた四月六日のページに、こんな記述がある。
「（刀剣店が）居合刀と鞘とを持ち帰りたるも　鞘は塗りあらず　鞘のみ塗りにやることとす」

　そして、この任務から帰った翌日の同二十九日には「清松刀剣店より鞘を受け取る　四円五十銭」とあり刀を大事にしていた様子がうかがえる。そういえば、五女の勝子さんが話していた。

「子供たちの朝の日課が済んだら、お父様は居合の稽古を毎日してらしたわね。私の知っているお父様はとっても優しかったけど、日本刀の手入れをなさる時だけは、すっごく怖い顔だったのね」

教士七段の愛刀の銘は残念ながら良く分からないが、娘婿の村上光功さんの話では、六、七本はあり、かなりの名刀が含まれていたらしい。

「大田の母（かつさん）に、よく言っていたそうです。俺が死んでも別に財産はないから、刀でも売って食ってくれ、って。ところが、母は気風の良い人だから、大田の後輩にやっちまったんです」

ここまで書いたところで、剣道教士七段、奈良女子大学剣道部師範の福山清隆さん（七三）（奈良市西大寺国見町一の七の三〇の二〇二）から誠にタイミングの良い示唆を頂いた。「大田中将を書かれる以上、海軍きっての剣豪であったことを是非に」とのご要望。

福山さんの現職は画家だが、昭和十七年の第一回全日本大学柔剣道大会で全国優勝した拓殖大学剣道部の主将で、当時三段。翌十八年九月、海軍第十三期飛行専修予備学生を志願、台湾の高雄航空隊に配属される。その時の司令が〝人斬り左馬二〟の異名を取り、のち二十年三月十七日、南方諸島空兼硫黄島警備隊司令として玉砕した教士六段・井上左馬二大佐（海兵44期、死後・少将）だった。

「井上大佐は熱心に稽古を付けて下さった素晴らしい剣道の大先輩で、剣のお仲間である大田閣下のことをよく話しておられましたので……」との有り難い指摘である。

あれこれ話している間に、福山さんは「私は鹿児島県大島郡・沖永良部島の出身ですが、先祖は沖縄の人なのです」と漏らされた。聞けば、福山家は琉球王朝、尚王家の重臣の家柄で、薩摩藩が十七世紀、琉球を侵略した時、砂糖増産のため島津領内に移住させられた七家系の一つと言う。当然、沖縄戦には深い関心を持ち、大田海軍司令官に憧憬の念を持たれていたという次第。

同氏はまた「海軍に入られてからの大田さんの剣道の師範は、範士八段の大島治喜太先生です。ご子息の宏太郎先生は、大田さんのことを良くご存じですよ。聞いてご覧になったら」と大島さんの東京都町田市の住所、電話番号を教えて下さった。

筆者は思わず「オッ」と声を上げた。大田中佐の日記の二月十二日の受信欄と、末尾の人名住所録に「大島治喜太」の名前があったからである。

2

日記に書かれている大島治喜太氏（昭和十四年、五十歳で他界）の住所は、「（東京市）王子町上十条一三二四、建武館」とある。

福山さんに教わって、子息の元・早稲田大学教授・大島宏太郎さん（七六）（東京都町田市高ケ坂一六四六の二八）に電話した。大島さんは、昭和十五年の早稲田大学剣道部主将で、現在、範士七段。六年前に母校の教壇を降り、現在、関東学生剣道連盟副会長を務めておられる。

「ああ、その住所は今の北区中十条三丁目で、父が昭和三年に開いた道場です。末弟の日出太（六一）が跡を継いでいましたが、近頃は剣道をする子供さんがめっきり減りまして、平成三年十月に閉館しましてねえ」

無念の思いが、口調に滲んでいる。「大田實さんとは、懐かしい人の名前を久々に聞くなあ」と呟いてから、話して下さった。

「父は警視庁、皇宮警察部、陸士、東京帝大などのほか、横須賀鎮守府の主任師範もしていました。大田さんは砲術学校の教官をしておられた頃、父のお弟子さんになられたと思います。あれは満州事変や上海事変の前でしたが、東京へ来ると、よく道場に立ち寄られ、来る度に客用の防具を付けて、父と稽古をしていかれた。丸顔で、いつもニコニコしている人なのですが、竹刀を取ると激しいんですよ。スポーツ剣道でなしに、実戦のための剣道。打つより斬る。斬るか、斬られるか、の戦場剣道でしたねえ」

往時の稽古風景が脳裏によみがえったのか、やや間があって、今度は声が和んだ。

「ひとしきり稽古をすると、後は父と一杯やりながらの剣道談義ですよ。父も好きでしたが、大田さんもなかなかの酒好きで、いつも終電車になりました。フラフラになって帰られるのを、駅まで送って行くのが私の役目でしたが、よく帽子を忘れそうになるので、気を付けたものです」

懐かしんでいた大島さんは、「そうだ」と言って続けた。

「やはりその頃の事と記憶しますが、大田さんとこれも父のお弟子さんであった井上左馬二さんが、錆びない日本刀作りの相談で、道場へやって来られたことがありました。陸戦隊の人は上陸作戦の時に、どうしても軍刀の刀身が塩分にやられて、鞘から抜けなくなるんですね。それがきっかけで、ステンレスの海軍刀が出来たと記憶します。

私が大田さんに最後に会ったのは、昭和十六年、呉海兵団副長時代に、進路の相談で訪ねたのですが、とにかく忙しそうで、ゆっくり話す間も無かった。後で分かったのですが、太平洋戦争開戦直前で、学生の相談に乗っているどころじゃなかったのです」

大田大佐ら右武会会員の寄せ書き

大島さんは、誠に親切な人だった。自身の回想を語った後、「明治から三代の代表的な剣士の会合で『右武会』というのがあったのですが、昭和十二年ごろ、会員が署名を寄せ書きした色紙があります。大田さんも、お仲間の一人として書いていらっしゃるので、コピーを送りましょう。それとは別に、やはり父のお弟子さんで海軍に在籍した方がいますので、大田さんのことをご存じのはずです」と旧海軍大尉・芹川英夫さん（八二）（東京都大田区北馬込一の六の一二）を紹介して下さった。

芹川さんは旧制中学剣道界に名を馳せた千葉県成東中学出身で、範士八段、現在は東京都中央区剣道連盟の最高顧問。大島さんの紹介と告げると、電話の声がはずんだ。

「治喜太先生は豪快な人で、朝、道場におりる前に酒を五合くらいキューッとあおる。それで、ヤーッと向き合うと、酒気を含んだ息をお面越しに浴びせかけられ、大変でした。しかし、稽古は峻烈でしたねえ。

大田さんは、私より十八歳も年長だから、大島道場で出会ったことはありませんが、昭和十一年、私が横須賀の海軍工機学校にいたころ、鎮守府海軍集会所の海仁会道場で初めて会いました。『なんだ、貴様、成東か』と同じ千葉県出身のよしみで可愛がってもらい、何度もじかに稽古をつけて頂きました。あの方の剣道には、〽わたしゃ九十九里荒波育ち、の郷土の匂いを感じました。とにかく豪放、真っ正直、駆け引きや嘘偽りの無い威風堂々の剣法でしたよ」

芹川さんは十九年暮れ、中尉で、第七十六号海防艦の機関長を務めていたが、佐世保に寄港した時、大田海兵団長を訪ねている。

「おお、よく来た、団長室へ来い、と少将が自身で招き入れ、ウイスキーを御馳走して下さったので、一緒に行った同僚がびっくりしていました。磊落な、本当に親しめる提督でしたねえ」

翌々日、大島さんから早速、封書が届いた。中にはいずれ劣らぬ墨痕鮮やかな署名の寄せ書きのコピーと、もう一枚の同じコピーには、大島さんが書き込んで下さった肩書が添えてあった。

いずれも故人だが、先ず「大田實」の署名が目に飛び込んで来た。それから左回りに見ると、「大島治喜太」「井上左馬二」と本稿で紹介済みの名前が並び、ほかに「範士十段」「範士九段」の当時の剣豪がずらり。

東京高等師範学校教授の「高野佐三郎」、御大礼記念天覧試合（五年）優勝者で、警視庁師範の「持田盛二」、早稲田大学師範の「斎村五郎」、同「柴田万作」、日清生命役員・早大OBの「玉利三之助」、陸軍戸山学校銃剣術師範「江口卯吉」など計十二人。

玉利家が所蔵されている色紙の複写ということだが、剣道ファンならゾクゾクするような顔触れ。大田大佐の剣道界での位置を物語る、何よりの資料である。

3

「右武会」の署名の中で、すこぶる付きの大物は、「昭和の剣聖」とうたわれた高野佐三郎・範士十段（昭和二十五年、八十八歳で他界）である。

体の均整を取るために少年時代、三十畳敷き（約五十平方メートル）の道場に二斗（三十キログラム）の大豆をまいて稽古したとか、川に膝まで入って面と籠手だけで稽古したとか、目隠ししての闇試合で不敗とかの修行、剣豪ぶりが、半ば伝説的に伝えられている。

今、お孫さんの高野武・範士八段（七三）、初江・教士七段（七四）夫妻が、横浜市金沢区釜利谷町四二五九にお住まいだが、佐三郎翁と大田大佐との出会いは、残念ながらご存じなかった。

しかし、二人が師弟の間柄であったことは、剣道界の古老が等しく認めるところで、大田家の長男・英雄さんの名付け親が佐三郎翁であることが、それを何よりも裏付けている。大田家の子供の命名は、漢学者である父方の祖父・弥三郎さんがもっぱら受け持ったことは既に書いた。だが英雄さんの場合、そうはならなかった理由を、当のご本人が話してくれた。

「私の名前は、初め『勝』だったのです。昭和九年生まれですから、祖父が満州事変に始まる戦争の勝利を願って付けたと思います。しかし、いかに戦争中だとはいえ、母親がかつ、五女が勝子、それに私が勝では、カツ、カツ、カツになるということで、父が剣道の師である高野佐三郎先生にお願いして、英雄と名付けて頂いたようです」

なにしろ、六番目に生まれた最初の男の子。腕に縒りをかけ、勝と命名したに違いない弥三郎さんの無念や思うべし。その辺はみどりさん、すが子さんが聞き及んでいる。「祖父は大変、残念だったようです。だから亡くなるまで、英雄のことを勝、勝と呼んでいました」

それはとにかく、昭和十三年の日記に戻ると、剣道がらみの俳句が盛んに登場する。

「正月に土用稽古の船の旅」（一月二十二日）

「練武後の湯浴みすましてビール哉」（七月十八日）

日記の七月二十一日の発信欄には「大島氏に和歌を送る」とあり、記述欄に次の三首が書かれている。うち二首は剣道の稽古に関する歌なので、送り先は師の治喜太・範士だろうか。

「春さくら夏雲の峰秋の月冬は高嶺の一もとの松」

「寒稽古水浴おへて雪踏みてまだ起きやらぬ街を帰りぬ」

「夏稽古湯浴みすまして打ち水の庭に月見て飲むビールかな」

一風呂浴びてからのビールは何としても欠かせないようで、この武芸者のアルコールに目がない一面を伝えているが、家族が話していたスポーツ好きを示す記述は、随所に出て来る。先ず相撲の俳句。

「春場所を赤道で聞く軍艦(いくさぶね)」（一月二十二日）
「二場所を南支で聞くも事変らし」（五月二十一日）

次は野球のメモ。

「中等校選抜野球のラヂオを聞く」（四月三日）
「ラヂオ早明二回戦　早10―明4」（五月十五日）
「早慶戦を聞く　慶7―早5」（六月五日）

情報源であるラジオに対する関心も強い。

「支那の海守る大和の武夫(もののふ)は憩ふ折にもラヂオ聞くなり」（五月十九日）
「支那の海旅する毎に思かな我が日の本の強きラヂオを」（六月二十日）
「戦陣の憩に集ふラヂオかな」（同二十五日）

もちろんラジオは、憩いのためだけではない。一月十六日の記述欄には「ニュース　国民政府を対手(あいて)とせず」と書き込まれている。

昭和十二年七月、蘆溝橋で戦端を開いた日中戦争だったが、翌十三年一月、両国の間に和平を探る機運が芽生えた。しかし、軍部は日本の意のままになる御用政権「中華民国臨時政府」を樹立、政府も同十六日「今後は国民政府を相手にせず、新興政権の成立発展を期待する」との声明を出したため、折角(せっかく)の機会は失われてしまう。この後はドロ沼の長期戦に入る訳で、大田大佐もこのニュースには深く感じるところがあったのか、二月四日、短歌にしている。

「蔣政府対手にせざる皇軍は日月はかり艦進むなり」

それにしても、何でも句や歌にしてしまうバイタリティには、〝お面〟何本かを取られた感じだが、こんなことで驚いていてはいけない。

六月五日のページに「本屋より歌の作り方を求め、読む」の記述があり、翌六日、八日、九日、十八日、二十日にもたて続けに「歌の作り方を読む」とあって和歌の勉強を盛んにやっている。

これほど大佐を熱中させた本は誰が書いたのか、と思いつつ読み進むと、七月十五日の項に、やっと著者の名前が出て来た。

書籍を通じての大田大佐の和歌の先生は、金子薫園(くんえん)（昭和二十六年、七十四歳で他界）だった。七月十五日の日記に「金子薫園の歌の作り方を再読す　夏の部（源）頼政（平安末期の武将、歌人）の左の歌に感ず」とあり、その歌が青鉛筆で書いてある。

「庭の面(も)はまだかわかぬに夕立の空さりげなく澄める月かな」

感ずるところがあった末に、それを参考にして、すぐ習作を作ったらしく、やはり青鉛筆で頼政の歌の横に並べて書くところが、いかにもこの人らしい。

「甲板の兵は裸のままなるに早澄み渡るスコールの空」

薫園は、明治の国文学者・歌人である落合直文の弟子。明治三十年、後に出版社「新潮社」を興す佐藤義亮が出した雑誌「新声」、同「新潮」の和歌欄を担当、佐藤に請われて新潮社の調査部長も務めた。明星派の恋愛歌偏重を快しとせず、自然への愛慕の情を詠んだ、いわゆる叙景歌を提唱した。代表作は、

「てる月にひれふる魚のかげ見江てゆく舟かろし江戸川のみづ」

大佐は薫園の歌の作り方に相当教えられるところがあったらしく、本を読み始めて七度目の六月二十二日に、自戒の習作を書き付けている。

「船来とカフェーダンスを止めにして磨けもろ人敷島の道」

誠に正直な人柄が、もろに出た作品。一級とは言えないが、優しい人柄が詠み込まれた歌も多い。「鶴見」は戦場でない寄港地では、在留邦人の慰問にも務めたようだ。

「ちさとふる我が同胞(はらから)をふねの上に慰めけりな御国振りにて」

「映画すししるこなどにて同胞を慰めけりないくさぶねにて」

そして、戦死者の遺骨受領という辛い任務も命じられる。五月二十四日の項に「一八五〇頃陸戦隊より川村大尉と遺骨十三柱来る　兵員室に安置す」とあり、六月三十日には「厦門敵前上陸決死隊」戦死、慰霊の状況を詠んだ二首。

「波寄するはまの鉄網切り開きわが身を捨てて友進むなり」

「新しきいくさの場(にわ)の友の墓草花手向(たむ)け暫し額(ぬかず)く」

多忙の中でも家族を忘れていないことは、発信欄のメモが語る。「子供等に成績の手紙の返事」(一月三日)「かつ子に低鉄棒使用上の注意」(三月十四日)「かつ子、子供達に水泳教育参考」(六月四日)。

六月三十日は「朝より夜迄(まで)ニュースは関東の水害を伝ふ」と書き、その結果として七月三日には「(子供たちが通っている)豊島小学校の崖(がけ)崩れにて四女生徒即死の由」と心配している様子が手に取るようだ。

4

昭和十三年の日記を通じ、大田大佐の文武両道ぶりを垣間見たが、もっと直截にこの人の物の考え方、人となりを伝えてくれるメモ帳がある。

沖縄観光開発事業団（現・沖縄県観光開発公社の前身）が昭和四十五年、沖縄県豊見城村に残っていた旧海軍司令部壕を沖縄戦の悲劇を伝える史跡として整備、壕外に資料館を開設した時、かつ夫人が展示用に寄贈した遺品の中に含まれていた縦十五センチ、横二十センチくらいの小さなノートだ。今も同館に展示されている。

メモ帳には「横須賀　大田實」とあるだけで日付はないが、横須賀海兵団、砲術学校在勤中の昭和五年から十一年の間に書きつけたノートと思われる。

彼が千葉中学時代から、ともすれば智育のみに重点を置きがちな学校教育のあり方に批判的であったことは既に書いたが、ここでも独自の教育論を披瀝する。

《――日本ノ教育ハ貧乏ニテ、物質ニ於テ乏シ。物ニ貧シキハ、ヤガテ心ヲモ貧シカラシム。教育ノ任ニ当ルモノノ何ガ貧シキヤト云フニ、教育者ハ何ト考ヘツツアルカナリ。成績ヲヨクスルコトトハ、単ニ高等学校ニ入ルルヲ第一義トシツツアルニアラズヤ。日本ノ勉強ニ入学試験ニ対スルモノノ外ニ対シテナス勉強ハ、幾分アリヤ。果シテ然ラバ第一義ノ貧シキハ寒心ノ至リナリ。》

受験第一の教育の危機的状況を早くも見通した卓見と言えるが、「末は博士か大臣か」の学士様優遇時代だけに、こんな記述もある。
《――日本人ハ動カズシテ生キントスル。勉強ハ大臣ニナルタメニテ、労働セザルタメト考ヘツツアリ。》
アメリカは日露戦争直後から日本の中国進出に抗議し、日中戦争によって決定的なライバルとなりつつあったが、そのアメリカ観もユニークに登場する。
《――米国ニハ歴史ノ哲学ナシ。米国ニハ歴史ナキニヨリ、何事モ実施シテ見テ失敗セバ再ビ遣(や)リ直スガ米国ノ一ノ美点トモ言フヘシ。従ヒテ米国ニ正義アリトカ、排日スルトカ言フモ、米国ハ何事モ試行シテ失敗スレバ、遣リ直ス的ナリ。》
こんなことまで書いて大丈夫だったのかな、と心配になるような大胆な意見もある。
《――米国ハ排日ヲナシ不都合ナリト責ムル日本人ハ、朝鮮人ニ対シ、台湾人ニ対シ如何ニナシアリヤヲ考ヘテ後、米国ヲ責ムル幾人アリヤ。我ガ国ニハ思想ノ空ナル人々ハ甚ダ多シ。故ニ極メテ危険ナリ。》
孔子の言を引いているが、次もその一つ。
《――孔子曰(いわ)ク、立国上、理想主義。礼節、衣食、兵備ノ内、第一ニ捨ツベキハ兵備、第二ハ衣食、礼節ハ死シテモ捨ツベカラズ。》
仁愛の電報を打った人ならではの、立国論である。
今も沖縄の地にあるメモ帳の検証から、もう少し武人・大田の、ものの考え方を披露しておきたい。信仰心が厚く、肺結核さえ日蓮に傾倒することで治したことは既に書いたが、神仏に対する考え方はどのようなものであったか。

《――自覚ノ働キアレバコソ自己ノ不完全ナルヲ知リ、向上発展ヲ促スモノナリ。又宗教的ニ自己ノ罪ヲ知リ、浄メント神仏ヲ求メ、神仏ニ近ヅカントスルモノナリ。

自覚ノ心ノ起ルコトハ其ノ根本ニ完全性アルヲ認ムルモノニテ、又自己ヲ罪悪ノ塊ナリトシテ懺悔心ヲ起スハ、自己ノ心ニ神性、仏性ノアルガ故ナリ。

犬ヤ猫ハ不完全ナルコトヲ自覚セズ、講習会ヲ開カズ、宗教的観念モナシ。自己ニ神性、仏性ナクシテ、神仏ヲ考フルコト出来ザルナリ。》

そこから、独自の道徳論を展開していく。

《――道徳ハ衷心、最モナシ度キコトヲナスコトナリ。但シ自利、私慾、邪念ノタメニ充分ニナシ得サルナリ。

自己衷心ノ希望ヲ邪魔スル自利、私慾等ヲ排スルヲ犠牲又ハ献身ト称シ、道徳的行為ナリ。国家ノタメニ我ヲ捨テルト云フハ不都合ニテ、国家ノタメニ自己ヲ立テルト云フベシ。》

しかし、日本の国民道徳の現状については、かなり批判的であったようだ。

《――社会ノ各方面ノ倫理道徳ニ腐敗多シ。特ニ政界ハ甚シ。》

と断じているが、腐敗の中身については、次のように説明する。

《――醜、悪、偽ヲ思フトキ、醜ニ対シテハ美、悪ニ対シテハ善、偽ニ対シテハ真ナルベキナレド、実体トシテ示シ得ズ。醜ナルモノヲ美化シ、悪ナルモノヲ善化シ、偽ナルモノヲ真化スルガ中心ニシテ……》

《――人ハ虚言ヲ好ムニアラザルカ。人間ハ作リタルモノ、創造的、理想的等ノ作リゴトヲ好ム。(中略)事ヲ大キクシタリ、輪ニ輪ヲカケタリスル僻言(へきげん)ガアル。新聞記事モ半分ハ虚言ナリ。》

新聞記者経験者としてはギョッとする厳しい指摘だが、それはやがて、人格・教育論へと回帰する。

《――人格ハ人間ニアルノミ。動物ト異ナルハ人格ヲ有スル点ニアリ。人間ガ他動物ト区別セラルルハ、精神的人間性＝人格ガ躰(たい)内外ニ在リ、即チ意志ノ働キガアル。人間ニアリテモ意志ガ健全ニ働カザルトキハ人格的ニ完全ナリト称シ難シ。》

《――一切ヲ平等ニ取リ扱フコトハ、人間ヲ低落セシムル患(うれい)アリ。努力スレバスルダケノ報ヒアルベキニ有為ナル人モ無為ノ人モ同一ニ取リ扱フハ、人間ヲ低落セシムルモノナリ。》

すべて、自分を律する言葉でもあったのだろう。

5

昭和十三年六月十日から二ヵ月に及ぶ華南方面での永い補給任務を終えた「鶴見」の大田艦長は、帰国途中の八月十四日の日記に「佐鎮参謀長より軍令部出仕の電あり」と書いている。一年十ヵ月ぶりの異動。当時の海軍将校の転動が、どの様に運ばれたかを知ってもらうために、日記から少し詳しく日程を拾ってみる。

同十八日午前八時、佐世保へ帰港、預かってきた呉特別陸戦隊員の遺骨八柱を移管。

十時、鎮守府へ帰投の挨拶。

十一時、後任の田中大佐と申し継ぎ。

十二時、新艦長を交え、士官室で会食。

時間は分からないが、お別れの挨拶代わりに日本酒二ダースを贈ったらしく「士官室に窓の梅一打(ダース)、准士官室三本、下士官・兵九本寄贈」の走り書き。

十四時、港内の僚艦に挨拶。

十五時、鎮守府へ交代を報告。

十六時、海軍工廠、海兵団、軍法会議に挨拶。

十七時五分、佐世保発の夜行列車で出発。

この後、「食堂車にて00・00を過ぎ、上の寝台にて」の記述がある。

十九日六時、岡山で起床、体操。

八時、姫路駅で「十九時半、横浜駅着」を打電。

十九時半、横浜駅着。家族一同出迎え。

二十時すぎ、同駅で同僚の出征見送り。

ここでも、見送りの同僚とだろうか、「約一時間許り(ばか)飲みて帰る」とあり、実によく飲んでいる。横須賀市中里町への帰宅時間は、正確には分からない。

目まぐるしいばかりの忙しさ、心遣い。だが、翌二十日は土曜日なのに「六時三十分起床、体操」とあり八時三十分自宅を出て海軍省へ出頭、大臣以下、高官に挨拶回りをしている。

二十一日は日曜日だが、「起床、体操、居合」はやはり五時三十分。「午食後、馬堀（海岸へ水泳か?）に行かむとする所へ、小林特務大尉来り、新任務の陸戦隊に是非参加の旨を述べて帰る」と書いている。

そして、翌二十二日からは判でついたように朝五時に起き、海軍省内の軍令部に七時三十分に出勤、十六時十五分の退庁まで仕事の記述は当分の間、「海南島の研究」か「上陸作戦の研究」一本となる。

陸軍の「日本の生命線・満蒙」を受けて、当時、海軍は「南進論」を展開していた。その主張は、

「日満支ブロック経済の中で不足する必需原料は、南方へ進出することによって、平時、戦時を問わず確実に入手出来る道を講じておかねばならない」

その手始めとして昭和十一年、台湾総督をそれまでの文官から小林躋造海軍大将（元連合艦隊司令長官・海兵26期）に代えたが、次に狙ったのが海南島の占領であった。

海南島進攻の発案者は、大田大佐と海兵が同期で、当時、軍令部第一部第一（作戦）課長を務めていた草鹿龍之介大佐（のち中将、連合艦隊参謀長）だった。狙いは、中国国民党政府に対するアメリカ、イギリスの支援を排除し、封鎖を完全にするための航空基地の建設、同島の石油など地下資源の確保である。

作戦は当然、陸戦隊が中心となる。そこで、草鹿大佐は、上海事変での体験をはじめ陸戦に精通している大田大佐に上陸作戦の研究を依頼したと思われる。

研究十二日目の九月二日の日記に早、「楡林（ゆりん）港三亜上陸の計画」とあり、同五日の項に「草鹿

氏より成案を（軍令部第二）部長に話す様にとのことなり」、さらに一ヵ月後の二十三日には「海南島に関する研究事項の報告を（同部第）一課総員に対して行う」と書いている。

研究はその後、厦門、澎湖諸島、樺太（カラフト）など過去に日本が占領した上陸作戦類例集の検討から現地戦術、トーチカ戦闘、それに伴う陸戦隊の編制、南支那海方面の冬季気象と海象、戦時国際法規、島の鉱物資源と多岐にわたるが、何とヘビの研究までやっている。

十一月二日の日記に「上野動物園に至り、蛇のことを福田三郎氏に質問したる上、東大の薬学教室に（義兄の落合）英二氏を訪ひ……」とある。

毒蛇対策だったことは、その福田三郎氏が昭和四十三年、毎日新聞社から出版した『実録上野動物園』の中で《昭和十三年十一月二日、海軍大佐・大田實氏が来園されて、南支に大きなヘビ、毒蛇がいるので、その捕獲法を聞いていった》と書いていることではっきりしている。

大佐はさらに、同八日に「寺崎参謀に蛇の嫌ふ薬を頼む」、同二十七日の受信欄に「英二氏、蛇の件」とも書いている。

その挙げ句に十二月二日、先に『岩尾の身』の章で紹介した「五輪書火之巻を見る」が登場するのである。さまざまな研究を済ませた大佐は、武蔵の兵法の極意書に、不動の心を学んだのではなかったか。

海軍は、海南島進攻をY作戦と名付けた。そのうち陸軍第二十一軍と協同して行なう北部・海口方面攻略を甲作戦、海軍陸戦隊だけで南部の楡林・三亜方面を攻略するのを乙作戦としたが、原案はすべて大田大佐が練り上げた戦術である。

大佐は暮れも押し詰まった二十七日から翌昭和十四年一月五日まで、台湾を足場に現地を偵察飛行、同月二十日、呉鎮守府第六特別陸戦隊司令に任じられるなど慌ただしい。

甲作戦は二月八日、乙作戦は同十二日発令され、日本軍は海南島に殺到した。

海南島攻略の乙作戦は海軍だけで戦うため、次の三つの陸戦隊が出動した。大田大佐率いる呉鎮守府第六特別陸戦隊（略称・呉六特、七百三十九人）、井上左馬二中佐の佐世保第八特別陸戦隊（佐八特、八百六十人）、加藤栄吉中佐（海兵46期）の横須賀第四特別陸戦隊（横四特、同）である。

先に紹介した「右武会」のメンバーである大田、井上両剣士が顔を揃えている。陸戦隊の編制に当たった大田大佐の意向が多分に入っていると思われるが、実のところは、二人が剣を振るう場面はなかった。

呉海兵団副長兼教官時代の大田大佐
（「呉海兵団修業記念写真集」から）

中国軍は同島に一個師団半（約一万五千人）の兵力を駐屯させていたが、日本軍の動きを察知したのか、前年の十三年十一月末、その大半を帆船十数隻で広東方面に移駐させ、五千八百人しか残っていなかった。それも戦意に乏しく、抵抗らしい抵抗はなかったので、陸軍第二十一軍は上陸の二月十日中に北部の海口を、海軍陸戦隊も十四日中に南部の楡林、三亜などを占領、島内各地の掃討に移る。

作戦は容易に進み、呉六特の損害は初陣で冷静さを欠いたための同士討ちによる戦死、戦病死各一人で済み、部下の安否を人一倍気づかう大田司令をホッとさせたが、この作戦の国際的反響は大きかった。

米英仏三国は「日本の南方侵略の野望が見えた」と非難、蔣介石総統は同月十二日、外国人記者との会見で、次のように語った。

「日本は海南島を攻撃することによって、太平洋に第二の奉天を創(つく)り出した。奉天は満州事変の発端であった。海南島は太平洋事変の発端であろう。(中略)日本が今回の南進行動に出たのは、明らかに戦争を太平洋まで拡大せんとする危険を冒す決意の下になされたものである」

呉六特は四月一日、第六防備隊に改編、大田大佐は同隊司令に任じられ、占領地の確保、警備に当たるが、半月後、呉海兵団副長兼教官に転任、内地へ帰る。

帰国した大佐はそのまま呉海兵団で勤務、横須賀の自宅に帰るのは八月四日である。「楡林の無血上陸」という言葉を今も覚えているすが子さんは、神奈川県立大津高等女学校に入学した年だが、「夏季鍛錬日記」にこう書いている。

「八月四日　曇　今日はお父様がお家にお帰りになるので金魚のお水をかへたり、お花を買って来て生けたりした。夕方になつてお迎へに行く。海南島へ行つていらつしやつたから、きつと黒くなつたでせうと思つた。お父様とお会ひして嬉しい」

また翌日は「せつかくお父様と一しよに海へ午後から行かうとしたのに雨。くやしい。海南島のお話をしていただいてふざけてゐたら、新聞記者が来たのでびつくりした」と書く。

束の間の一家団欒。しかし、蔣総統が予言した太平洋の事変まで、もう幾らも時間はなかった。

第十章　川原石の家

1

大津高女一年生だった、すが子さんの昭和十四年の「夏季鍛練日記」によれば、八ヵ月ぶりに帰宅した大田大佐の自宅滞在は十日間だった。お茶目な彼女は、八月十三日（日曜日）の欄に、こう書いている。

「今日は市民大会だ。十時半にお昼御飯をたべて行く。私達は二年生と五百米競走を行つた。見張りの先生は『一年しつかり、二年うつかり』等いつて二年生をおこらせる。やかん頭の人だつた。お父様が今日、（呉へ）お帰りになる」

また、翌日は「お父様がお帰りになつたので淋しくてたまらない。小さな八千代ちやんも淋しさう。夜、十二日にお父様と写したお写真が出来て来た。お父様はよくとれていらつしやる。早速お送りした」

帰宅したらしたで、海軍省や横須賀鎮守府、海兵団、砲術学校など出掛ける所が幾つもある忙しさの中で、相変わらず水泳の特訓をしてやり、子供の日記に目を通し、誤りを直してやる教育熱心で、この日記にも誤字を直した跡がある。みどりさんは「戦地へ便りを出しましても、文字や言い回しに誤りがあると、必ず赤鉛筆でチェックして送り返してくれましたのよ」と言う。

この〝淋しい〟日記にも目を通した大佐は、せめて内地に居る間は家族と一緒に居てやりたい、と考えたのだろう。一家を呉へ呼び寄せる。それが、皇紀二千六百年で日本中が沸いていた昭和十五年一月十五日だったことは、愛子さんが覚えていた。

大佐時代、海南島～呉から８ヵ月ぶりに横須賀市中里町の自宅へ帰り、昭和14年８月12日、家族全員と玄関前で、かつ夫人に抱かれているのは生後38日の三男・畯さん（村上すが子さん蔵）

「元旦に四方拝で豊島小学校から帰って来たら、家の中が引っ越しの荷物で一杯で、座る所もない状態でしたから、新年早々に荷物を運び出したのではないでしょうか。とにかく一月十五日、呉市立五番町小学校へ五年生の私、三年生の昭子、一年生の勝子の三人が、転校のご挨拶に行ったのを覚えています」

大佐が当時、子供九人の大家族のために借りた家は国鉄（今のＪＲ）呉線で呉から一駅、広島寄りの「川原石」駅に近い、大きなお屋敷だった。

呉鎮守府が明治二十二年七月に発足した時の参謀長兼建築部長・佐藤鎮雄大佐（のち少将、明治三十年、四十七歳で他界）のために、土地の名家・沢原氏が建てた和洋折衷の別荘。呉の洋風建築は当時、鎮守府長官官舎（現・広島県重要文化財、入船山記念館本館）と、この家だけだったと言われる。

昭和十九年から二十年にかけ一年足らず、佐世保市の「白南風の家」と二重生活になる時代を含め、この家には戦後の二十五年まで十年余住むことになるので長男・英雄さん以下、同家のいわゆる「小さい人」も記憶は鮮明になる。さて、どんな家だったか。

大田家の姉弟は、呉の川原石の家がいかに広々として素晴らしかったかを語ってやまない。だが、家の造りというのは、話だけではどうにも隔靴掻痒である。

そこで、右代表でみどりさんに家の見取り図を書いてもらうようお願いした。白南風の家の時同様、はっきりしない点は、電話による情報交換と確認が飛び交ったそうで、二、三日してグラフ用紙に綺麗に書かれた図面が届いた。

それにしても、この姉弟は誠に仲が良い。一家の主が戦死した後、肩寄せ合って戦後の苦難の時代を生き抜いて来た連帯感がそうさせるのだろうが、それについては、章を改めて後で書く。

とにかく、その図面。家は東西に長い造りで、西端が入口。玄関から東へ長い廊下が延び、曲尺の形で左へ折れ曲がっている。この廊下を仕切りにして、南側に洋館、北側に純日本建築を配した、和洋折衷となっている。

洋館は玄関寄りの部分だけで、十二畳と十畳の洋間。これに向き合う和室は、なんと八間もあり、敷地東端の勝手口近くまで延びている。間取りは玄関に近い方から、三畳、六畳、四畳半、十二畳と、十二畳の台所で、ここまでは家族が使っていた。

その奥は南北の仕切りの廊下をはさんで、客間になっており、手前から八畳半、十畳、十二畳の三間が続く。どの部屋からも東西の廊下のガラス戸越しに、広い日本庭園が見渡せるようになっている。他に納戸、洗面所、浴室などがあり、トイレは三ヵ所もある。

家の素晴らしさ、そこで繰り広げられた様々のエピソードを聞き、この図面を見せられては、またまた筆者はじっとしておれなくなった。平成四年三月、海上自衛隊呉地方総監部に落合畯・海将補を訪ねた翌日、川原石の家を見に出掛けた。

落合さん自身、この家が懐かしくてたまらず、防衛大学校を卒業して江田島の海上自衛隊幹部候補生学校に入校した昭和三十八年をはじめ、呉を基地にする第一〇一掃海隊の五号艇長、次いで呉総監部の副官を務めた四十一年から四十二年にかけて、何度も訪れている。

会った時も「ホント懐かしい」を連発、「JRの川原石の駅から広島寄りへ、トコトコと歩いて三分くらい。マントルピースの赤い煉瓦造りの煙突がある家ですから、すぐ分かりますよ」と教えてくれた。

川原石駅の西で線路をくぐる一筋目の道路を山手へ少し上がると、煉瓦の煙突が一際鮮やかな川原石の家があった。現在の地番は、呉市西川原石町九の一。くぐり戸付きの和風の立派な門に通じる専用の坂道、切り石の高い石垣の上に白壁の塀を延々と巡らし、その上から松、竹、桜、シュロなど様々の樹木の緑がのぞく、正に大邸宅だった。

川原石の家に今、お住まいの人は、突然の訪問に驚かれた様子だったが、事情を話すと「私室は散らかしていますので……」ということで、洋館と和室の客間だけ見せて下さった。

建物を東西に貫く廊下は、洋館がある部分はリノリュウム、その先、和室部分は板張りで、奥深くといった感じで三十メートルは続いており、これに先ず圧倒される。

その奥、南向きの日がさんさんと入る和室は、床の間、違い棚付きの大きな部屋が三部屋続き、襖を取り払うと、三十畳余の大広間になる造り。

マントルピースのある洋間は今、応接間に使われているらしく、立派な応接セットがしつらえてあったが、十二畳の広い方の部屋にたたずんでいる時、愛子さんから聞いた話を思い出した。

「広い方は、子供たちの勉強部屋にしていました。机を六つ、向かい合わせにしまして、女学生三人と小学生三人が並んで勉強したの」

それは、彼女が呉第一高女に入学した昭和十六年春以降のことと思われるが、大田大佐は引っ越しに伴う子供たちの転校手続きでも、細かく気を配っている。今度は、すが子さんの回想。

「お姉様と私は、十四年暮れのうちに女学校の転校試験を受けに呉へ行ったのですが、帰りの護衛役が今の主人の村上でしたの。彼は当時、海兵の生徒で、江田島に居たのですが、お正月休みで郷里の千葉へ帰省するので、父が付き添いを頼んでくれたのね。

当時は呉十三時五十三分発の呉線回りの急行『安芸』が、大船に朝八時ごろ着きますので、よく利用したのですが、私たちは二等（今のグリーン）車に乗りました。海兵の生徒は三等車でなきゃいけなかったので、道中、何回か様子を見に来てくれましたよ」

海兵生徒と高女生。ハハーンと、したり顔の当方の勘ぐりを打ち消す様に、すが子さんはケロッとした顔で続けた。

「当時、私は身長百三十三センチ、クラスで並ぶと一番前のおチビさんでしたから、まーったく意識なんかしていません。姉と列車内で、かくれんぼをして遊んでいましたよ。婚約しましたのは、県女（呉第一高女）の専攻科を卒業した十九年三月のことで、村上の父の道徳さんが大田の祖父・弥三郎さんと千葉中学の同窓だったもので、『おめえの孫娘を一人、嫁にもらうべえか』と決まった話ですから、当時は色気もなーんにもございません」

次は小学生の子らの転校先だが、近くに港町、両城、二河の各小学校があるのに、それら三校を飛び越し、二キロ以上も先にあり、子供の足で三十分もかかる五番町小学校を選んだ。歴史が古く、教育熱心な進学校であることを、事前に調べあげての選定だった。

2

川原石の家へ引っ越した翌年の昭和十六年四月、長男・英雄さんの五番町国民学校入学を記念して、大田家の家族全員が広い庭で撮った写真が残っている。

前年から米、砂糖、マッチなど生活必需物資が配給・切符制になり、この年四月一日からは尋常小学校が国民学校と名を変えるなど、戦時体制は着々と進んでいたが、さんさんと降り注ぐ春の日差しに包まれた一家の映像は、まだ平和そのものである。

家族は十二人になり、高女生、国民学校生、幼児それぞれ三人が、軍服、軍帽姿のお父さん、この家で生まれた七女・千冬さんを抱くお母さんを取り囲んでおり、みんなの頰に柔和な微笑みがある。

この時から四十八年後の平成元年六月、広島県立呉宮原高校の教頭を務めていた英雄さんは、一家の戦中、戦後の苦闘と自らの平和教育者としての軌跡を『父は沖縄で死んだ――沖縄海軍部隊司令官とその息子の歩いた道』（高文研刊）と題して出版したが、その中で書いている。

《――しだいに苦しくなる国民生活にもかかわらず海軍将官の家族であるわが家の生活は、特権的に恵まれていた。クリスマスには、一般の市民には、もう口に入りにくくなっていたチョコレートがプレゼントだった。そのためか、通学の途中、よく近所の子供たちにいじめられた。

それを避けるために、朝は呉第一県立女学校（通称県女）に通う三人の姉につれていってもらった。帰りは、やはり年上の、岩本君という朝鮮人の級友といっしょに帰った。彼のお蔭で何度危ない目を逃れたことか。無口だけど、いつも手をつないでかばってくれたその手のぬくもりはいまも残っている。――》

家族と自身を客観視し、事実を糊塗しない率直な記述に打たれるが、自分の生い立ちについても、同様の筆致で貫かれている。

《――軍人の勢力が日増しに強くなり、軍国色が濃くなってきていた。そんな時代だった上に、

呉海兵団副長兼教官時代の昭和16年４月、長男・英雄の五番町国民学校入学記念に呉市川原石の自宅前栽で。左から三女・愛子、七女・千冬を抱くかつ夫人、長男・英雄、四女・昭子、その前が六女・八千代、大田大佐の後ろで長女・みどりに抱かれているのは三男・畯、二女・すが子、その前が二男・浩、右端が五女・勝子（大田英雄さん蔵）

家庭も家庭だったし、父が父だっただけに、当然私は家族全員から「末は海軍大将」との期待がかけられ、鍛えられもしたが、大事にもされすぎた。

そのため、子供のころは、喉（のど）・鼻などが弱く、しじゅう熱を出していた。おまけに、おとなしいを通り越して弱虫だった。遊びでも、軍艦ごっこ・戦争ごっこなど、男の子らしい遊びが嫌いで、おままごと・着せかえごっこなどが好きな、まことに不甲斐（ふがい）ない、父母からみれば口惜（くや）しい男の子であったにちがいない。

家族みんなの自分への期待は、子供心にも、わかりすぎるくらいわかっていた。それだけに、期待にこたえることができない自分が、情けなかった。強くなりたい、だけどできない、そんな悔しさをまぎらす手段として、弟や妹をよくいじめた。——》

家族の期待に応えようとして応えられないもどかしさ、悔しさ。それを紛らす手段を綴る英雄さんの自叙を、著書から引き続き拾う。

《――池の鯉をほうきで突きまくって殺してしまったり、猫の尻の穴にトウガラシを突っ込んで、猫が暴走するさまを平然と笑いながら見ているなど、弱いものいじめをすることで、自分を強いと思い込もうとした。心理学でいう「代置反応」である。

いつぞやは庭の松の木に釘をうちこんだり、枝を意味もなく折って、父に大目玉を食い、「すべての物には、生命がある。いたずらに命を奪い、傷つけるものではない！」と、例によって、家に入れてもらえず、一晩中、縁の下で夜を明かしたこともあった。この時の父の激しい怒りは、いまもありありと覚えている。

欲求不満の解消策のもう一つは、手当たりしだいに伝記や歴史物語を読み、その中に出てくる英雄・豪傑を、自分自身と思い込むことだった。「オレは、義経のごとく戦いが強く、信玄のごとく雄大で、家康のごとく忍耐強い人間なのだ」、常にそう自分に言って聞かせた。いつしか私の頭の中には、英雄的な歴史観めいたものや、権力へのあこがれが形成されていったようだ。》

海軍将官の長男として育った英雄さんの正直な心情を紹介するうち、話が重くなった。

英雄さんには、そんな心の葛藤があったにもせよ、横須賀市中里町の家の終わりごろ、つまり昭和もふたけたになるころから、川原石の家で太平洋戦争が始まるまでの数年間が、大田家の至福の時代だった。前記の英雄さん入学記念の写真をしげしげと見ながら、愛子さんがしみじみと話す。

「我が家にとって、最高に幸せな時代ですねえ。家族が全員揃っていたし、おうちは広いし、父は呉に居たし。毎日、父が出掛け、『只今ーっ』と帰って来る姿を見、みんなが客間の真ん中の座敷で父の晩酌のテーブルを囲んで、『杯持って来い』と言って、一杯ずつ飲ませてくれるのを待っていたんですものねえ。

それに父は『今日はおいしいものを食べに行こう』とか、水交社で開かれる軍楽隊の演奏会なんかに、よく連れて行ってくれました。すると、お揃いの真っ白なセーラー服、真っ赤な襟といった様な素敵なお洋服でおしゃれをして、ハイヤーで出掛けるのね。あのころ、経済的にも豊かだったと思うんですよ」

陸、海軍大佐の当時の年俸は四千百五十円。そのほかに戦時、航海、地方勤務などには加俸が付いたから、月給は四百円を下らなかっただろう。それに大田大佐は昭和十五年の天長節（四月二十九日）に、支那事変の功績により旭日中綬章と二千二百円をもらっている。大学卒の初任給が七十五円の時代だから、それは豊かな高給取りだった。

3

呉時代の大田大佐は、忙しい軍務の間を縫って二、三度、自ら家族全員を連れて、日帰りの旅に出掛けている。

それは横須賀時代に、子供たちの体を鍛えるため、かつ夫人に連れて行かせた「保健行軍」とは、やや趣を異にする和やかな小旅行だった。戦火がやがて太平洋に広がることは、目に見えている。上の娘さんたちは、成人に近づきつつある。ならば、内地に居る間に束の間でも情操教育を、と考えたのではなかったか。愛子さんの回想。

「ある日、折角呉に来たんだから、厳島（いつくしま）神社にお参りしよう、と言いまして、そろって出掛けました。あの日の父はとっても優しくて、神社の沿革などを私たちに丁寧に説明してくれましたが、本当にその時は最高に幸せなひとときでしたねえ。

大鳥居の下で、皆で写真を撮りましてね。同じ場所で戦後、私たち姉妹は思い出すのも辛い行商をするのですが、その時はそんなことになろうとは想像もしませんもの。そのせいかどうか、あの写真が何故かその後、見当たらないんですよ」

この旅については、勝子さんも幾らか覚えている。

「宮島は千畳敷の大広間があるお寺の桜が満開だったので、十五年の春と思いますが、竹原市の頼山陽の旧居へも行ったのですよ。こちらは塩田の日の照り返しがまぶしかったのと、汗をかいたのを覚えていますので、同じ年の夏休みじゃなかったかと思うのですけど……」

当時、国民学校二年生だった勝子さんには、これ以上の詳しい記憶はないのだが、父に連れて行ってもらったこの旅が、抜き難い形で潜在意識にあることを、思わぬ機会に気付くことになる。彼女が俳句の同人グループに入っていることは既に紹介したが、平成四年三月の句会でのことである。

「『干し柿』という題が出まして、それに私、とっさにこんな句が浮かんだのです。

柿干して清貧安き詩人の居

主宰がそれを取り上げて下さったのですが、詩人というのはそうあるべきだ、清貧でも心安んじている、というのを何によってイメージしたかと言いますと、父に連れて行ってもらった頼山陽の旧居なんです。その時、ああ、父の思いが、こんな形で私の頭の中に残っているのだ、と大変うれしかったですねえ」

大佐は呉港先の大麗女島（おおうるめ）、小麗女島に設けられた海軍の家族専用海水浴場にも一家をよく連れて行き、相変わらず子供たちに水泳の基本を教えた。しかし、教え方は、かつてのスパルタ式一点張りとは、やや様子が違って、優しかった。

大田大佐は自宅に客を招くのが好きだった。それは横須賀市中里町、川原石の家を通じて続いた。すが子さんが話してくれた。

「土曜日になると、必ずお客様。横須賀の砲術学校教官時代は体育科長をしていましたから、栃の森というお相撲さんとか、剣道や柔道の先生とか、入れ代わりたちかわり、果てしなく一日延々と続くのです。陸軍の歩兵学校へ勉強に行った時に知り合ったシャムの若い留学生で、シャロンさん、シットさんという人まで遊びに見えました。

だから、母は大忙しでしたの。お料理上手で、おいしい物を作るのが得意でしたから、お客様が『大変ですねえ』と労る（いたわ）程、一生懸命作っていました。父が接待疲れで寝ちゃっても、お客様だけが騒いでいるんですから、もう大変。父は起きると、今度は料亭の小松あたりへ繰り出しました」

みどりさんが話を引き継ぐ。

「お手伝いさんが居ましたけど、お酒屋さんへしばしば行かせるのは可哀相でしょ。それで私が大抵行ったのですが、体が小さかったもので、一升瓶を抱えたまま転んで、怪我をしたこともありました」

川原石では、同輩、後輩の海軍士官が多くなった。みどりさんの夫・中嶋忠博さんも、お客の一人だった。

中嶋さんの実父は海兵43期の中嶋千尋少将（昭和四十九年、七十七歳で他界）で、太平洋戦争開戦時、第十一潜水艦基地隊司令を務めた人。中嶋さんは海軍機関学校50期で、昭和十三年に入校したが、たまたま実家が川原石の家の近所だったので、大田家の主は海機の生徒が近くに居ると知っていたらしい。

「あれは私が二号生徒（四年生が一号生徒）の十五年だと記憶するのですが、たまたま実家に帰っている時、長男の英雄君が迎えに来まして、家へお邪魔したのが始まりで、お付き合いが始まりました。

会ってみると、大田の父は私のクラスの安藤という生徒の保証人だったもんで、『そうか、安藤のクラスか』といったようなことで話がほぐれました。とにかく、家に人を呼んで、賑やかに飲むのが好きな人でした。二年後に私が申し込んで、長女・みどりと婚約するのですが、結婚するまでにお父上のご機嫌を損ね、出入り差し止めになるようなこともありまして……」

と言って、中嶋さんは頭をかきながら首をすくめた。それは後で書くとして、川原石の家には、呼び寄せた人のほか、呉港から出征して行く人が必ず立ち寄ったから一層慌ただしくなった。再び、みどりさん。

「父の歓待に加え、母も、二度と還らぬ人になるかも知れない、というつもりでサービスしていました。物が乏しくなっても、やりくりしまして……」

4

大田大佐は呉海兵団副長兼教官を昭和十四年四月から二年半余り務めた後、太平洋戦争開戦直前の昭和十六年十一月一日、支那方面艦隊司令部付兼第一遣支艦隊司令部付・漢口海軍特務部長に任ぜられる。

戦機も迫ったこの時期に、上海事変や海南島攻略戦を戦った陸戦の第一人者を、よく呉に留めておいたなあ、というのが筆者の率直な感想だったが、果たして旧海軍主計少佐・中村幸男さん（七八）（大阪市天王寺区石ケ辻町三の三の七〇一）から「開戦直前にサイパンで、大田閣下にお会いしていますよ」と知らせて頂いた。

中村さんは、南西太平洋のアドミラルティ諸島マヌス島で、飢えと悪疫（あくえき）の過酷な体験をした海軍第八十八警備隊の主計長。「短現」と呼ばれた海軍短期現役士官の第五期生である。

早速、お宅を訪ね、話を聞いたが、大田大佐の軍歴にサイパン行きが記録されていないことについて「会うたのは間違いないので、恐らく上層部の話し合いで作戦会議に急派されたんやないやろか」と、奈良育ちらしい関西弁で話してくれた。

それについては、みどりさんも「軍の機密ですから父は家族には何も話しませんでしたが、呉に居る間もとにかく忙しく飛び回っていましたから、そういうことがあったかも知れません」と言う。

中村さんは十五年春、日大商経学部を出て住友本社に就職したが、二ヵ月後、難関の短現に合格した。中尉に任官、戦艦「伊勢」、駆逐艦「夕霧」乗り組みを経て、翌十六年九月二十五日、第五特別根拠地隊（略称・五特根）付の機雷敷設艦「勝泳丸」主計長兼分隊長を命じられ、艦を追ってサイパンへ赴任した。

「夜九時ごろに着いたら、船が演習に出掛けて居らへんのですよ。帰って来たのは、翌日の午後七時ごろでしたかな。何の演習やと聞いたら、グアム島攻略作戦の上陸訓練やと言うんでしょ。いよいよ開戦やな、と武者震いしたもんです。

五特根の司令部はアガニアにおまして、大田さんとはそこで会うた。私が行った時は、司令部で飼っていたオウムの相手になってはりました。賢いオウムで、人が近づくと『オオ、従兵』とか、『〽見よ東海の空あけて……』と愛国行進曲を二節程歌いよったのですが、それをニコニコしながら見てはった。ほんま、柔和な、威張ったようなところが全然ない、ええ上官でしたなあ」

中村中尉はその後、主計長会報（会議と報告）で司令部へ行った時、何度か大田大佐と顔を合わせるが、話す機会はなかった。しかし、やがて、その時が来る。

グアム島攻略作戦での「勝泳丸」の任務は、上陸部隊の一つである林弘中佐（海兵49期）率いる陸戦隊・第五防備隊約四百名の輸送だった。ところが、人手不足のため、五特根司令部は「勝

昭和15年、呉市川原石の広い日本庭園で、遊びに来た同郷の下士官(三郎さんとしか判らない)と。左から三女・愛子、二男・浩、二女・すが子、長女・みどり、六女・八千代、かつ夫人、三男・畯を抱く大田大佐、五女・勝子、長男・英雄、お客のひざに四女・昭子(大田英雄さん蔵)

泳丸」の中村主計長兼分隊長に、陸戦隊の主計長も臨時で兼任するよう命じた。

「さあ、そうなると、上陸時の隊員の食糧を考えてやらんならん。ところが、アメリカとの戦争は初めてやから、上陸に何日かかるもんやら分からへんのですよ。そこで、とにかく、二十日くらい経っても腐らへん日持ちする握り飯を作ろう、となったんですわ」

その時、中村さんは奈良県吉野郡の郷里で、母親の里野(りの)さんが山仕事を頼んだ木こりのために、長持ちする握り飯を作ってやっていたのを思い出した。木こりは深い山へ何日も入る上に、道に迷うこともあるので、梅干し入りや焼いた握り飯などでは間に合わなかったからである。

「日持ちの秘訣は、適量の酢を入れることですんや。ただし、酢酸の入った化学酢はあかん。純米酢いうんか、米酢ですな。それも、むやみに入れたってあきません。割合までは聞いていなかったから、それから毎日、毎日、米炊かして、適量を割り出すテスト、テストの連続ですよ。作った握り飯を腹の上に置いたり、枕代わりに敷いて寝たり、とにかく暑い中で、最悪の状態で置いてみて、とうとう作り出しました。二十四日間、腐りもせんし、カビも生えんやつです。このために、たくさんのご飯をほか（捨て）しましたけどね」

早速、主計長会報の時、司令部で報告した。

「大田閣下が喜ばれましてね。さすがに陸戦隊で苦労してきた人やなあ、と感激したもんです。後で聞いた話ですが、五特根の私の考課表に『陸戦隊主計長に最適任』と書くよう進言されたらしい。お蔭で先任順序が二十人位上がったということでした」

翌年十一月、大尉に昇進していた中村さんは、大田少将（当時）率いる第八連合特別陸戦隊（略称・八連特）麾下の呉第六特別陸戦隊（呉六特）の主計長兼分隊長を命じられ、ニュージョージア島ムンダで共に戦うことになるが、この人事も大田司令官の希望だったと言う。そのあおりで、中村さんはマヌス島で死の苦しみを味わうことになるのだが「お蔭で生き延びたとも言える訳で、人の運命なんて紙一重」と淡々と語る。

グアム島攻略作戦は太平洋戦争開戦二日後の昭和十六年十二月十日に発令、その日のうちに米軍三百三十人を捕虜にしてあっけなく終わり、折角の握り飯は役に立たなかった。

大田大佐は、その時はもう漢口に赴任していた。

5

太平洋戦争が始まった昭和十六年十二月八日、大田大佐は中国の漢口海軍特務部長の職にあり、呉・川原石の自宅を留守にしていた。

しかも同三十日、大佐を「海軍」と呼んで慈しんだ父・弥三郎さんが老衰のため、七十六歳で亡くなったが、戦中のこととて葬儀にも帰れなかった。弥三郎さんは酒を樽買いして飲む程の酒豪だったが、寄る年波には勝てなかったようだ。

漢口特務部は支那方面艦隊司令長官指揮下の情報機関だったから、三代目部長の大田大佐は早くから開戦の日を知っていたらしく、家族にその日のラジオニュースを聞くよう指示している。

当日の大田家の様子は、英雄さんが著書『父は沖縄で死んだ』の中で書いている。

《――支那（当時は中国をそう呼んでいた）が降伏しないのは、アメリカやイギリスが、後ろから応援しているからだと教えられていたから、日米開戦を聞いた私は、「ヤッタ！　ついにヤッタ！」と小躍りしながら、すぐ下の弟・浩と芝生に飛び出したのを覚えている。まさかそれが大混乱の始まりになるなど、もちろん思いもしなかった。

緒戦は、日本の戦勝があいついだ。真珠湾の奇襲、マレー沖大海戦、シンガポール陥落と、大戦果のニュースが伝えられ、日本中がわきかえった。

しかし、母の話によると、子供たちや、呉の街のはしゃぎとは裏腹に、父の目付きはしだいに険しくなり、家でも、ただ黙って酒を呑むことが多くなっていったそうだ。――》

漢口特務部長の在任期間はわずか二ヵ月半で、開戦一ヵ月余の翌昭和十七年一月十六日付けで、三重海軍航空隊設立及び飛行場建設準備委員長を命じられ、同航空隊の設置、開隊に力を尽くす。

それにしても、陸戦術の大家を航空隊設立準備委員長に充てた人事は、極めて珍しい。これについて、娘婿の村上光功さんは「太平洋戦争が制空権の戦いの様相を深め、空軍を急ぎ拡充したので、砲術、水雷など他の専門分野の人を急遽、派遣しなければならなかったのではないでしょうか」と言う。

この間に太平洋戦争の第一段階・南方作戦は、一段落を告げていた。日本はビルマ、タイ、マレー、フィリピンなど東南アジア地域を支配下におさめ、さらに中部太平洋からニューギニアにまで手を伸ばした。

米太平洋艦隊主力をはじめ、英、オランダ、オーストラリアの極東艦隊は海底の藻屑と消え、南の海を押し進むのは日本艦隊だけであった。連合軍の捕虜は約二十五万人、撃破した敵艦船は約二百隻、飛行機は千五百四十機。これに対して日本側の損害は戦死傷二万人、失った飛行機五百五十機、艦船二十七隻という大戦果だった。

勢いに乗る軍令部は、米国とオーストラリアの連絡を遮断するため、フィジー、サモア、ニューカレドニア諸島の攻略計画を立てる。

大田大佐は四月二十五日、その軍令部出仕となる。いよいよ、太平洋戦争での出番が近づいた。

第十一章　幻の二連特

1

　軍令部は第二段作戦の冒頭に、アメリカとオーストラリアの間に点在するフィジー、サモア、ニューカレドニア諸島を攻略、米・豪間の連絡を遮断（しゃだん）する計画を立てたが、第一線の連合艦隊の考えは違った。

　それも必要だろうが、戦争終結のためには遠回り。それよりミッドウェー、ジョンストン、パルミラ辺りを攻略し、反撃に出てくる米太平洋艦隊を一気に撃滅する方が先決——という早期決戦主義で、山本五十六連合艦隊司令長官の一貫した信念だった。

　日露戦争の体験者である山本長官は、ロシアのウラジオ艦隊が日本沿岸に現われる、と聞いた時の国民の恐慌ぶりを心に刻んでいた。太平洋戦争の開戦劈頭、長駆、真珠湾まで米艦隊を叩きに出掛けたのも、この動揺しやすい国民性を考えてのことだった。

艦隊撃滅のもう一つの理由は、同長官の深い皇室崇敬に基づいていた。米艦隊が存在する限り、日本本土の安全は確保出来ない。殊に帝都の空を守るためには何としても撃滅せねばならない、という訳である。

一方、米海軍は緒戦の相次ぐ敗退に苛立つ国民をなだめるためにも、真珠湾の報復を迫られていた。そこで、日本が最も恐れていた東京空襲を計画する。

昭和十七年四月十八日午前八時二十五分（東京時間同七時二十五分）、J・H・ドーリットル中佐率いる十六機（八十人）は、東京から六百六十八マイルの海上で空母「ホーネット」を発進、午後零時三十分の東京を手始めに、川崎、横須賀、名古屋、四日市、神戸などを銃爆撃して、通り魔のように中国大陸へ去った。

被害は死傷者三百六十三人、家屋の損害三百五十戸。少数機による短時間の空襲だったため、国民の受けた衝撃はそれ程でもなかったが、大本営の受けたショックは大きかった。

それは連合艦隊が主張する敵艦隊撃滅論の必要性を裏打ちすることとなり、ミッドウェー作戦は、にわかに現実性を帯びる。

大本営は五月五日、「連合艦隊司令長官ハ陸軍ト協力シ『ミッドウェー』島及ビ『アリューシャン』列島西部要地ヲ攻略スヘシ」との命令を発した。

作戦の主な内容は、米軍反攻の拠点になると見られるミッドウェー島を先ず機動部隊で空襲、所在の米軍と防御施設を撃破する。次に陸、海軍混成の攻略部隊が上陸して占領、我が航空・潜水艦基地を整備する。この攻撃によって米機動部隊をおびき出し、我が機動部隊と主力部隊で一気に艦隊決戦に持ち込み撃滅する、という海軍の総力を上げての作戦である。

上陸部隊として五月一日、横須賀第五特別陸戦隊（略称・横五特、司令・安田義達大佐＝海兵46期）、呉第五特別陸戦隊（呉五特、同・林鉦次郎中佐＝同51期）からなる第二連合特別陸戦隊（二連特）が編制された。司令官は、陸戦の雄・大田大佐に白羽の矢が立った。

日本海軍で「陸戦術の大家」とうたわれた人は、四人居る。

本稿の主人公である大田實中将（海兵41期）を筆頭に、昭和十八年四月、上海特別陸戦隊参謀長を務めた武田勇少将（同43期、兵庫県出身）、本章で書いている二連特傘下の横五特司令で、のち十八年一月、ニューギニアのブナ防衛戦で戦死する安田義達中将（同46期、広島県出身）、第三十六警備隊司令として十九年十月、フィリピン・レイテで戦死する竹下宣豊少将（同48期、高知県出身）である。

いずれも海軍砲術学校（明治四十年、横須賀に創立。昭和十年、千葉県館山に移転した陸戦の教育機関）で陸戦を研究、同校で陸戦術の教官を務めた人ばかり。

二連特にはこの四人のうち、二人を投入した。しかも安田司令は、館山砲術学校教頭から横五特への転出で、同校から優秀な下級幹部を引き連れて参加した。この上陸部隊はミッドウェー作戦の失敗で幻で終わるのだが、海軍がいかに力を注いだかが分かる。

司令部は大田大佐以下六百二十六人で、首席参謀は第四艦隊参謀から代わって来た米内四郎少佐（海兵52期）、機関参謀は海軍機関学校教官から転出した山本寿彦（ことひこ）少佐（海機36期、のち大佐）だった。

米内さんは今、茨城県水海道市大生郷町一八七六の老人ホーム「筑波キングスガーデン」にご健在だが、八十九歳の高齢。取材をお願いしたところ「大田閣下とは、砲術学校教官をされていた時に教えて頂いてからの教え子で、二連特でも指導してもらったが、なにしろ半世紀も前のことで、細かい記憶がすっかり薄れてしまって……」と済まながり、「申し訳ない」を繰り返された。

山本さんは静岡県三島市長泉町三軒家一九四にお住まいだったが、平成二年、八十三歳で他界された。

最近の戦争関連取材は、こうした歳月の壁に突き当たりがちで、それだけに取材が急がれるのだが、幸い山本さんは「幻の部隊『二連特』参戦記」と題する手記を書き残している。遺族のお許しを得て、参謀の目から見た二連特を紹介する。括弧(かっこ)内は筆者の注である。

《――私は(機関学校の)教務の都合で、(昭和十七年)五月三日になって、海軍省と軍令部とに挨拶に行った。(中略)部隊司令官が大田大佐であり、海陸軍混成のミッドウェー占領部隊であることを知った。この部隊は、六月六日に、イースタン島とサンド島を占領して、両島を「水無月島」と命名することになっていた。

さらに第十一、第十二設営隊および司令部直属の工作隊(隊長は山本参謀が兼務)によって、サンド島には、中攻機(中型陸上攻撃機)が発着できる滑走路一本を完成し、同島の設営を完了後、(中略)九月十七日、ハワイ占領の任につく予定になっていることを知った。

五月四日、私は横須賀砲術学校にある二連特司令部に着任した。(中略)司令官は大田大佐、幕僚は海軍三名、陸軍一名、そのほか通信長、軍医長、主計長、そして筆者が兼務する工作隊からなる司令部である。

その幕下に、海軍は、安田大佐の横五特（九百八十二の定員を千四百五十人に増強）、林中佐の呉五特（同千百人）、門前（鼎）大佐（海兵42期）の第十一設営隊（横須賀、千七百五十人）、第十三設営隊（呉、千三百人）などが編制された。

陸軍は、一木清直大佐（陸士28期＝海兵43期相当）の一木支隊（歩兵第二十八連隊）約二千名からなる部隊である。》

司令部を加えると、総勢八千二百余人の兵力。一木支隊は、この後、同年八月、ガダルカナル島奪回作戦に投入され、全滅状態になる。

この上陸部隊の本隊は第二艦隊（司令長官・近藤信竹中将＝海兵35期）で、山本参謀が司令部に着任した日、次の命令を発する。

「二連特ハ五月十日頃内地発、サイパン、大宮島（グアム島）方面ニ進出シ、訓練ニ従事スヘシ」

しかし、装備がそろわず、出発は十五日に延ばされるが、その辺の事情も山本参謀は手記に書く。

《——必要な兵器、需品、消耗品の補給に、まことに苦労したものである。物資調達のため、横須賀の砲術学校と田浦の軍需部とのあいだを、終日、サイドカーに乗って往復した。なかでも、暗夜に水路を啓（ひら）く上陸用舟艇に使用するコンパス（羅針盤（らしんばん））は、何度請求しても軍需部責任者が

「ない」と断るので、私自身が軍需部倉庫を隅から隅まで探した結果、必要数を手に入れることができた。（中略）

横須賀出撃の前日、横須賀工廠の岸壁に繋留中の重巡「愛宕」における、直属の攻略部隊指揮官・近藤中将主催の作戦会議には、私と副官が大田司令官に随行した。そして、各部隊の進行路も詳知した。》

ミッドウェー島は北緯約二十八度、日付変更線の東約八度の位置にあり、直径約十一キロの環礁の南部寄りにあるイースタン、サンド両島から成る。それへ、狭い水路伝いに上陸しようという作戦。

軍令部や第二艦隊司令部は、一押しの簡単な戦いと考えていたようだが、二連特では極めて難しい作戦と受け止めていた。最大の問題点はリーフを越えてから島に取り付くまで、背の立たない水面が五十メートルから百メートルあり、ゴムボートを使うにしても、この場所で相当な犠牲が出ると予測された。

二連特は輸送船十六隻に分乗、五月十五日、内地を出発した。サイパン島へ向かい、同島のリーフで上陸訓練を行なう予定だったが、敵潜水艦出没の情報で行き先をグアム島に変更、同島で訓練と作戦打ち合わせを済ませた後、同二十四日、サイパンに到着した。

陸軍の一木支隊も翌二十五日夕方、サイパンに着いた。一木大佐は二連特司令部の乗っている輸送船「ぶらじる丸」を訪問、大田司令官に挨拶したのは良かったのだが、その夜の会食の席で、上陸部隊の指揮権を巡って紛糾する。

ミッドウェー島攻略部隊の指揮を大本営から委ねられた第二艦隊司令長官・近藤中将は、上陸部隊の指揮権を二連特司令官・大田大佐に委譲、一木支隊も指揮下に入れて戦うよう命じた。

そこで、大田大佐が一木大佐に作戦計画を説明、海軍通信隊の一部を一木支隊に配属、作戦進捗状況の連絡に当たらせること、また、同支隊の占領物件をすべて海軍に引き渡すことを要望したところ、一木大佐は猛然と反対した。

「そのような命令は受けていないから、承知出来ない。それならば、陸軍は単独で攻略する」と反発。一方、日頃は温厚な大田大佐も譲らず、激論となった。二連特に陸軍から派遣されていた幕僚・山内豊秋少佐（陸士45期）が、暗に一木支隊長を支持したから、話は一層紛糾した。

一木支隊長の受けた命令は「海軍部隊ニ協力シ、ミッドウェー諸島ノ攻略ニ任スヘシ」「一木支隊長ハ集合点集合時以後、第二艦隊司令長官ノ指揮ヲ受クヘシ」となっていた。これを一木大佐は「第二艦隊司令長官の直接指揮下で協力するのであって、その下部指揮官の指揮下に入るのではない。二連特司令官とは、あくまで対等、並列の立場で戦うのである」と解釈していた。

一木大佐は日中戦争の発端となった昭和十二年七月の蘆溝橋事件で、歩兵第一連隊第三大隊が中国軍と衝突した時の大隊長（当時、少佐）で、強気一点張りの人。その強気から、この三ヵ月後、支隊はガダルカナルで全滅の悲劇を迎える。

とにかく、その日は大田、一木両大佐の話はかみ合わず、物別れとなった。そこで、大田司令官は一木支隊長説得のため、山本機関参謀を訪問させる。

《――私は部下の士官一名を帯同して、一木大佐をその乗船に訪問した。このとき私は「第二連合特別陸戦隊参謀、海軍機関少佐　山本寿彦」と書いた名刺を彼に渡した。すると一木大佐は開口一番、「海軍は技術屋が参謀になるのか」と首をかしげながら傲慢な語調で言った。

私は内心穏やかでなかったが「海軍は砲術、水雷、航海、通信、運用、機関、工作に至るまで、それぞれの専門技術屋ばかりです」といって倉皇として退船した。

私は、帰って、その状況を司令官に報告した。司令官は、直属の攻略部隊司令長官・近藤中将（広島湾に集結中）宛に、親展電報を発信した。その結果、出撃前の、奇しくも五月二十七日の海軍記念日になって、一木大佐が二連特の指揮下に入る旨を、山内参謀を通じて報告してきた。

――》

一木大佐が二日間で折れたのは、近藤司令長官が改めて二連特の指揮下に入ることをだめ押ししたからである。それは次のような内容だった。

「一木支隊長ハ攻略部隊占領隊指揮官ノ指揮下ニ入リ、二連特ノ一部兵力ヲ併セ指揮シ、『ミッドウェー』ノ『イースタン』島ヲ攻略スヘシ」

しかし、陸軍が占領した物件を全部、海軍に引き渡すという件は、海軍側が譲歩して沙汰止みとなった。

これで占領部隊の態勢は何とか整ったが、上陸作戦の困難さは何度、図上作戦を繰り返しても消えなかった。再び、山本参謀の手記から。

《――綿密な上陸作戦計画はぶらじる丸の司令官室で、司令官主催のもとに、幕僚と安田司令および、その副官を交えて行われた。その概略は次の通りである。（中略）

揚陸水路は、わが機動部隊による爆撃の成果によって最終的に決定されるが、いちおう次の二案を計画した。一つは敵の地上火器が潰滅した場合、掃海ののち、ポートハノバー入口（両島間の南側水路）から、そして他の一つは、北側にあるただ一つの珊瑚礁の狭い隙間から突入することにした。ここの水深は不明であったが、三メートル以下と推定していた。しかし、いずれにせよ最終決定は、わが機動部隊による爆撃の成果によることにした。

輸送船・ぶらじる丸では、私は安田司令の隣室にいた。司令は夕食後、毎日、謡曲「竹生島」をうたっておられた。司令は私を部屋に呼んで「山本参謀、この作戦は成功すると思うかね」と、ただそれだけをいつも言われていたが、上陸作戦計画の会議の席では、何の発言もなかった。――》

さしもの陸戦の大家も成功を心配する攻略作戦は、五月二十八日発令された。

機動・攻略・主力部隊を合わせ、動員された艦船三百五十隻、飛行機千機、将兵は実に十万人という日本海軍史上、空前絶後の大作戦・ミッドウェー海戦は、その幕を切って落としたのだが……。

2

二連特の乗った輸送船団は六月四日（日本時間、以下同）、ミッドウェーまで四百数十海里に達した。攻略、つまり上陸は、七日の予定だった。

五日には後続の第一機動部隊第一航空艦隊（略称・一航艦、司令長官・南雲忠一中将＝海兵36期）

の空母「赤城」「加賀」「蒼龍」「飛龍」の航空兵力がミッドウェーに空襲をかけ、米航空兵力を制圧してくれるはずだった。

その後ろには、山本・連合艦隊司令長官が直接率いる戦艦「大和」「長門」「陸奥」などの主力部隊が控え、巨砲で敵機動部隊を粉砕する段取りになっており、二連特は正に大船に乗った気分だった。

しかし、実際は違った。米軍は暗号の解読で、日本側の動きをいち早くキャッチ、ミッドウェーの守りを固める一方、機動部隊を同島北東海域で待ち伏せさせ、横なぐりの奇襲計画を立てていた。

一航艦のミッドウェー空襲は予定通り行なわれたが、飛行場の機能破壊が不十分だった。二次攻撃の必要を感じた南雲長官は、敵艦隊攻撃用に既に魚雷を装備、空母で待機中の艦上攻撃機に対し、陸上攻撃用の爆装に代えるよう命じた。そこへ、偵察機から「敵機動部隊発見」の一報。南雲長官は再び、魚雷装備に戻す命令を出す。

既にミッドウェーから発進した米軍機の空襲が始まっていた。防空戦闘をしながらの雷爆装転換作業は、困難を極めた。ミッドウェーから帰ってきた第一次攻撃隊の収容作業も重なり、艦上は混乱した。

その時、米空母の艦載機が急襲する。雷撃隊はなんとかかわしたが、遥か上空から急降下爆撃隊五十機が襲い、魚雷、爆弾を抱いた甲板上の飛行機、格納庫に置いた爆弾を誘爆させた。

この奇襲によって、一航艦は五日から六日にかけ、空母四隻を一挙に失う壊滅的打撃を受ける。

本稿が追わねばならないのは、大敗北の中で二連特はどうしたか、である。その混乱状態を山本機関参謀は手記で書く。
《――蒼龍・加賀・赤城、そして飛龍の順に被爆する状況を傍受し、連合艦隊司令長官より
「全軍退避せよ」
また、攻略部隊・近藤司令長官の
「われ突入、今夜戦において敵撃滅を期す」
それに対する連合艦隊の
「再起を期して帰れ」
また、三隈の沈没、最上の奮戦など、悲惨な戦況を傍受しながら
「わが二連特は上陸を敢行するのか否か」
と考えていた。
六日午前十時ごろと思う。わが船団は護衛戦隊と別れ、退避することになった。そこで私は司令官にたいして、膨大な輸送船団を船速に応じて、直ちに編制替えすることを進言した。これが容れられて実施され、無事グアム、その他至近の基地に退避させることができた。――》
ミッドウェー攻略の主役であったはずの占領隊は、上陸作戦決行の機会を失い、空しく引き返すことになったのだ。とはいえ、すんなりと退避できた訳ではなかった。勝ち誇る米軍は、追い打ちの空襲を仕掛けて来た。これに対し輸送船は、船橋に米俵で防壁を築き、防戦する。
《――退避中に敵機B17が、最大輸送船である、ぶらじる丸、あるぜんちな丸にたいして、単機

あるいは二機の編隊で、昼夜間、数回にわたり来襲した。夜間は、まずテルミット投光焼夷弾を投下して、船影を確かめたのちに爆撃に移った。そして、さらに船橋を主目標として、機銃掃射を行った。爆弾は命中しなかったが、機銃弾が多数命中して、船橋の窓ガラスが破れて飛散した。幸いに米俵の防壁で、負傷者は一名もなかった。

わが方は、当時の陸戦隊としては、占領後に基地を設営するため、四十ミリ機銃、十二センチ高角砲各数門を上甲板に仮設していたので、壮烈な対空応戦を行ったが、全員無傷と聞いた。両船は速力二十ノットで、対潜防御のジグザグ航行をしながら、六月九日午前には、無事グアムに入港ができた。そして、夕刻にあけぼの丸（給油艦）が入港した。双眼鏡で見ると、左舷後部の舷窓から、人の片腕が垂れていた。

翌十日には、グアム入港水路の右岸、山上にある元米駐屯軍の美しい兵舎に司令部を移駐して、この戦さは終わった。――》

開戦当初から陸、海軍の軋轢はいろいろとあったようだ。グアム島攻略海軍陸戦隊指揮官から同島統治の第五十四警備隊司令に任じられていた林弘中佐（海兵49期）が六月末、二連特幹部を招いて開いた慰労会で、それが表面化する。

この会には大田司令官をはじめ幕僚、一木支隊長、各部隊司令と副官が出席したが、一木支隊長が林司令に文句を付け、二人の間で口論が始まった。

太平洋戦争開戦直後、同島を占領した際、陸軍の一部が暴行略奪をやり、住民を恐慌状態に陥れた。そこで林司令は占領後、陸軍兵の上陸を厳しくチェックしたのを快く思っていなかったようである。

挙げ句は二人が殴り合うという後味の悪い結末で、二連特は七月一日解隊した。

二連特司令官時代の父・大田大佐を、家族はどう見ていたか。長男・英雄さんは前記の著書の中で書く。

《――一九四二（昭和十七）年五月中旬、「帰れぬかも知れぬ」と一言残して出勤した。次の日、夜中に出撃の知らせが届いた。六月初め、新聞、ラジオは「敵空母を撃沈せり」のミッドウェー海戦の大勝利を報じた。

しかしそれから間もなく、父は疲れきった様子で突然帰宅し、「ミッドウェーへの出撃は中止になった」と一言いったまま、熱を出して寝込んでしまった。

次の日、海軍のエライ人たちが、わが家に集まり、応接間の扉を堅く閉ざしたままで、何か謀議をしていたのを、私も覚えている。いま思えば、実は新聞報道とは裏腹に、ミッドウェー海戦の敗戦を示す実態だったのだ。――》

自宅でのこの会議では、お茶を届けに行ったかつ夫人が、夫に「入るなッ」と一喝された話が残っている。その苛立（いらだ）ちが示すように、大田大佐は戦争の行く末に容易ならぬ危機感を抱き始めたようだ。

八歳だった英雄さんの場合「いま思えば」の話になるのは無理もないが、「大きい人」たちは女性らしい鋭敏さで当時、いち早くそれを感じ取っていた。

先ず、十三歳だった愛子さん。「ミッドウェーから帰って来た父が、夜、お話している様子から、私は『ははぁ、大本営の発表と大分違うことがあるのじゃないか』と子供心に感じていました。父は『覚悟を決めておきなさい』と母に言ったそうですから」

次は、十五歳のすが子さん。「敗軍の将、兵を語らず、っていうのかしら、ただ、だまって、何かぐったりしていましたねえ」

最後に十七歳のみどりさん。「その直後からなんですよ、父が浴衣の尻端折り(しりはしょ)をして、庭の芝生を全部引っ繰り返し、畑づくりを始めたのは。家族のために何かをやらずには居れなかったのでしょうか」

ゆったりしていた川原石の家の空気も、少しずつ変わり始めていた。

再び英雄さんの文章から。

《――とにかくわが家には、若い海軍士官がよく遊びにきた。中には私を可愛がってくれた大好きな人もいたが、突然大声で笑ったり、泣いたり、トイレを汚したりで、そのフラフラした感じが私は嫌いだった。

第一、お客が来ると、決まって十二畳の部屋に「閉じ込められる」のが、たまらなく嫌で、お客がくるたびに、弟・妹をけしかけて、何となくダダをこね、邪魔をしたように思う。

後になって考えると、彼らは最後の出撃を思い、その不安から、挙動が落ち着かなくなっていたのかも知れない。しかしこのころから、案外な軍人の一面をまぢかに見たせいか、さして根拠はないのに、軍人という名の客が、だんだん嫌いになっていったようだ。》

第十二章　八連特司令官

1

大田大佐は二連特解隊の昭和十七年七月一日、呉鎮守府付となり、残務整理の後、八月十日、佐世保第二海兵団長に任じられた。

第二海兵団は佐世保市相浦町にあり、今度は純然たる官舎住まい。例によって大佐は先に赴任、かつ夫人は生後一年七ヵ月の千冬さんを抱き、みどりさんは四歳の八千代さんと三歳の畯さんを着物の袂につかまらせ、後から相浦へ向かった。

みどりさんはその年、広島県立呉高等女学校の補修科を卒業、ご主人の中嶋忠博さんから結婚の申し込みを受け、婚約が整った直後。呉の川原石の家で花嫁修業をしながら、二男・浩さん以上の弟妹の面倒を見ることになる。同家では初めての二重生活だった。

「官舎は南九十九島を見はるかす海岸べりにございまして、とっても風光明媚な所でした。母は亡くなるまで、私が生涯見た中で一番美しい海、と言っていた程です。近所に山口さんとおっしゃるお百姓さんがおられまして、農作物を届けて下さるなど、とても親切にして頂きました。風景だけでなしに、人の心も美しい所でした」とみどりさん。

この年、毎日新聞社は全国の国民学校生徒から満州国建国十周年記念の綴り方を公募、選に入った男女各五人を綴り方使節として夏休みに約一ヵ月間、満州国へ送り込んだが、六年生の四女・昭子さんがその一員に選ばれた。

集合地は東京だったので、みどりさんは呉から見送りに付き添って行き、昭子さんを有楽町の毎日新聞東京本社へ送り込んだ。

その帰途、千葉県・高山の父の実家をお盆の八月十五日に訪問、前年亡くなった祖父・弥三郎さんの初盆のお参りをした。その他、東京・巣鴨で病気療養中の従兄弟・大田進さんを見舞い、伯父・落合教授宅、伯母・谷野さん宅、娘さんが大津高女時代の友人だった桑原虎雄海軍中将（海兵37期）の目白のお邸などで泊めてもらった。

ところが、高山滞在が短かったのと、旅行中のスケジュールを佐世保の父に届けていかなかったため、八月二十六日、父から説教の手紙を貰う。実家を思い、残された母を思い、婚約直後の娘の身を思う家族愛溢れる一文。少し長いが、抄録したい。

《前略　昭子の見送り及父の初盆の墓参御苦労様（中略）高山にて母の日に日に影の薄くなり行く様子　思ひやられ申し候　小生より詳しく指示せざりしこと不注意なりしも　母が一日も永く高山に滞在するを希望せしこと、存じ申し候今回の旅行は昭子の見送りが主にて次は高山の墓参なり　千葉の墓参をなしたるは可なるも十一、十二、十三、十四日及十七日は何処に宿泊せしや　御盆は十三日よりなれば成るべく高山に在るを望みし次第なり　昔ならば御供の一人位は附すべき所なるも今は其も出来ず　娘の一人旅にて父としては大に案じつゝある次第なれば　宿所の如きは速に通知すべきもの也

未だ経験もなく自分の思ふまゝに行ふが若きものの溌剌たる所なるも其の処に過失を生じ易し将来は戒むべきなり　蔚(しげる)も間もなく何処かに行くとの話なれば母の命も縮るべしと思はれ候それらの他人の情況を思ひやるが肝要也

ススムは高山に居るや　病状は如何　庭に蚤(のみ)が湧きたる由　草を刈らざりしと古草の蓄積せるによるべし

先ず熊手にて古草を除き去り　次に草を刈るが肝要なり（中略）昭子も今日は帰着するべしと思はれ候

八月二十六日　　父より

みとり殿　》

宛て名は弥三郎さんの命名通り、濁っていないが、そのみどりさんが今だに首を竦(すく)めて反省する。

「久しぶりの関東への旅でしたので、私、ちょっと舞い上がっていたと思うの。母には話したのですけど、佐世保の父に日程表を届けるのをうっかり忘れていたのです。その辺はとっても厳格って言うのか、きっちりしていまして、家族に何かあったら、責任は家長にあるという考え方で

したから、偏に私が悪いのです」

草刈りのくだりには、ちへ子さん、すが子さんが話してくれた働き者ぶりが図らずも語られているが、この便りには続編がある。今度はみどりさんと昭子さん宛て。

《二十八日附の速達及昭子の葉書受領す　昭子の無事帰着せること結構の至りなり　みどりの女中働きも修養の為也　古来偉人傑士となりたる人は幼時より貧苦と戦ひ　あらゆる労苦を嘗めた人に多し　艱難汝を玉にすとはこのこと也　昭子の市役所へ挨拶を挨揆と誤りあり　又タクサンは沢山なり　旅順の戦跡廻りは教訓となること多かりしと思はる

九月三日》

便りの誤字指摘が、ここでも登場したが、正に三日にあげずと言おうか、三日後には昭子さんの満州派遣でお世話になった人を招いて呉で開く予定のお茶の会に寄せて、昭子さん宛てに葉書が届く。それは得意の和歌で始まっているが、もっと思いやりに満ちている。

《桜蘭（日本と満州の国花で、日満のこと）祝ひ結びに使せし御恵み深き人のつどへる

お茶の会にて謝恩の寸志を表する由　何よりなり　満州の絵葉書を二、三枚宛贈れば更に可なるべし

九月六日　佐世保第二海兵団　大田實》

この年十一月一日、大佐は少将に昇進するのだが、その月半ば、突然、相浦へ同行していた家族を連れ、川原石の家に帰って来た。また、出撃らしかったが、家族に詳しいことは話さず、どこへ行くとも分からなかったのは、いつもの通りである。

昭和17年春、長女みどりと婚約した中嶋忠博氏を囲んで。左から三女・愛子、四女・昭子、二女・すが子、五女・勝子、中嶋氏、長男・英雄、長女・みどり、その前は二男・浩、六女・八千代、三男・畯、七女・千冬を抱くかつ夫人（大田英雄さん蔵）

だが、当時、呉第一高女の二年生だった愛子さんは、その日から三日間に感じ取った、それまでには知らなかった父の素顔を、今も大切に胸に仕舞い込んでいる。

「父は私の顔を見るなり、明日、お伊勢さん（伊勢神宮）へ武運長久を祈りに行くんだけど、愛子、一緒に行かないか、と言いました。

翌日は学校の定期試験の日で、休みたくないなあ、受けなかったら成績がガタッと下がるんだけど、と思いましたが、その一方で、お父様との一生のお別れなら行った方が良いなあ、と思って……。

あの時、相当、勇気が要ったのですが、私、母に言いました。お母様、定期試験休んで、お父様とご一緒しても良いわよねえ。お見送りする方が大事だもんね、って。すると母は、あんたが良いと思うのなら、行ったら……と言いましたので、今度は担任の先生のお宅まで夜、走りました。

先生、明日、試験を休んで、父の見送りに行ってもいいですか。試験、白紙になりますけど、いいですか、と言いましたら、いいよ、いいよ、行ってらっしゃい、お父さんの方が大事だよ、と言って下さったので、私、安心して行ったのです」

父娘二人っきりで、お伊勢参りに出掛けた時の父とのやりとりを、愛子さんはまるで昨日のことのように鮮明に覚えている。

大田少将は行きの列車の中で、何かと愛子さんに話しかけたが、大阪で伊勢行きの関西急行電鉄（略称・関急、近畿日本鉄道の前身）に乗り換える時は、ルートを一生懸命、地図に書いて説明してくれた。また、もし迷子になった時は、こうして、こう乗り継いで、こう呉に帰るんだよと、これも地図に詳しく書いて説明した。

「ハアー、お父様って、すごく優しいんだなあ、すごく親切なんだなあ、細やかなんだなあ、ということが、その時、初めて分かったんです。わが家はいつも団体行動で、父と一対一で歩いたことなんか無かったですものねえ。二人っきりは、その時が最初で、最後ですもの」

伊勢神宮に到着、五十鈴川で身を清め、内宮、外宮に参拝した。

「神宮の歴史を詳しく説明してくれて、このお社は日本の象徴だから、これだけは大切にいつまでも残していかなきゃならない。お父様は身も心も清めて戦地に行く。愛子も、お国のお役に立つような立派な女性になりなさいよ、って言いました。それまで言われたこともないような言葉でしたから乙女心に骨身に滲みるような感じで、父の顔をしみじみと眺めました」

その夜は、宇治山田の旅館に泊まった。二階の和室だった。お風呂に入った後、夕食。それぞれの前に出た高足のお膳をはさんで、父と娘は向かい合った。愛子さんがお酒のお酌をしてあげると、父もまた娘の杯を満たした。親子水いらずの、秋の夜の語らいが続く。

「お父様、私、今日、先生にお断わりして、定期試験を休んで来たのです」

「いいよ、一生涯の内で、定期試験の一枚や二枚なんか、大して人生に影響しないよ」

「良かった、お父様にそう言ってもらえて。私、大分迷ったんですけど、お父様をお見送りする方が大事だと思って……」

「お父様は今度出掛けたら、帰って来れるかどうか分からない。軍人というのは、明日が知れない命だからなあ。行けば、帰って来れるとは、決まっていないんだよ」

「――」

「だから、お父様はお国のために、後々、人に笑

川原石の家のマントルピースのある洋間の前で。前列左から長男・英雄、七女・千冬、二男・浩、三男・畯、六女・八千代。中列長女・みどり、四女・昭子、五女・勝子。後列三女・愛子、二女・すが子（村上すが子さん蔵）

われないように、立派な最期を遂げるつもりでいる。だから、お父様が戦死しても泣かないで、弟や妹の面倒を見てやってくれ。お母様をよろしく頼む。大切にしてあげてね」

「お母様を大切にしてあげて、と言われて、私、ハァー、あんな厳めしいお父様が、こんなしみじみしたことを言う人だったのか、とびっくりしたっていう感じですね。それに、お父様にこんな言葉を言われるとは、私も頼りにされているんだなあ、と嬉しくなりました」――愛子さんは十四歳の少女時代に返り、頰を上気させながら回想する。

宇治山田の宿、愛子さんにお酌をしてもらいながらの、大田父娘の秋の夜長の語らいは続いている。

「お父様は明日、東京の海軍省にご挨拶してから戦地へ行く。お前は呉へ帰らねばならんから、名古屋の駅で東と西に泣き別れだなあ」

「でも、とっても楽しかった」

「そうか。それは良かった。お酒は、もうこれくらいで止めようか」

「もう一本くらい、良いんじゃないですか」

「じゃあ、もう一本、頼もうか」

「私も、もう一杯、飲んでいい？」

「はい、どうぞ。お父様が、お酌してあげよう」

ほろ酔い機嫌になった少将は、旅館から硯と筆を借り、愛子さんが持っていたノートに一首書き付けた。

そのノートは、愛子さんが今も「一生の宝物」として大切に持っている。平成四年春、仙台市の板垣家へ取材にうかがった時、見せてもらったが、当時、好きな軍歌を書き付けていた雑記帳で、何かメモすることがあれば、と伊勢へ持って行ったと言う。

大学ノートの小さい判くらいの、藁半紙を和綴じにした冊子。「波のしぶき」の表題が付いている淡いグリーンの表紙には、貝合わせの貝が描かれているが、その彩色は、かすかに見てとれるほど古ぼけている。

その一頁に、大田少将の墨痕があった。

「征くわれと送る子供と大神にをろがみまつる皇軍のさち
二六〇二年十一月　伊勢神宮にて」

翌朝、国鉄（今のJR）名古屋駅で、お別れ。少将は上りホームから、下りホームの愛子さんに柔和な笑顔で挙手の礼を送り、出征して行った。

愛子さんが二日間の父との旅に寄せる思いは、彼女が長じて詠んだ返歌に込められている。

「出撃の父見送りし伊勢詣り静けき宿のひと夜忘れず」
「再びを還らぬ生命と知りいつつ吾がつぐ酒にほろ酔いし父」
「おさげ髪の吾がさす酒にほろ酔いて『母様を大切にね』とくり返す父」
「ホームにて見送る吾ににっこりと敬礼の父の手袋白し」
「父乗せて離れゆく汽車に手をふりてホームに一人佇みし吾は」

2

父娘二人っきりのお伊勢参りについて、愛子さんは今、しみじみと述懐する。

「父との最後のお別れは、昭和二十年一月、佐世保の白南風の家でのことになるのですが、あの時はゆっくりお話をする暇もありませんでした。だから余計、定期試験を返上してでも、伊勢へ行っておいて良かったあーッ、と思うのね。

だって、父と私との心の通い合い、親子の絆は、あの時に築かれ、それを胸に、その後の私は生きてきたと思うの。人生にそういう機会って、一回しかないんだと思います。だから、あの時がやっぱり一生のお別れみたいな気がして、送ったのを覚えています」

その時点では、かつ夫人以外の家族は知る由もなかったが、大田少将は十七年十一月十一日、第八艦隊司令部付になり、同二十日、新たに編制された第八連合特別陸戦隊（略称・八連特）司令官に任じられていた。この部隊編制の経緯について、当時、海軍中尉で、佐世保鎮守府第五特別陸戦隊（同・佐五特）第一中隊長を務めていた娘婿の村上光功さんが話してくれた。

「あの頃はガダルカナルの戦況がもう相当悪くなっていましたが、軍令部総長の永野修身大将（のち元帥、海兵28期）が、大きな艦船からはずした艦載砲をガ島に持って行き、陸上に据えて、敵の飛行場や艦船を攻撃したらどうだ、と言い出した。

というのは、永野大将は日露戦争の旅順港攻撃の時、中尉で海軍重砲隊を率いていて、大砲を山の上へ持って行って大戦果をあげた。それが頭にあって、言い出したらしい。この案には、大分反対もあったらしいんですが、なにしろ軍令部総長の言い出したことなので、と編制したのが、八連特なんです」

ミッドウェー海戦で予期せぬ大敗北を喫した海軍は、米豪遮断のために計画していたフィジー・サモア作戦を取り止め、ソロモン確保をその代替策とした。

ミッドウェー海戦から一ヵ月後の昭和十七年七月六日、本来、ミッドウェーへ上陸するはずだった第十一、十三設営隊がガ島に上陸、飛行場の建設を始めた。飛行場は、さらに一ヵ月後の八月六日に完成したが、その翌日、奇襲上陸した米海兵隊が奪う。日本軍は米・豪分断の楔、連合軍は反攻の拠点として、飛行場をめぐり死闘を繰り広げる。

日本側は、ミッドウェーから転進した一木支隊（歩兵二十八連隊＝旭川）をはじめ、川口支隊（第三十五旅団＝東部溝ノ口）、第二師団（仙台）と、注ぎ込む部隊が相次いで壊滅、十一月十日、さらに第三十八師団（名古屋）を上陸させた。

そんな中で、陸軍砲頼りなし、と編制されたのが「海軍重砲隊」とも言える八連特だった。

八連特は昭和十七年十一月二十日、横須賀で新たに編制され、連合艦隊と第八艦隊に編入された。司令官・大田少将の指揮の下、司令部四百五人のほか、いずれもこの月一日に新編制したばかりの呉鎮守府第六特別陸戦隊（呉六特、司令・竹内静七中佐以下千九百五十五人）、横須賀鎮守府第七特別陸戦隊（横七特、武田恒心中佐以下千九百四十五人）が主な兵力。他に防空隊、設営隊など計約六千百人。

装備は、編制の目的通り、十四センチ、十二センチ平射砲（彎曲の少ない弾道で発射する重砲）

が中心で、両陸戦隊合わせ四個中隊、計十六門。これに自隊防空用の高角砲、高射砲、高射機銃などを配した、言わば「海軍重砲隊」とでも言える部隊だった。

これらのうち平射砲と対空火器は、旧式になった戦艦「伊勢」「日向」の副砲などを下ろしたもので、機動性は全くない。従って移動や隠すことが難しく、敵に発見されたら、そこで壊滅する運命にあった。

大田司令官は同三十日、幕僚を伴って飛行艇で横浜を出発、途中、トラック環礁で連合艦隊司令部と打ち合わせを行なったが、この時点で任務が大きく変わる。ガ島では、上陸後一ヵ月に満たぬ三十八師団が早、飢えと悪疫でよれよれになり、陸、海軍とも撤退の腹を固めていたからである。

あの悲劇の島へ行くことを間一髪免れた八連特の派遣先は、中部ソロモン・ニュージョージア島のムンダに変わる。

何故、ムンダだったか。ガ島の補給困難にこりた陸軍は中部ソロモン防衛には消極的で、第一線は北部ソロモンに置くべしと主張した。しかし、海軍は中部ソロモンに固執した。理由は、北部ソロモンのニューブリテン島には海軍航空隊の要衝・ラバウル基地がある。これを守るためには、努めて前方に防御線をしかねばならなかったからである。海軍は十一月中旬、調査隊をニュージョージア方面に派遣、ムンダに飛行場適地を見つけていた。

八連特司令部は開戦一周年の十二月八日に、呉六特、横七特も同二十二日までにそれぞれラバウルに進出、しばらく同基地に駐屯し、連日、重砲の揚陸訓練を繰り返した。

このラバウルで、後に娘婿になる中嶋忠博さん、村上光功さんの二人ともが、大田司令官に会っている。同地が、いかに海軍軍人の往来が激しかったかが分かろうというものだ。

中嶋さんは当時、中尉で、駆逐艦「秋月」の罐部の指揮官。ガダルカナル島への武器・弾薬、食糧急速輸送の合間を見て、婚約者の父に挨拶に出掛けた。

「友人二人と行きましたら、ビールを出してくれてね。ガ島の後はムンダが第一線になるというのに、悠然としているんだなあ。肝が据わっていましたよ」

佐五特の村上光功中尉は東部ニューギニア作戦の先陣として、この年七月からブナ、ラビ攻略戦を呉五特、呉三特と共に戦ったが、佐五特司令に戦況報告を命じられ、十月末、ラバウルへ帰った。

しかし、パサブア、ブナ、北ギルワ守備隊が全滅、あるいは孤立する中で、連合艦隊司令部は北側のフィンシュハーフェン防備のため十二月十八日、佐五特の一個中隊（二百七十人）に出撃を命じた。村上中尉はその派遣隊の指揮官に任じられた。

ラバウルで出発の準備を急いでいた村上隊の近くへ、八連特の大田部隊がやって来た。村上さんはすぐ、大田少将に会いに出掛けた。少将は、同郷・同村の、千葉中学の先輩であり、海兵の生徒時代から川原石の家にしばしば出入りする間柄だったからである。

ちなみに、すが子さんと婚約するのは、既に書いたように、彼女が呉第一高女の専攻科を卒業する十九年三月だが、実家の間でそれとはなしに話があったから〝娘婿候補〟というところか。

「久しぶりに会ったので、田舎の話をしました。そして、数日中に駆逐艦でダンピール海峡のフインシュハーフェンに上陸するんだ、という話をしましたら、飛行機の掩護はあるのかって聞いてくれました。いや、飛行機はガ島の方に取られていて、こっちの護衛はさっぱりやってくれません、と答えました。そしたらね……」

と言って、村上さんはその時の大田少将を偲ぶように、しばらく視線を宙に漂わせていたが、感慨深げに再び口を開いた。

「今は内地でも人が足りないし、一人一人の人間の命は大事だから、成るべく上空掩護をしてもらった方が良いんじゃないか、と言いました。それは佐五特司令の月岡（寅重）中佐（海兵51期）を通じて言っているのですが、なかなか付けてくれません、と答えたのですが、私の方にもやはり、少し甘えが出たのですかねえ……」

村上さんは、ちょっと微笑んでから続けた。

「司令官、掩護の件をあなたから言って頂けませんか、と言っちゃったんです。すると、俺の部隊じゃないから、俺が出る幕じゃないなあ、と言われてしまいました。でも、人の命はかけがえがない、ということを、その時、繰り返して言っていました。大田って人は、その辺が他の将官と少し違うんだなあ」

村上さんは翌十八年九月までフィンシュハーフェンに踏み止まるが、九死に一生を得る。

一方、ラバウルからムンダへ展開する第一線での大田司令官の様子は、八連特の旧隊員が昭和五十八年、四年がかりで編集した『八連特戦記』に、憧憬の思いと共に登場する。

大田司令官の副官兼通信参謀だった旧少佐・岡野勇三さん（七七）（海兵65期、京都市南区唐橋大宮尻町五、会社経営）はムンダでの熱病が原因で耳が不自由になり、取材は無理だった。そこで、『八連特戦記』に寄稿された「大田司令官の思い出」を、お許しを得て紹介する。

《――大田少将に初めてお目にかかったのは、八連特副官を拝命して、横浜から飛行機を乗り継ぎ、昭和十七年十二月も押し詰まった二十五日頃、ラバウルに着任した時であった。身体の小柄な、大変温和な方で、いつも笑顔を絶やされなかったように思い出される。剣道は確か七段の腕前で、御愛用の軍刀も体に不釣り合いに大振りのものであった。（中略）

副官などの柄ではないと最初から思い定め、どうせ戦時中だから、兼務の通信隊の方でお役に立てばと独り決めしていたので、さぞかし行き届かないことばかりであったであろうが、失敗の思い出は数々あるのにお叱りを受けた記憶は一つもない。

ラバウルでの司令官は、ビールがお好きであった。ある朝、友軍の司令官が来訪された。私は従兵にサイダーを出させた。司令官は、従兵の持ってきたサイダーを見てニコニコしておられたが、私が下がると、従兵にビールを出させて、お二人でお話しながら痛飲された。

しかし、司令官が崩れられるのを、ついぞお見受けしたことがない。時として南西方面艦隊から、当時としては珍しいチョコレートが接待用として配布されたが、そんな時、司令官は、司令官分を、いつも甘党の私に回して下さった。――》

ニュージョージア島のムンダでは、十二月初めから先遣の第二十二設営隊、第十野戦飛行場設定隊などが飛行場の建設に掛かっていた。しかし、米軍の空襲による作業妨害は日に日に激しさを加え、人員、機材の損害が続出していた。

そこで、第八艦隊は十八年一月八日から、対空火器を持つ八連特をニュージョージア、コロンバンガラ両島へ進出させる。司令部はその殿（しんがり）として同三十一日、輸送船「第二東亜丸」でラバウルを出発するが、往路から波瀾（はらん）含みだった。

首席参謀だった旧中佐、今井秋次郎さん（八八）（海兵54期、東京都調布市布田六の九の一）も高齢のため取材は困難。同じく『八連特戦記』から引用する。

《――丁度ベララベラ島の近くにさしかかったと思う頃、見張りから「敵味方不明機一機通過」との報告があった。中攻に似た飛行機が一機、はるか高空を南の方へ飛び去った。

「司令官、間もなく日没ですから、あと三十分もすれば、敵機の心配も無くなりますね」

「この調子だと、幸先がよさそうだね」

そんな会話を交わしながら、ふと水平線上を見ると何やら粟粒（あわつぶ）のようなものが目に入った。

その粟粒は、みるみる大きくなってくる。まごうかたなき敵機の大群である。あと三十分という瀬戸際に、我々は完全に敵機の大群に捕捉（ほそく）されたようである。昼間の一機は、敵の偵察機だったのだ。

敵の襲撃が始まった。数十の敵爆撃機は、我に向かって怒とうのように急降下してくる。

船は全砲火をもって必死の反撃を試みながら、被弾回避のため、のたうちまわったが、遂に爆弾命中、まさに通り魔の一瞬であった。被爆によって生じた火災は、益々（ますます）烈（はげ）しく燃え盛る。――》

被弾時の状況を司令部医務隊の上等看護兵曹・浜田金市さん（七三）（徳島県三好郡井川町辻一

九八の二）は、『八連特戦記』にこう書いている。

《――爆弾の雨が降ってきた。大急ぎで艦橋の下にもぐり込んだ私の身体に、大きな衝撃が伝わる。爆弾が命中したのだ。船はぐんぐん右舷の方に傾いている。右舷の甲板は早くも海面すれすれだ。

内地からはるばる持って来た一万名分の医療品を何とかしなければと二番船倉に走ったが、時すでに遅し、船倉は重油で一杯である。

甲板上は、阿鼻叫喚の地獄であった。負傷者の手当てをしなければ、と気はあせるが、どこから手を付けてよいか分からない。

最初に手当てしたのが門田上等機関兵であった。彼は大発（運貨艇）艇員で、大発の中で背中を押さえてうなっていた。指の間から血がどくどく出ていた。（中略）とにかく、負傷者の手当てを急がなければならないと思い、医務隊員全員集合の号令をかけたが、一名も集まらないので、やむを得ず夢中で船内を走り回り、応急処置を施した。

幸いにも船は沈没を免れたが、航行不能となったので、横付けした「鵯」（水雷艇）に乗り移り、そこの軍医官、衛生下士官と一緒に、収容した負傷者を手当てした。（中略）

手当てがようやく一段落した頃、ムンダに着いた。上陸した私達は、真っ暗なジャングルの中を、前を歩く者のベルトを握り、帽子につけた夜光木を頼りに、サンゴ礁につまずきながら進んだ。

やっと航空隊の幕舎にたどりつくなり、木が倒れるように寝込んでしまった。東の空が白み始

めた頃、体の方々が痛むので眼を覚ましたら、幕舎の中と思っていたのは、実はサンゴ礁の上であった。――》

多難を予測させる八連特と大田司令官のムンダの戦いは、こうして始まる。

第十三章　八連特戦記

1

呉市川原石の大田家では知る由もなかったが、一家の主をはじめ、〝娘婿候補生〟二人の計三人が図らずも集結した南太平洋戦線。戦禍は先ず、長女・みどりさんの婚約者、中嶋忠博・中尉にふりかかる。

　中嶋中尉が駆逐艦「秋月」の罐部の指揮官で、ガ島への急速輸送、いわゆる「鼠輸送」と呼ばれた補給活動をしていたことは既に書いたが、昭和十八年一月十八日、ショートランド島方面に敵潜水艦出没との情報が入り、ラバウルから出撃した。

　ところがショートランド沖で敵の魚雷が罐部に命中、部下二人と共にボイラーの蒸気を浴び、全身火傷を負った。一時は、死亡と伝えられる程の瀕死の重傷だった。中嶋さんが、苦笑しながら回想する。

「『秋月』は私たちをショートランド島の病舎へ運んだ後、ラバウルへ回航しました。たまたま、私の機関学校時代の教官がラバウルへ来ていまして、『秋月』の軍医に容体を聞いたところ、『ショートランドで、もう今ごろは死んでいるでしょう』と言ったんですよ。

私、おふくろを三つの時に亡くして、祖母に育てられたおばあちゃん子なんですが、それを知っている教官が祖母を哀れんだんですなあ。

内地へ帰ると、すぐ呉の私の実家を訪ねて祖母に会い、さすがに死んだとは言わないが、覚悟しておいた方がいい、と言ったんです。祖母は胸つぶれる思いだったけど、剛毅（ごうき）な人で家族にはひた隠しにした。

一方、親父（千尋大佐）は当時、第十一潜水艦基地隊司令でマレー半島のペナンに居たが、『秋月』のボイラーが雷撃された、というのを電報の傍受で知り、ああ、死んだな、という訳です。

父も祖母に知らせるのは忍びないと、私の姉の寿子に、覚悟しておけ、と手紙を書いた。姉は姉で、それを自分の胸一つに仕舞い込んだから、お互いに隠し合いですよ。三人とも私が死んだと思い込んでいた」

実際、中嶋中尉は激痛による不眠もあり、七十二キロあった体重が三日間で半分近くになる重症。その後、ラバウルの海軍病院でも治療を受け、病院船「氷川丸」で二月十一日、佐世保海軍病院に帰った。

同時に負傷した部下二人は、船中で亡くなった。「私だけ助かったのは若かったからでしょう」と中嶋さんは言う。

やや回復してから医師の許しを得て、左手で姉に手紙を書いた。これを見た寿子さんは、右手を無くしたか、半身不随になったのでは……と、一人で密か（ひそ）に佐世保へ見舞いに来て、安堵（あんど）の胸をなで下ろした。

早速、祖母にも実情を知らせ、やっと、お互いの秘め事を笑い合えた。みどりさんが婚約者の大事を知るのは、かなり回復した春ごろである。

気の荒（すさ）んでいた戦中ではあるが、思いやりに満ちた話にホッとさせられる。

中嶋中尉の大火傷は、まだラバウルに居た大田少将も耳にしたと思われるが、八連特の各部隊が逐次、第一線へ出撃していた最中で忙しかったためか、それにまつわる話は残っていない。

八連特司令部は二月初め、呉六特の高射機銃中隊や二十一防空隊（略称・二十一防）、二十二設営隊（二十二設）などを伴って、ニュージョージア島西端南側にあるムンダに進出した。呉六特本部は同島西端北側の通称・裏ムンダと呼ばれるドラゴン岬に、横七特はニュージョージア島の北西にあるコロンバンガラ島に布陣した。

司令部の乗った「第二東亜丸」のみならず、米軍の大空襲の中での上陸。特に十六門の重砲揚陸は困難を極め、何度も出直した挙げ句に、やっと運び上げた。

さて、司令部が進出したムンダはどんな所で、部隊はどう展開したか。司令部医務隊の上等看護兵曹だった浜田金市さんが『八連特戦記』で書いている。

《――飛行場の滑走路は海岸に沿って南西に走っており、その東端近くの五十メートル程の丘の上に、見張所及び通信所があった。揚陸桟橋は滑走路の西端近くにあって、揚陸は暗夜、手さぐりで行われていた。

司令部は、基地の北側の三百メートル奥の山の中腹に位置し、その麓に通信隊、医務隊病舎があった。又揚陸桟橋から司令部に至る道の、ジャングルの入口近くに主計隊、炊事場が配置されていた。（中略）南方と西方が海岸で、真っ白なサンゴに生えるヤシの木が、紺ぺきの海にはえる姿は天下の絶景であった。

しかし、飛行場以外は、高さ二、三十メートルもある巨木に覆われたジャングルで、昼なお暗く、じめじめしており、ムカデ、サソリ、トカゲなどの住かとなっていた。

ムンダにおける私たちの生活は、その優雅な景色とは裏腹に、悪疫と栄養失調、それに敵機の銃爆撃との絶えざる戦いの日々であった。（中略）ジャングル内は日光は通らず、高温多湿で、新しい天幕でさえ、二、三ヵ月もするとぼろぼろになった。マラリヤやアメーバ赤痢に罹る隊員が多く、とても全部を病舎に収容しきれず、収容しても到底十分な看護が出来ない状況で、あたら助かるべき命が失われていった。——》

看護兵らしい行き届いた描写だが、今井首席参謀が「戦場生活」と題して書く文章は、さらに具体的だ。

《——敵の空襲は、日増しに烈しさを増していた。連日、夜が明けて三十分もすると、先ず双胴の偵察機がやって来る。この偵察機は、その後入れ替わり立ち替わり、日没頃までわれわれの上空を縦横無尽に飛び回り、一隻の舟、一台の車、一つの人影も見逃さない。その独特のキィーンという金属音を聞くと、ああ今日もまたか、という感に打たれたものである。

敵機から、われわれを守ってくれるのは、結局、うっそうたる大密林なのだということを、誰もが悟るのに、さして時日を必要としなかった。

密林の朝は、小鳥のさえずりから始まる。楽園に遊ぶ天使のような小鳥を見ていると、おのずから心が和んでくる。しかし、そのような感慨も、敵機の来襲前に顔を洗わねば、用便は、との焦慮でけし飛んでしまう。かくして、当番が煙が出ないように苦心惨たんして炊いた飯を飲み込んで、敵の空襲に備える。》

やがて、それらの野鳥さえ、味方に取り込む生活の知恵が生まれる。

《――この辺の密林には、その純白の姿に似合わず、ギャアギャアとまことにお粗末な声をしたオウムが、よく十羽、二十羽と群れをなしていた。そのうち、これらのオウムが大きな役割を演じていることが分かった。「おい、オウムが騒ぎだしたぞ」と誰かが叫ぶと、間もなくウォーンウォーンという敵機の大編隊のうなり声が聞こえて来た。》

危険をもたらすのは、敵機ばかりではない。身を守ってくれる密林にも、思いがけない伏兵が潜んでいた。

《――「密林の夜で一番怖いのは何か」と問えば、大抵の人から「倒木」という答えが返って来た。われわれの住む所は、掘立小屋かテントであったが、その中で寝ていると、夜半に突然大音響がして、大地が砕けたかと思う様な地響きが起こる。

「スワ何事」と駆け出して見ると、近くのテントの上に大木が倒れて、無惨にもおしつぶしている。たまたまこの時は、夜間揚陸作業のため、中の人は出払っていたが、もしこの中に寝ていたらと背筋が寒くなった。

この辺の島は地盤がサンゴ礁なので、樹木は、その根を下に伸ばすことが出来ず、地表をはっているにすぎない。したがって、雨が降り続いたり、爆撃などで枝が落ちて重量の均衡を失うと、何らかの拍子で、全く無警告にドスンと来るのである。》

ジャングルの生き物も、闖入者（ちんにゅう）に襲いかかる。

《――世に「蛇（だ）かつのごとく」という言葉があるが、サソリ君に見参したのは、ムンダが始めてであった。この辺は雨が多く湿潤地帯なので、サソリ、ムカデの類の好適な生息地であった。これらは夜が活動の時機で、遠慮会釈なく幕舎に侵入して来ては、われわれの仲間をひどい目にあわした。

ある夜、眠りに就こうとしていると、頭の上に何かポトンと落ちて来た。しばらくすると、それがモソモソと頭髪の上を動き出した。真っ暗なので何かよく分からないが、多分サソリだろうと思い、勢いよく頭を振って払い落とした。

懐中電灯をつけてみると、案の定サソリ君で、両はさみと尻尾（しっぽ）を振りかざして、反撃の姿勢を執っていた。危ないところであったが、予告があったから助かったようなものである。

靴を履いたらチャキとやられた、上衣を着たら首筋をブスリとやられた、といった話は枚挙にいとまがなかった。動作がすばしこい上に、頭と尻尾に凶器を持っているので始末が悪かった。そのうち、衣類をつける時、何か物をとる時、靴を履く時など、一度振ってサソリがついていないことを確かめるのが常識となった。》

サソリのほかにも大敵が居た。

《――ある夜、皆が寝しずまった頃、誰かが懐中電灯を振りかざして騒ぎ始めた。「何だ何だ」と皆も起き上がり、時ならぬ大騒ぎとなった。「ムカデ、大ムカデ」と騒ぐが、なかなか見付からない。やっとチラッと走るのを見ると、長さ二十四、五センチもあろう、黒に赤の縁取りをしたおもちゃの汽車が走っている。

司令部付で、この種の大ムカデに酷い目にあわされた人が居た。眠っている時、足の先にムカデがついているのを知らずに、足を動かした。突然のことに驚いたムカデは、その親指にしっかり巻きついて、いやという程かみついたからたまらない。とてつもない痛さに失神せんばかりとなり、早速の夜半手術によって、ようやく事無きを得た。》

最悪の生活環境で、さらなる大敵がうごめき始める。少し時間の幅があることを含んで読んで頂きたい。

《――密林の中でのわれわれの生命を奪う最大のものは、何といっても飢餓と病魔であった。食糧不足による栄養の不足、日光の不足、飲料水の不足、マラリヤ、デング熱などで、栄養失調、下痢などの患者が相次ぎ、密林生活の陰惨さは、目を覆うものがあった。

その上、空襲の連続と皮膚病の恐怖などで、程度の差こそあれ、皆、精神に異常を来していた。暗い密林の中の病舎には、必ず気が狂って叫びわめく患者が居たが、それにもまして、薬も不十分、手当ても行き届かず、すべてをあきらめたように、また眠るように、静かに散って行く仲間の姿は、痛ましい限りであった。》

ニュージョージア島の地盤がサンゴ礁であったことは、今井首席参謀が危険な倒木のくだりで語っていたが、それは陣地構築の難しさを意味した。

2

ムンダ飛行場の東はずれの海岸線近くに二十五ミリ連装機銃陣地を作った第二十一防空隊第二小隊の機銃長で、一等兵曹だった山谷巌さん（七五）（兵庫県姫路市白国三の一一の一七）は、『八連特戦記』に書く。

《――作業を開始してみると、私達は早くも一大障害につきあたった。サンゴ礁の地盤は、想像を絶する程固かった。つるはしをたたきつけると、僅（わず）かに傷がつく程度で、同じ個所を何回もたたきつけることによって、ようやくピカピカ光る割れ目がこそげ取れた。直径三メートル、深さ六〇センチメートルを、設計通りに工事するとすれば、仮に一日一〇センチメートルとしても、六日間を要することになる。果してこの状況で、一日一〇センチメートル掘り得るであろうか。

私達は、体力の衰えないうちに、持てる体力を振り絞って、出来るだけ早く、堅固な陣地を構築してしまわなければならない。ダイナマイトの入手を主張する者もあったが、「何を言うのだ。この固い地盤が銃員を守り、自信をもって敵機とわたりあえるのだ」と言って励ました。『血を流すより汗を流せ』が私達の合言葉であった。

機銃の据え付けに当たって、最も留意したのは、銃床の据え付けであった。各角度から水平器をあてて確認し、命中精度の正確を期した。（中略）第二小隊が敵機に初弾を浴びせたのは、実

に工事開始以来半月以上を経過した時であった。》

対空戦闘はどう戦われたか。山谷さんらの陣地より山手のジャングル際で、四十ミリ機銃陣地を構えた呉六特高射機銃中隊第一小隊第二分隊の中村治男さんは、『八連特戦記』が出来てから亡くなられたが、こう書いている。

《――空襲警報の鐘が鳴ると、皆あらゆることをやりっぱなして配置につき、銃口を爆音の方向に向けながら装塡する。爆音がだんだん近づいて来る。

「来たぞ、あれは艦爆だ」

「一機、二機、三機、今日は二十機ぐらいだ」

「いや、もっとだ。あっちからも来たぞ」

小隊長の「打ち方始め」の号令と共に、各分隊の機銃は一斉に火を吹く。ダンダン、ダンダン。敵も急降下を続けながら、必死に機銃を乱射して襲いかかってくる。分隊下士官の「上を見るな。下を向いて装塡しろ」と怒鳴る声が聞こえる。弾丸の切れ目が運の切れ目、必死で装塡操作を繰り返す。

やがて、キィーと絹をさくような音をたてて、爆弾が落ちて来る。運命の岐(わか)れ目の瞬間である。物すごい地響きと共に爆弾がさく裂し、あたり一面砂煙で、何も見えない。――》

ムンダ岬の突端に布陣した二十一防第三小隊で、一番若い十七年徴集の二等水兵だった谷秀男さんも平成三年、亡くなられたが、『八連特戦記』に実感溢れる戦場体験を寄せている。

《――ムンダの対空戦闘も日を追って激烈となり、空襲の回数も、敵機の数も増えていった。それに従って戦果もあがったが、一方、わが方の被害も増え、小隊長、先任下士官、小隊伝令と、次々に壮烈な戦死を遂げていった。

覚悟はできていたものの、内地からはるばる一緒にやって来た「父とも思え、母とも思え」と言われていた上官達に死なれると、本当に親に死なれて一人ぼっちになったようで、心細かった。しかし、そんな感傷も、次の空襲で吹き飛んでしまった。

ある時、弾倉を装塡して曳光弾の飛んでゆく先に目をやった私の身体に、一瞬、言い知れない戦慄が走った。そこには、下からの曳光弾を物ともせず、すさまじい轟音をあげて、まっしぐらに我が陣地に突っ込んで来る敵機があった。わが方も生と死をかけて戦っているが、敵もまた、生と死を賭けて突っ込んで来る。「敵機の鼻先へ二十五ミリを打ち込め。そうすれば、爆弾の直撃だけは避けられる」と内地の訓練でたたき込まれた言葉が頭に浮かんだ。

それにしても、すさまじい敵機をねらって機銃の引き金を引き続ける射手の豪胆さには、ただ敬服のほかはなかった。

空襲に次ぐ空襲、その間隙が縮まるにつれて、機銃の故障も頻発するようになった。焼きついて動かなくなったり、爆弾の破片で銃身が切損してしまったこともあった。しかし、補給を担当した方々の努力によって、数日を経ずして代替の部品は届けられた。毎日、毎日、撃って、撃って、撃ちまくった。

焼けて白くなった銃身、それを石鹼水で冷やす者、まだ熱い薬莢を壕の外へ放り出す者、弾丸に信管をつける者、弾倉に弾を詰める者、機銃員全員が次の空襲に備えて作業した。そこには、古参も新兵もなかった。風にさらさら音を立てていたヤシの葉も、岬に青々としていた雑草の緑も、爆風に吹き飛ばされて陣地の周囲では見られなくなっていた。

鉛筆でも立てたように残っているヤシの木の肌には爆弾の炸裂で吹き飛ばされたサンゴ礁の砂が真っ白にはり付いていた。これが、夜は白く光って、まるで内地の雪景色を見るようであった。

いつの間にか、私達の耳は、敏感に敵機を捕らえるようになっていた。本隊から空襲の連絡が届く頃には汗と泥に汚れた身体に、せめて最後の時だけは軍人らしくと、服装をきちんと着けて、すでに配置に就き、鉄かぶとの紐を結びながら、敵機の動きを見詰めていた。

敵機も、死も、怖いとは思わなくなっていたが、至近弾で一帯に硝煙と砂が舞い上がって、あたりがみえなくなった時と、機銃から弾丸が飛びださなくなった時には、身体全体が恐怖の塊になったものである。

退避壕の近くにいる者は、そこには火薬が一杯つまっていることを知りながら、その中に飛び込んでいった。逃げ損なった者は機銃座の回りを、火薬臭い土煙を通して見え隠れする敵機を避けて、逃げ回る羽目になった。

やっと敵機が飛び去って、やれやれと息を吐く間もなく、プル、プルッと気味の悪い音を立てながら、爆弾の弾片が空から舞い落ちて来る。これは見にくいうえに、空気の抵抗でクルリン、クルリンと、どの方向から飛んでくるか、予想がつかない。ギザギザの裂け目のついた鉄片を見ていると、こんなのが当たっても大丈夫なのだろうかと、改めて鉄かぶとを見直したこともあった。》

こんな状況の中で、大田司令官はどうしていたか。副官の岡野勇三さんの手記は綴る。

《――砲術参謀は揚陸した十四センチ砲の配備や防空指導に忙殺されていたので、先任参謀（今井秋次郎中佐）に命じられて、私が戦時日誌を担当することになった。そこで私は、先任参謀の各種報告電文、砲術参謀の戦闘概報電文、その他を資料とし、司令官のお話を加えて戦時日誌を起案して、司令官にご覧に入れた。

司令官はかねてから「戦時日誌は貴重な部下の功績資料だ。完全な戦時日誌を作って提出することは、司令官としての部下に対する責任なのだ」と口癖のように言われていたが、私の差し出す案を詳細にご覧になり、「よく出来ている」と褒めて下さるのが常だった。

呉六特や二十一防の防空機銃陣地は飛行場に接したいわば捨て身の配備だったので、空襲の度毎に、その受ける被害も多かった。しかし、敵機撃墜の戦果も大きく、軍令部総長から異例の褒賞電報を頂いた記憶がある。》

陸軍は既に書いたように、中部ソロモンの防衛には積極的ではなかったが、米軍の猛攻を目の当たりにしてはそうも言っておれなかった。昭和十八年五月一日、海軍の要請もあって南東支隊司令部を編制、ムンダに進出させた。兵力は五千五百七十九人。支隊長には佐々木登少将（陸士26期）が発令された。

陸士26期は海兵で言えば大田司令官のクラスである41期に相当し、言わば同期生だったが、少将になったのは佐々木支隊長の方が三年三ヵ月も先任で、これが後に大田司令官に苦渋をもたらす事態を招く。

3

大田司令官に親しく仕えた八連特参謀の中で、今、お元気で、往時を語って頂けるのは、当時、大尉で、砲術参謀を務めた平塚清一さん（七七）（海兵62期、のち少佐、東京都国分寺市本町四の二一の二一）だけである。

筆者が平成三年に上梓した『ブーゲンビル―墓島』（新風書房刊）で書いた南東方面艦隊第一根拠地隊司令部の砲術参謀・故汲田（くみた）利男少佐と海兵が同期の親友。汲田少佐が昭和十六年八月、結婚した時、寿杜子（すず）夫人を最初に引き合わせたのが、この人という間柄である。

62期百二十五人中、四番で卒業した〝恩賜の短剣〟組で、戦艦「大和」の主砲発令所長を務めていた昭和十八年六月初旬、八連特への転属を命じられた。ムンダで米軍の空襲がいよいよ激化、上陸の恐れが強まっていたころである。

同十日、飛行艇で横浜を出発、サイパン、ラバウル、ブーゲンビル島のブイン、ショートランド、コロンバンガラ経由で、同十八日、ムンダに着任した。

「司令部はムンダ岬の揚陸栈橋から北へ、歩いて三十分くらいの金剛山のてっぺんにありました。断崖の上の丸太小屋で、ちょうど清水寺の舞台と似た感じで、あれ程高くはないが、足場が築いてありました」

金剛山と名付けたのは「三代ノ忠勇楠氏ノ門」を崇敬していた大田少将ではなかったか。

司令部の中は、八畳くらいの司令官室、それぞれ十畳くらいの幕僚室と同寝室の三部屋。浜田上等看護兵曹も書いていたように、兵隊の宿舎は少し下がった所にあった。

平塚大尉は、大田司令官とは初対面だった。

「大田少将の令名は海軍陸戦の先達として、また海軍式剣道の総帥として聞き及んでいましたから、私は見るからに勇猛果敢な人を想像していました。ところが、薄暗い電灯の光の下で着任の挨拶を受けられる司令官の姿は、私がそれまで描いていたイメージとは大違いでした。小柄で、穏やかで、優しそうな丸顔。一見、田舎の好々爺(こうこうや)といった感じでしたからねえ。

長旅をねぎらわれた司令官は、早速、秘蔵の日本酒を取り出して歓迎の宴を開いて下さったが、幕僚の皆さんも最前線とは思えない程、朗らかで、屈託が無くって、司令部内がうまくいっているな、という感じでした。

ああ、本当の武将というのは、こういうものか。こんな素晴らしい人が居るのか、と思いましたねえ。その第一印象は、全く正確でした。いや、月日がたつにつれて、優しいだけでなく、包容力があり、小事にこだわらず、責任感と芯(しん)の極めて強い人である、ということが分かって来て、尊敬の念は、いよいよ深まりました」

昭和十八年六月三十日、米・太平洋方面最高司令官ウィリアム・ハルゼー大将麾下の部隊が、ニュージョージア島ムンダ飛行場の対岸にあるレンドバ島に上陸した。

同日、南西太平洋方面最高司令官、ダグラス・マッカーサー大将麾下の部隊は、ニューギニア南東端のナッソウ湾に上陸している。

この年二月、ガダルカナル島から日本軍を追い落とした米軍の、反攻作戦のスタートだった。

車の両輪さながらに、ソロモンとニューギニアの二正面から北上するため、カートホイール（車輪）と名付けられた作戦である。

その日の司令部の様子は、平塚参謀が『八連特戦記』に書いている。

《——敵、レンドバ港に来攻！　たちまち司令部内は騒然となった。上級司令部への報告、各部隊への連絡、レンドバ、ビル（ニュージョージア島南東部）、ウイックハム（バングヌ島）各派遣隊への撤退の指令、息つく暇もなく必要な措置がとられた。

それにしてもレンドバ港には、陸海軍合計百三十名足らずが守備しているに過ぎない。こちらから打つ手がないだけに、その安否が気遣われた。

敵の揚陸が一段落した頃、西の方から爆音が響いて来た。待望の我が航空部隊の攻撃である。私達は固唾をのんで、堂々と進撃するわが中攻（中型陸上攻撃機）隊の行動を見守った。

わが航空部隊の進撃を知った敵輸送船は、直ちに抜錨して東方へ退避を始めるとともに、対空射撃を開始した。それはまさに、生まれて初めて見るものすごいものであった。ボオーッ、ボオーッという音とともに発射される曳光弾は、まさに中天に向かって立てられたびょうぶであった。

中攻機は高度を下げて、一糸乱れることなく、その弾丸の豪雨の中に突っ込んで行く。その後に展開された情景は、惨烈極みないものであった。

パッ！　翼が火だるまになってすっ飛び、胴体が海面にしぶきをあげる。

パッ！　一瞬にして火の玉となって四散する。

しかばねを乗り越えて進むとは、このことであろうか。私達は見るに忍びず、思わず目を覆ってしまった。
中攻機の攻撃が終わった後、敵輸送船は再び元の泊地に戻り、揚陸を続行していた。
長かった一日も暮れた。私達幕僚は、司令官室に集まって、司令官からねぎらいの言葉を頂いた。皆の顔には緊張の色がみなぎっていた。――》
米軍上陸という事態を受けて、陸、海軍司令部が別の所に居たのでは都合が悪い、となって、この日、南東支隊司令部が金剛山の八連特司令部へ移って来た。それは良かったのだか……。

第十四章　ムンダの苦闘

1

陸、海軍はムンダ戦に先立つ昭和十八年三月二十二日、「南東方面作戦陸海軍中央協定」を結んでいた。前月のガ島撤退後、陸軍は東部ニューギニア、海軍は中部ソロモンに重点を置いた巻き返し作戦を立てたが、その調整のための申し合わせだった。

第二節「作戦指導」の「ソロモン方面作戦」の項は地上防備の分担を、かねてからの主張通り陸軍は「北部ソロモン」、海軍は「中部ソロモン」としていた。特に「中部ソロモン」の項には丸括弧で注釈が付き、（現地陸海軍指揮官ノ協定ニ依リ所要ノ陸軍部隊ヲ配備シ　之ヲ海軍指揮官ノ指揮下ニ入ル）とある。

陸軍の中部ソロモン軽視に、海軍が異議をとなえたことに対する取り繕いの文言だったが、それでは中部ソロモンの陸上戦は、すべて海軍に任せるのかというと、そうでもなかった。第五節わっていた。

「指揮関係」は「陸海軍協同トス」とあるが、但し書きがあり、「陸上局地作戦ニ於テ陸海軍部隊同時ニ作戦スル場合ハ作戦ニ関シ高級先任ノ指揮官ヲシテ統一指揮セシムルコトアリ」とこと

レンドバ島に米軍が上陸した六月三十日、八連特の大田司令官と南東支隊の佐々木支隊長は、統一指揮権について話し合った。

しかし、既に書いたように、佐々木支隊長は陸士26期で、海兵41期の大田司令官といわば同期だったが、少将としては先任だった。結局、この中央協定がものをいい、佐々木少将がニュージョージア方面部隊の指揮官となり、地上作戦を指揮、大田少将は海上輸送と海岸防備に関することのみ指揮することになった。

陸戦術の大家としては、切歯扼腕（やくわん）の思いだったろう。当時の状況について、砲術参謀としてそば近く仕えた平塚さんが話してくれた。

「戦闘の指揮は、指揮官が一人でないと命令系統が統一しません。それに、南東支隊には陸兵が一個師団近く居ましたし、陸上戦闘については陸軍が専門ということで、統一指揮は止むを得なかったと思います。大田司令官は一言の不平不満も漏らされなかったが、ただ、それ以後、司令官の特徴であったニコニコ顔が影をひそめたことは確かです。八連特は軍艦装備の艦砲や高射機銃で装備した野戦には向かない部隊でしたから、南東支隊長の指揮下でどう扱われるのか、心配されていたと思います」

この統一指揮権問題については、南東支隊の作戦主任参謀だった神谷義治中佐（陸士39期、の

ち大佐）も後年、「両者、円満協議の上の決定だった」と語っており、南東支隊長の独断専行ではなかった。しかし、佐々木少将は直情径行の人だった。米軍レンドバ上陸から四日目の七月三日、司令部で開いた陸海軍合同幕僚会議で、早速、難問が持ち上がる。

　ムンダ岬からレンドバ島の米軍上陸地点・レンドバ港までは、一万メートルの距離がある。しかし、ムンダにあった我が砲台には、最大射程六千メートルの八センチ平射砲しかなかった。これでは敵艦隊の艦砲射撃への反撃すら、思うにまかせなかった。

　それにひきかえ米軍は、レ島上陸の六月三十日、夜通し工事音を轟（とどろ）かせていたが、砲台を築いたらしく、翌七月一日朝には早くもムンダ飛行場へ十四センチ榴弾（りゅうだん）砲、十五センチ加農（カノン）砲など重砲の連続砲撃を開始した。

　こんな状況下の三日夜十一時、陸海軍合同幕僚会議が開かれた。八連特の今井首席参謀、平塚砲術参謀、岡野副官兼通信参謀の回想を総合すれば、その場の状況はこうだ。先ず、佐々木支隊長が決然とした口調で切り出した。

「この状況を打開する唯一無二の方策として、コロンバンガラ島に居る歩兵十三連隊の主力を使って四日夜、レンドバ島に逆上陸を敢行する。そのため各所に分散配置してある大発（運貨艇）の全力を傾注する」

　そばで同支隊の神谷作戦主任参謀が「私が参加して直接、作戦を指導する」と胸を張った。

　海上輸送は当然、八連特の責任だが、この作戦には戦況や大発の現状が十分考慮されていなかった。そこで、今井参謀が大田司令官の許しを得て、反対の意見を述べた。

「逆上陸の必要性、効果が甚大であることは認めますが、敵の哨戒が極めて厳重な状況の下では、成功の見込みが少ないことも認めざるを得ません。大発は連日の砲爆撃による被害で稼働数が減っていますが、この作戦でその大部分を失うようなことがあれば、海軍は今後の補給の責任を負い難い。その上、四、五両日は第八方面軍及び第八艦隊司令部命による駆逐艦輸送の受けに、その大半を充当することになっておりますので、夜襲に使用し得る余裕はありません」

この後、陸、海軍それぞれが自説を主張して譲らず、会議は堂々巡りとなった。業をにやした佐々木支隊長は「お前たちは物事が分かっていない」と怒鳴り、憤然と席を蹴って支隊長室に引っ込んでしまった。

会議は一時、緊迫した空気に包まれた。これを見た大田司令官は、すぐ支隊長室に入った。この部屋の中の状況は、当の二人しか知り得ないので、南東支隊が作成した「機密作戦日誌」から引用すると……、

《――八連特司令官ハ居中調停（仲介の意味）極力支隊長ヲ慰撫シ主義上実行ニ同意ヲ約シ着席ヲ請ヒ更ニ実行方法ニ就キ討議ス。》

とある。分かりにくい文章だが、行間に、怒り狂う直情の士をなだめ、すかして、会議に誘う温厚な大田少将の姿が見えるようだ。

南東支隊の「機密作戦日誌」にある「主義上実行ニ同意ヲ約シ」は、大田司令官が「佐々木指揮官がそんなに主張されるなら、逆上陸決行に同意しましょう」というほどの意味だろう。

再開した会議では、八連特の今井参謀が大田司令官の意を体して「四日はだめだが、五日なら

可」の折衷案を出し、実施は一日延期して五日と決まった。

しかし、この作戦は結局、日の目を見なかった。それより早く四日、米軍がムンダ東方の海岸と裏ムンダのライス湾に敵前上陸を始めたからである。

米軍はさらに同十四日、ムンダ海岸正面にも上陸、前面の歩兵二百二十九連隊第二大隊（三十八師団、岐阜編制）、同十三連隊（六師団、熊本）、八連特の呉六特、二十一防空隊と激戦、じりじりと圧倒した。米軍の戦いぶりは、物量にものを言わせての圧倒的なもので、近くは湾岸戦争にも引き継がれている合理的な進撃だった。今井参謀は『八連特戦記』で述懐する。

《敵は、わがムンダ、コロンバンガラの飛行場、ムンダの砲台、陣地等を航空機の爆撃や艦砲射撃によって徹底的に痛めつけ、無力化した上で、上陸した。（中略）地上攻撃も、成功可能な場合に前進するという、計算し尽くされたものであった。航空機による圧倒的な爆撃、重砲による圧倒的弾量の壊滅的な射撃の後、戦車群が前進する。若しこれに反撃するものがあれば、戦車群は後退して、砲爆撃が繰り返される。

このようにして清野となった戦線を、戦車群の制圧の下に歩兵部隊が前進してくる。その歩兵は脚を出した軽装で、軽い連発銃を連射しながら進撃してくる。第一線で敵と直接交戦したわが軍の将兵は、口々に「敵の歩兵は全く弱い。ちょっと攻撃すると一目散に逃げる」と言っていたが、あたかも屈強の用心棒に前後左右を掩護された子供の兵隊にしてやられたといった感じであった。まさに戦いというものについての哲学の相違であろう。》

南東支隊、八連特ともに、被害が続出した。とりわけ歩兵二百二十九連隊第二大隊は、当初の兵力・二千七百十七人が約八百人に減る消耗ぶりで、第一線陣地は崩壊寸前の状態になった。南東支隊長は七月三十一日、第一線の約一キロ後退を決断、各部隊は同日夜半から撤退行動に移った。

二百二十九連隊も、飛行場北側の「爆弾山」に移った。米軍の激しい艦砲射撃で山容が改まったことからそう名付けられた陣地だが、そこには飛行場に飛来する航空部隊用の堅固な防空壕が三ヵ所あった。

疲労困憊その極に達した状態で爆弾山にたどり着いた同隊員は、ホッとしてこの壕に潜り込んでしまった。佐々木支隊長は八月二日、神谷参謀を現地に派遣、連隊長・平田源次郎大佐に注意を促したのだが……。

2

歩兵二百二十九連隊第二大隊が爆弾山の防空壕に入ってしまったために、第一線の防備に空白地帯が出来た。神谷参謀が駆けつけ、注意したのに対して、平田連隊長は直接、佐々木支隊長に電話、「集成中隊で間隙を埋めるから了解して欲しい」と申し出た。

平田連隊長にすれば、前日まで極度の危険に曝されて悪戦苦闘し、ようやく安全な防空壕にたどり着いてホッとする第二大隊員を、息つく間もなく死地に配備するに忍びなかったのだろう。支隊長もその意見を尊重、指揮を連隊長に一任したが、結果的にはそれが禍根となった。

集成中隊の配備が遅れる間に、第二大隊の後を追っていた米軍は八月三日、この間隙を突破、金剛山司令部の直前まで迫り、司令部と二百二十九連隊本部が分断されてしまった。

　これに責任を感じてか、同連隊本部のその後の戦況報告は後手に回り、南東支隊「機密作戦日誌」は《爆弾山ヲ第二大隊長ニ与ヘタルハ過失ナリキ》《第一線指揮官ハ上級指揮官ヲシテ状況判断ヲ誤ラシメヌ的確ナル決心ノ資料ヲ提供スルコト必要ナリ》と指摘している。

　二百二十九連隊の指揮下に入り、ムンダの海岸線で戦っていた呉六特本部第一中隊山砲小隊長の少尉（のち大尉）・伊藤安一さん（七六）（大阪府豊中市二葉町一の一九の一九）は、この日の惨状をリアルにこう綴っている。

《――前線の陸軍部隊が後退して来た。彼等は私達に「敵がすぐ後ろに追尾して迫っている。ぼやぼやしないで、早く後退しろ」と叫んだ。陸軍部隊が後退してしまえば、私達は敵中に孤立することになる。そこで、破壊された砲はそのままにして、陸軍兵と交じって後退した。

　ムンダ飛行場の北側に、爆弾山と称する丘があった。私達は、その下をくりぬいて造った防空壕に入った。そのうち、前線から後退して来た陸軍兵が続々と入り込み、壕内はすし詰めの状況となった。（中略）敵は煙弾を打ち込み始めた。壕内には煙が充満し、息苦しくて中に居られなくなり、壕を飛びだす兵が相次いだ。このままでは、いたずらに全滅を招くのみである。

　私達は敵の射撃の間隙を縫い、敵の集中射撃を避けるため、バラバラに壕を飛び出して後退した。倒れる者があっても、助ける手段も余力も無い。ただ、全力を振り絞って、ジャングルに向かって突進するだけであった。

　その内に、私は遂に全力を使い果たしてしまい、走ることが出来なくなった。軍刀を肩に担ぎ、倒れては起き、起きては走って、ジャングルに向かってもがいた。耳元をヒューヒューと敵弾がかすめるが、怖さを感じない。

日は西に没し、夜のとばりが下り始めた。それにつれて、敵の射撃も止んだ。落ち着きを取り戻した私の目に映ったのは、周囲の惨状であった。部下はどうしたのか。私は部下を求めて、薄明かりの中、足の踏み場もない戦場を、さまよい歩いた。

銃弾で飛び出した眼球を手で押さえている兵と、片足を飛ばされてうなっている兵の二名の部下を見つけて収容した。彼等はその後、潜水艦で後送されたが、その後どうなったであろうか。付近には重傷者のうなり声、それを助ける戦友の叫び声等、まさに目を覆う惨状であった。

一段落して、私は司令部に状況報告に行った。大田司令官と佐々木支隊長は、金剛山中腹の洞窟の中で、沈痛な面持ちで座っていた。

私の報告を聞いた大田司令官は、やおら、「行方不明の部下をそのままにしておいてはいけない。必ず確認するように」と注意された。一方、佐々木支隊長からは、先日の敵上陸用舟艇に対する射撃の戦果について、おほめの言葉を頂いた。》

この辺の対応も両指揮官の場合、対照的である。

《――報告を終わった私は、早速戦場に引き返し、行方不明の部下の確認をしようとしたが、暗夜ではあり、戦死者、負傷者で足の踏み場もなく、その上、数百メートルをへだてて敵兵が進出して来ていたので、作業は思うにまかせなかった。夜の白む頃、小隊の集合をかけた結果、集まるものは僅かで、遂に半数が行方不明であった。――》

八月四日、佐々木支隊長は再度、「戦線整理」という名の撤退を決意する。敵に蹂躙されている爆弾山を放棄し、金剛山と日本軍が持ちこたえている第一線を結ぼうとしたのだが、それは極めて脆弱な防御線で、ムンダ放棄への前段でしかなかった。

金剛山司令部は、混乱の極に達していた。南東支隊は陸軍部隊の掌握だけで手一杯となり、この期に及んで、海軍部隊の指揮を大田司令官に戻して来た。八連特参謀だった平塚さんが、怒りを込めて話す。

「陸軍は指揮権を返すと同時に、撤退したのです。我々は撤退について、何も知らされていなかった。指揮権を返すというので、今井首席参謀が隣室の南東支隊司令部へ八連特部隊の実情を聞きに行かれたら、すでにもぬけの殻。机の上に『南東支隊司令部は呉六特農園に後退する。八連特司令部も追尾するように』という置き手紙があっただけでした。

海軍を後衛にして、陸軍が引くという策略でした。そのために呉六特、二十一防が前線に取り残されて大きな被害を出し、泳いで沖合のバンガ島伝いに逃げねばならないという悲劇を生みました。我々は、いまだに腹に据えかねていますッ」

ムンダ戦線で、陸軍・南東支隊司令部に置き去りにされた海軍・八連特司令部の様子を、元参謀の平塚さんは続ける。

「忘れもしない昭和十八年八月四日早朝です。今井首席参謀が血相を変え、憤然として海軍幕僚室に駆け込んで来て、『飛行場地区の海軍が置き去りにされる、と叫ばれた。聞けば、陸軍部隊は今まで掌握していた飛行場地区の海軍部隊の指揮を海軍に返し、自分たちだけ後退してしまったというのです。

たちまち司令部内は、ハチの巣をつついたような騒ぎになりました。海軍部隊に撤退を指示してやらないと、大変なことになりますからね。あの時の今井参謀の、青ざめた必死の形相が忘れられません。

後退について何の準備もしていなかったから、それからが大変でした。各部隊に連絡する者、上級司令部に報告する者、施設を破壊する者、携行品を取りまとめる者、皆が目を血走らせて後始末に当たりました」

それまでの海軍部隊は南東支隊長の指揮下にあったので、部隊の情勢がいかに悪くなり、危機に陥っても、八連特司令部は直接、指揮するわけには行かず、焦燥の思いに駆られていた。

それが、大田司令官から持ち前のニコニコ顔を消し去ることになったのだが、指揮が自由になった時、部隊は敵の重囲の中に置き去りにされていたというのは、何ということだろうか。砲術の専門家である平塚さんの記憶によれば、七月末からの敵重砲の一分間の弾着数は四百発を数えていた。

もはや一刻の猶予もならない。大田司令官は飛行場周辺に展開する司令部諸部隊、呉六特部隊、第二十一防空隊、設営隊などに、電話、伝令、連絡兵など、あらゆる手段を尽くし撤退命令を伝えた。その内容は「至急、配備を撤して金剛山司令部方面に移動せよ。もし敵の進出のためそれが困難な場合には、西海岸沿いに呉六特農園方面、または、バンガ島方面に移動せよ」というものだった。

前線部隊には、それはどのように伝わったか。第一線で負傷者の収容と救助に当たっていた司令部医務隊の浜田上等看護兵曹は、手記にこう書いている。

《――八月四日の夜明けとともに敵の猛爆撃が始まり、息もつけない。電話線も切断されて、司令部と連絡がとれない。午前十時頃、猛爆の中を伝令が、よろけながらやって来て、医務隊と司令部中隊は直ちに司令部の位置まで撤退するように伝えた。

聞けば夜明けと同時に三名で司令部を出発したが、すさまじい爆撃に遭って、来るのに四時間かかり、途中二名は爆死したという。その伝令も、重傷のため間もなく戦死した。――》

3

ムンダ飛行場北西一キロに、四十ミリ高射機銃二基を構えて布陣していた呉六特高射機銃中隊第二小隊も、取り残された部隊だった。

伊万里焼工業協同組合専務理事の村岡博さん（六九）（佐賀県伊万里市二里町大里甲二四五九）が数少ない生還者であることを平塚さんに教わり、連絡を取ったが、電話口の向こうの村岡さんの口は重かった。当時十九歳で、同小隊では二番目に若い一等水兵。

「ひどい戦いでした。何日も眠っていない。飯も食っていない。だから、物が二つに見える状態で、撃たれっぱなしに撃たれたのですから。危険だから、動物本能だけで動く。私ら若くて動けたから助かったが、動けない年配の応召兵はどんどん亡くなった。腕が飛ぶ、足が飛ぶ、腸が飛び出す。日本の軍隊はもう少し統制が取れている、と思っていたが、ざまのない戦いでした。思い出したくもない戦闘でしたよ」

ムンダ戦は平成四年が五十回忌。これまで亡き戦友の慰霊に努め、その都度、生き残りの辛い思いをしてきたので、もう忘れたい――とも言われた。

幸い、村岡さんは『八連特戦記』に「ムンダ戦線最後の一兵」と題する手記を寄せておられるので、お許しを得て、それを抄録する。

《――当時ムンダ飛行場周辺には、(我が小隊のほかに)金剛山山麓に呉六特高射機銃中隊第一小隊、飛行場の西端付近に第二十一防空隊、飛行場南側には呉六特の山砲隊が配置されていた。また、揚陸桟橋付近には、担架で運ばれた多数の負傷者が道路端に並べられて、迎えの舟艇が来るのを待っていた。

敵の圧倒的な砲爆撃に圧倒されて、我が軍は逐次後退し、遂に運命の昭和十八年八月四日がやって来た。この日、あれ程し烈な砲撃を繰り返した敵重砲の音がピタッとやみ、戦線は迫撃砲と自動小銃の音のみに変わった。何だかおかしい。何か異変があると思っていた時、十二時頃、設営部隊の人々が我が陣地になだれ込んで来た。敵がわが陸軍部隊の前線を突破したのである。

周囲の設営隊、陸軍部隊等はすでに後退しているが、中隊本部と連絡がとれない。敵が陣地前方約三百メートル付近に接近しているのが、肉眼ではっきり見える。周囲には友軍は一人も居なくなったが、まだ中隊からは何の指示も無い。私達は対戦車爆雷を背負い、重機関銃を中心に、決死の突撃態勢を固めた。

十五時頃、第二十一防空隊から、伝令によって撤退命令が伝達された。中隊本部からは四回、伝令が出たが、総て途中で戦死し、二十一防から中継伝令されたのであった。四囲を敵に囲まれての撤退は、困難を極めた。少しでも動こうものなら、激しい集中攻撃を受ける。

上空には、敵戦闘機が旋回している。全くアリのはい出る隙間も無いとは、このような状態をいうのであろうか。地をはい、岩陰に潜んで、じりじりと前進、（我が陣地北西の）二十一防陣地跡に達し、さらに北方の中隊本部に向かう途中、敵と真正面からぶつかった。重機関銃と擲弾筒をもって渡り合う。

この攻撃が効を奏し、一旦は敵を約五百メートル押し返したが、多勢に無勢、衆寡敵せず死傷者が続出し、完全に敵の包囲下に陥って、じりじりと後退、遂に海岸線まで圧迫された。

今はこれまでと覚悟を決めた私達は、玉砕攻撃を敢行すべく、まず負傷者を収容して、波打ち際で自決用の手榴弾を渡し、水筒の水を呑ませてまわった。ああ無情、これでお別れであると思うと、滂沱とあふれる涙が止まらない。この時、残した兵は二十数名であった。

長かった一日も暮れて、夜の帳がようやく下りようとする頃、敵の攻撃が止んだ。敵陣に突入するのは易しいが、何とか自滅するのは避けて活路を見出そうとなった。

サンゴ礁の遠浅になっている海岸づたいに北上し、ダイヤモンド水道を渡泳して、アルンデル島に脱出しようと衆議一決し、下士官二人と私は、脱出を援護するため、前から設けられていた海岸監視所に残ることになった。

丁度その時、「大隊長殿」という声に続いて「あっ海軍部隊だ」という声があり、薄暮の中から陸軍部隊があらわれた。互いに生存を確かめ合う声に気付いた敵は、矢庭に射撃を始め、私達は監視所に立て籠もって応戦し、脱出を援護する。

　と見ると、今迄一緒に居た下士官が居ない。付近を捜しても見当たらない。呼んでも応答がない。夜もふけて、先程までのことが嘘のように、海岸は静まり返っている。ムンダ戦線最後の一兵となったのだ。早速、バンガ島に向かって渡泳を始める。敵魚雷艇は探照灯を照射しながら、渡泳している友軍を狙い撃ちしている。全く死の脱出行であった。

　辛うじて渡泳に成功した私は、八月五日朝、疲労困憊その極に達し、下痢に悩まされる身体で遥にムンダを望見し、亡き戦友の冥福を祈った。

　その地で私は、横七特部隊に救助されたが、収容されたのは二名であった。他は水道の急流に呑まれ、魚雷艇の攻撃によって散華し、あるいは、渡泳を途中であきらめて付近の小島に上陸、翌日、アルンデル島あるいはバイコロ方面に泳いで渡っている。》

　大田少将以下八連特司令部は、飛行場周辺部隊への撤退命令が直接、あるいは間接に伝達されたのを見届けると、金剛山を脱出した。米軍の進攻が予想以上に早く、包囲される危険が迫っていたからである。平塚・旧参謀は、思い出すのも辛げに回想する。

「陸軍は転戦が専門ですから装備がそうなっていますが、海軍陸戦隊は艦上の生活をそのまま戦場に持ち込んでいるので、移動となると哀れなんです。通信連絡を確保するには重い無線機を担いで行かねばならないし、書類を運ぶにも容器が無い。乾パンは大きなブリキ缶に入っていて運びにくいし、缶詰は二十人分が一缶ですから、到底持って行ける代物じゃない。それでも、当座必要な物を皆が背負って、南東支隊の後を追いました」

敵の砲撃や空襲の銃爆撃が荒れ狂う薄暗いジャングルの中を、工兵隊が造ったツルツル滑る一本道に沿って、追われるように進んだ。所々に湿地があり、ぬかるんで、靴の中にじわじわと水がしみ込んで来る。

そして突然、道端に、歩けなくなった兵の姿がポツリポツリと現われ始めた。疲れ果てて倒れ、それでも手で這っている。しかし、誰も声を掛けるゆとりはない。その兵も声を出さない。数時間もすれば、敵地になる場所。その人たちの運命はもう決まっている。

やがて、目指す呉六特農園にたどり着いた。それはムンダと裏ムンダの中間にあるジャングルの切れ目の日当たりの良い場所で、呉六特の先遣部隊が前年から自給自足のために開墾した農場だった。東京ドームくらいの広さがあった、と平塚さんは言う。

陸軍部隊は既に集結を終わり、それぞれ適当な場所を見つけて野営の準備をしていた。

「午後から降り出した雨が、やがて篠つく豪雨になりました。しかし、海軍には、先にお話したような理由で、陸軍の人たちが張っているような携帯テントは一張りも無いのです。

せめて司令官だけには雨やどりの場所を、と思ったが、従兵たちは撤退に伴う重労働で疲れきっている。そこで、首席参謀以下私たち幕僚が椰子の葉や木の枝などを集め、小高い所に、ようやく体一つ覆う程度の片流れの草屋根を作りまして、体を横たえて頂いた。

司令官は『有り難う』と言って中に入られたが、その時の感謝の思い溢れた目が、今も目の前に彷彿と浮かびます。とにかく大田司令官という方は、いついかなる状況に出会っても、不平がましいことは一言も口にされず、ましてや他を誹謗するような言動は絶えて無かった人です。出来ないことです」

その夜は、幕僚以下全員、欲も得もなく、その場に横になり、豪雨に打たれながらズクズクに濡れて眠りこけた。一敗地にまみれての、惨めな夜だった。

4

大田少将は、いつ、いかなる状況の中でも穏やかで、与えられた環境、条件を甘んじて受け、そこでベストを尽くした武人中の武人、男の中の男であった——とは、謦咳に接した人が等しく語るところだ。

その少将が断固として自説を譲らず、声を大にして信ずるところを主張したことがある。八月六日、呉六特農園西方約一キロ付近にあった司令部で、南東支隊と八連特の幕僚が今後の作戦を話し合った時である。

佐々木支隊長以下、陸軍幕僚の多くは、ニュージョージア島を放棄し、北に接するコロンバンガラ島への「転進」という名の撤退を切り出した。

その考えには一面、無理からぬ点もあった。というのは、米軍来攻時、一万四千人余を数えた陸海軍兵力は三分の二が損耗、特に南東支隊の中核である歩兵二百二十九、二百三十、二十三連隊は四千余が千人に、八連特の中心である呉六特は二千百五十人が約六百人に減っていた。これでは戦えない上、今後の補給も多くは期待出来ない以上、今、撤退しなければ退路を断たれ、コロンバンガラで再起を期すことが出来なくなる、という訳だ。

これに対して大田司令官は「ニュージョージア防備部隊の使命は、ムンダ基地の防衛である。現状かくなる上は、全滅を覚悟でニュージョージア島の一角を死守し、敵のムンダ飛行場使用をあくまで妨害すべきである」と強硬に主張した。

中部ソロモンに対する陸、海軍の重視の違いが、蒸し返される格好になったが、死守のために派遣された海軍の司令官としては、譲れぬ一線だったろう。

しかも、それは山本連合艦隊司令長官の〝遺言〟とも言えた。長官はこの年四月十八日、前線将兵激励のため飛んだブーゲンビル島ブイン飛行場到着寸前、搭乗機が撃墜され戦死したが、その三日前の十五日、ラバウルで開いた会議で、八連特司令官代理として出席した今井首席参謀に「現在の防衛地域を絶対に確保せよ」と命じていたからである。

加えて大田少将の断固たる姿勢には、海軍部隊を置き去りにして金剛山を撤退し、今また撤退を口にする南東支隊への憤りも込められていたと思われる。

折から第八方面軍はこの日、南東支隊の損耗を補充するため、見上喜三郎大尉指揮の集成大隊約千二百人（八個中隊）を駆逐艦「萩風」「嵐」「江風」「時雨」に乗せ、ブイン港を出航させていた。

大田司令官の強硬な態度に、佐々木支隊長は「見上大隊の到着を待って反撃態勢を考えよう」と譲歩した。だが、「時雨」を除く三駆逐艦はコロンバンガラ島西方海域で敵艦隊の襲撃を受けて撃沈され、九百人が海没、反撃態勢は組めなくなってしまう。

見上大隊を乗せた四隻の駆逐艦のうち、「江風」は八月七日午前一時四十一分、米駆逐艦の魚雷を艦橋下の弾薬庫に受けて轟沈、「萩風」「嵐」も同二時十分ごろまでに爆沈した。この時、海没した大隊主力・約九百人のうち、九十六人だけがベラベラ島西岸に泳ぎ着いている。

話はちょっと飛ぶが、このベラベラ島では昭和五十一年から五十六年にかけ、島民による旧日本兵らしい年老いた人物の目撃情報が十数件もあり、厚生省は五十六年まで、旧軍関係者の民間団体「全国ソロモン会」は同五十九年まで再三、捜索を行なったが、思わしい結果は得られなかった。あの情報は何だったのか、をもう一度考えるのは無駄なことではなかろう。

同島には昭和十八年八月初め、日本軍の先遣隊約二百八十人が配備されていたが、同月十五日に米軍が上陸、これに対して陸軍第八方面軍はブーゲンビルに残しておいた見上大隊の二個中隊四百四十人を同島に急派した。

見上大隊の海没組に生存者が居たことは、この時初めて分かったのだが、その時点で同島に居た日本軍人、軍属は計約八百十六人。先遣隊の鶴屋好夫大尉（少尉候補者16期＝陸士48期相当）の指揮下に入った。

同島の戦闘は、公刊戦史も「軽戦を交えた」と書く程度で、日本軍はジャングルに逃げ込んだ。制空、制海権ともに奪われて補給は思うにまかせず、第八方面軍、第八艦隊ともに一度は鶴屋部隊の玉砕を覚悟した。

しかし、思い直して、この年十月六日午後三時、夜襲、輸送、収容三部隊からなる救助部隊をブーゲンビル島から急派する。夜襲部隊が敵駆逐艦隊と交戦している間に、輸送、収容部隊が大発、小発を使って残留兵を駆潜艇に乗り込ませるという慌ただしい救出作戦で、公刊戦史は午後十一時五十分から翌七日の午前一時までの一時間十分間に「五百八十九名全員を収容、午前八時ブイン帰着」としているのだが……。

八百十六人との差、二百二十七人は戦傷病死なのか。当時、救出された人、救出に当たった将兵の双方に見逃し難い証言がある。

「救助艇に乗り遅れた兵の、待ってくれーッという泣き叫ぶような声が今も耳を離れない」

「島の海岸に取り残された六、七人が、もう一度来てくれ、とでも言うように、去っていく救助艦に両手を合わせ、しきりに拝んでいた」

しかし、五十六年の捜索では、残留兵は一人も姿を現わさなかった。あれから、さらに十三年。当時、現役最年少兵でも、七十歳前後である。今なお生きている人はいるのか、それとも故国を恋い焦がれながら死に絶えたのか。胸締めつけられる戦争の悲劇である。

第十五章　コロンバンガラで

1

昭和十八年八月七日、ムンダの呉六特農園西一キロにあった南東支隊と八連特の司令部に話を戻す。

増援の見上大隊主力が海没、の知らせを受けた佐々木支隊長は、四時間後の午前六時、当初の予定通りコロンバンガラ島への撤退命令を出した。ムンダに固執する八連特に有無を言わせぬ素早い対応だった。

八連特の上級司令部であるブインの第八艦隊もムンダ撤退には猛反対で、再三、電報で佐々木少将の翻意を促したが、その間に米軍が農園付近を包囲し始め、これが契機になって同二十三日、ムンダ撤退が決まった。

コロンバンガラ島はニュージョージア島の北西約三十キロにあり、島の中央に標高一六〇〇メートルの死火山が聳えている、ほぼ円形の円錐形火山島。周囲至る所が上陸適地である上、ニュージョージア島との間にアルンデル島が、まるで飛び石のように挟まっており、守りにくい島だった。

ここに八連特指揮下の横七特の主力千九百四十五人が展開していたことは既に書いたが、守備範囲は南部を主力に円周の東半分で、本部は島を時計の文字盤に見立てると〝四時二十分〟辺りの内陸部にあった。

南東支隊と八連特の司令部は一旦、横七特本部に入り、ムンダで傷つき、疲れ果てた呉六特は北上する敵の攻勢進路からやや遠い西半分の防備についた。

コロンバンガラでの大田少将の様子を知っているのは一級建築士で、旧陸軍大尉の安藤邦男さん（八七）（神戸市東灘区本山北町四の四の六）である。野戦高射砲部隊から海軍の横七特本部へ情報将校（当時、中尉）として派遣されており、ムンダから撤退して来た大田、佐々木両少将を迎えている。

安藤さんはとても八十代後半とは思えない、旧将校らしい背筋のしゃんと伸びた、品の良い老紳士だった。生粋の大阪人で、都島工業学校（都島工高の前身）建築科出身。昭和三年、現役で野戦重砲兵第七連隊（静岡県三島）に入隊、第一回幹部候補生として同六年、少尉に任官した。

予備役となり、大阪で設計事務所を手広く経営していた昭和十六年七月、三十六歳で召集を受け、旧朝鮮・平壌の高射砲七十四部隊に配属された。夫人と四人の男児に後ろ髪引かれての出征だった。

安藤さんは旧朝鮮・平壌の高射砲七十四部隊で一年半を過ごすうち、中尉に昇進、翌十七年暮れ、コロンバンガラ島に展開していた野戦高射砲五十八大隊の中隊長要員として、部下百八十六人を率いて転属した。道中は奇蹟的に敵襲を免れたが、現地は連日、敵艦上爆撃機による銃爆撃にさらされていた。

ところが、着いた途端、野重七時代の後輩だが、現役のため大隊長に昇進していた山中少佐の依頼で、海軍の横七特本部に派遣される。職業柄、情報、文書、事務処理にたけているのを見込まれての再転属で、同行したのは大阪市大正区出身の当番兵・豆畑上等兵一人だった。

横七特本部は、島の南端にある東桟橋の東北方に広がるジャングルの高台にあった。第十七、十九設営隊を率いていたため、傾斜地に、しっかりした木造の建物を建てていた。

安藤さんの記憶によると、武田中佐が居た司令室は二間×四間で八坪（二十六・四平方メートル）くらい。執務室と寝室が半々くらいで、ベランダもあり、背後はジャングルの崖（がけ）が迫っていた。

その南西側、階段を数段下がった所に、副官の藤井大尉など将校が入っている五間×十間、五十坪（百六十五平方メートル）くらいの長方形の建物があり、安藤中尉も仲間入りした。

そこには執務室、将校室、寝室のほか、隅にクラブのような一室もあり、空襲のないひとときには雑談をしたり、時には酒盛りが開かれた。安藤さんは「海軍は輸送手段を持っているので物資も豊富でしたから、素晴らしい待遇を受けました」と言う。

情報将校の仕事は、野戦高射砲五十八大隊経由の陸軍の情報を伝え、逆に横七特に入る海軍情報を打ち返して、作戦の円滑化を図ることである。そんな任務に追われ、安藤さんは日を記憶していないのだが、ニュージョージア島のムンダ地区とコロンバンガラ島に半々程度だった空襲が、次第にコ島に集中し始めた昭和十八年八月下旬のある深夜、本部周辺がにわかに慌ただしくなった。

佐々木南東支隊長と大田八連特司令官以下、両部隊の幕僚がムンダから撤退し、横七特に身を寄せた日だった。

安藤さんの第一印象。「佐々木少将には、近づき難いような怖さを感じました。大田少将は温厚そうでしたが、えらいお爺さんやなあと思った程、老け込んだ顔をしておられましたよ」

多くの部下を犠牲にした上、撤退を余儀なくされた無念、長い戦場生活の疲れが、両少将の性格を映して、それぞれの表情となって現われていたのであろう。

安藤さんは、それから数日後、ひょんなことから大田少将と話すことになる。

安藤さんは毎朝、司令室横の十二、三平方メートルの広場で、軍刀の素振りをするのを日課にしていた。情報連絡のため一日、無線機や電話にかじり付くので、運動不足を補う体操代わりの意味もあった。

刀は昭和十六年七月の応召時、大阪市南区八幡筋の刀剣店で四百円也の備前長船宗光を買った。米十キロの小売公定価格が三円三十二銭の時代だから、大枚と言える値段だったが、コロンバンガラで持っていたのは、それより素晴らしい肥前忠吉の名刀だった。

まだ旧朝鮮・平壌の高射砲七十四部隊に居た時、自宅に招いてくれた建築家の知人が「私が持っているより、お国のために働いているあんたに持ってもらった方が」と宗光と交換してくれた業物だった。

ビュンビュン振っている背後に、人の気配を感じた。振り返ると、そこに大田少将が立っていた。撤退の夜の、老いた感じとはまるで違う、ニコニコ顔だった。両少将は武田中佐が入っていた司令室を使っており、大田少将はベランダ越しに安藤中尉が愛刀を振る姿を目敏く見つけて、出て来たようだった。

「詳しいやりとりは覚えていませんが、私の素振りより、刀に関心がおありになったようです。司令官が海軍切っての剣豪やなんて、知らんもんやから臆面もなく出来た素振りですがな」

安藤さんは今更ながら照れるのだが、「そうそ」と付け加えた。

「前日、激しい砲爆撃があったんですが、私の退避ぶりを見ておられたようで、とにかく地べたに伏せろとか、こういう時はこう、と事細かに注意された。細かいところに、よう気の付く優しい人でしたなあ」

気が付くと言えば、こんなこともあった。

情報将校にとって携帯電話は命綱だが、ジャングルの中では誠に聞き取りにくい。執務室で安藤中尉と机を並べていた甲板士官の海軍中尉は、電話の度に「えーっ？　なにーいっ？　えーっ？」と、がなり立てる。だが、その割には通話内容が正確でない。

「携帯電話はね、喧しい言うたら、かえって反響してしもて聞こえませんのや。それで、私は、わざと声を小そうした。すると、向こうが不安になって、言葉を区切って、はっきり言いよる。

お蔭で私が電話を取った方が、事が通じる。そんなのを、大田司令官はじーっと見てはるんですなあ。えらい褒めてくれてね。こっちは面目をほどこしたが、甲板士官はワヤですがな」

司令部の仮住まいは十日程で、南東支隊と八連特は横七特本部より更に島中央の山中、例によって時計の文字盤で言うなら、〝六時三十分〟線の中央辺りに、新しい合同司令部を作り、引っ越した。

その時、安藤中尉は大田少将のたっての希望で、司令部の情報主任として同行を命じられた。

2

新司令部はジャングルの奥地の綺麗な小川のほとりに、やはり海軍設営隊によって建てられていた。補給が十分でなかったので、コロンバンガラ島進出直後に建てられた横七特本部ほど木材は使われていなかったが、雑木や椰子の葉を巧みに利用した屋根と腰板だけの素通しの建物が、北西から南東方向に三棟並んでいた。

最も上流寄りの十畳敷（十六・五平方メートル）くらいの四角い建物が司令官室で、佐々木、大田両少将がベッドと机を並べていた。その下手に二間×七間（四十六・二平方メートル）くらいの南東支隊と八連特の幕僚室が続いていた。八連特の部屋には、現地で物資を調達する軍属や通訳まで控えていた。

安藤中尉が入った南東支隊幕僚室には参謀の神谷義治中佐、高級副官の辰巳浅七少佐（少尉候補者7期＝陸士39期相当）、下士官三人が居り、ミカン箱を机代わりに、仕事をしていた。辰巳少佐は兵庫県立旧制伊丹中学の配属将校を務めたことがあり、何かと話が合うので安藤さんに良くしてくれた。

「あれ、どういうルートで手に入ったのか、辰巳少佐がアメリカ製の刻みタバコを何日かに一回、箱ごとくれますんや。両少将から貰ったのを、自分は吸わんもんやから、こっちへ回してくれたらしい。

当時、私はヘビースモーカーやったから、助かりましたなあ。私の直属上司である高射砲部隊の山中大隊長は司令部へ報告に来る度に、『ないか』『ないか』とせびるので、分けてやると、大喜びでした」

海軍との情報交換のため横七特へ派遣した安藤中尉が、南東支隊と八連特の合同司令部勤務に持っていかれると分かると、山中大隊長は「戦力をそがれる」と猛反対した。止むなく南東支隊長が命令を出し、やっと決まった人事だったが、山中少佐はそんなことは忘れたような顔をしていた。

「両少将とも私を見込んで連れて来たせいか、良く話しかけて来られ、色々相談にもあずかりましたが、そのうち砲爆撃が激しくなり、ゆっくりお話をしている余裕もなくなりました」

日本軍がニュージョージア島撤退後、米軍は裏ムンダ周辺に重砲陣地、アルンデル島に迫撃砲陣地の建設を急いでいたが、これが完成したらしい。八月三十一日朝、コ島南端の東桟橋に第一弾が飛来したのを手始めに、砲撃は毎日、昼休みを除いて、午前七時から午後四時すぎまで間断なく続き、常緑のジャングルは一面の焼け野原と化した。

これに対して、日本軍の十二センチ、八センチ平射砲も反撃したが、一発撃つと百発お返しが来る物量戦に、たじろがざるを得なかった。

空襲も一段と執拗さを増し、ついに一トン爆弾が使われるに及んで、被害は甚大となった。

砲爆撃が激しくなると共に、昭和十八年九月上旬から食料不足が目立ち始めた。「南東支隊陣中日誌」によれば、南東支隊と八連特の中枢がコロンバンガラ島に入った八月二十三日から九月八日までのブーゲンビル島ブインからの物資の補給状況は、発送量二百二十トンに対して、到着分は僅かに十四トンに過ぎない。

塩、粉醤油、粉味噌がなくなった部隊が多く、破れた被服に、裸足で歩く兵士が目につくようになった。保有食糧は九月二十五、六日まで持たせるのが精一杯と見積もられた。

このまま一日延ばしに、じっとしていることは、野垂れ死にを意味する。佐々木支隊長と大田司令官は、反撃の機会を捉えるのに苦慮した挙げ句、八日、一つの結論を出した。

それは、米軍がニュージョージア、アルンデル、ベララベラ各島に分散している今こそ、乗ずべき好機と見て、麾下陸軍部隊のうち最精鋭の歩兵十三連隊の主力をアルンデル島に逆上陸させる作戦だった。

発令に先立ち合同司令部は、同連隊長の友成敏大佐（陸士26期）に同意を求めた。命令に同意など本来、必要ではないのだが、それを敢えてしたのは、同連隊がムンダ戦で〝国軍最強〟の名に恥じない勇猛果敢な戦闘を戦った直後だったからである。

十三連隊は当初、コ島に展開していたが、ムンダに敵前上陸した米軍を追い落とすため、急遽、二百二十九連隊の支援を命じられ、七月八日出動した。裏ムンダから大密林地帯を突っ切って、米四十三師団司令部の直前三十メートルまで肉薄、米軍を震え上がらせた。

その、すさまじいばかりの戦いぶりは、連隊本部伝令班長・加賀伝之助伍長が回想記に残しており、日米双方の公刊戦史に一部が採用されている程である。

《——谷間に入った時である。音もなく滑空して来た観測機に発見された。（中略）間もなく重砲弾が付近に落下した。至近弾だ。続けて集中射が始まる。

その中の一弾が、散開している連隊本部の真ん中に落下した。赤沢軍医中尉が右脚を飛ばされる。連隊旗手も吹き飛ばされて戦死。連隊長をかばうように、そのうしろに立っていた連隊副官・木原大尉は胸を貫通されて、片手でふき出る血潮を押さえている。

友成大佐は、旗手が吹き飛んで、軍旗が大地に投げ出されたのを見ると、「軍旗を地面に倒す奴があるか。誰か軍旗を奉持するんだ」と大喝した。

釜崎曹長が、砲煙の中から躍り出た。軍旗をしっかと立て抱えて叫んだ。「軍旗は、釜崎が持ちました。田島、吉田曹長！　連隊長を誘導して、早くここから出るんだ」。田島、吉田曹長は「ウオッ」と吼えるように答えて谷間から一気に密林の崖を駆け上がった。——》

合同司令部は、歩兵十三連隊長・友成大佐からアルンデル島進出の同意を得るのと併せ、出撃を命ずる使者として、南東支隊参謀の神谷中佐と情報主任の安藤中尉を派遣した。安藤さんの回想。

「十三連隊の本部は、横七特の本部に近い島の南東部にありました。九月八日の夜八時ごろでしたか、両司令官から託されたお土産の日本酒を一本下げて、東桟橋から大発で出掛けました。三十分くらい乗ってから上陸し、ジャングルを一キロ半くらい歩いたと思います。

友成連隊長は、小さな小屋のような本部におられた。マラリアのせいか顔が黄色うむくんで、髪の毛がボソボソとのび、元気のない顔をしておられた。話し合いは神谷さんがされたので、細かいことは分かりませんが、どうせ駄目なんだがなあ、と言いつつ同意されたということでした。気の毒でしたなあ」

この同意を得て、合同司令部が十日、第八方面軍、第八艦隊に打った電報も「成ルヘク速ヤカニ最後ノ決戦ヲ敢行致シ度（たく）、絶望トハ知リツツモ念ノ為」となっている。最初から成功のおぼつかない作戦だった。連隊主力が東桟橋から大発に分乗し、幅千八百メートルのブランケット海峡を渡ってアルンデル島に向かったのは、十五日午後五時である。その時、安藤さんも桟橋へ見送りに出掛けた。

「出発してしばらくすると、無事上陸を知らせる合図の花火が上がったので、報告するため司令部へ帰りました。ところが帰り着くなり『友成連隊長、戦死』の電信が入りましてね。そんな馬鹿な、と余りの呆気なさに呆然としたものです」

連隊長の最期は、加賀伍長の回想記にこうある。

《――岸にたどりつくと、友成連隊長は渚（なぎさ）から五十メートル程入った密林中の倒木に腰を下ろしていた。その前に第一機関銃中隊長の江川（庸二）中尉（陸士55期）が立って、上陸の状況を報告していた。その横に矢野准尉が立っていた。連隊長の反対側に本部付の藤（勝利）中尉（同）

が立っていた。私はその側に腰を下ろした。
　敵砲弾は間断なく落下してはいたが、其処からは少し離れていた。その中の一発が、友成連隊長の直前に落下した。友成大佐は声もなく崩れ落ちた。藤中尉は腹部をやられて、「アメリカ奴が、アメリカ奴が」と言いつつ息を引き取った。矢野准尉は右手のつけ根をやられて転げている。私も左手を貫通された。
　付近にいた守屋副官や下士官が馳せ寄って、連隊長を抱き起こした。「隊長どのーッ」と叫ぶのが判ったのか「守屋、守屋、軍旗をたのむ」。これが連隊長・友成大佐の最期であった。》
　ムンダ戦の時といい、死の直前といい、軍旗に文字通り命を賭けた熊本健児の死だった。

3

　最後の望みをかけた十三連隊のアルンデル島攻撃は米軍の戦車に対抗すべき砲がなく、機関銃、小銃、手榴弾の肉薄攻撃では、結果は見えていた。友成大佐亡き後、連隊長代理を務めた第三大隊長・鷹林宇一少佐も戦死、連隊は海岸線二キロを死守するのがやっとだった。

　このような戦況の中で、大田司令官はムンダ撤退の時に主張した通り、再度、ムンダ奪回の玉砕戦を考えていた――と、八連特副官兼通信参謀だった岡野勇三さんは『八連特戦記』で証言している。

《――九月に入って、糧食、弾薬を徹底的に調査し、その結果に基づいて、戦力の残存する今のうちに、全力をもってムンダ飛行場を急襲し、敵の糧食、弾薬で戦うか、または全員玉砕することに決し、その旨を第八艦隊司令長官に報告された時のことは、終生忘れることが出来ない。

その後、九月十五日、第八艦隊の木坂先任参謀が、作戦の打ち合わせのために来島されることになったが、これを聞かれた大田司令官は「どうせ玉砕前の訓示ぐらいのものだろうよ」と笑いながらも、私を海岸まで迎えに差し向けられた。(中略)》

しかし、木坂参謀が持って来た命令は、予想に反して、「セ号作戦」と名付けられたコロンバンガラ島からの撤退作戦だった。

《──これを聞かれた大田司令官が「沈めてくれといって出掛けて行くようなものだが、陸海軍の傷病兵と陸軍部隊は、何としても成功裏に送り出したい。当司令部は、全員を送り出すことが出来たら、最後の大発に乗り込むことにします。若し少しでも残ったら、島に残って玉砕するだけです」と言い切られたのが印象的であった。──》

セ号作戦は先ず九月二十一日、アルンデル島の歩兵十三連隊をコ島に撤退させた後、九月二十八日と十月二日両夜に分けて、同島の北、東、西海岸の三ヵ所から行なわれた。

自分たち海軍は後回しにして、陸軍と傷病兵を優先にした大田司令官の撤退方針については、岡野さんのみならず旧砲術参謀の平塚さんも、はっきり脳裏に刻んでいる。昨日のことのように暗唱して下さった内容は、次のようなものである。

一、陸軍部隊は絶対に、完全に撤退させる。

二、海軍部隊の優先順序は、傷病患者、設営隊など軍属部隊、その他の順とする。

三、司令部の撤退は第二次とし、全員の乗艇完了を見届け、乗艇の余裕があれば乗る。もし大発に余裕がない場合には、残留して敵情報告に任ずる。

早速、この方針に基づき撤退計画が練られたが、大田少将の優しい思いやりと、確固たる信念が滲む作戦だった。

合同司令部情報主任の安藤中尉は、撤退となって、出身部隊の野戦高射砲五十八大隊に帰った。敵グラマン艦爆百二十機の、かさにかかっての爆撃が連日、続いていた。

大隊は島の南東部、横七特本部近くのジャングルの一角に、防空壕を掘って潜んでいたが、当初、四百三十人くらい居た隊員は六、七十人に減っていた。

「陸軍優先」の大田司令官の方針通り、撤退は九月二十八日の第一次輸送で、乗船地は島最北端の北天岬と決まった。安藤中尉は大隊長代理の指揮班長として、もはや大隊とは呼べない規模の部隊を指揮する。

「昼前に露営地を出発しまして、ジャングルの中のあるかないかの道を夕方まで、七時間くらいかかって歩きました。一時間に三、四キロしか進めませんから、二十四、五キロはあったんやないでしょうか。

私、平壌を出る時、新しい軍服と長靴をおろしていたんですが、そんな格好じゃあ、歩けません。それを捨て、兵隊の綿のシャツと地下足袋姿になった。歩くのが楽になった時、人生はこれや、と悟りましたなあ。欲を捨てることや、と。そやから、邪魔になる物は、手帳の皮の表紙さえ千切って捨てました」

そこまで話して、安藤さんは一瞬、口ごもったが、思い切ったように続けた。

「今やから言えることですが、私、北天岬へ行く道中で、部下に小銃も機関銃も捨てさせました。兵器は軍人の命ですから、言わば銃殺ものですが、撤退と決まった以上、部下を無事、脱出させるのが指揮班長の務めやと自分に言い聞かせ、決心したのです」

午後九時ごろ、北天岬の沖合三、四百メートルで、真っ暗な海上に青い信号弾が上がった。駆逐艦「皐月」など四隻の「迎えに来たぞッ」の合図。海岸で待ちかねていた大発が、一斉に押し寄せ、群がる。

大発の船べりと駆逐艦の甲板の落差は、大人の背丈ぐらいある。しかも甲板は丸く、滑りやすく、ロープや梯子を下ろしている暇はないから、後の者が先に乗る者を押し上げ、先に乗った者が後から来る者を引っ張り上げないと乗れない。各艦で乗り損ねた何人かが海へ落ちたが、それっきりである。真っ暗闇で、どこに居るのかも分からないから、助けようがない。

「私は大隊長を最初に押し上げ、皆が乗り移るのを見届けてやろうと、後ろに回ってヤイヤイ言いながら指図をしていたら、一番最後になった。慌てて駆逐艦に乗り移ろうとした時、大発が逃げる、つまり波間に漂う形で艦から離れました。必死で甲板にある爆雷投擲用のレールにぶら下がったが、力仕事をしたことがないから、腕に力がない。ああ、もうあかん、海に落ちる、と思うた時、妻や四人の子供の顔が走馬灯のように頭に浮かびました」

駆逐艦の甲板に付いている爆雷投擲用のレールをつかんだ安藤さんの手は、既にしびれ、感覚がなかった。ああ、もうこれまでか、と真っ暗な海に落ちるのを覚悟した時である。

誰かが駆逐艦の甲板から半身を乗り出し、たのもしい程のすごい力で手首をつかみ、上へ引っ張り上げてくれた。命の恩人は、平壌から連れて来た同じ大隊の伍長だった。安藤さんは、その人の名前がどうしても思い出せない、と済まながるのだが、応召前は朝鮮半島でも満州に近い清津で、魚の仲買人をしていたと聞いたことがある。

「平壌でコロンバンガラ行きの中隊を編制していた時に、志願して来ました。お前みたいなヤンチャ坊主は困る、と言うて編制に入れなかったら、指を切って血書を書いて来ましたので、そんなに言うのんやったら、と連れて来た男でした。よう、入れといたもんです。

私は着くなりすぐ、横七特から司令部へと行ってしもたんで、この伍長とはまったく顔を合わせていなかったのに、甲板のどこから飛んで来てくれたのか。細い子やったけど、力はありましたねえ」

駆逐艦の甲板は狭く、大隊員はハッチから二・五メートル程下の兵員室に入った。七メートル四方くらいの部屋で、六、七十人が入ると、すし詰めの超満員だった。

「全員汗まみれで、今言っても信じてもらえないような話ですが、たまった汗が床で波打っていました。そこへ座り込んだのですが、座りきれない。それで私は、当番兵の豆畑上等兵を膝の間に挟んだ。彼は胸のポケットから、お母さんの写真を取り出したので、肩越しに見ていました。

その時、艦がギ、ギーイッと動き始めた。その途端、膝の中の豆畑上等兵がガクッとうなだれ、私のズボンの膝が真っ赤に染まった。

見ると、彼ののど二ヵ所に穴が開いて、血が吹き出していました。外でバンバン撃ち合っている弾か破片が、何と頭上の直径七十センチぐらいの小さなハッチから飛び込んで、不運にも彼を直撃したんです。

　お母さんの写真を見たのは、お別れやったんでしょうなあ。仕方がないから小指を切り取り、水葬にしましたが、少し位置が違うたら私が死ぬところでした。とにかく私は、この駆逐艦での二回の出来事をはじめ、自分でも不思議な程、運がええというのか、生命運が強いんです」

　と言って、安藤さんは指折り数えた。出だしから言えば、平壌からコロンバンガラへ派遣される時、同時にニューギニアへ派遣された約百人の戦友は、一人も彼地（かのち）から帰らなかった。

4

　安藤さんは明治三十九年生まれの、八十七歳。四代を生き抜いて来た人から、半世紀前の戦場体験を聞かせて頂けるというのは、誠に有り難い。それは、ご本人がおっしゃるように、針の穴を潜（くぐ）り抜けるような数奇（さつき）な生命運があってのことだ。

　既に紹介した二つの場面を含めて、安藤さんが指折り数えた運命の別れ道は、十二の多きを数える。それも間一髪の局面が多く、すべてを吉の方へとたどって来られた運の強さには舌を巻く。

　そんな話をこの機会にもう二つ、三つ紹介しておきたい。

「いよいよ撤退となって、大隊本部の防空壕の入口で中隊に撤退命令の電話をしていた時です。東の空が真っ黒になって、百二十機ほどのグラマン艦爆が襲って来ました。双眼鏡で見ていたら、うち二機ほどが編隊からはずれよった。これはおかしいッ、と思って、そばの防空壕へ飛び込みましたが、入るなりガーンという衝撃が来まして、鉄カブト、眼鏡が吹っ飛んだ。

五百キロの瞬発爆弾が二十メートル先に落ちまして、幕舎も何も吹っ飛んでいました。私、幕舎の寝台の枕元に、私物を入れた将校行李とボストンバッグを置いていたんですが、それが十数メートル飛ばされ、チャックが開いて、中の物が全部飛び出していた。

飛んでいたシャツを拾い集めたんですが、ポケットに入れていた海軍の乾パンが粉になっているのを見た時は、爆風の威力にゾーッとしました。もう一瞬、壕に入るのが遅れたら、内臓破裂でしたよ」

撤退の駆逐艦では、もう一回ヒヤリとする。撤退の夜が明けて、将校室へ行こうと甲板に上がったら、舷側に大きな穴を開けて、爆弾が飛び込んだ。しかし、幸いにも不発弾だったので、事無きを得る。

野戦高射砲五十八大隊はブーゲンビル島ブイン経由ラバウルに転進するが、ここでもまた命を拾う。

「マラリアに罹って、患者療養所に入っている時です。当番兵が現地で採取した自然薯などの材料を使って、私と岡山師団の軍医少佐、通信隊長の若い大尉の三人に夕食を振る舞ってくれました。

当時では豪勢な五品ほどの料理が出まして、三人が旨い、旨いと舌鼓を打って食べました。ところが、私は途中で、ふっと気分が悪くなりましてね。表へ出まして、口に指を突っ込んで食べた物を全部吐いてしまいました。私の体調が悪かったと思っていたんですが、実は、この自然薯が猛毒の〝電気イモ〟と呼ばれていたやつやったんですよ。他の二人の将校は、その夜からゴロゴロ苦しそうにしていましたが、翌日の夕方、二人とも死んでしまいました。軍医が亡くなって、私が助かったんですから強運としか言いようがありません」

安藤さんに数奇な体験を聞くうち、話が少し先走ったが、大田少将のコ島撤退を追わねばならない。

八連特司令部の乗船は大田司令官の方針通り、第二次輸送の十月二日夜だった。佐々木支隊長は初め「南東支隊司令部は陸軍部隊と共に九月二十八日の第一次輸送で、北天岬から駆逐艦で撤退する」と強硬に主張したが、神谷首席参謀が「陸軍の司令部だけ先に撤退するのはまずい」と進言、渋々、八連特司令部と行動を共にした。

一行は東海岸のジャック湾で大発に乗り、視界が利かなくなる薄暮を待って午後六時ごろ出発、クラ湾を島の東岸沿いに北上した。その時の模様は、八連特首席参謀の今井さんが書いている。

《――当夜は、薄いもやがかかったり、霧雨が降ったり止んだりしていた。また海面は、風のために、白い波頭が飛白(かすり)模様を織りなし、敵の視認を妨げ、監視の目を逃れるには、好都合な天象、海象であった。

司令官と私は、安全針を抜いた手りゅう弾を首につっていた。途中で敵の駆逐艦や巡洋艦に砲撃されたり、突き当てられたりした場合、即死すれば問題はないが、海上に放り出されて浮遊しているところを敵に捕らえられるようなことがあれば、不覚をとることになるので、そのような場合には、手りゅう弾を自分の頭にぶっつけて自決するためのものであった。――》

司令部の乗った大発はコ島の真北にあるチョイセル島中部西海岸のスンビに着いた。ここで水雷艇に乗り換え、ブーゲンビル島ブインへ帰る。

　大田少将の撤退が遅かったことについて、海兵が同期で、当時、第二十六航空戦隊司令官だった故・酒巻宗孝少将（のち中将）の談話がある。沖縄戦の終結が大本営から発表された昭和二十年六月二十六日付の読売報知新聞で、愛すべき級友を偲んだ話の一節に、それが出てくる。

《――自分がブーゲンビルのブインにゐるとき、ムンダ、コロンバンガラ方面の戦線整理が行はれ、彼の部隊も続々引揚げて来たが、待てど暮らせど彼の元気な姿は現はれない。

　自分はたまりかねて、引揚げて来た彼の部下の一人をつかまへて尋ねると「俺は一番最後の船に乗る」と未だ頑張つてゐるといふ話だ。闘志満々たる彼の真面目躍如たるものがあつた。ブインでは久し振りに彼と風呂に入り、語りつきない彼の奮戦談に耳を傾けた。――》

　八連特司令部に軍属や通訳が配属されていたことは既に書いたが、ラバウル民政部所属の通訳官として、八連特司令部付になった故・桂田利男氏（元・日本ライフル射撃協会理事）も、民間人の目から見た大田少将像を書いている。

《――日常の雑談も、軍人としての話題よりも、社会人としての趣味の話、社会情勢の話題に終始した。それだけに、私の受けた大田実の印象は強く、戦後三十年以上を経過した今も、つい最近別れた、尊敬すべき先輩を思い出すように、鮮明に思いだされる。》

　昭和十八年十月三日、大田司令官が帰り着いたブインは、空襲もなく、珍しく平穏だった。米軍は中部ソロモンを制圧し、同方面を攻撃する日本海軍機がブイン飛行場に待機しなくなると、ちゃっかり自分たちも休息を取ったからである。

もっとも、猛空襲は十八日から再び始まり、それを露払いにして十一月一日、米軍は中部西海岸・タロキナに敵前上陸して来るのだが……。

久々に手足を伸ばした八連特の隊員にとって、最大の関心事は次の展開地だった。最初の情報では、サイパンへ後退させ戦力を回復させる、ということで、内地が近くなると隊員たちを喜ばせたが、南東方面艦隊と第八艦隊両司令部の意向で南東方面に残される。

結局、当時、防備が手薄だったニューアイルランド島方面防備部隊として、司令部は島西端のカビエン、横七特は中部東海岸のナマタナイ、呉六特はムンダで消耗しているので敵から遠い所で戦力を回復させよう、とカビエンの西約四百二十キロ、アドミラルティ諸島マヌス島のロレンゴーに配置された。しかし、呉六特が休息するはずだったマヌス島も、翌十九年五月、玉砕の島となる。

第八艦隊司令部はブーゲンビル島へ米軍が上陸すると、この年十二月一日、ビスマルク諸島強化のため、カビエンの八連特を中心に第十四根拠地隊を現地で編制、大田少将を司令官に任じた。

だが、その職は二ヵ月余、翌十九年二月十日付で軍令部出仕となり、内地に引き揚げるが、その道中、トラック島でまた、先に紹介した同期の酒巻中将と会っている。同じく昭和二十年六月二十六日付読売報知新聞から。

《――去年の二月、トラック島で本国に帰る彼に会つた。もうこの頃は敵の爆撃が頻繁で、その日も敵の盲爆のため彼の荷物が焼かれ、冬の日本に帰るといふのに夏服一つしか残らなかつた。「俺の服を着て帰れ」といふと「馬鹿言ふな。中将の服は着れんじやないか」といつてゐたが、昇進して間もない自分であつたから、彼に少将の襟章のある冬服を貸してやつた。その後、自分も帰り、ある日海軍省に出てみると、中将の襟章をチヤンとつけた冬服が返してあつた。》

この爆撃で少将は、どちらか一方の耳を痛め、難聴に陥っていた。だから、この年三月二十日付で、佐世保海軍警備隊司令官兼佐世保海兵団長に任じられた時、母・かつさんが言った言葉を、愛子さんは覚えている。

「お父様ね、海軍病院で耳の治療をしながら少し休養なさるために、佐世保勤務になられたのよ」

「それで私、良かったなあと思ったんですけど、治り切らない間に、またお呼びが掛かるんですよね……」と、愛子さんは無念の表情を浮かべた。

第十六章　海軍歩兵少将

1

昭和十九年三月、大田少将が長を兼任した佐世保海軍警備隊と海兵団の関係について少し触れておく。

鎮守府と海兵団の歴史は明治中期まで遡るが、警備隊は昭和十六年十二月、四つの鎮守府に併設された。太平洋戦争の開戦で、軍港警備と周辺地域防備が重要になったからで、海兵団は下士官、新兵の教育と艦船部隊員の補充を、警備隊は軍港の防備担当と、任務を分けた。ただし、そんな余剰人員がある訳はなく、隊員は海兵団員の兼務。長もまた兼任だった。

この海兵団で、長女・みどりさんの婚約者である中嶋忠博大尉が少将の部下になることは既に書いたが、団長と分隊長＝将来は岳父と娘婿という、ちょっと照れくさくも微笑ましい話を紹介する前に、駆逐艦「秋月」で大火傷を負った中嶋さんの、その後を書いておかねばならない。

前年一月十八日に瀕死の重傷を負い、同二月十一日に佐世保海軍病院に帰った中嶋さんは早、四月末には重巡洋艦「最上」に乗り組んだ。

「戦況がだんだん悪くなって同僚がどんどん死ぬるのに、病院なんかに入って生きておれるか、という訳です。軍医長が『駄目だ。お前、そんな無茶をしたら肺結核になるぞッ』と注意するのを振り切って、右手はまだ三角巾で吊って、体中傷だらけなのに、強がって志願したら、発令された。

ところが案の定、乗った途端に四十度前後の熱が出て、どうしても下がらない。おまけに『最上』がラバウルで爆撃を受けて、命からがら佐世保に帰りました。あれ、不思議に、火傷をすると胸を患うんですねえ。軍医長から『以後、艦隊勤務は無理』の烙印を押され、佐世保海軍病院に再入院。その後、実家のある県へ帰りまして、病院通いをしました」

完治とは行かないまでも、何とか任務につけるようになったのは、その年の暮れ。もう好きな艦船には乗らせてもらえず、烙印通り陸上勤務となり、十九年一月、佐世保海兵団の分隊長に補せられた。

体は悪いが、向こう意気は軒昂な中嶋さんは、赴任して間もなく、海兵団副長と大喧嘩する。空襲が多くなり、団でも副長が中心になって防空壕作りを始めていたが、その構造が原因だった。

「見ますとね、地面に土嚢を積んだ様な壕を一杯造っとるんです。それで私、副長に言うてやりました。こんなもの役に立ちますかいな。せめて半分は地下へ入れなくちゃあ駄目ですよ、とね。ところが、副長は耳をかさない。そこで私、部下を使って半地下式の壕を造りました。そしたら副長が、こんなことしよったら時間ばっかり掛かると言う。時間が掛かっても、あんたの造った様なものじゃあ全然役に立たん、とやり返したので、大喧嘩ですよ」

大田少将が赴任して来たのは、そんな最中だった。

佐世保海兵団に赴任した大田少将は、すぐ副長の案内で構内を視察した。特に熱心に見たのは、防空壕だった。ムンダ、コロンバンガラで連合軍の砲爆撃のすさまじさを体験し、自らもトラックで爆風を受け、耳を傷めていた提督としては、当然の関心だったろう。

土嚢を積み上げただけの壕に、首を横に振った少将は、中嶋大尉が造った壕の前で立ち止まった。

「おっ、これはなかなか良い防空壕だ。同じ造るのなら、せめてこの程度のを造れ」

「言っときますが、司令官は私の造った壕とは金輪際、知りませんよ」と笑いながらの中嶋さんの述懐。

「何しろ自他共に〝海軍歩兵少将〟と呼ぶ程の陸戦術の専門家ですから、自分が南方で受けた体験から、今も沖縄に残るあの海軍司令部壕に通じるような、堅固な防空壕の研究を始めていたと思いますよ。これで副長と私の喧嘩は、勝負あった。大いに面目を施したところまでは良かったんですがね……」

がね……と言うことは、続きがあるということだ。それは、佐世保の少将宅で起きる。

本稿の冒頭で詳しく紹介した、あの「白南風の家」である。住んだのは、少将夫妻と四女・昭子さん以下子供七人の計九人。長女・みどりさんら「大きい人」のうち上の三人は、女学校や学徒動員の都合で呉の「川原石の家」に残しての二重生活だった。

しかし、もうこの時代は、お手伝いさんは居らず、白南風の家では、かつ夫人が何もかも一人で切り回さねばならない。そこで、呉高女を卒業し、川原石の家の家事を任されていたみどりさんが、しばしば呉から駆けつけ、忙しい主婦役を交代した。

みどりさんの回想。「母は長年の子育てで少し心臓を傷めていましたし、夏ごろからは末っ子のゆうちゃん（四男・豊さん）がお腹に居ましたから、私が交代に行くのを待ちかねていました。呉へ持ち帰る荷物がちゃんと作ってありまして、私が着いて三十分も経たない内に出発したこともありましたのよ」

許嫁（いいなずけ）がしばしば現われる白南風の家に、婚約者の足が向くのは当然である。海軍士官の豪放磊（らい）落（らく）さを今も持ち続ける中嶋さんが、頭をかきかき話してくれた。

「大田の親父さんは赴任以来、私の顔を見る度に、お前の今、最大の任務は肺病を直すことだ、と言ってました。自分が若い時に結核に罹り、三年間も引き入れをして、昇進が遅れてますから、娘婿にはそんなことが無いように、との親心だったんですなあ。

ところが、当の私は療養しないどころか、毎晩、酒を飲んで歩くわ、大田家へも酒を飲みに行くんでしょ。だから、あの家へ行くと怒るんですよ。おまけに、みどりに『今、陸上勤務で丁度良い機会だから、結婚するかぁ』なぁんて言ったもんだから、どやされましてね……」

それは大田〝海軍歩兵少将〟が佐世保に赴任して、まだ間もない四月のことだった。その日も中嶋大尉は、白南風の家へ飲みに出掛けた。

「丁度、みどりが来ていまして、親父さんと一緒に酒を飲みました。ひとしきり飲んだところで、親父さんが『お前、早く寝た方が良い。泊まって行け』と言うんで、私は寝ました。親父さんも間もなく寝たようでした。ところが、みどりが、父の従兵さんに明日届けてくれ、と物を持って私の寝ている部屋へ来て、ついでにボソボソと雑談をしていたんです。

そしたら、親父さんが、お前たち二人、この夜中に何しとる、って怒り出しましてねえ。今日に限らず、お前は大体怪しからん、と言って、きちんと療養しないことから、結婚を考えていることまで、今まで溜まっていた分、全部叱られた。挙げ句は、貴様、我が家に立ち入り禁止だ、すぐ帰れッ、と追い出され、夜中に海兵団に帰りましたよ」

みどりさんも、こっぴどく叱られた。子供たちに優しくなり、何時もニコニコしていたこの頃には、後にも先にもない厳しい叱責。残り少ない家庭生活の中で、是非言い残しておきたかった〝けじめ教育〟ではなかったか。

「烈火の如き怒りようで、中嶋があの調子なら、向こう十年間は結婚させんッ、と申し渡されました。そして、何日か後にくれたのが、この手紙なんです」

と言って、みどりさんは海軍の罫紙三枚に書かれた少将直筆の手紙を見せてくれた。

怒り心頭に発している心境を映す様に、罫の中に書かれた〇印で始まる三項目の本文の文字は、青鉛筆でなぐり書きされ、字がページを追う毎に大きく乱れている。そして、一ページ目の欄外には赤鉛筆の追記。青色の本文から、原文のまま紹介する。

《〇中嶋の目下の任務は部下の新兵の教育に全力を尽すに在り

但し健康を考慮して気楽に勤務せしめつゝあり　之に感謝して専ら躰力の恢復を図るべき也
然るに反対に最も体力を消耗する結婚生活に進まんとす　これ身を損ひ新家庭を悲惨ならしめ
此上の御奉公をなす能はざるに至ることなり　肺病は固まるに三年を要すといふ　今年一杯位は
全力を挙げて治療に体育に努力すべき也　之に対して極めて不心得也
○至誠なれ　誠なれ
五ケ条（忠節　礼儀　武勇　信義　質素）は軍人の常に守るべき所「此の五ケ条は我軍人の精
神にして一の誠心は又五ケ条の精神なり　心誠ならざれば如何なる嘉言も善行も皆うはべの装飾
にて何の用にかは立つべき」右は勅諭なり　之を裏切りて団長たり父たる我を欺く　不信大なり
○彼は今日に至るも何等一言の謝罪の言葉述べず
以上三項は断じて許すべからざるものあり　三ケ月又は五ケ月　半年至誠を以て実行に示す時
は情況によりて許すべし》

本文は以上だが、まだ書き足りなかったらしく、赤鉛筆の追記が一ページ目の欄外に書き込まれている。

《我は胸の病に結婚五ケ年、後れたり　肺を養ふためには常に遠ざかること必要也
いのちより名こそ惜しけれ武士の道にかふべき道しなければ》

締めくくりは、得意の和歌である。しかし、少将の折角の手紙は、その時、中嶋さんの手元には届かなかった。余りの叱責に動転したみどりさんが、この手紙を持ったまま呉へ帰ってしまったからである。

出入り禁止を申し渡された中嶋大尉は、しばらく白南風の家から遠ざかっていたが、ある日、そろーっとかつ夫人を訪ねた。

「中嶋さん、どうしたのよ。近頃、ちっとも来ないじゃないの」

「いや、かくかく然々で、お父様に叱られたんです。立ち入り禁止なんです、と言いましたらね、かつさんはニコニコしながら、今日、お父様は出張で留守だから、今晩来なさいよ、と言ってくれました。その辺が、あの家の素晴らしいところで、若い士官連中が何かというと押しかけた理由なんですよ」

さて、その夜、中嶋大尉は久々に大田家を訪れ、かつ夫人が例によって、ちまちまと、こ綺麗に手作りしてくれたおいしい料理を肴に、結構な御酒を頂くのだが……。

「この話には、まだ、続きがあるんだなあ」と、自分で噴き出しながら、中嶋さんは述懐する。

「飲んでたらね、出張のはずの親父さんが突然、帰って来たんですよ。何だッ、お前、立ち入り禁止だと言うのに、分からないのかーッ、とまた怒り出しましてね。それで私、またすっ飛んで帰る訳です」

翌日、かつ夫人から中嶋大尉に電話がかかった。とにかく、お父様のところへ行って、悪うございましたと謝れ、と言う。何も悪いことをしていないのに謝る訳にはいかない、と渋る大尉も、夫人の熱心な勧めに負けて、団長室に伺候する。

「団長、申し訳ありませんでした」

「おう、分かったか」

「ハイ、分かりました」

「何が分かったか良く分かりませんが、とにかく悪うございました」

「よろしい。今晩、うちへ飲みにこい」

この禅問答で、お叱りは一ヵ月くらいで解けた。

2

婚約者の肺結核療養で、みどりさんの結婚は当分お預けとなった。果たして、中嶋大尉の病状は大田少将が案じた通りの経過をたどる。海軍工廠の若い兵隊の教育に当たっていた十九年七月、また四十度の発熱で倒れた。左肺に続いて右肺も侵されたからで、直ちに「引き入れ」。呉の実家に帰っての病院通いが、三ヵ月余も続く。

そこで少将は、二女・すが子さんを先に結婚させる。既に書いたように、彼女は同年三月、父と同郷の村上光功大尉と婚約、許嫁が当時、千葉県館山の海軍砲術学校教官を務めていたため、同十一月十五日、館山の安房神社で結婚式を挙げた。すが子さんの回想。

「戦局が押し迫っていましたから、父は忙しくて来れませんでした。出席したのは仲人をしてくれた父の弟・渡辺正勇夫妻、村上の父と伯父、私の母くらいで、ひっそりしたお式でした。村上は軍服、私は母の実家・落合家から借りた訪問着が花嫁衣装でした」

みどりさんの結婚延期といい、すが子さんの挙式といい、少将は何時また出撃命令が来るかも知れない緊迫した情勢の中で、娘たちの幸せを願い、親の務めを果たそうとした様子が、手に取るようではないか。結婚式に出席出来なかった少将は、村上大尉に手紙を書いた。村上さんが思い返す。

「夫婦の心構えとして、正を踏みて恐るる勿れ、と書いてあったのが印象的でした。日蓮の立正安国論の言葉だと思いますが、大田らしいなあと思いました」

もう一つ、少将が座右銘にしていた言葉に、日本海軍の象徴・東郷平八郎元帥の「終局の勝利」がある。

《人間に一番大切なことは、真面目といふことである。若い人達は例へ迂愚と笑はれても、愚直と誹られても、終局の勝利は必ず真面目な者に帰するといふ確信を持つことが肝要である。》

だからという訳ではないが、中嶋大尉はその後、病状をこまめに将来の岳父に報告した。そんな、しかつめらしい候文が今、みどりさんの手元に残っている。少将は読んでから、みどりさんにも病状を知らせるべく渡したらしい。

《謹啓　寒気相催し候処皆様愈ゝ御清穆に渡らせられ候趣　敬賀し奉り候　降つて私儀御垂訓を以て爾後順調に経過仕り候間他事ながら御放念下さるべく候

先頃（昭和十九年）十一月十一日　呉（海軍）病（院）に於て胸部X線写真撮映　例の福岡に参り候て加藤先生の診断受け候処　写真の結果は全く治癒仕り居り候事に大に安堵仕り候（中略）

来春四、五月には潜水艦に乗りても差し支へなしとの事にて　わづか三ケ月余の引き入れ療養にてかくも良く成り候は全く幸運にて候かと感謝之他無之候再び勤務の折には思ふ存分　今迄療養中の分も働く所存にて之あり候　今後とも宜敷御指導賜り度願ひ上げ候　先は右御報知申し上げ度如是御座候　草々》

少将が年頃の上の娘さん二人の結婚問題を気にした背景は、昭和十八年から十九年にかけての泥沼の戦局だったと言えるだろう。

中部ソロモン既に陥ち、東部ニューギニアの戦いも挽回不能がはっきりした十八年九月、ヨーロッパ戦線ではイタリアが降伏、連合軍は太平洋、インド洋の両方面から大攻勢をかけてくる懸念が強まった。そこで大本営はこの月十五日、「今後採るべき戦争指導の大綱」を決めた。

敵の進攻に対し絶対に確保すべき地域を「千島、小笠原、中西部内南洋、西部ニューギニア、スンダ、ビルマを含む圏域」とし、十九年中頃までに急ぎ防備を固めることにした。いわゆる絶対国防圏の設定である。

しかし、この後も、連合軍の攻勢は急だった。十八年十一月下旬、ギルバート諸島のタラワ、マキン守備隊が玉砕した。十九年二月一日には、大本営の予想より遥に早くマーシャル諸島に押し寄せ、中枢基地のクェゼリンを攻略する。

そして同十七、十八日、絶対国防圏の要の一角であり、連合艦隊の拠点である内南洋のトラック環礁が突如、米機動部隊の砲爆撃に曝された。我が沈没艦船は四十余隻、飛行機の損害は二百七十機にのぼる大損害だった。

大本営の中に、この分では遠からずマリアナ、カロリン諸島が襲われ、奄美、沖縄など南西諸島まで進攻して来るのでは……との懸念が生まれた。

米軍がトラック環礁に来襲した翌二月十九日、大本営陸、海軍部は急遽（きゅうきょ）、合同研究を行ない、緊急に本土、南西諸島、台湾方面の防衛について話し合った。そのうち南西諸島、特に沖縄の戦略的地位については、次のように結論付けた。

沖縄を敵手にゆだね、米軍が優勢な航空兵力を配備することになれば、日本本土の西半分は、その攻撃圏内に入ってしまう。それにマリアナ、硫黄島方面からの航空基地兵力、米機動部隊の進出が加われば、日本と中国大陸及び南方資源地帯との交通は遮断され、戦争遂行上も、本土防衛の点からも、致命的な弱点になる、と。

佐世保鎮守府司令長官・小松輝久中将（海兵37期）は、すかさず三月十三日、「南西諸島防備急速強化ニ関スル件」を嶋田繁太郎・海軍大臣兼軍令部総長に具申した。この前月、参謀総長も東条英機・首相兼陸軍大臣が兼任する緊急戦局だった。

その内容は、一年後に始まる沖縄戦を考える時、誠に正鵠（せいこく）を射たものであった。これから沖縄海軍部隊の悲痛な戦いを書くのに先立ち、部隊の上級司令部・佐鎮が戦いの成り行きをいかに正確に見通していたかを知って頂くために、少し固くなるが、詳しく紹介したい。

佐鎮が具申した意見は先ず、敵がマリアナ諸島を攻略した後、採る方策として、

（イ）帝都ソノ他要地ノ空襲

（ロ）南西諸島要地（航空基地）攻略

（ハ）比島奪回

を挙げた。（ロ）と（ハ）は実際には順序が逆になるのだが、それ程、南西諸島に重きを置い

ていたということだろう。

その理由として《従来ノ敵ノ戦法　即チ防備厳重ナル処ハ之ヲ避ケ　防備薄弱ナル而モ我ガ補給路遮断ニ有利ナル地点ヲ攻略スルノ常套手段ニ鑑ミ》としている。そして、狙われるに値する防備薄弱ぶりについて、遠慮会釈なく喝破する。

《目下　南西諸島方面ニ対シテハ　防備強化ヲ実施セラレツツアルモ　右防備強化ハ対潜（水艦）作戦竝ニ海上交通保護ニ関スルモノニシテ　対空竝ニ敵ノ上陸作戦ニ対シテハ無防備ノ状態ニ曝露サレアリ》

「無防備」「曝露」の表現に、進まぬ防備への苛立ちが隠せない。

次に防備の急速強化方法に言い及び、《防備ノ強化ハ　マリアナ諸島ト併行実施スルヲ要ス　第一線陣地ヲ強固ニスルコトハ勿論ナルモ　従来兎角第一線陣地ニ頼ルノ余リ　第二線陣地ハ予備陣地トシ之ガ防備ヲ軽視スル傾向ニアリ》と指摘した後、無防備ぶりを再度、強調している。

《南西諸島ノ現状ハ極メテ寒心スベキ状態ニアリ　固定防備ハ「マリアナ」ト劣ラザル如ク配備シ　兵力ハ尠クモ敵ノ奇襲ニ備ヘ　且ハ所要ノ時機ニ所要ノ兵力ヲ展開シ得ルニ必要ナル最小限ノ根幹部隊ヲ配置スルノ要アリ》

最後に具体的な強化対策として、十項目を列挙しているが、その第一は「根拠地隊ノ設置」で、その必要性を口を極めて説明している。

《東海方面敵潜跳梁ニ伴ヒ　南西諸島方面護衛竝ニ対潜作戦兵力ヲ増勢セラレアルトコロ　之ガ統一指揮ノ為ニモ　南西諸島方面兵力ヲ統制スル司令部ノ設置ヲ必要トシ（中略）現防備戦隊司

令部ヲシテ南西諸島方面ノ全面的防備ヲ負担セシムルハ過重ニシテ　且防備ノ完璧ヲ期スルコト困難ナル実情ニ立到ルベキヲ以テ　速ニ根拠地隊ノ設置ヲ必要トス》

現司令部とは当時の佐世保防備戦隊司令部のことである。その他、航空基地の防空強化、航空兵力の増勢、警備隊の進駐、艦艇及び基地の整備、対空用電波探信儀（レーダー）の装備などを訴えた。

この意見具申電報に対し、海軍省は三日後の三月十六日、「沖縄方面根拠地隊を那覇に設置する」との内示を佐鎮司令長官に出したのだが……。

第十七章　大ナル過失

1

佐鎮を中心とする海軍の南西諸島防備計画とは別に、大本営陸軍部は二日後の昭和十九年三月十五日、七参謀を南西諸島と台湾に派遣、作戦準備に取りかかった。そして一週間後の二十二日、大本営直轄の第三十二軍を創設し、軍司令官に渡辺正夫中将（陸士21期）を発令、南西諸島防衛を命じた。戦闘序列のうち地上防備兵力は当初、混成旅団二（歩兵十個大隊）と混成連隊一（同三個大隊）だった。

一方、大本営海軍部は四月十日、鹿児島―沖縄間の海上交通保護を主な任務にする第四海上護衛隊（略称・四海護〈よんかいご〉）を編制したが、先に内示した肝心の沖縄方面根拠地隊（沖方根〈おきほうこん〉または沖根〈おきこん〉、本稿では沖根を使う）は、護衛隊が兼務するということでしかなかった。しかも人員は僅かに二千九十二人だった。

その四海護も本を糺せば、旧佐世保防備戦隊のうち海上交通保護に従事してきた部隊の編制替えだったから、佐鎮の喝破は殆ど届いていないに等しかった。

海上護衛が主となれば、沖縄より奄美の方が護衛艦艇の泊地に適しているという訳で、両隊の司令部は奄美大島・加計呂麻島の瀬相に置かれた。

海軍機関学校46期で、同校教官から、この部隊編制時に機関参謀を命じられた旧少佐・新宅恭二さん（七八）（広島市安佐南区西原二の三六の一〇の三〇二）をお宅に訪問、話して頂いた。当時、二十八歳の大尉である。

「四月十日の発令で、機関学校のあった舞鶴からトコトコ汽車を乗り継いで佐世保へ行き、捕鯨用のキャッチャーボートを改装した特設掃海艇で瀬相へ参りましたら、着任が二十日になってしまいました。

司令官の新葉亭造少将（海兵39期）をはじめ、首席参謀の阿部徳馬大佐（同50期）など幕僚は全員お揃いでしたが、司令官以下、兵科（海兵出身者）の人事は四海護が主務で、沖根は兼務。私だけが沖根が主務で、四海護が兼務でした。司令部の他の職員も全部、海上護衛が主で、沖縄の防備関係は従でした。

私はそんなことは何も知らず、行ってみて初めて分かったのですが、海上の方が主力で、沖縄防備が従になっているな、と思いました。あの時点でまだ、そんな考えですから、本格的な防備は遅れましたねえ」

大田少将は与えられた条件を甘受し、その中で雄々しく戦った人であることは、これまで何度か書いた。その少将が、沖縄戦が重大な段階に差しかかった二十年五月二日、「戦訓速報第四号」として打った二項目の電報をここで紹介しておきたい。戦況速報から一歩踏み込んだ、今後の作戦の参考になる情報。だからこそ、述べた意見であったろう。

「司令部ハ大ニ充実シ置クヲ要ス　之（沖縄戦）ヲ予期シツツ兼務ニテ　然モ海上護衛ヲ主トシタルガ如キハ大ナル過失ナリト認ム」

「遠カラズ戦場ナリトノ叫ビ大ナリシ沖縄ニ於テ防備ハ非常ニ遅レ　未着手ノモノ漸ク着手シ始メタルモノ……（以下欠）」

沖根に戦備不十分の戦いを強い、武将に無念の電報を打たせる事態は、実は一年前に始まっていた。

大本営海軍部の南西諸島対策は、なぜ海上護衛が主で、沖縄防備が従になったのか。

その背景には、兵員、武器、弾薬、食料、南方の重要資源を輸送する船舶の喪失量が、戦争第二年度（十七年十二月—十八年十一月）に入って、倍増していたという事情がある。

第一年度、月平均約六・八万総トンだった被害は、連合軍が航空機や潜水艦を増強、反撃態勢を整えた二年目に入ると、同十三・八万総トンに達した。その結果、第二年度の喪失総量百六十三・九万総トンは、戦前の同年度予想量六十万~八十万総トンの倍以上に達した。

そこで、海軍部は絶対国防圏（十八年九月十五日設定）を死守する意味からも、二年度の終わりに近い十八年十一月十五日、天皇直属の海上護衛総司令部を新設、司令長官には古賀峯一連合艦隊司令長官（海兵34期）より先任の及川古志郎大将（31期）を配した。

明治以来の海軍の伝統的機構に対する一大変革だったが、これとて立ち遅れは覆うべくもなく、それは総司令部開庁時の永野軍令部総長の挨拶の中に、正直に語られている。

「今に至って海上護衛総司令部が出来るということは、病が危篤の状態に陥って医者を呼ぶようなものであるかも知れないが、国家危急存亡の秋、関係各官の渾身の努力を切望する次第である」

そこで、総司令部は十七年四月に編制されていた第一海上護衛隊に内地―マニラ―北ボルネオ―昭南島（シンガポール）航路を、第二海上護衛隊にトラック―パラオ航路を担当させた。

さらに十九年に入り、前記のように南西諸島方面の防備強化が叫ばれるに伴って四月十日、第四海上護衛隊を編制、鹿児島―南西諸島―台湾間の海上交通保護に当たらせた。第三海上護衛隊は第四より一ヵ月余遅れて五月二十二日に編制され、これは東京湾―紀伊水道間を守ることになる。

このうち、南西諸島方面担当の四海護だけが、陸戦を受け持つ沖縄方面根拠地隊を兼任することになったが、両隊司令部の仕事は当初、上層部お声がかりの海上護衛の方に傾き、沖縄防備は後回しになった。

それは司令部の主要人事を見ても、良く分かる。司令官・新葉少将、首席参謀・阿部大佐の下に、通信、機関、航空の各参謀は任命されたが、陸戦が専門の砲術もしくは防備参謀は配置されていない。

同七月八日、マリアナ諸島のサイパン守備隊が玉砕、沖縄いよいよ危うしとなって、司令部は八月九日、奄美大島の瀬相から沖縄本島の島尻郡小禄村、今の那覇国際空港の前身である小禄飛行場に進出する。防備参謀・中尾静夫少佐（海兵58期）が発令されるのは、その翌十日という遅い人事だった。

こうした事情があったにもかかわらず、海軍の沖縄戦に関する公刊戦史――『戦史叢書17　沖縄方面海軍作戦』（昭和四十三年七月刊行）は「第一章　沖縄における海軍戦備の推移」で、「（昭和十九年）四月十日に至って沖縄方面根拠地隊と第四海上護衛隊が新設された」と書き、付表も「沖縄方面根拠地隊及第四海上護衛隊ノ軍隊区分並ニ主要任務」と、沖根が主で四海護が従の表現になっている。

これでは、沖根の創設経過が良く分からず、大田司令官が折角、戦訓として言い残した「大ナル過失」を曖昧にする結果にもなる訳で、後世に残る公刊戦史としては訂正の必要があることを、この機会に指摘しておきたい。

ついでながら、同書より早く同年一月に刊行された『同叢書11　沖縄方面陸軍作戦』は、事実に即し四海護を主にしている。

2

昭和十九年八月九日、沖縄県島尻郡小禄村に進出した四海護兼沖根の新司令部は、今の那覇市字鏡水、那覇国際空港ターミナル・ビルの東南東約五百メートルに建てられた。

今は陸上自衛隊那覇駐屯地第一混成団の敷地内で、当時の建物は米軍の激しい砲爆撃と鏡水への敵前上陸で全部焼失、荒れ放題の野原になっている。

沖縄へ行かれた方は、へえーっ、あのターミナルのそんな近くに……、との感慨を持たれると思うが、その所在地、実は沖縄戦の生還者に聞いてもなかなか、はっきりしなかった。当時、司令部を訪れた軍人、軍属は限られていた上、あの辺りは戦後、本土復帰前は米軍に接収、復帰後は国有地になり、今も自由に出入り出来ないという事情が、今昔の対比を困難にしているようだ。尤も、旧・参謀の新宅さんは、さすがにその場所を手書きの地図で示して下さったが、戦後は相次ぐ大病で現地慰霊がお預けになっているため、現在地の指摘は無理だった。往時は「かがんじ」と呼んだ字名も、もう地図の上でも「かがみず」と変わるご時世。忘れてはならない場所だけに、記録しておかねばならない。

さて、その場所を知っていたのは地元・小禄の出身で、司令部医務隊の従軍看護婦を務めた西川（旧姓・当間）ウメさん（六七）（那覇市字小禄九二二の二）だった。

那覇市の看護学校、助産婦学校を出た正規の看護婦さん。空襲が始まった昭和十九年十月から、米軍が沖縄本島に上陸する前日の二十年三月三十一日まで医務隊に勤めた。司令部の勧めで、家族が避難していた北部へ脱出できたお蔭で、九死に一生を得ているだけに、司令部への思いは深く、建物の記憶も鮮明である。

「初めは幕舎でしたが、間もなく設営隊がバラックの兵舎を建てました。一番北寄りが司令部で、東西に長さ七、八十メートルぐらい、トタン葺きの質素な平屋の建物で、中央の入口脇に国旗の掲揚台がありました。入口から左側は司令官や幕僚のお部屋で、右手に経理科がありました。そこへは毎月、看護婦五人分の給料を私が貰いに行きました。その後ろに特務士官の方が入っていた半分ぐらいのもう一棟が有りました。

司令部と直角に、手前東側から車両関係なんかが入っていた工作・機関科、主計科の兵舎が二棟並んでいましたが、これはどちらも長さ五十メートルぐらいだったでしょうか。主計科の前には小さな酒保もありました。その西側、空き地をはさんで、長さ三十メートル位の通信科がありましたが、これは空襲が激しくなった二十年には地下壕に入りました。司令部用の防空壕も、建物から南西七、八十メートルの所に間もなく掘られました」

旧従軍看護婦の西川さんは、小禄の往時の司令部を偲ばせる物が地上には何一つ残っていないため、無性に壕が見たくなった。そこで平成三年の夏、自衛隊に事情を話し、許可をもらって現場へ行った。

「残っていたのですよ、壕が、チャンと。司令官室、幕僚室から電気室、烹炊所まで、一部屋十畳くらいの部屋が十室近くありました。換気も十分でカラッとしていたので、嬉しかったですねえ」

医務隊の場所は司令部から南東数百メートル、当時の糸満街道（今の国道三三一号線）に面して建っていた農事試験場の庁舎二棟を借り、医務室を開設した。現在、那覇空港の東に広がる米空軍・海軍キャンプの第一ゲートから少し南寄りに当たるが、その場所は基地内に取り込まれている。

陣容は軍医長の小山正信少佐以下軍医四人、看護長の横関曹長以下衛生下士官七人、衛生兵と

看護婦が各五人。他に本島中、南部の各種陣地約三十に衛生兵が一人ずつ配属されており、一人では手に負えない患者だけ医務室へ送り込んで来た。

入院病棟は、そこから約三百メートル離れた垣花（かきのはな）の、通称ガジャンビラ（蚊坂）と呼ばれる所にあった福岡管区沖縄地方気象台構内の官舎を使うことになり、やがて野戦病院の様相を呈するのだが、それにはまだ、少し間がある。

ところで、司令部の中の様子は旧機関参謀の新宅さんが勿論、良く覚えている。

「入口の右手に受付が有りまして、何時も衛兵が立っていました。入ると東西に廊下がありまして、左手の突き当たりが司令官公室。真ん中に長いテーブルがあり、陸海軍のお偉方が見えると必ずここへ案内しました。我々の食事もその部屋でとりましたが、十六畳（二十六・四平方メートル）くらいでしょうか、狭かったですねえ。

その手前、北側奥から司令官、中尾参謀、私、城山主計長の私室、南側奥に阿部首席参謀の私室があり、我々の部屋の前は幕僚事務室になっていました。私室と言っても四畳（六・六平方メートル）くらいのスペースで、机とベッドを入れると一杯。入口は目隠しのカーテンが吊ってあるだけの、部屋とは名ばかりのものでした」

その建物へ移って来た翌日、前述のように防備参謀に中尾少佐が発令され、沖縄の防備関係がやっと本格的にスタートする。再び新宅さんの回想。

「中尾さんは兵学校の教官から来られたのですが、非常に真面目で、温厚な、それでいて芯（しん）の強い、粘着力のある人でした。この人が大砲をどこへ置くか、防空隊をどこへ配置するか、電探部隊をどこへ置くかなどを首席参謀と協議しながら、決めていかれました。陸軍との交渉、連絡事項も多く、時間が幾らあっても足りない程、忙しくされていましたねえ」

沖縄戦まで、もう八ヵ月しかなかった。

3

四海護兼沖根司令部の進出で脚光を浴びはしたものの、僅か十ヵ月後には、沖縄海軍部隊の悲痛な終焉（しゅうえん）の地となる旧島尻郡小禄村（戦後、那覇市に合併）について、少し書いておきたい。

そこは、旧那覇市内とは那覇埠頭（ふとう）―漫湖―国場川で隔てられ、南部は沖縄県最大の漁港・糸満へと続く、鯨の頭の様な四角張った形をした小禄半島一帯である。南北約五キロ、東西は約三・五キロ。

「沖縄戦と言えば首里（しゅり）や摩文仁（まぶに）などが有名だが、戦争との関（かか）わりは実は小禄村が一番早く、血で血を洗う戦場になった悲惨な地区なんです」と言うのは、この地区の〝生き字引〟とも言うべき宮城嗣吉さん（八二）（那覇市首里寒川町二の三二）。戦後、沖縄の映画、演劇興行界の中心で、今は総合レジャー会社に変身している「沖映」の社長である。

元々の出身地である首里の豪邸に訪ねると、小柄で、物静かな、笑顔の優しい人だったが、半生は誠に波瀾（はらん）万丈。どこから紹介しようかと迷う程だ。

小学校二年の大正七年、父が事業に失敗、首里から那覇市垣花に引っ越した。道一つ隔てた南側が小禄村である。

青年時代から沖縄の伝説的な空手の名人・本部朝基(もとぶちょうき)、当間嗣善(とうましぜん)両師に師事し、「スーヤ三郎」（首里三郎）の異名をとった、その道の達人。昭和初年には、空手道の普及のために全国の大学、高専、中学を行脚している。

昭和八年三月、連合艦隊が中城湾(なかぐすく)に入港した時、海軍大尉として乗り合わせた北白川、賀陽、高松三宮殿下に〝御前演武〟を披露したが、その年六月が徴兵検査。褒美(ほうび)に佐世保鎮守府長官・左近司政三中将（海兵28期）、同海兵団長・和田専三大佐（同34期）への紹介状を書いて貰い、それを持って入団したという海軍開闢以来の逸話の持ち主でもある。

海軍生活は以来、わずか九ヵ月の中断を除いて、沖縄戦終結まで十一年余も続く。うち十五年九月からは佐世保海軍軍需部那覇派遣隊員として小禄飛行場に勤務、沖縄戦では沖根麾下の沖縄島連合特別陸戦隊（略称・沖特陸）に編制替えされ、上等兵曹として最後まで小禄で戦い、九死に一生を得た。

その痛恨の体験から、昭和二十七年三月、戦友二人と豊見城(とみぐすく)の旧海軍司令部壕から大田司令官以下、沖根の幕僚七人の遺骨を収集、「海軍戦歿者慰霊之塔」建設に奔走するが、それは章を改めて後で書く。

略歴が長くなったが、ここでは小禄の今昔を聞かねばならない。

「小禄は元々、純農村地帯ですが、昭和十年に飛行場が出来てから、一気に戦争に関わりの深い地域になった。最初の滑走路は畑の真ん中を整地して、浜砂利を一尺（三十・三三センチ）ぐらい敷いただけで、幅五十メートル、長さ千メートルぐらいの不時着用程度のお粗末なものでしたよ。

初代の滑走路は、雨が降ると、ぬかるんで泥んこになるわ、日照りが続くと砂塵もうもうと舞い上がるわで、そりゃあ雑なものでした。着陸しようとした飛行機がタイヤをめり込ませて転覆し、火を吹いたり、滑走路の外に飛び出したり、というようなことは、しょっちゅうでした」

そこで昭和十四年、整地工事が行なわれ、福岡—那覇—台北間に週一回の定期便が飛ぶようになる。ところが、この工事にもミスがあって、雨がふると離発着ができなくなり、運航停止がしばしば繰り返された。

「当時の生田乃木次・飛行場長は旧海軍大尉で、第一次上海事変では、中国に力を貸していたアメリカ義勇空軍の名パイロット、ロバート・ショトウ少佐を撃墜した猛者なんです。海軍を退役後、逓信省航空局に勤めていましたが、さすがに早くからこの飛行場の重要性を見抜いていました。再三、逓信省と海軍省に整備拡張工事を進言したが、中央ではまだ戦略的な価値に気付かず、なかなか認めようとしなかった。

生田場長は沖縄県政についても色々相談にのっていて、基幹産業の砂糖を満州に輸出するのに尽力したことがありました。喜んだ県と県農連が、お礼に飛行場の整備工事費三万円の提供を申し出た。これがきっかけになって、国が六十五万円の予算を計上することになったのです」

青年時代から飛行場の成り立ちを見てきた宮城さんは、そんな最中の十五年四月、二度目の召集解除で中国戦線から帰郷、生田場長に見込まれて飛行場の技手に採用された。

ところが半年後、三度目の召集で、また佐世保海兵団へ。場長はすぐ佐鎮の航空参謀に「宮城を返せ」と掛け合い、即日、佐世保海軍軍需部那覇派遣隊員として小禄飛行場に戻り、航空燃料の管理、補給に当たる。

「佐鎮も、この頃になると、やっと小禄に注目しまして、十五年六月には大村海軍航空隊（長崎県）沖縄派遣隊として日名子大尉を長とする対潜哨戒・攻撃隊が進出して来ました」

配置されたのは九七式艦上攻撃機六機で、搭乗員は一機当たり操縦、偵察、通信員の三人。早朝から三機が六十キロ爆弾二発を抱え、哨戒飛行に当たった。哨戒域は本島の東方、奄美大島近海の北方、久米島近海の西方、宮古島北東及び北西の五海域だった。

搭乗員は二、三人ずつに分かれて、近辺の比較的裕福な家庭に下宿、小禄に軍事色が強まった。昭和十七年に入ると、飛行場の管理も逓信省から海軍省に移されるが、佐鎮が本格的軍用飛行場としての突貫工事に着手するのは、連合軍の猛反攻が懸念されはじめた十八年十一月という遅さだった。

戦場へ駆り立てられて行く旧小禄村の様子を良く知る〝生き字引〟が、もう一人居る。米軍上陸地点となった鏡水の出身で、沖縄県総務部参事の平良（たいら）亀之助さん（五七）（那覇市小禄一四七四の五）である。

生家は今の那覇空港管制塔の辺りにあったが、昭和十九年十月十日、沖縄を襲った最初の大空襲、現地で言う「十（じゅう）・十（じゅう）空襲」で集落全体が灰燼に帰し、「今は往時を偲ぶものは何も無い」と嘆く。

戦後、早稲田大学法学部を卒業後、琉球新報社で記者を務めたが、沖縄本土復帰三年前の昭和四十四年、県復帰対策室にスカウトされ、その後、『那覇市史』の編集にも携わった。

その資料編に寄せた「島尻郡旧小禄村戦時記録」は、この種公刊市史には珍しく、消え去った故郷への哀惜の思いにあふれている。かつての同業者に敬意を表し、お許しを得て、原文のまま抄録させて頂く。先ずは十八年末からの飛行場突貫工事のくだりから。

《――工事は初期のころは丸三組だけだったが、あとで国場組と宮本組が請負い、小禄の各字(あざ)の荷馬車は、ほとんど砂利運搬用としてかり出された。純農村であった小禄地域では、農産物の運搬と那覇あたりからもらい受ける水肥、廃物等の堆肥の運搬に欠かせないため、一戸当たり一台の割りで荷馬車をもっていた。これが「軍に協力」ということでかり出された。

しかし、工事を請負っている土建業者に雇われるわけだから、一台につきいくらといった方法で、運搬距離によって料金伝票が切られた。これを月末に一括計算するので、まとまった金がはいる仕組みになっていた。いつしか〝飛行場モーキ(儲(もう)け)〟という言葉になり、各家庭が競争するようになって、一家総出で砂利掘りから運搬に精を出す光景も見られた。――》

現金収入の少ない農村では格好の金儲けだったが、飛行場拡張と共に防空対策も迫られる。

《――学校周辺の山や丘に防空壕掘りがはじまり、十九年にはいると、実地の防空演習がはじまった。防空壕は、学校から遠く離れた順に上級生に割り当てられ、鐘の合図があると、全力疾走で避難した。逃げ遅れたものには、先生や上級生が追っかけてきて、土塊や石を体のそば目がけて投げつける。これは爆弾が落ちたという仮定であるから、たちどころに指で目、鼻、耳をおおって伏せるといった、荒々しい訓練であった。

小禄第一国民学校はレンガ造りの二階校舎であったが、非常の場合、多勢(おおぜい)の生徒が階段をかけ降りるのでは、避難に支障をきたすというわけで、二階校舎にすべり台が設置された。防空演習のさい、二階の生徒たちはわれ先にすべり降り、防空壕に駆けていった。

　第一国民学校前の郵便局隣りには、ルーズベルトとチャーチルのワラ人形を立てておいて、これを竹ヤリで突いたり、石を投げることを義務づけ、戦意昂揚（こうよう）をいやがうえにも盛り上げ、青少年の敵愾心（てきがいしん）を強くした。

　一方、軍の方も実戦に備えた陣地構築を急ピッチで進め、同時に壕掘り作業も併行して、小禄地域の山や丘は軍、民の壕ですき間もないほどに穴があけられていった。

道路も、従来、荷馬車しか通れない農業用がどんどん拡張され、あるいは新規に開発されて、戦争に備えた「作戦道路」が出来上がった。現在の宇栄原団地の南側あたりには、飛行機を避難させる秘匿掩壕（えんごう）（通常「掩体壕（えんたいごう）」といっていた）ができ、これに通ずる道路には金網まで敷きつめられたほどの念の入れようだった。

　そのころから、小禄地域に配属された各部隊の兵員も、どんどん増員された。そのため兵舎だけでは間に合わなくなって、学校にも軍隊が入るようになり、学校は各集落の事務所や大きな民家を借りて分散授業をするようになった。それでも部隊はますます増員され、各集落の民家に分宿するようになった。

　軍に対する食料供給のため、学校の生徒に「イモ献納」を実施させた。生徒は週に一回、一人一個のイモを学校に持っていくことを義務づけられ、学校で集めたイモを村役場が引き取り、軍に供給する仕組みになっていた。ところで、この「イモ献納」の日に、家から持って行くのを忘

れた生徒で、登校途中、畑に入ってイモをせしめて間に合わすワンパク連中もいた。（中略）
　村役場も軍司令部の命令を受け、通常の事務はやめて、兵事の事務に切りかえた。そのため、十九年はじめには、戸籍簿や土地台帳など一般事務書類は壕に避難させ、もっぱら軍の指揮、連絡を受け、これを村内各集落に指示するといった体制をとった。
　このように、小禄地域の人たちは、実際の行動をとおして、遠からず沖縄が戦場になることを知り、覚悟していた。――》
　そんな中へ進出して来た海軍の防備は、どのように進められたか。いずれも故人だが、佐鎮首席参謀の土井美二大佐（海兵50期）や四海護兼沖根の阿部首席参謀の戦後の回想によれば、艦船で押し寄せるであろう敵を海岸に近づけぬ水際防御に主眼が置かれた。
　そこで先ず上陸妨害用の機雷、それも水際機雷を考えたが、現物は十九年中には到着しなかった。止むなく係維式機雷の敷設にかかったが、十九年末にカバー出来たのは本島南部、いわゆる島尻の海だけであった。

4

　水際防御のため機雷に次いで考えたのは、沖合の敵艦船めがけて陸上から魚雷を発射する装置「射堡（しゃほ）」だった。サトウキビ畑の中に設けた魚雷調整場でアレンジした六年式、四四式魚雷を、海岸線まで延びるレールを使ってぶっ放す作戦。

　当初、二十ヵ所に建設を計画したが、魚雷調整班の編制が思うように進まず、十九年中に完成したのは本島南部東海岸・中城湾の馬天港など二ヵ所に留まった。米軍が真っ先に上陸して来る慶良間列島への配備も一旦は考えながら、よもや来ることはあるまい、と取り止めている。

軍属として、馬天港の一基を実際に建設した佐世保海軍施設部技手・黒川平八郎さん（六七）（のち武官転換で一等兵曹、大阪市港区南港中三の三の三一の一〇二六）に依れば、完成したものも心もとない装備だったと言う。

黒川さんは大阪の都島工業学校土木科出身で、昭和十八年十二月、海軍軍属となり、十九年二月、小禄工事事務所に配属された。一年後、佐世保へ帰るまでの間、小禄飛行場の拡張に伴う誘導路の新設、馬天の水上飛行機基地建設などに従事したが、射堡建設は同十一月に命じられた。

場所は中城湾に面した馬天と与那原の間の海岸で、海辺から斜面で百二、三十メートル上がった所に、間口三メートル×三メートル、奥行き五十メートルの魚雷格納隧道を二本掘り、奥を連絡坑で繋いだ。一つの隧道に六本の魚雷が格納出来るよう、二段式の棚も作った。

そこから砂糖黍畑や芋畑をならしてトロッコのレールを敷いたが、松の丸太を枕木にしただけで、バラスを敷き詰める余裕もなかった。その上をトロッコの車輪に板を張りつけた台車に魚雷を積み、走らせるのだから不安定だった。

「一度、空車を走らせてみたのですが、前後左右に激しく揺れながら何時、脱線するかも知れないという心細い結果でした。実戦では、斜面を滑走する魚雷に五メートルぐらいの紐を付け、海岸際の壕で待機する兵隊がこれを摑んで引っ張ると、魚雷のスクリューが始動し、推進するという仕掛けでしたが、揺れ動きながら滑降して来る魚雷の紐が巧く捉えられるだろうか、と心配でした。

目標も、中城湾を挟んで北西にある勝連半島の先端、中程、付け根の三方向が設定されていたのですが、レールの切り替えも手動のお粗末なもので、実戦の時、果たして指示通りに走ってくれるのだろうかと、危惧したものです」

結果を先に言えば、馬天の射堡隊は二十年四月八日、中城湾に侵入した米艦艇に魚雷五本を発射、駆逐艦一隻を轟沈、掃海艇一隻大破と報じられた。

次に海岸砲だが、これも弾薬の製造が既に中止され、砲弾は残っている分だけという旧式のものが多かった。そこで、佐鎮が倉庫に保管していた軽重巡洋艦用の十五・五センチ砲九門をもらい受け、本島中部に設置した。

こんな砲が余っていたのは大正十年のワシントン、昭和五年のロンドン両軍縮会議の結果だ。日本海軍は口径二十センチの主砲を持つ重巡の保有数が「古鷹」型から「高雄」型まで約束の十二隻に達すると、有事に簡単に重巡に換装し得る「最上」型の巡洋艦を建造、十五・五センチ砲を積んだ。しかし、日米の戦機が熟すると、備砲を全部二十センチ口径に変え、十五・五センチ砲をお蔵入りにしたのだ。この砲の搬送風景は、沖根の機関参謀だった新宅さんが覚えている。

「十九年八月、司令部が小禄に進出して間なしでした。輸送船で運んで来て、旧那覇港埠頭へ揚げましたが、運搬が大変だった記憶があります。砲は基部をコンクリートで固めなきゃいけませんから、山根巌大尉（のち少佐）指揮の第二百二十六設営隊が搬送と設置を担当しました。当時はトレラーもなく、一門、一門、コロを入れて転がして行きました」

このほか防空用に、従来から配備されていた高角砲、高射機銃百門に加えて、新たに二百四十門を加えたとは言え、何とも心もとない戦備だった。

そこで、大本営陸、海軍部は二十年に入ると、沖縄作戦計画大綱の中で「奇襲、特攻ヲ作戦上ノ要素トシテ対処ス」と明示し、海軍部はさらに「特攻戦法ヲ重視スル」と踏み込む。

その先陣を承ったのが、白石信治大尉（海兵70期）を司令とする第二十七魚雷艇隊（十九隻、兵員三百人）だった。

この艇はソロモン海域での米魚雷艇の活躍に刺激され、十八年から本格量産に入った艦船攻撃用の奇襲兵器の一つ。全長十四メートル、排水量三十トン弱、兵装は魚雷二本、二五ミリ機銃一門、爆雷一個で、速力三十五ノット、乗員は八、九名である。

隊は十九年七月十五日、佐世保で編制され、八月二十六日、沖縄本島北部・本部半島の運天港に進出した。

旧海軍大尉で、元・海上自衛隊海将補の住田充男さん（七二）（海経32期、横浜市港北区日吉本町一の一三の一二）は、第二十七魚雷艇隊の主計長兼分隊長を務めた人である。

「我々が進出した運天港は古宇利島と屋我地島に囲まれた静かな入江の港で、コバルトブルーに澄んだ海は、目もまばゆいばかり綺麗でした。但(ただ)し、桟橋のほかは港湾設備らしいものは何も無く、艇隊本部は港から約三キロ西南の高台にある天底(あまそこ)国民学校に、基地隊の一部は港近くの民家に分宿しました。

海や風景の綺麗さとは裏腹に衛生状態は悪く、結核、トラコーマ、フィラリアなどの患者が多い所でした。その上、水質が悪く、海のそばなのに魚類が手に入りにくいし、野菜もサツマイモ、カボチャくらいしか無いなど、先が思いやられる状態でした」

住田主計長は、北山王の居城史跡で有名な今帰仁（なきじん）村など付近の村役場、農業会などを回り、食料の確保に奔走するとともに、養豚、養鶏、農園など自給自足体制にも取りかかった。

一方、十五・五センチ砲身の搬送で苦労した山根大尉指揮の二百二十六設営隊は、ここでも魚雷艇の架台、掩体壕（えんたい）、防空壕作りに汗を流した。

運天港にはこの直後、鶴田伝大尉（海兵70期）指揮の特殊潜航艇部隊・第二蛟龍（こうりゅう）隊（十一隻、百三十人）も進出、魚雷艇基地の隣で設営を始めた。蛟龍は真珠湾攻撃に出撃した甲標的（特殊潜航艇）の改良型で、五人乗り、行動日数五日の言わば小型潜水艦。特攻戦備は着々と整いつつあったのだが……。

そこへ昭和十九年十月十日、沖縄で今も「十・十空襲」と語り継がれる米機動部隊による南西諸島大空襲が襲う。この空襲は、十日後、フィリピン・レイテ島に上陸する米軍の先制攻撃だった。午前七時から午後三時四十五分までの間に五次、延べ五時間にわたり、艦載機延べ千三十機が南西諸島全域を襲った。

主として一次は飛行場、二次は同じく飛行場と船舶、三次は港湾施設、四次と五次は那覇市が集中攻撃を受け、同市の大部分が焼失した。運天港へは、このうち何と四次までも来襲する。住田さんの回想。

「初めは港に停泊していた輸送船や機帆船が狙いだったようですが、入江の奥に擬装網をかぶせて隠しておいた魚雷艇が運悪く見つかってしまった。思いがけない獲物を見つけた敵は、第二次、第三次と立て続けにやって来まして、我が方の損害は戦死二名、重軽傷十数名。魚雷艇は十九隻のうち十三隻を直撃弾や火災などで失いました」

特殊潜航艇も二隻撃沈され、戦わぬ前から喪失艇の補充を考えねばならなくなった。

5

佐世保海軍軍需部那覇派遣隊員の宮城嗣吉上等兵曹は、「十・十空襲」を那覇市垣花の、通称ガジャンビラ（蚊坂）の高台にあった逓信省航空局官舎で迎えた。

「朝七時ごろ、グワーンという物凄い音がして、官舎が揺れました。飛び起きて北の方を見ると、およそ三十キロ先、読谷の北、中飛行場の辺りに、もくもくと黒煙が上がっている。その日は見事な秋晴れで、朝日に機体をきらめかせながら、敵機が急降下爆撃している様子が、手に取るように見えました。沖縄本島最初の大空襲は、そんな不意打ちで始まりました」

この日の空襲について第三十二軍は五日、上級司令部の第十方面軍（台湾）から警戒を促されていたが、九日朝「台湾東方海上ニ敵機動部隊出現ノ海軍通報疑ハシク　其ノ後情報ヲ得ズ」の通報を流し、この日から三日間にわたる参謀長統裁の兵棋演習を計画していた程だから、正に奇襲だった。

「間もなく、そのグラマン機の一団が、小禄飛行場へ移動して来ました。その時になって私は、しまったーッ、と鉄カブトをかぶり、自転車に飛び乗りました。ドラム缶入りの航空燃料をたくさん野積みにしていたからです」

グラマン機は、自転車で駆ける宮城さんにも機銃掃射で襲いかかった。排水溝に飛び込んで避け、こけつまろびつしながら飛行場へ。空襲の合間を縫って、軍需部総出でドラム缶を分散、被害を最小限に食い止めた。

そのころ、小禄の四海護兼沖根司令部は、兵舎北東裏のベトン壕に避難していた。司令部医務隊の従軍看護婦・西川ウメさんが話していた兵舎南東の地下壕とは別の、地上にコンクリートで築いた山型の壕だった。機関参謀だった新宅さんが回想する。

「ベトンの厚さが一メートル、数十畳敷はある相当広い壕でしたが、まだ未完成で、仮設ベッドが二つ、三つ入っているだけでした。そこへ新葉司令官、幕僚以下司令部全員、たまたま来ていた陸軍の憲兵隊長、通信ケーブルを地下に埋設する勤労奉仕に来ていた挺身隊の若い女性三、四人が入りました。

二百キロ爆弾が三発、五十メートル程先に落ちまして、その度にベトンがぐらぐらっと揺れ、電気が消えて真っ暗になり、女性たちが泣きだしたのを覚えています。あの日は一日、空襲が始まると壕に入り、止むと司令部に戻るということの繰り返しでした。

幸い司令部の建物は焼失を免れ、死傷者もなかったが、あの空襲に遭って初めて、これはいかんということになった。こんな所に居たら一ころにやられてしまうというので掘り出したのが、島尻郡豊見城村に今も残っている、あの海軍司令部壕なんですよ」

筆者はエッ？　と驚きの声を上げた。

海軍司令部壕の掘削時期について、現地・沖縄での定説は、司令部が小禄に進出した昭和十九年八月に掘り始め、同年十二月に完成したとされている。

ところが新宅さんは「違います」と二度、繰り返した。初代司令部兵舎の位置といい、半世紀前の事柄が、もうこんなにおぼろげなのは困ったものだが、「着手は『十・十空襲』の後、沖縄戦が始まる翌年三月になっても未完成だった」と言う新宅さんの証言には、動かし難い証拠がある。

「『十・十空襲』の時、佐鎮から丁度、佐藤清忠少佐参謀（海兵59期）が派遣されて来ていたのですが、この人が『これは何とかしなきゃあいかん。壕は山の中に作った方がいいよ』と助言してくれました。

位置の選定は佐藤参謀と中尾防備参謀が相談して、豊見城のあの場所、標高が七四メートルあるので七四高地と呼ばれていた山を選び、掘り始めたのです。私自身の記憶でも、小禄進出早々、豊見城で壕を掘っていた記憶は無いし、計画すらまだなかった。理由は後で話しますが、私が転勤で二十年三月十三日に沖縄を離れる時、壕はまだ掘っていましたから、十九年中の完成なんて、とてもとても……」

ところで小禄半島の首根っこにある七四高地は、琉球王国時代から「火番森（ひばんむい）」と呼ばれてきた由緒ある高台。ここに王朝の見張り台があり、唐船や日本船の来島を狼煙（のろし）で首里に知らせたと言うから、古来目抜きの高地だったことが分かる。

それはとにかく、新宅さんの話を傍証する人が、もう一人いる。司令部医務隊の旧衛生兵長・

田畑幸之信さん（七〇）（兵庫県川辺郡紫合神子谷九の四三）。

鹿児島県大島郡喜界町出身で、大阪商船の船員をしていた十九年一月、佐世保第二海兵団へ現役で入団。四月から佐世保海軍病院で半年、看護術の訓練を受けた後、「十・十空襲」直後の沖縄へ配属された。とはいえ、すんなり赴任出来たのではない。十二、三隻の輸送船団の護衛艦「室戸」に乗せられたので安心していたら、奄美大島沖で真っ先に撃沈され、二時間漂流したあげく、やっと救助されての着任だった。

「司令部が小禄飛行場の側にあった時も、豊見城に移ってからも、私ら医薬品の調達や飯上げ（食事の搬送）で、毎日行きよったですが、豊見城の壕は十九年もかなり遅くなってから掘り出しました。二十年四月、敵が本島に上陸した時も、まだ未完成でしたよ」

戦備、防備の遅れは、陸軍もまた同様だった。

沖縄防衛の任に当たる大本営直轄の第三十二軍が、昭和十九年三月二十二日、新たに編制されたことはこの章の冒頭で紹介したが、この年八月八日、軍司令官の渡辺正夫中将が突如、更迭、後任に陸軍士官学校長の牛島満中将（陸士20期）が発令された。

その理由について、公刊戦史は「軍の創設以来、作戦準備に心魂を傾けていたが、過労のため七月中旬から病床につくようになった」と書くが、真相は違う。渡辺中将は各地でよく講演したが、戦局の容易でないことを強調するあまり玉砕をほのめかし、県民の動揺と恐怖を誘った責任を問われたのであった。

軍司令官の更迭はあったものの、第三十二軍の戦闘序列は十九年九月初めにはほぼ整い、南西諸島は計四個師団と混成五旅団、一砲兵団を中核とする約十八万の剣光帽影で埋まった。

沖縄本島はおおよそ、真ん中がくびれた瓢簞型の島で、くびれた部分から北は山岳森林地帯だから、敵が上陸して来るのは、それ以南と見られた。そこで北部は独立混成第四十四旅団（熊本）に委ね、中部・中頭に第二十四師団（旭川）、首里、那覇の北側に第六十二師団（京都）、南部・島尻地区に第九師団（金沢）を配し、米軍が何処から上陸を試みても水際で撃退する決戦態勢を敷いた。

ところが米軍が十月二十日、フィリピン・レイテ島に上陸すると、大本営は台湾の一個師団と一個旅団を比島に投入、手薄になった台湾防備の補充として、三十二軍の猛反対を押し切り、沖縄から第九師団を抜いてしまう。

三十二軍は一兵団の回復を要望したが、容れられず、止むなく作戦を根本的に変更する。それは二十四師団を九師団の抜けた後詰めに入れ、中部・中頭を放棄するというもので、最初の水際決戦は中止、島尻に主力を置いての持久作戦にならざるを得なかった。

そればかりではない。三十二軍は弱体化した兵力の補充を住民に求めた。防衛召集、学徒隊など、県民に大きな犠牲を強いた沖縄戦固有の悲劇は、大本営陸軍部の、この「大ナル過失」から始まるのだ。

一方、四海護兼沖根司令部に係わる人事にも、決定的な遅滞があったことは否めない。中尾防備参謀の発令が遅かったことは既に書いたが、次に首席参謀の阿部大佐が沖縄戦直前の二十年一月十日付で転出、後任には横須賀鎮守府副官の前川新一郎大佐（海兵50期）が赴任した。しかも、阿部大佐は十分な引き継ぎを行なわないで、台湾へ移動する九師団の護衛に出掛け、そのまま次の任地へ赴任してしまった。

その十日後には、今度は司令官の新葉亭造少将が去り、後任に大田實少将が任じられるのだ。佐世保鎮守府司令長官・杉山六蔵中将が沖縄の戦備が進まないことを憂えた末に決断した相互交代であったことは、『白い挙手』の章で既に書いた。

さらに言うなら、沖根司令部は二十年二月二十五日四海護から分離、一部幕僚の入れ替えと併せて、新たに参謀長に加藤唯雄少将（海兵45期）、二人目の防備参謀に佐藤定郎少佐（同62期）、特攻参謀に門義視大尉（同68期）の三人を増強する。しかし、実際に赴任出来たのは佐藤参謀だけで、後の二人は未着任のまま、沖縄戦は始まってしまう。

四海護兼沖根発足時からの幕僚は一人も残っておらず、司令官も参謀も着任後、日が浅い。しかも、顔触れは揃っていない。三重苦を抱えて、決戦に臨まねばならなかった大田司令官の無念や、思うべし。

第十八章　沖根司令官

1

大田家の小史、当主の足取りを追ううち、長崎県佐世保市の「白南風の家」から回り道が少々長くなったが、いよいよ大田少将を沖縄へ迎える。

昭和二十年一月十九日朝、佐世保市の白南風の家を出た少将は、その日のうちに長崎県の大村飛行場経由で鹿児島県の鹿屋海軍航空基地へ飛び、同夜はそこで一泊、司令官発令当日の二十日、水上機で沖縄県小禄の四海護兼沖根司令部に着任した。既に書いたように、幕僚たちの赴任がもたつき気味だったのとひきかえ、さすがの着任ぶりだった。

その日が確定出来るのは、当時二十二歳の若き中尉（のち大尉）で、第二十二震洋隊長だった豊広稔さん（七〇）（海兵72期、神奈川県川崎市多摩区生田四の六の二）の証言があるからだ。震洋隊は先に紹介した魚雷艇隊、特殊潜航艇の蛟龍隊と共に、特殊奇襲兵器部隊として沖縄に配属された特攻隊で、ベニヤ板製の粗末な爆装モーターボート「震洋艇」に一人乃至二人が乗り込み、敵艦に突っ込む。

第二十二震洋隊は同月十二日、輸送船「豊栄丸」で佐世保を出航、同二十三日、那覇港に入った。配属地は東海岸の金武湾だったが、豊広さんは着任挨拶のため大田司令官を小禄の司令部に訪ねた。前章で西川さんや新宅さんが説明してくれた、平屋のバラックである。

「大田少将は司令官公室の右手壁際に置かれた大きな執務机で何か書き物をしておられたが、私が入るとわざわざ椅子から立ち上がって迎えて下さった。私は司令官から二、三歩手前で直立不動の姿勢をとり、四十五度の礼をしっかりしてから、申告しました。

『第二十二震洋隊長・豊広中尉、部下百八十名を引率、震洋艇五十隻ならびに部隊基地資材一式を伴い、只今着任しました』

第三種軍装に身を固めた丸顔、小太り、中背の司令官の顔が、徐々にほころびました。そして、言われた言葉は『うん、ご苦労だった。待っていたぞ。実は、私もつい三日前（二十日）に着任したばかりだ』。それから独り言のように、『これで安心だ』とも言われた。ああ、着任四日目にして、沖縄防備で頭が一杯なのだな、直属の部隊である震洋隊に大きな期待を寄せておられるのだな、と感じて嬉しかったのを覚えています」

三日前に幕僚の一員として出迎えていた新宅さんが「大田司令官はとにかく真面目、誠実な方で、着くなりすぐ仕事でした」と補強してくれた。

「先ず陣地を視察されましたが、首席参謀は十日前に着任したばかりで事情が良く分からないし、中尾防備参謀はとにかく忙しそうでした。それを目敏く見て取ると『オイ、新宅君、ちょっと案内せい』ですよ。それで、あちらこちらへお供しました。矢継ぎ早の質問がありまして、どちらだったか、良く聞こえる方の耳を傾けて答えを聞いておられた。だから、いつも半身の構えでしたが、それがまた、一種独特の迫力がありましたねえ」

大田司令官の陣地視察は素早く、徹底的に行なわれた。最寄りの小禄半島一帯はもとより、遠く本部半島の運天港に展開する第二十七魚雷艇隊、第二蛟龍隊、東海岸・金武湾に配備されていた第二十二、四十二震洋隊（隊長、井本親・中尉）など指揮下の部隊全般である。

赴任直後の二十二震洋隊長・豊広中尉は、金武湾に基地設備らしきものがなかったため、艇を格納する横穴壕作りに懸命だったが、突然の視察であがり、少し慌てたようだ。そのため、滅多に部下を叱らない少将から「もっと効率的に案内しなきゃあ、いかん」と叱られた。余程、時間を惜しんでいたと思われる。

二十七魚雷艇隊は前年の「十・十空襲」で虎の子の艇十三隻を失った後、戦力回復のための猛訓練と基地整備に取り組んでいた。住田主計長は「士気が落ちていないか、と気にされていたようですが、若い隊員が意気軒昂なのを見て大変喜ばれた。一線部隊は司令官に来てもらうだけで、勇気付けられるのですが、その辺の機微を心得た視察でした。こちらも嬉しくて、お土産に、飼っていた黒豚を何頭か持って帰ってもらいましたよ」と話す。

司令官の視察の足は、専用車・オールズモービルで、運転していたのは現・沖縄トヨペット会社社長の堀川徳栄さん（七五）（那覇市三原一の一六の一六）である。当時、司令部のすべての車を管理していた車庫長で、一等機関兵曹（のち上曹）だった。

昭和十四年、現役で佐世保海兵団に入るまで、沖縄相撲の横綱だった堀川さんは、今も堂々たる体格。同社を訪ねると「沖縄戦で火焔放射器のガスで喉をやられまして、昔の美声をなくしましてねえ」と笑いながら、ドスの利いた嗄れ声で話してくれた。

「基地の視察は、幕僚を引き連れて、朝早く出られることが多かったですねえ。その行き帰り、司令官は私が運転する六人乗りの車の中で、参謀方とよく作戦会議をされました。聞くともなしに聞いていていて、米軍の来襲を予想しておられること、沖縄の行く末を非常に気遣かっておられる様子が分かり、そこまで考えていなかった私は、ギクッとしたものです。

そのくせ、時には笑いながら、淡々と作戦の指揮や防備の指図などをしておられる。百戦錬磨とはこういう人を言うのかと、頭の下がる思いでした。

馬天港（知念半島）からの帰りでしたか、運転する背中越しに、『堀川、お前は幸せ者だ』と言われた。何の事だか意味を解しかねていたら、『お前は故郷の土になるんだからな』とおっしゃった。その時、私は、ああ、この人は死ぬ覚悟だな、沖縄の土になる積もりだな、と思い、胸が詰まって、返す言葉がありませんでした」

2

大田少将の日記には、二十日置きくらいに決まって「理髪」の書き込みがある。横須賀では「丹治」という理髪店の名前がよく登場するし、呉、佐世保在勤中は「水交社にて」が多い。何時の時代の遺影を見ても、髪は常に綺麗に刈り上げており、家族の方々が話されたように清潔好き故の散髪好きと思われるが、沖縄でも着任早々、専任の床屋さんを口頭試問と実技試験で選んでいるところが、いかにもこの提督らしい。

その人は沖縄県糸満市西崎二の一〇三、金城義雄さん（八二）。平成元年七月、脳梗塞で倒れ、療養中のため、残念ながら話は聞けない。しかし、有り難いことに『那覇市史』資料編に「大田實少将の専用理容師」、沖縄の旧海軍OBの会・沖縄海友会が編集した『沖縄海軍物語』に「大田司令官の床屋さん」と題する回想記を書いていらっしゃるので、家族のお許しを得て紹介する。

金城さんは十六歳の昭和元年、台湾で理容師修業を始め、十三年、基隆で店を構えたが、戦争が激しくなったため沖縄へ帰り、那覇の中心街で営業していた。

《――県の理容組合員が海軍の床屋に応募したが、皆パスしなかったと聞いていた矢先、沖根司令部の久保主計大尉（鹿児島県出身）が偶々、店で理髪され、海軍に来ないかと勧められた。

体力はないし、徴兵にとられるよりはと、久保大尉に連れられて、前任者と交代されたばかりの大田司令官の所（当時、司令部は小禄にあった）に伺った。

司令部は三十坪ほどの広さで、そこには作戦参謀ら四人がいた。大田實少将は私にいくつかの質問をしたが、私にとってそれらは即答できる内容のものだった。それから「鬚を剃ってごらん」といわれたので、私が丁寧に剃り終えると、「君、いけるな。よし、明日からやってくれ」と言われた。

翌日から私は自転車で毎日午前八時までに着くよう通勤し、一般兵士の詰所で待機して、久保大尉が呼びに来ると、司令官室に出かけた。一般兵士の散髪をやる理容師として長山が雇われ、私は給料として二百五十円受け取り、そのうち百円を彼に渡した。》

金城さんが見た司令官は、どのような人だったか。

《非常に真面目な人で、軍人らしい厳しい人柄だった。その反面、思いやりのある優しい人でもあった。十・十空襲の少し前に、私はおばあさんと家内と子供三人を、具志頭村の玻名城（本島南部・島尻郡、最後の激戦地となった摩文仁の丘の東方）という部落の知り合いの家に疎開させていた。

ある日、司令官が私の家族のことを聞かれたので、そのことを話すと、『あそこは危険なところだから、山原（本島北部、国頭郡の俗称）の方に移した方がいい。五日間の暇をあげよう』と言われた。

私もその気になり、あっちこっち通行止めになっている折だったので、下士官の帽子を借りて被り、具志頭まで行って、家族を一応、糸満に連れてきた。徴用にかり出されて帰って来る荷馬車をつかまえて二十円出すから山原まで行ってくれと頼みこんで、雨あとのぬかるみを一晩中かかって、金武（国頭郡）の方に家族をやっとのことで疎開させた。（中略）二晩家族と過ごしてから、私は司令部に戻った。司令部はあわただしくなっていた。――》

絶対国防圏は十九年七月のマリアナ諸島失陥で手もなく破られ、米軍が二十年一月、フィリピン・ルソン島に上陸すると、次は硫黄島か、沖縄か、台湾か。いずれにせよ敵手は北緯二十六度線前後まで迫っていた。当時の司令部内の慌ただしさを語れる人は、新宅参謀以外にない。

「二月の十二日か、十三日かに『米機動部隊ガ十一日、ウルシー（西カロリン諸島の泊地）ヲ出撃、沖縄方面へ来攻ノ算大ナリ』との電報が入りました。

出撃がどうして分かるかというと、敵が泊地で補給だ、何だと忙しくやると、電波量が一気に増える。それが出航すると、ピタッと通信を停止しますから、傍受している通信隊で『あっ、出たよ』と分かる。海図の上で速力と掛け合わせ、来るなら早くて十五日ごろ、というのが、我々幕僚の見方でした」

沖縄戦直前の陸海軍首脳。左から大田沖根司令官、牛島三十二軍司令官、長三十二軍参謀長（村上すが子さん蔵）

さあ、いよいよ来るか、の緊張が司令部内に漲ったが、頭痛のタネは四海護が内地から護衛して来た輸送船団約十隻が、その日の夕方、本部半島の名護の泊地に入っており、翌日、那覇港到着の予定だったことである。那覇へ回航して、ある程度の被害覚悟で荷揚げを強行するか、一旦、鹿児島へ引き返させるか。

しかし、大田司令官と前川首席参謀は、赴任間なしで事情がよく分からない。中尾参謀は防備専門だったから、本来なら沖根専任の筈の機関参謀・新宅さんが海上護衛を止むなく担当していた。

この辺にも、参謀人事の不十分さは覆えなかった。

「船団の中の陸軍関係の輸送船は何を積んでいるのか、船を破壊されてでも陸揚げせねばならない必需品なのか、それがこちらでは分かりませんのでね。私、三十二軍船舶参謀の八板繁広中佐（陸士40期）に、牛島司令官の意向を聞いてくれ、と電話しました。すると、あれには兵器、弾薬、食糧、防備資材を満載しているので、船団が潰れてもいいから、とにかく那覇港へ入れてくれ、頼む、の返事でした。大田司令官にその旨、報告しますと『ようしッ、入れよう』。専門家ではなかったが、決断は早かったですねえ」

夕方、名護の泊地に着いたばかりの輸送船団を、夜間航海で那覇港に強行回航させるについて、四海護兼沖根司令部は三十二軍司令部に一つ、注文を付けた。それは、入港と同時に集中的に荷揚げに当たる部隊を待機させておいてくれ、ということだった。新宅参謀の回想を続ける。

「その日、午前九時ごろでしたか、大田司令官のお供をして那覇港に行きましたら、牛島司令官が先に来て、荷揚げの状況をじっと見ておられた。まさか、牛島さんが直々に来られるとは思いませんから、大田司令官は、しまったーッという顔をしておられたが、仕方ありません。自動車から降りて行きますと、それを見た牛島さんがヒョコヒョコと歩いて来られて、大田司令官に『こんなに走り回らせて、有難うありました』と出身地の薩摩訛りでお礼を言われた。そして、後ろに控えていた私にも『有難うよ』と言われた。回航するか、どうかで、私が三十二軍の意向を優先したことに対するお礼で、いささか恐縮した記憶があります。

それだけに荷揚げは懸命に行なわれていまして、セメント袋を運ぶ兵隊が真っ白になっていました。積み荷は近くの国民学校へ一旦運び、そこから集積地へ移す作業が夜を徹して行なわれました。

この時の様子でも分かるように、牛島さんは堂々たる体格の、誠に温厚な人格者という印象が強く、さすが陸軍士官学校の校長から来られた人だけに、海軍とも協調的でした。

後に、沖縄戦が末期的状態になった時、南部撤退をめぐって陸、海軍の間でいろいろ軋轢があったと聞きますが、それは少なくとも牛島さんの意向ではなかったと思います。只、参謀長の長勇少将（のち中将、陸士28期）は、すぐに怒ったり、怒鳴ったりの横紙破りで……」

と言って、新宅さんは意味ありげに苦笑した。そこのところも、この機会に聞いておきたい。

「陸、海軍の将星が一堂に会して飲まれた機会がありまして、私は大田司令官の副官格でお供しました。陸軍の副官連中と控えの間で飲んでいますと、将軍たちの部屋の方から怒鳴り声がした。中座して来た某師団長（中将）が、某旅団長（少将）の副官に言うのには、長参謀長が君のところの旅団長に腹を立て、殴った上、足蹴にしたので、自分も同じく殴ったが、自分の場合は本心ではないので、後で取りなしておいてくれ、という話でした。

長さんは宴席の途中、生理現象を催すと、さっさと部屋の障子を開け、二階からでもやってしまう豪傑ぶりで、大田司令官は帰り道、『陸軍は凄いなあ』と半ば呆れ顔でしたよ」

3

話が第三十二軍司令官・牛島中将と同参謀長・長少将のプロフィールへと進んでしまったが、

輸送船の緊急回航と荷揚げを行なったその日、牛島司令官は沖縄の陸、海全軍に「指揮官参集」を命じた。

「南西諸島、台湾及伊豆諸島方面ノ作戦ニ関スル陸海軍中央協定」は昭和十九年五月二日、大本営陸、海軍部の間で結ばれ、それに基づき同六月十五日、現地協定も交わされていた。ムンダ戦の時にも紹介した作戦指導、防衛の分担などに関する申し合わせで、陸上作戦の指揮については「所在先任指揮官ノ統一指揮」と決められていた。つまり陸上戦になれば、牛島中将が陸、海軍を統率する事である。これが後に、またもや大田少将に苦渋をもたらすことになるのだが……。

それは後で詳しく書くとして、牛島司令官はこの時、協定に基づいて陸、海全軍の首脳を首里の三十二軍司令部壕に召集、訓示した。新宅さんの回想。

「あの時、大田司令官は前川首席参謀、中尾防備参謀を伴って参加されたと思いますが、後で伺うと、牛島司令官は中央から届いている情報を伝えた後、『これが諸官の顔を見る最後となるかも知れない。健闘を祈る』と訣別の言葉を述べ、別れの乾杯を交わされたそうです」

しかし、この時、米機動部隊が襲ったのは沖縄ではなく、硫黄島だった。二月十九日、米海兵三個師団七万五千百四十四人が上陸、日本陸海軍守備隊二万三千人は、米軍二万四千八百五十七人を死傷させる激闘の末に、三月二十七日、玉砕する。

米統合参謀本部は硫黄島の攻略計画を決めた一月二十二日、実は台湾の素通りと四月一日の沖縄戦開始を早々と決めている。それは陸戦の雄・大田少将も予感していたようだ。何故ならば、大田司令官は二月二十四日、大本営海軍部に対し「沖根と四海護の司令部を分離すべし」との上奏書を、佐世保鎮守府を通じて提出しているからである。それは次のように述べている。

「現情勢ニ於キマシテハ　沖縄方面根拠地隊ヲシテ同方面防備作戦ニ専念セシメマスルヲ適当ト致シマスコト　及ビ第四海上護衛隊ハ船団発航地タル鹿児島方面ニ位置スルヲ適当ト致シマスコト等ノ理由ニ依リマシテ　現司令部ヲ沖縄方面根拠地隊専務ト致シマシテ　新ニ第四海上護衛隊司令部ヲ編制シ　鹿児島方面ニ位置セシメラレ度(たし)ト存ジマス（後略）」

着任後の現地視察で感じた防備の遅れ、その背後にある「大ナル過失」に対するギリギリの修正だったと言える。大本営は翌二十五日、それを受け入れ、沖根司令部を四海護から分離、大田少将を改めて沖根司令官に任命し、新宅参謀を除く幕僚を沖根司令部専任にした。

沖根司令部の独立で、四海護と沖根を兼務していた参謀は、ほとんど沖根専任の人事発令を受けたが、新宅少佐だけは今度は四海護専務となった。四海護は大田少将の上奏通り、鹿児島県の指宿航空隊に司令部を移し、司令官の駒沢克己少将（海兵42期）以下、新人事が発令されたが、最初からの事情を知る参謀が一人必要、との要請があったと思われる。そんな止(や)むを得ない経緯での転勤だったが、新宅さんは沖縄戦を目前にしての異動を今も辛がり、暗然と語るのだ。

「私は当然、戦死すべき立場にあったのに、それが直前に代わっちゃったんですから、胸は痛みます。そのために、後任の機関参謀として、機関学校が私より一期後輩（47期）の山田弘国大尉（のち少佐、戦死後・中佐）が赴任し、戦死していますからねぇ。彼は確か駆逐艦の機関長をしていて、艦が呉か佐世保に入港した時に異動を聞き、そのまま沖縄へ着任したのですから、気の毒でした。

彼が戦死してから私、47期の人に面と向かって言われました。新宅さん、ひどいじゃないか、って。そんな事言われたって、私が望んで出来る人事じゃあ、ありませんからねえ……」

沖縄戦直前に去る人があれば、着任する人も居た。毎年十月九、十両日に行なわれる那覇祭のメーンエベント・大綱引きの伝承に当たっている「那覇大綱挽保存会」事務局長で、那覇市議の東江芳隆さん（六九）（那覇市楚辺二七六）も、その一人である。

沖縄の離島・久米島の出身で、十七年から台湾・高雄八十五部隊陸軍兵器補給廠で軍属として働いていたが、十九年五月、十九歳で佐世保海兵団を志願した。翌二十年一月、横須賀の海軍工機学校を卒業後、第九百五十一航空隊小禄派遣隊（司令・羽田次郎大佐以下約八百人、後の護部隊）に一等機関兵（のち上等機関兵）で配属された。

「工機学校を卒業する時、勤務配置の希望調書を提出することになったので、海軍に入った以上は軍艦に乗らなければ……と艦船勤務を志望したら、突き返されました。三度も同じ希望を出した挙げ句、海軍には船が無いから陸上勤務と書け、と言われた時はショックでしたねえ。それで、以前に居た高雄と書いたら、沖縄の航空隊はどうか、と聞かれ、沖縄は故郷だからと承諾したのですが、あの時期、沖縄を希望する者は居なかったのではないでしょうか」

東江さんと同年兵約二十人は、陸軍の兵士を満載した数隻の輸送船団に便乗して二十年二月十一日、鹿児島を出港、同十四日、無事、那覇港に着いた。

「甲板から久々に那覇の町を見た瞬間、私は胸が潰れる思いがしました」

東江さんは横須賀の海軍工機学校にいた前年秋、上官から「那覇は灰になった」と聞かされていたが、想像と現実の狭間は——。

「こんなにまで焼けるのか、という感じでした。灰色の瓦礫の中を擬装した兵士や車両が走り、戦闘配備態勢になっている様子を見て、故郷とは言え、これは大変な所へ来た、と先が思いやられました」

気の良い人らしい、正直な感想である。場違いな黒いセーラー服の一種軍装に気兼ねしながら、小禄飛行場の南東、小禄村字宇栄原の九百五十一航空隊にたどり着いて、さらに大ショックを受ける。

「野っ原の真ん中に軍艦旗が翻っているだけで、兵舎は焼かれて無く、壕生活なんです。私は内火術が専門だったので、発電機関係に配属されるかと期待していたら、なんのなんの、着いたその日から毎日、明けても暮れてもツルハシとスコップで陣地構築です。

防空壕掘りと飛行場に向けての機銃の銃眼作りが主でしたが、あの辺は砂が化石になった島尻ニービという土質で、固くてツルハシが少しずつしか入らない。昭和二十年二月中旬時点で、居住区は出来ていたが、陣地造りはまだでしたから、突貫作業でした。あの時は、学んだ技術が生かせない、と不満に思っていましたが、今にして思えば、遅れていた防備に対する大田司令官の必死の努力だったのです」

平良亀之助さんの「島尻郡旧小禄村戦時記録」にもあったように、小禄半島全体が陣地になりつつあった。半島の突端に近い安次嶺地区では、南西諸島航空隊（棚町整大佐＝海兵51期＝以下約三千人、後の巌部隊）が壕掘りに懸命だった。

それまで他の部隊の兵舎・陣地設営に力を貸した第二百二十六、三千二百十設営隊（約三千人、後の山根・礎部隊）は「十・十空襲」後、小禄地区で自分たちの陣地造りに追われていた。

豊見城村に今も残る沖根司令部壕の掘削は、直轄の陸戦隊員だけで行なわれていた。豊見城村の古老の話によれば、当時、住民は毎日の様に壕掘りに駆りだされたが、司令部壕掘りだけは参加させてもらえなかった。それどころか、うっかり近づくと、銃剣を構えた衛兵に追い返されたという。飛行場近くに居た司令部が、あの壕へ移った日は、二月中としか分からない。

そんな二月二十八日午後、上級司令部の参謀ら四人が空路、沖根司令部を訪れた。大本営海軍部、連合艦隊（砲術）、佐鎮（機関）の各参謀、海軍省建設本部部員の各中佐だった。

三日前に転勤の辞令は出ていたが、引き継ぎのため後任の山田参謀の着任を待っていた新宅参謀が、車で飛行場まで迎えに行った。その二日間のことが、今も新宅さんの頭を離れない。

4

四人の参謀らが沖根司令部を訪れた日の昼前、米軍のB24偵察機が高空から本島の海岸線を悠悠と偵察していた。それが気になっていた新宅少佐は、司令部へ向かう自動車の中で、連合艦隊の参謀に尋ねた。

「ちょっと敵の様子がおかしいのですが、中央の方に何か情報は入っていませんか」

「何も聞いていないが、無線情報は入っていないか」

友軍機や潜水艦などによる目撃、探知や通信所の敵信傍受による敵の機動部隊や潜水艦などの所在、行動などに関する目撃情報を指すのだが、特に入っていなかったため、その場はそれっきりになった。

司令部では大田司令官以下、沖根の幕僚に、参謀らが加わり、会議が開かれた。司令部壕はまだ掘削中で、幕僚は壕の南口近くに建てたバラックの兵舎で執務していたが、その一室である。大本営参謀が、敵情判断と来訪の趣旨を告げた。

「敵の沖縄襲来について、陸軍部は三月下旬、海軍部は四月上旬と見ています。沖縄戦のために中央は有るだけの武器、弾薬、軍需品を優先的に緊急輸送し、全部つぎ込むから、大いに頑張って頂きたい。それについて、じっくり話をし、じっくり実情を見、帰って可能な限りの手を尽くすために、やって来ました」

その日は挨拶程度で、一行は同夜、近くの逓信省無線電信局の官舎に泊まった。「十・十空襲」で那覇の料理旅館はすべて焼失したため、沖根司令部がクラブのように使っていた施設だった。

ところが、その日の偵察を裏書きするように、翌三月一日早朝から前年の「十・十空襲」に次ぐ激しい空襲が襲った。四人の参謀らは空襲の合間を縫って沖根司令部の壕に駆け込み、その日は一日、缶詰になったが、連合艦隊参謀は空襲の性格をひどく気にして、大田司令官に尋ねた。

「この空襲は一過性の単なる偵察的なものか、或いは上陸部隊を随伴した本格的な攻略作戦の前触れか、いかが判断されますか」

大田少将は悠然と、しかもキッパリ答えた。

「今日は上陸部隊は随行していないよ。敵は去年十月十日の沖縄空襲の後、レイテに上陸したように、何時も上陸する時は、ずっと北から叩いて来る。沖縄へ来るなら本土を叩くはずだが、今日はやられていないじゃないか。硫黄島からの帰りじゃないか」

太平洋の第一線を歴戦してきた提督らしい、説得力ある答えだったが、それを参謀はどう聞いたのか。

夕方、空襲警報が解除された。小禄飛行場の滑走路にあいた数ヵ所の大きな爆弾の穴が埋められると、大本営と連合艦隊の参謀の二人は、自分たちが乗ってきた一式陸攻の整備を待って真夜中、沖縄を去った。

じっくり話し、実情を見る機会が無いままの出発。「彼らは一体、何をしに来たのだろうか」と言う大田司令官の憮然たる呟きが、新宅さんの耳の底に残っている。

沖根司令部を訪れた大本営、連合艦隊の両参謀は「有るだけの武器、弾薬をつぎ込む」「帰ったら手を尽くす」と言ったが、空襲の背後にある米上陸部隊の影に怯えたのか、あたふたと帰ってしまうと、それっきり何の音沙汰も、補給もなかった。

この空襲の後、本土からの輸送は一部の緊急、潜水艦輸送を除いて、ほとんど途絶したという事情もあろうが、この場合は誠意がなかったと言う方が当たっているだろう。

防備強化は今や、自給自足以外になかった。その第一は、満十七歳以上、満四十五歳までの県民男子に軍人の資格を与え、補助兵力とする防衛召集である。

三十二軍は十九年十月から十二月にかけて第一次召集を行ない、特設警備工兵隊として飛行場建設工事に当たらせた。さらに九師団が台湾に転属すると、兵力を補充するため二十年一月から三月にかけて第二次を召集、陣地構築作業を担当させた。

公刊戦史では、その総人員すら明らかでないが、沖縄の史料によれば約二万二千人、うち六割を超える一万三千人が戦死と記録されている。海軍に配属されたのは約三千人といわれる。

第二次召集では学徒隊も編制され、男女生徒二千三百二十三人が動員されたが、そのほぼ半数、千百三十九人が戦死している。

新宅さんが回想する。

「防衛召集したって、持たせる武器が無いのです。私、司令官のお供をして二十四師団長の雨宮巽中将（陸士26期）を訪ねたら『兵器が足りないので松の丸太製の大砲を自分で考えた。弾丸は百五十メートル位は飛ぶよ』とおっしゃったのにはびっくりしました。重厚で、温厚な、うちの司令官と好一対の将軍でしたが、科学的な才能があったらしく、丸太の芯（しん）をくり抜いて、小銃の火薬をばらして……と説明して下さった。師団長がそんなことをしなきゃあならん程、武器がなかったのです」

新宅さんの後任・山田機関参謀は三月十日に着任、申し継ぎと陸、海軍各部隊への挨拶回りに三日かけた。

「米軍の来攻必至という状況の中で、後に残る人たちに誠に申し訳ない心境でした。大田司令官は何時もの温顔で送って下さったが、前川首席参謀からは暗い感じを受けましたねえ。東大出の城山主計長が『参謀、ワシも連れて行ってくれんか。一緒に行きたいよ』と冗談めかして言いましたが、本音だったでしょう」

海上護衛が次の主務だけに、送ってくれる幕僚たちの兵器輸送への期待は大きかった。

「三十二軍船舶主任の八板参謀や第七船舶輸送司令部の平賀又男中佐なんかが、送別会をしてやるから資材を必ず緊急輸送してくれ、と五、六人で宴会を開いてくれました。みんな、必死でしたよ」

新宅少佐は三月十三日、小禄飛行場から九六式陸攻で鹿児島県の鹿屋基地へ飛び、指宿の四海護・新司令部に着任した。早速、沖縄の幕僚と交わした緊急輸送の約束を果たそうとしたのだが……。

「何とか輸送船団を一編制だけでも組んで、突っ込もうと色々考えました。しかし、結局は駄目でした。制空、制海権が完全に奪われていて、着く可能性がただの一分も無くなっていたからです。残念でした」

と言って、新宅さんは暫く黙りこくった。

補給がない中で、沖縄は日増しに募る米軍機の偵察と局地的な空襲に曝され、虎の子の戦備を失っていく。

沖根麾下の特攻隊として金武湾に展開した第二十二震洋隊は、大田司令官の視察時の指示で、震洋艇の格納壕掘りに追われていたが、半分完成したので、三月十四日、陸上に隠していた艇を収容することにした。

艇を海上に浮かべるのは、佐世保出発以来である。隊長の豊広中尉がこの機会に、整備状況を点検し、隊員にハンドルさばきの勘を取り戻させる洋上訓練を計画したのは、自然な発想だった。

海岸近くに遊弋させた大発を敵艦に見立て、これに向け一個艇隊十二隻を疾走させての襲撃訓練。搭乗員の半数二十五人を艇に二人ずつ乗せ、あとの半数を大発に分乗させて、午前十時ごろ訓練は始まった。

艇隊は四隻ずつ、三個小隊の縦陣を組み、海岸から約二千メートル沖に出て反転、大発に向かって陣形を整えながら、高速航行を始めた時である。豊広隊長は艇隊と並行して、低空で北上する一機の大型機に気づいた。真横から見上げるその飛行機は、川西航空機製作所の九七式大型飛行艇に見えた。豊広さんが、無念の思いを滲ませて語る。

「九七大艇が沖縄の空を飛ぶのは珍しいので、一瞬、米機では、という懸念がチラッと心をかすめたのですが、打ち消しました。金武の空にそれまで只の一度も米軍の偵察機が姿を現わさなかったのと、こんな低空で飛ぶはずがない、と思ったからです。私は、そのうさん臭い飛行機をやり過ごそうと、艇隊に一時停止を命じました。ところが、そのまま北上するかに見えた飛行機が機体をグラッと左に傾け、旋回を始めました。

さらに、次の瞬間、機がさらに傾斜を深めた時です。コンソリデーテッドB24の例の特徴のある二つの方向舵が目に飛び込んで来ました。散開するにも、エンジンを切っているから、間に合わない。コンソリは高度をガーッと下げ、艇隊目掛けて真一文字に突っ込んで来る。

やられるッ。本番の出撃前に、搭乗員を死なせてはならない。『艇を捨てて飛び込め、艇を離れろ』。そう叫びつつ、行動で示すほかないと、私自身が海へ飛び込みました」

コンソリデーテッドB24偵察機は、震洋艇から海へ逃れ、ライフジャケット姿で泳ぐ搭乗員たちに機銃の連射を二度、三度と浴びせた。大発にも機銃掃射と爆弾二発を落として去った。大発は爆弾の直撃を受けて沈没、船上で指揮をとっていた先任将校の藤本光男中尉（海軍予備学生兵科3期）をはじめ搭乗員十五人、大発の乗員四人の計十九人が戦死、艇も五隻が破壊された。

実戦への出撃を目前にしての大きな犠牲と損害に、豊広隊長は半ば呆然とした。その日は戦死者や負傷者の処置に追われて暮れてしまい、翌日午前、大田司令官に報告とお詫びをするため、司令部へ車で駆けつけた。

「空襲に対する注意を全くと言ってよいほど欠いたまま、白昼、訓練をし、起きた被害ですから、すべて私の責任でした。それだけに、頭ごなしに叱られるのを覚悟して行きました。

司令官は、私の報告をジッとうつむき加減で聞いておられたが、私を叱るのではなく、『俺の指導がまずかったかな』とポツリと言われた。着任してから、やらねばならないことが余りに多く、離れた場所に展開している震洋隊へ指導が十分でなかったことを自省されている様子でした。ああ、この司令官は何と、自らを責めるに厳しく、他には寛容な人なのかと打たれるような思いでした。口数少なく、今後の処置を二、三指示されただけで、報告は終わりました」

叱られなかったのもまた辛く、またまた自失状態で幕僚執務室に出てきた豊広中尉に、ニコニコしながら声をかけた人がいる。「俺は新参者の参謀だが、名刺をまだ作っていないので、専らこれで代用しているんだ」と言って、ポケットから下足札ぐらいの大きさの板切れを出し、笑いながら示した。それには、

「沖縄方面根拠地隊司令部
　機関参謀　海軍大尉　山田弘国」

と墨痕（ぼっこん）鮮やかに書いてあった。新宅少佐の後任として五日前に着任したばかりだった。

豊広中尉が肩を落として司令官公室から出てくるのを見て取っての好意だったと思われるが、さらに明るく話しかけた。

「お前たちが一番先に死ぬんだなあ。ところで、お前、女を知っているか」

「――――」

「女を知らずに死ぬのかね。ま、頑張ってくれ。よろしく頼むよ」

着任早々、司令官の意を体して、特攻隊長を元気づけようと気づかう幕僚。司令部の空気はおおむね、大田少将流が徹底していたようである。

5

豊見城の沖根司令部壕の掘削は、民間人はもちろん軍属、軍夫さえ寄せつけず、軍人だけの手で夜を日に継いで続いていた。那覇市前島三の一八の三、精肉商、高良仁徳さん（六二）は二十年の二、三月ごろ、そんな掘削現場に近づき、大田司令官に出会った数少ない一人である。

当時十四歳で、小禄第二国民学校高等科一年。父は十八年、ニューギニアで戦死、病床に臥せっていた母も二十年一月三日の空襲で、崩れ落ちた自宅天井の梁（はり）の下敷きになり、亡くなっていた。

残された姉・トシ子さん（一六）、高良さん、妹・光子さん（九つ）の三人は本土へ疎開する手続きを済ませていたが、父の遺骨が帰還、波之上宮で県の合同葬が営まれることになったため、沖縄に残り、やはり小禄に住んでいた伯父・亀千さん方に引き取られた。

司令部壕の掘削は十九年秋から、南北二つの入口にダイナマイトを仕掛け、始まっていたが、南口の近くに亀千さんのサトウキビ畑があった。ある日、知人が「君たちのサトウキビ畑が土に埋もれているよ」と知らせてくれた。亀千さんは高良さんに「お前も来い」と言って駆け出した。

なるほど、畑は壕口からトロッコで運び出された土の捨て場になり、サトウキビが一部、埋まっていた。辺りは上半身裸で、忙しく立ち働く兵隊でいっぱい。亀千さんは怒り、兵士の群れに噛みついた。

「いくら兵隊だといっても、作物にそのまま土を被せるのは問題じゃないかッ」

戦闘帽に一本、線が入った下士官が飛び出して来て、逆に怒鳴り返した。

「貴様、非常事態に、何を言うかーッ」

亀千さんが言い返し、辺りは騒然となった。その時である。半袖、開襟姿の年配の将校が現われ、兵隊が全員、直立不動で敬礼するのには目もくれず、亀千さんに穏やかに話し掛けた。

「ご迷惑をお掛けして申し訳ない。しかし、緊急事態の突貫工事ですので、よく理解して、協力して下さい。何ならサトウキビを刈り取ってもらえないか」

「最後はお願いする様な調子で、大変、紳士的な人でした。兵隊たちの『閣下』という声が聞こえたので、司令官と分かりました。途端に、伯父も僕もカチンカチンに固くなってしまいました。

伯父がかすれた声で『どうぞ、使って下さい』と答えたので、一件落着しました。
兵隊は陸軍も海軍も、気が立っているせいか傲慢（ごうまん）でした。村の道路に地雷を一杯敷設するので、村人が人が通る所だから避けてくれ、と頼んだら、人が通るから敷設するんだーッ、と怒鳴られる始末でした。それだけに、大田司令官のあの態度、優しさには敬服しましたねえ」

壕から出た土砂の処置をめぐって図らずも明るみに出た大田司令官の地元民に対する心遣いは、パーッと小禄、豊見城村の住民の間に伝わり、司令官への親しみが増したようだ。

三女・板垣愛子さんは昭和四十二年、初めて沖縄を訪れ、旧海軍司令部壕に参ったが、壕のすぐ近くにあった豆腐屋のおばあさんに声を掛けられた。

「あれっ、大田司令官にそっくりだ。あんた、娘さんでしょ?」

同行者の中に、戦中、司令官の専用運転手で、沖縄戦の生還者として現地では顔が売れている堀川徳栄・沖縄トヨペット専務（当時）らが居たとはいえ、自分の顔を見て父娘の間柄を当ててもらえたことに、愛子さんは感激した。腰の曲がった、しわくちゃのおばあさんは、ボロボロ涙を流しながら話してくれた。

「あんたのお父さんは、それはお豆腐が好きで、アメリカー（沖縄では戦後長らく、アメリカを音引きで呼んだ）の爆弾を受けている時でも、お豆腐が出来たら届けに行きました。お豆腐はうちの地下壕に隠してあった大豆で作って、最後まで召し上がって頂きましたよ」

沖縄の豆腐は縦、横約十五センチ、厚さが十センチもあり、本土のものより固く、しっかりしている。豊見城村は古来、その名産地である。西方の与根（よね）海岸の海水が豆腐づくりに適しているのと、水質の良い地下水に恵まれているためで、今でも豆腐屋さんが十数軒もある。

自宅に居る時、湯豆腐や冷や奴を欠かさなかった豆腐好きの大田少将は、その偶然に喜び、地元の好意をも併せて賞味したに違いない。

大田司令官はまた、自分たちが戦場として選んだ小禄村の住民の、北部・国頭地区への疎開についても心を砕いた。小禄村民の疎開地は、名護が指定されていた。

老幼婦女子・学童計十万人の島外への疎開計画は、前年七月のサイパン玉砕と同時に閣議で決定され、この年三月上旬までに何とか約八万人を送り出した。

一方、島内疎開は二月十日、沖縄県知事主催の緊急市町村長会議で決まった。大田司令官と並んで県民の尊敬を今も集める島田叡知事が積極的に推進した。当時、沖縄県内政部人口課長として疎開の責任者を務めた故・浦崎純氏が著書『消えた沖縄県』の中で書いている。

《――北部地区への退避は、輸送力の事情で困難をきわめた。こうしたなかで、小禄村にいた海軍設営隊は、部隊の手持ちトラックを総動員して、退避に協力してくれた。おかげで、小禄村はどの町村よりも早く作業を終えた。

わずかではあったが、一、二の町村でも、徴用した車輌の一部を返して協力してくれる部隊もあった。しかし、このような町村は、全体からすればほんの一部で、多くの町村は輸送力なしの徒歩移動だった。》

第十九章　秋水ヲ払ヒテ

1

《「来年の桜の花の咲くころは」「吾(わ)れ沖縄の島守たらん」の二句は、昨春来私が好んで繰り返した言葉だ。昭和二十年三月二十三日、ついにその大なる時は、百雷の如(ごと)き砲爆を先駆として、冷厳なる現実となった。（中略）すでに敵機は首里上空を乱舞している。小禄飛行場や北（読谷(よみたん)）、中（嘉手納(かでな)）飛行場方面のわが防空陣が一斉に咆(ほ)え始め、があんがあんと大型爆弾の破裂音が腹にこたえてくる。――》

第三十二軍高級参謀の八原博通大佐（陸士35期）が昭和四十七年に出版した『沖縄決戦――高級参謀の手記』（読売新聞社刊）の記述である。

沖根司令部付の砲術科兵曹長・新山重満さん（七七）（鹿児島県国分市下井六一六）は十九年七月、佐世保防備戦隊から沖縄へ派遣された人。現在は残念ながら病気療養中で、込み入った取材は出来ないが、三十一年四月に書いた「玉砕部隊・生き残り戦記」(雑誌「丸」所収)で、その日のことをこう綴る。

《――明方近く、非常警報に夢を破られて、何事だろうと陣地について、南方海上を眺めると、数隻の戦艦空母を中心に、大小数百の艨艟(軍艦)、海を圧して迫りつゝあった。敵は午前八時頃から、約三百機をもってする空襲を皮切りに、沖縄猛攻の火蓋を切った。》

北部の運天港も襲われた。第二十七魚雷艇隊の主計長だった住田さんの回想。

「桟橋で充電中の甲標的一隻が沈没し、兵舎も倉庫も焼き払われました。私は松の大木を楯に敵機の状況を見ていたのですが、機銃掃射に続いて小型爆弾を落として来たのには肝を潰しました。物量が豊富なんだなあ、と緒戦から驚かされました」

次は小禄村字宇栄原の護部隊の壕に居た上等機関兵・東江さんの追想。

「年配の重住一等兵曹が言いました。『オイ、今日の空襲はいつもと違うぞ、時間も長い。ひょっとすると上陸だよ』と。ゾーッと寒気がしました」

これに先立つ十日、グアム、サイパン、テニアンを出た米軍爆撃機B29三百三十四機が東京を大空襲していた。さらに十一日は名古屋、十三日は大阪、十八日は四国、九州、十九日に阪神、呉を襲っている。「上陸する時は、うんと北の要衝から叩いて来る」と、かねてから語っていた大田司令官の情勢判断に従えば、沖縄上陸は必至の情勢だった。

このため、海軍も陸上戦闘の準備をする必要にせまられ、沖根はこの月中旬、沖縄島連合特別陸戦隊(沖特陸)を編制、配備を終わっていた。沖根部隊(司令部直属の千五百人、豊見城配備)、

巖部隊（南西諸島海軍航空隊の三千人、田原（たばる））、護部隊（第九百五十一海軍航空隊小禄派遣隊の八百人、宇栄原）、山根・礎部隊（第二百二十六、第三千二百十、両設営隊の三千人、小禄）など十八部隊、約一万人。

このうち国頭地区隊（運天港や金武湾の特攻部隊）、陸軍派遣隊（石垣、宮古の同部隊）を差し引くと、小禄半島に配備されていたのは約八千人である。しかも、その内訳は、軍属が主体の設営隊員が三千人も居たことで分かるように、陸戦の訓練を受けていた既教育兵は約三千人しか居らず、約五千人は本来なら後方関係要員だった。

従ってと言おうか、無残にもと言おうか、小銃は各隊員の三分の一にしか渡らず、その他は竹（たけ）槍（やり）を持たされていた。手榴弾も一人に二、三発しかなく、急造爆雷約二千が頼りだった——と公刊戦史は書く。

三月二十三日の空襲は終日続き、来襲機数は延べ千数百。空襲はその後、連日となり、二十四日からは押し寄せた戦艦八隻、駆逐艦二十七隻からの艦砲射撃が、本島南部や中城湾に叩き込まれた。

三十二軍は二十四日、戦闘配備を下令、連合艦隊は沖根司令部に対し、迎撃の作戦を指示した。それは「敵艦艇の砲撃に対しては砲台を隠蔽（いんぺい）して応戦せず、近づく艦艇は甲標的を活用して攻撃せよ。上陸用舟艇に対しても本隊の到着を待ち、陣地の擬装を強化して敵を引き付けられるだけ引き寄せよ」という基地秘匿作戦であった。

三月二十五日になると、沖縄本島周辺の米艦艇は四群、計四十四隻を数え、艦砲射撃は小禄飛行場、その西約三十キロの海上に広がる慶良間列島にも及んだ。

連合艦隊はこの日、沖根司令部に対し「天一号作戦ノ全般作戦指導ニハ貴司令部ノ戦況速報並ニ意見ヲ有力ナル資料トセラレルニ付苟クモ作戦資料トナルベキモノハ細大トナク速報アリ度」と要求した。

天一号作戦というのは、沖縄方面への米軍の進攻を特攻を主とする航空作戦で撃破しようとする計画で、陸軍は第六航空軍司令部（福岡）と第八飛行師団（台湾）が千六百二十機を用意、海軍は第五航空艦隊司令部（鹿屋、略称・五航艦、司令長官、宇垣纏中将＝海兵40期）を中心に三千百八十五機を準備した。

台湾の八飛行師団は配置上、仕方ないとしても、密接に協力すべき陸海軍の航空司令部が九州の南北に離れて作戦することに、奇異な感じを持たれると思う。この背景にあったのは、天一号作戦に対する陸海軍の考えの違いだった。陸軍は本土決戦の前哨戦と考えていたのに対し、海軍は沖縄戦をこの戦争の最後の決戦と考えていたため、協同作戦が取れなかったという「大ナル過失」が、ここにもある。

それはさておき、軍人としては珍しい程、人命を尊んだ大田少将に、人命を賭しての作戦を成功させる情報が求められたというのも皮肉だが、それだけに以後の戦況速報は詳細を極める。それは今、防衛庁防衛研究所に七冊の「南西諸島方面電報綴」として残っており、司令官以下、幕僚全員が玉砕する沖根の戦いを今に伝える唯一の基礎資料となっている。

司令部壕内で大田司令官に親しく仕えた人が既に亡い今、証言を重んじる本稿も、この後、沖縄戦が激しくなる局面では、この電報速報に頼って話を進めざるを得ないことを、予めお断わりしておきたい。

さて、大田司令官は、やはりこの二十五日夕刻、連合艦隊から指示された作戦要領に従い、麾下の奇襲兵器部隊に出撃を命じた。

先陣は第二蛟龍隊で、同じ運天港に展開していた第二十七魚雷艇隊の住田主計長によれば、第一小隊の特殊潜行艇三艇が午後十時から各艇一時間おきに出撃、那覇の西北西十キロ、地元でチービシ（干瀬）と呼ぶ神山島付近の米艦船に夜間攻撃をかけ、巡洋艦、戦艦各一隻を撃沈と伝えられたが、戦果は不確実だった。

さらに同十一時から第二小隊の二艇が中部西海岸、景勝地として知られる残波岬沖に出撃したが、戦果は不明。二個小隊、計五艇のうち帰還したのは、第一小隊の一艇だけであった。

三十二軍の上級司令部・第十方面軍（台湾）と連合艦隊は二十六日午前十一時、米軍の沖縄来襲は明白になったと見て、天一号作戦を発令したが、実はその二時間前、米軍は慶良間列島に上陸していた。

三月二十七日、沖縄周辺の敵艦船は約百隻に達し、艦砲射撃は北（読谷）、中（嘉手納）飛行場、南部の港川に集中した。米軍は両飛行場の西側海面で掃海を始め、港川では上陸用舟艇十四隻が海岸線まで来て、引き返すなどの陽動作戦も行ない、緊張は高まった。

しかし、これを撃つべく準備された特攻機は、偵察機の不足に加えて、搭乗員の練度不足、敵の激しい対空弾幕に遮られ、蝟集する敵艦船を目の前にしながら、めぼしい戦果は上げられなかった。

そこで、大田司令官は同日夕、運天港の第二十七魚雷艇隊と金武湾の第二十二、四十二震洋隊に出撃を命じる。この命令を受けた時の状況、命令文の含蓄の深さについて、第二十二震洋隊隊長だった豊広さんは、終生忘れられない強烈な印象を持つ。

「隊長ッ、重要電報が入っています。私の側で司令部からの電報を解読していた暗号班の石井二曹が叫びました。いよいよ来たな、というのが最初の感慨です。今日か、明日か、と夕刻近くになると待っていたものが、ついに来たのですから。それも自分以下、隊員たちが命を捨てる命令ですからね」

豊広中尉は、石井二曹が「出撃です」と言いつつ差し出した受信用紙を、食い入るように見つめた。

「第二十二震洋隊並ビニ第四十二震洋隊ハ各隊六隻ノ震洋艇ヲ出撃サセ、中城湾沖、港川方面ノ敵艦船ヲ攻撃セヨ。但シ敵ヲ発見セザルトキハ速カニ基地ニ帰投セヨ」

この短い命令の、どこが含蓄深いのか。先ず、出撃艇数である。

一個艇隊は十二隻（四隻×三個小隊）であることは既に書いたが、一個部隊は四個艇隊からなり、二隻の予備艇を含め、五十隻が定足数である。この四個艇隊が一斉に出撃、群がる船団に襲いかかるのが、震洋隊の基本戦法とされた。ところが、出撃するのは半個艇隊の六隻ずつ。両隊合わせて、やっと一個艇隊である。豊広さんが説明してくれた。

「四十二震洋隊は沖縄へ来る途中に敵潜水艦の攻撃を受け、艇は十七隻しか届かなかったし、私の隊も三月十四日の空襲で五隻失ったので、当時の保有艇数は二隊で計六十二隻でした。だから、無駄使いしないで、しかも最大の効果を挙げるよう、慎重に考えられた末の艇数だったと思います」

第二点は、末尾に但し書きで付けた帰投命令の一節である。

「大田司令官の温情です。特攻隊員が会敵を果たさず、基地に帰ることの大義名分を、予め与えておいて下さった。私は何回か現地でお会いして、公式の面接であったのに、提督の優しさをひしひしと感じていましたが、それが命令の上にも滲み出たのです」

2

初の出撃命令を受けた第二十二震洋隊隊長・豊広中尉は、第四艇隊長の岸本兵曹長を長とする七人の搭乗員を選び、午後十時の出撃へ向けて、艇を格納壕から引き出して水に浮かべる「泛水」や、「頭部装着」などを命じた。

頭部とは、震洋艇の舳先に入れる二百五十キロの爆薬で、敵艦に体当たりした時、鉄の容器に付けてある二個の電気信管が作動、起爆するようになっている。因みに二百五十キロの爆薬は、神風特攻機が抱いて突入した爆弾と同じ重さで、特攻機が敵艦船の上部構造物、特に空母の飛行甲板をねらったのに対して、震洋艇は吃水線を狙った。装着すると、普通のモーターボートの舳先に大関・小錦（過去最高体重は二百六十二キロ）を乗せたのと同じで、軽快な艇が途端に鈍重な感じになった、と言う。

それはとにかく、両隊の基地が出撃準備に大わらわになっていた時、沖根司令部から「護国刀」が届いた。連合艦隊司令長官の豊田副武大将（海兵33期）が特攻隊員に贈った別れの短刀で、白鞘に長官の署名と「護国」の揮毫がなされ、菊水の地模様の錦の袋に納められていた。

出撃に間に合うように、と必死の思いで、激しい艦砲射撃をかいくぐって届けてくれた思い遣りが、隊員たちを再び感激させるのだが、豊広さんは大田司令官の専任理容師・金城義雄さんの回想記を読んで「金武村への案内役は、金城さんに違いない」と言う。その回想記に依ろう。

《――敵潜が交わす生の情報も刻々入り、海軍壕の作戦室に入る訳にはいかないが、参謀の方々が深刻な会議をなさる様子も大よそ解っていた。

某日、久保大尉が隊員を集めて、震洋隊のある金武に連絡を取りたいが、誰か道案内をする者はないかと尋ねた。誰も返事をしないので、側から私が手をあげた。家族を金武に疎開させていたせいもあった。

すると司令官は「もうお前は任務を果たしているし、あっちで死んでも、こっちで死んでも同じことだから、もう帰って来るなよ」と言われた。

その日の夕方、下士官四名と共に私はトラックに乗ったが、大田司令官は自ら日本酒一本と恩賜の莨チェリーを私に下さり、金城よくやった、もう帰る必要はないからねと仰言って、見送りもして頂いた。

金武に行った後、夜中に家族の処で、これが最後かも知れないと豚を丸焼きにして、明け方まで下士官四名と共に司令官から頂いた日本酒で別れの盃を交わし、彼らと別れた。それが私の軍司令部との最後の別れとなったが、それは二十年の三月中旬だった。

大田司令官のお言葉通り金武で家族と過ごしていた二十年五月のある日、住民五十名と共に米軍に捕まった。》

二十七日夜、出撃した特攻艇隊のうち、運天港を出た二十七魚雷艇隊の十隻は同夜、残波岬北方洋上で敵艦船群に魚雷十六本を発射、巡洋艦二隻を撃沈、駆逐艦一隻を撃破と伝えられた。損害は一隻擱坐（かくざ）だった。大田司令官は激励電報で、功績を讃（たた）えている。

同隊は二十九日も出撃、十隻が本部半島の西にある伊江島周辺で米艦船十数隻を攻撃し、巡洋艦、駆逐艦各一隻を撃沈と報じられた。損害は二隻が未帰還であった。

ただ、米側資料によれば、沖縄戦での米艦船の喪失は三十六隻、損傷三百六十八隻を数えるが、巡洋艦以上の大きな艦の喪失はなかったとしているので、誤認があったかも知れない。しかし、この損害にショックを受けた米軍は魚雷艇基地に報復の大空襲をかけ、残っていた艇は破壊し尽くされてしまう。

一方、二十七日の震洋隊は敵に出会えず、辛い思いで帰投した。中城湾沖、港川方面と一口に言うが、本島南東部一帯の三十海里はある広い海域。しかも敵は陽動作戦中で、容易に姿を現わさなかった。

二十九日には、四十二震洋隊（十五隻）に二回目の出撃命令が出たが、またも敵と出会えないうちに夜が明けてしまった。そこをグラマン艦爆に襲われ、ちりぢりになって主に中城湾にたどり着き、同隊は以後、陸戦に移行せざるを得なくなる。

残っていた二十二震洋隊は、ジリジリしていた。三十日夜、四十二震のうち一隻だけ金武湾に帰投した艇から「帰途、中城湾に巡洋艦など多数の敵艦船がいた。今、出撃すれば会敵、間違いなしです」と聞くと、豊広隊長は独断で第三艇隊十二隻を出撃させた。

だが、またも敵とは出会えなかった。朝の帰投が遅れ、格納壕に入れる時間がなかったため、海岸線の木陰に擬装しておいたところ、グラマンの空襲に遭い、爆雷が爆発して十二隻ともかき消えてしまった。

豊広中尉は、独断で自隊を第二次出撃させ、その結果、一個艇隊を失ったことを大田司令官に報告した。

「折り返し、返電が来ました。今度こそは頭からひどいお叱りを受けることを覚悟していたのですが、それは『死を急ぐのみが特攻隊の道に非ず。万事、慎重に事を決すべし』というような電文でした。人命尊重の考えは、あの局面でも変わらなかったですねえ」

二十二震は、この後、四月三日夕方、第三次出撃を命じられる。一個艇隊の出撃命令で、今回もまた「敵ヲ発見セザル時ハ基地ニ帰投スベシ」の但し書きが付いていた。

しかし、泛水に手間取って五隻、十人で出撃、うち市川正吉、鈴木音松・両上飛曹の搭乗した艇が金武湾沖で、駆逐艦に突っ込み、轟沈させた。

しかし、残る隊員はこの後、水上出撃の機会を失い、北部を中心とする陸戦に移行する。

奇襲兵器部隊の特攻も、群がる敵艦船を撃退するに至らず、米軍上陸が目睫の間に迫った三月三十日未明、大田司令官は沖根麾下の全部隊に訓電を発した。元寇の役で蒙古軍を撃退した鎌倉幕府の執権・北条時宗、心酔する楠木正成父子を例に引き、愛する日本刀をも登場させた文武二道の人らしい名文である。

「天一号作戦既ニ発令セラレ　皇国防衛ノ大任ヲ有スル吾等　正ニ秋水ヲ払ヒテ決然起ツベキノ秋ナリ　夫レ元軍十万モ恐ル所ナク　之ヲ西海ニ撃退セシ時宗ノ胆　忠烈千古楠氏ノ訓ヘニアル聖将ノ大信念コソ偲バザルベケンヤ　驕敵今ニシテ撃タズンバ留ル所無カラン　真ニ皇国興廃ノ大任ハ吾等ノ双肩ニアリト言フベシ　諸士良ク各自ノ重責ヲ思ヒ　尽忠更ニ訓練ヲ重ネ　必勝ノ信念ニ徹シ　真摯自愛勇戦敢闘　以テ皇恩ニ副ヒ奉ランコトヲ期セヨ」

　ここでも「自愛」の一言を入れるのを忘れていないが、宛て先は沖縄島連合特別陸戦隊に編制替えされていた沖根麾下の十八部隊である。しかし、前述の様に部隊の兵員は足らず、装備はお粗末の一語に尽きた。そんな状態で戦わねばならなかった〝陸戦の大家〟大田少将の心情を思う時、訓電は誠に悲痛に響く。

　米軍は三月三十一日、那覇の目の前にある神山島に上陸。そして遂に四月一日午前八時、沖縄本島に上陸を始めた。その第一電は沖根司令官名で打たれた。

「那覇沖　敵輸送船約六十隻ヨリ水陸両用戦車多数ヲ以テ北飛行場（読谷）方面ニ上陸ヲ開始中
〇八〇〇」

「北飛行場上陸予想点ニ対スル艦砲射撃ハ熾烈ヲ極メツツアリ　尚朝来飛行場ヲ銃爆撃シアリ
〇八〇四」

　押し寄せた米艦船は約千三百隻、上陸した地上戦闘部隊は陸海の七個師団約十八万三千人、補給部隊を合わせると約四十五万八千人もの大軍だった。これは上陸直前の沖縄本島の人口（約四十九万）に迫る。

対する日本軍守備隊は、陸海軍合わせ二個師団半の約九万四百人、現地防衛の召集兵約二万五千人、男女学徒隊二千三百六十一人を加えても約十二万二千人。約四万の一の兵力で、沖縄戦は戦われる。

第二十章　沖縄戦

1

　九五一空の東江一等機関兵は、沖特陸への編制替えで護部隊・蒲地中隊所属となり、伝令を命じられていた。四月一日朝、司令の羽田次郎大佐の名前から取って「羽田山」と名付けられた宇栄原の部隊本部で、二通の通達を受領した。

　それは大要「敵機動部隊は本朝、残波岬に上陸せり。わが友軍はこれを迎え撃ち、敵に多大なる損害を与えたり」「平安山（中飛行場の南）の海軍第十一砲台は敵上陸用舟艇に果敢なる攻撃を加え、六隻撃沈の赫々たる戦果を挙ぐ。指揮官、西川康男兵曹長以下三十名は全弾を撃ち尽くしたる後、総員玉砕せり。今次戦闘の戦死第一号として上聞に達し、二階級特進の栄誉に輝けり」という内容だった。

　東江一機は、その通達を各小隊に伝えるため、本部を飛び出したが、辺りを見渡して度胆を抜かれた。

「多大なる損害を与え、と言ったって、小禄半島から中部の嘉手納方面を望むと、海も水平線も見えないくらいに敵の艦船で埋まっていました。あの恐ろしさ、不気味さは、とても言葉では言い表わせません。しかも、上陸用舟艇が、なおも陸続と上陸している様子が手に取るように見える。なぜ陸軍は目の前の敵を攻撃しないのか、と無性に腹が立ちました」

東江一機らは聞かされていなかった第三十二軍の作戦は、八原高級参謀が前出の手記で書いている。

《昭和二十年四月一日！　今日こそは敵は必ず上陸を決行するだろうと、未明、司令部壕（首里山）を出て記念運動場に登る。司令官、参謀長を始めとし、軍幕僚全員一団となって戦場を大観する。（中略）

嘉手納沖の広大な海面は、無数の敵輸送船で埋まり、戦艦、重巡各十余隻を基幹とする二百隻の大艦隊は艦列を組んで、波平（なみひら）付近より平安山に至る七、八キロの海岸地帯に、ここを先途と、巨弾の集中射を浴びせている。煤煙火煙塵煙（じんえん）天に冲（ちゅう）し、豆粒大に見える無数の敵機が、その煙幕を潜（くぐ）って急降下爆撃をしている。

午前八時、敵上陸部隊は千数百隻の上陸用舟艇に搭乗し、一斉に海岸に殺到し始めた。（中略）彼らはアッツ以来、太平洋の島々の戦いで、繰り返されてきた日本軍の万歳突撃――必死の形相もの凄く日本刀を振りかざし、手榴弾を投じ、銃剣を突きつけ戦友の死体を乗り越え、万歳を絶叫しつつ突撃しきたる日本軍の大集団――を当然予期しているだろう。

米軍上陸全般図
N
辺戸
伊江島
本部半島
八重岳
水納島
4月16日上陸
4月15日上陸
タニヨ岳
名護
名護湾
久志岳
第三遊撃隊
恩納岳
第四遊撃隊
石川岳
金武
金武湾
特設第一連隊
読谷山
第6海兵師団
北飛行場
中飛行場
第1海兵師団
第7師団
第96師団
賀谷支隊
島袋
津堅島
中城湾
牧港
和宇慶
第六十二師団
米軍砲兵
神山島
3月31日上陸
南飛行場
首里
与那原
那覇
軍司令部
小禄飛行場
第二十四師団
独立混成第四十四旅団
八重瀬岳
湊川
与座岳
陽動
0
10
20km
「戦史叢書」より

だが、いま首里山上に立つ日本軍首脳は、全然その気配を見せない。ある者は談笑し、また他の者は煙草をふかしながら、悠々敵の必死の上陸作戦を眺めている。何故だろうか?
我々日本軍はすでに数カ月来、首里北方高地帯（牧港―我如古―和宇慶）に堅陣を布き、アメリカ軍をここに誘引し、一泡も二泡も吹かせる決意であり、その準備は整っているからなのだ。――》

米軍の沖縄上陸に対して、三十二軍が水際撃退作戦を諦め、持久戦略を取った理由は、兵力の決定的な不足である。前年十一月、第九師団が台湾へ引き抜かれた段階で、それは決まっていた。だから、米軍の上陸海岸付近に配備されていたのは六十二師団の独立歩兵第十二大隊（敦賀編制の賀谷支隊、約千人、海軍第十一砲台も傘下）と、九日前に俄に編制した特設第一連隊（三千人）だけだった。

特設連隊は兵站・航空・船舶要員など本来、後方任務の約五千人を、六つの戦闘部隊に組み替えたもので、第一連隊は北、中飛行場大隊が主。県立農林学校の鉄血勤皇隊百七十三人も含まれていた。

三十二軍の高官は、無理矢理仕立てあげたこれらの六個連隊を「烏合の臨編部隊」と呼んで憚らなかったが、そのくせ火砲も持たないこの部隊を、上陸が早くから予想された地区に配置している。捨て石としか言いようがない。

そんなこととは露知らぬ米第十軍司令官・バックナー中将率いる沖縄攻略部隊の第一波・二万人は、日本軍の万歳突撃を覚悟して嘉手納海岸に殺到した。グアム、サイパン、テニアン、硫黄島などを制圧してきた歴戦の精鋭部隊──第一・第六海兵師団、第七・第九十六歩兵師団である。海兵も陸兵も、小型シャベルを背嚢にくくりつけていた。日本軍の砲火から身を守るタコツボを掘るためだった。

しかし、日本軍の銃砲弾は一向に火を噴かず、今か今かと待つうちに海岸に着いてしまった。四月一日はエープリルフール。日本軍にかつがれているのではないか、と思った兵士も少なくなかったと言う。

その日のうちに五万人が上陸、午前十時半に中（嘉手納）飛行場、同十一時半に北（読谷）飛行場を占領、日没までに海岸正面一万五千ヤード（一万三千七百メートル）、奥行き五千ヤードに橋頭堡を築いた。

十八日後、北部・伊江島で戦死、戦後、進駐軍専用劇場（現・東京宝塚劇場）に名を残した従軍記者アーニー・パイルは、その日の模様をこう書いている。

《──いまだかつて私は、沖縄のような上陸作戦を見たことはなかった。隊には一人の戦死者もなく、一人の死傷者もなく、衛生兵たちは包帯や医薬品、担架などの荷物のそばになすこともなく坐っていた。焼かれた車両は一台もなかった。また海岸にも破壊されて横倒しになっている船一隻とてなかった。上陸作戦につきものの大量殺戮の場面は、そこでは見事といっていいほどなかった。──》

第六海兵師団は北飛行場から北へ、第一海兵師団は中飛行場から島を横断して勝連半島・中城湾へ進撃した。第七歩兵師団は東岸、第九十六歩兵師団は西岸沿いに南下、四月五日には早くも三十二軍の主陣地帯・牧港―我如古―南上原の前面に姿を現わした。

大田司令官は沖縄へ赴任して来た時、既に決まっていた陸軍の戦略持久作戦には否定的だった。四月三日夕方、海軍次官や各司令長官宛てに次のような電報を打っている。

「本作戦ノ成否ガ皇国ノ興廃ノ岐ルル所ナルコト大臣訓示ニ明ナリ　而シテ其ノ鍵関ハ航空母艦ノ撃滅ニ在ルコト『ミッドウエー』ノ戦例ニ依ルモ炳乎（明らか）タルモノアリ　今ヤ帝国ハ正ニ其ノ絶好ノ機会ニ遭遇スルト共ニ敵ノ北、中飛行場地区ニ侵入セル今日　日時切迫シ日子ノ経過ヲ許サザルモノアリ　帝国海軍ノ航空機、潜水艦、魚雷艇、蛟龍等其ノ全力ヲ挙ゲテ主力艦特ニ航空母艦撃滅ニ一路邁進センコトヲ望ム　此ノ為既成ノ魚雷艇、回天、蛟龍等モ速ニ当方面ニ進出方　手配ヲ得度」

これを受けて五航艦の宇垣司令長官は四日午前、菊水作戦の図上演習を行なった。海軍航空部隊が中心になって沖縄来攻の米軍艦船に対し大挙、特攻攻撃を加えた作戦で、宇垣長官は太平洋戦争に関する個人秘録として有名な「戦藻録」の、四日の項で正直に書いている。

《――特攻兵力の大部を挙げ、一か八かの大博打を打つものにして第二、第三と続行し得ざるものなれば大に慎密ならざるべからず。制空権を得ずして、技倆劣れる特攻を成功せしめんとする処に無理もあり、苦心も大なる所以なり。GF（連合艦隊）は一大航空決戦の実施を以て、船団攻撃を下令せり。（中略）

沖縄の敵は北飛行場及び神山島に小型機二、三機を進出せしめたる状況に於て、大田沖縄方面根拠地隊司令官は、戦訓に鑑み敵機動部隊の撃滅を第一とすべく要望す。――》

作戦は四月六日の一号から六月二十二日の十号作戦まで実に十次に及び、二千五十五人が散華した。あの戦争での海軍特別攻撃隊の戦死者は二千五百七人だから、その八十二パーセントが沖縄の空に散ったことになる。陸軍も八百八十九人が散華している。しかも、海軍の実用機は五月十日の六号作戦で無くなってしまい、最後は練習機や偵察機に頼らねばならなかった悲痛な作戦だった。

再三、特攻攻撃を目撃した護部隊の東江さんが話してくれた。

「友軍の特攻は昼間はとても飛べないので、夜襲が主でした。対空砲火の弾幕が砂を上空に放り上げたように凄く、艦船にたどり着くまでにほとんど撃ち落とされてしまう。固唾を飲んで見ている我々の歓声は直ぐに悲鳴に変わり、腸の千切れる思いでした」

四日の「戦藻録」は、さらに踏み込んで書いている。

《――GF参謀長は、第三十二軍参謀長宛長文を以て軍が北、中飛行場方面に主力を注入して敵の使用を封殺すべき意見具申を発電す。どちらも理屈は存するなり。戦思ふに委せざる時、この種の押問答は得てして生じ易く、敗戦の兆しともなるなり。――》

五航艦の宇垣長官が「戦藻録」に書いた「どちらも理屈は存するなり」は、持久戦略を旨とする沖縄三十二軍、それに対していち早い反撃を主張する側、それぞれの立場を言ったものだが、持久派は現地軍だけだった。

当初、持久作戦を了承していた大本営は、両飛行場があまりにも簡単に奪われたことに衝撃を受け、「敵の出血強要、飛行場地域の再確保」を要求した。三十二軍の上級司令部である第十方面軍（台湾）は最初から水際撃滅を主張していたから「早く攻勢を」と要望、第八飛行師団（同）も「戦機を逸せんことを恐れる」と打電した。加えて、連合艦隊である。これら攻勢派は、現地軍は自己の延命を図っているのではないか、敵は二つの飛行場を足場に直接、本土を窺うのではないか、と懸念した。

　三十二軍は初め聞き流していたが、数日を経ずして強気の長参謀長と慎重派の八原高級参謀の間に攻勢か、持久かを巡って〝軋み〟が生じた。以後、同軍司令部は両論の間を揺れ動き、「戦藻録」の指摘通り「敗戦の兆しともなる」躓きを繰り返して行くのだ。

　軍は五日の参謀会議で、高級参謀の強硬な反対を押し切り、第一回反攻を八日と決定した。首里北方高地帯を守っていた六十二師団を中心に、両飛行場を奪回、敵を撃滅するという作戦だった。

　攻勢を望んでいた連合艦隊はこれに呼応、六日、前記の航空特攻・菊水一号作戦を発動すると共に、戦艦「大和」以下十隻の海上特攻隊を編制、出撃させた。「大和」は片道の燃料しか無かったが、八日黎明に沖縄沿岸へ突入出来たら、浮砲台となって四十六サンチの巨砲で陸上戦闘を支援する段取りだったが……。日本海軍の象徴であった巨艦は翌七日、鹿児島県坊ノ岬南西約百十マイルで敵艦載機約二百七十機の集中攻撃を受け、乗員二千四百九十八人と共に沈んだ。

　ところが、肝心の反攻は六日夕、「敵、本島南部に新たに上陸の恐れ」という情報だけで中止されてしまい、陸海軍呼応の作戦は不発に終わる。

　結局、第一回反攻は十二日、二十四師団の歩兵二十二連隊（松山）、六十二師団の独立歩兵二

十三大隊（敦賀）、独混四十四旅団の指揮下に入っていた同四十五旅団独歩二百七十二大隊（徳島）、同二百七十三大隊（高知）による夜襲として行なわれたが、集中砲火を浴び完全な失敗に終わった。

米軍の攻撃は、物量に乏しい日本軍が「耕す戦法」と驚嘆する、すさまじさだった。前進地域を無尽蔵に近い〝鉄の暴風〟で田畑を耕す様に掘り返し、遮（さえぎ）る物が無くなってから進んで来る。従って、日本軍は昼間は地下壕に潜み、夜襲で陣地を奪還するのだが、夜間の動きは鈍く、どうしても「昼間二歩後退、夜間一歩前進」にならざるを得ない。南上原東西の線にあった日本軍の主陣地は、日々、平均百メートルずつ、じりじりと押し下げられて行く。

2

三十二軍が中部中頭（なかがみ）郡の南部一帯で寸土を争う激しい攻防戦を展開している頃、沖根が守備する小禄半島は連日、砲爆撃にさらされていた。それは西北西十二、三キロの神山島の米砲兵陣地と沖合の艦船から叩き込まれ、時には小禄地区への新たな上陸の前触れか、と思わせる程の激しさだった。

現に付近海面の掃海は四月七日には終わっており、大田司令官は同夜「小禄飛行場付近ニ敵上陸ノ気配アリ厳戒中」との電報を打っている。三十二軍が八日の第一回総攻撃を中止した際の根拠の一つになっていると思われるが、このため沖特陸は小禄に釘（くぎ）付けになり、一歩も動けなかった。

大田司令官は四月十七日の沖根戦闘概報を、こう打電している。

「小禄基地陸戦陣地及其ノ他　終日緩慢ナル砲爆撃ヲ受ケ　高角砲ハ観測機ヲ配スル艦砲及神山島重砲ノ集中砲火ヲ蒙レリ」

日本軍は米軍の小型哨戒機を「トンボ」と呼んだが、これが海上からの砲火をコントロール、正確な着弾に悩まされた、という訳だ。

この時、同時に打電した友軍砲台の現況に依れば、瀬長島、宇栄原、金城などの十門は健在だが、十門は使用不能。残弾わずかに四百四十発。敵機の位置を割り出す高射器は全部炎上とある。

この局面になると、正直に言って陣中の大田司令官の様子を伝える証言が、残念ながら取材困難になった。これまで横顔を語ってくれた沖根麾下の人たちは、それぞれ所属陸戦隊陣地に張り付けとなり、司令部を訪ねる機会がめっきり減ったことにもよる。さらに、側近く仕えた幕僚はほとんど司令官と運命を共にし、数少ない生還者も既に他界されているからである。そんな中で、司令部医務隊の衛生兵長・田畑幸之信さんは、弾雨の下で司令官を見かけた数少ない目撃者の一人だ。

初め農事試験場に陣どっていた医務隊は、米軍の上陸が必至となった三月下旬、垣花の地下壕に移転、さらに米軍読谷上陸で豊見城城跡近くの壕に移っていた。その後、五月上旬からは今の宇栄原団地辺りの壕へと転々とするのだが、何時も患者を二、三十人は抱えていたため、食事は司令部の烹炊所へ取りに行った。

「大田司令官は壕の内外をよくウロウロしとられて、司令部へ出掛ける度、と言っても良いくらい頻繁に、お見かけしました。略式の三種軍装と言うのですか、開襟シャツ、半ズボン姿で、帽子はかぶっておられなかった。小柄な人やなあ、という印象があります。敵の砲爆撃には随分、気を配り、うっかり壕を出ようとする兵隊に『今は出るなーッ』と怒鳴るんです。私も何回か怒鳴られましたが、その口喧しさに、部下に怪我をさせまいとする気持ちが現われていましたねえ」

首里北方高地での激闘は続いている。四月五日、首里の北約五キロの牧港―我如古―南上原の線に達した米軍は、八日、同約四キロの嘉数―西原の線に肉薄した。

日本軍が十二日、前記のように総攻撃の夜襲をかけると、米軍も十九日、総攻撃で応酬、米第十軍（琉球作戦派遣軍）司令部は統合参謀本部に「夕刻までに前進わずかに一フィート、一インチ毎に重大な損害」と打電する死闘だった。

二十八日には同三キロの仲間―前田―幸地―翁長―我謝まで到達するが、この時期の戦闘を米公刊戦史はこう綴る。

《――沖縄戦のどの戦闘にも劣らず激しい、血みどろの戦いだった。この期間の特徴は、特に洞窟、墓、地下壕、タコツボ陣地に集中砲火を浴びせたことだ。臼砲や大砲、火焔砲を装備した戦車、装甲車が縦横に駆使され、歩兵が肉弾戦で突撃し、手榴弾で格闘戦をした。しかし、日本軍も頑強に抵抗し、一歩も退かなかった。全く、死ぬまで戦うのを止めなかった。》

そのかたわらで米軍は四月十六日、北部の伊江島に上陸、六日後、住民千五百人を含む守備隊四千七百余人は全滅する。

ここまで本島中部の最前線を支えて来た六十二師団は、兵力の半分以上を失い、戦線崩壊の恐れさえ生じた。そこで軍司令部は、南部・島尻に配置していた二十四師団を中部戦線に投入せねばならなくなった。

悲観的な空気が強まる中で、司令部内にまたも攻勢論が頭を持ち上げる。どうせやられるのなら力のあるうちに討って出よう、このまま受け身で敗北と死を待つのは耐え切れない——との突撃主義である。

持久戦略派の八原高級参謀も今度は抗しきれず、四月三十日、第二回総攻撃の日取りを五月四日と決めた。三十二軍はこれに小禄守備の海軍沖根部隊も参加させることを決定、これを受けて大田司令官は五月二日、次の電報を海軍各部に打電している。

「本職ハ第三十二軍命令ニヨリ陸戦ニ使用シ得ベキ海軍ノ総力ヲ結集シ　明夕刻以降随時首里周辺地区ニ機動　乾坤一擲(けんこんいってき)ノ陸軍攻勢ニ直接参加シ得ル如ク準備中」

沖根は連合陸戦隊の精鋭二千五百人を待機させたが、この総攻撃は二十四師団が兵力の三分の二を失う失敗で中止、出動の機会はなかった。

戦線はさらに押し下げられ、米軍の包囲網は首里まで二キロに迫った。

軍司令部は兵力不足を補うため、陸軍の後方部隊を前線へ注ぎ込むと共に、九日、海軍部隊の第一線進出を考えた。それは沖根が折角、小禄半島に築いた要塞陣地を一部、放棄する事を意味した。

三十二軍司令部が五月四日の総攻撃に海軍部隊の出動を命じた時、大田司令官は陸海軍中央・

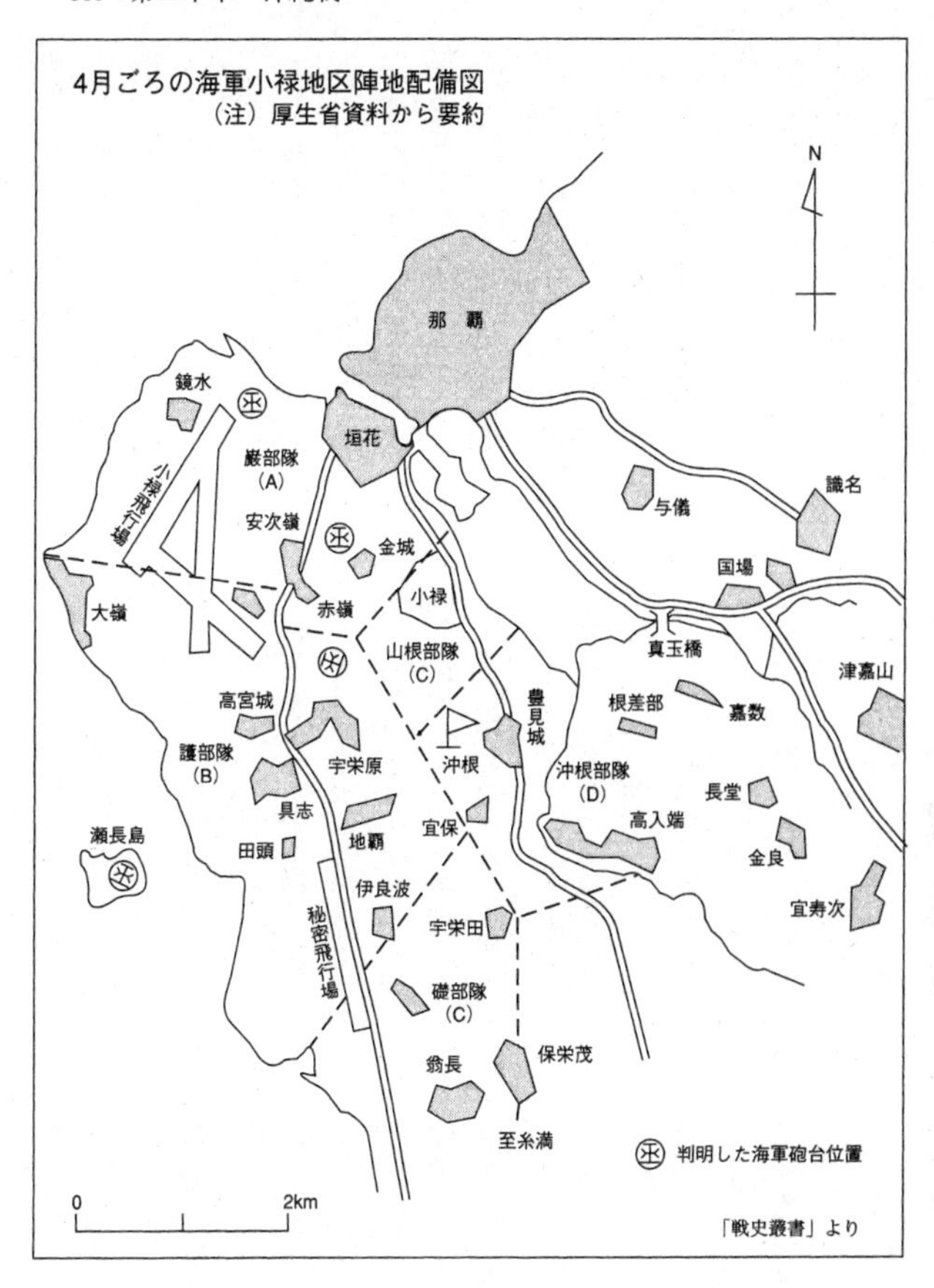
4月ごろの海軍小禄地区陣地配備図
（注）厚生省資料から要約
N
那覇
鏡水
垣花
巌部隊
(A)
小禄飛行場
安次嶺
金城
与儀
識名
国場
大嶺
赤嶺
小禄
真玉橋
山根部隊
(C)
津嘉山
高宮城
根差部
嘉数
豊見城
護部隊
(B)
宇栄原
沖根
沖根部隊
(D)
長堂
具志
高入端
瀬長島
地覇
宜保
金良
田頭
伊良波
宜寿次
秘密飛行場
宇栄田
磁部隊
(C)
保栄茂
翁長
至糸満
判明した海軍砲台位置
0
2km
「戦史叢書」より

現地協定に従い、快く沖特陸二千五百人を準備している。しかし、九日の沖特陸第一線配備計画は、一時的な出動とは違う。陸戦隊の中核を小禄半島から引き抜き、首里防衛の最前線へ持って行くというのである。

大田司令官は頭を抱えた。その苦悩の内容は、この日、佐鎮長官・杉山六蔵中将に指示を仰いだ電報に如実に語られている。

「――特ニ慎重ニ考フベキ重大事項ハ　右（海軍兵力の抽出）ニ随へバ主機動兵力トナルモノハ折角長期ニ亘リ築城セル多数兵器（水平砲、高角砲、地雷、地雷化爆弾等）諸施設ヲ放棄　僅ニ七粍七機銃ヲ主兵器トスル弱体化セルモノトナルノミナラズ　野戦機動ノ装備（円匙ヲ一例ニ取ルモ無之キ為　第一線ニ至リ新陣地サヘ掘リ得ズ　陸軍ニモ供給力ナシ）ト野戦経験絶無ノ為極端ニ戦力低下スベク　右機動兵力ヲ除ク残置兵力ハ重火器ヲ使用スル能力無ク　且掩護兵力無ク　槍ヲ主体トスル烏合ノ衆トナル

結局　海軍兵力ヲシテ要塞ヲ放棄シ　要塞兵ヲ歩兵トシテ使用スルノ愚ヲ敢テトルモノニシテ第三十二軍ノ要望ニ添フガ如キ成果ヲ得ザルモノナリ

本職ハ右兵力ヲ以テ現配備ニ就カシムル時ハ　十分戦力ヲ発揮シ得ルヲ確信シアリ――」（後略）

名文家の文章にしては文節が長く、読みづらいが、それは、あれもこれも言っておきたい大田少将の心情を伝えているようだ。

この電報に対する杉山長官の返電は残っていないが、佐鎮首席参謀・土井大佐は戦後、「長官

は、大田司令官の心配は良く分かるが、致し方がないから三十二軍の指令に従うように、との指示を出された」と語っている。

また、この兵力抽出に関して、三十二軍・長参謀長から佐鎮参謀長にも連絡があり、それに対する十日付返電も軍司令部の要望を認めているが、大田司令官の意向は幾らか伝えている。

「――沖縄方面根拠地隊編制竝ニ配員ノ内容ハ特ニ機動性ニ乏シキニ鑑ミ　固有ノ配備ト分離火砲位置ヲ急速ニ移動スル等ノ場合ハ著シク弱体化シ　御期待ニ副ハザルヤモ知レズ参考迄ニ含ミ置カレ度」

首里周辺に危機は迫っていた。米軍は十一日、全戦線にわたって猛攻をかけ、首里山を取り巻く天久、沢岻、真嘉比にまで迫った。日本軍の戦線は至る所で破綻を生じた。

軍司令部はこの日、「彼我勝敗の岐路は将に今明日中にあり」として、大田司令官に「有力なる一部をもって依然、小禄を守備するとともに、主力をもって陸軍部隊と一体となり、首里周辺の戦闘に参加すべし」と命じた。

3

作戦の計画段階で私見を述べても、その計画が本決まりになれば動ぜず、目的遂行に全力を注ぐところが、宮本武蔵の「岩尾の身」に心酔した大田少将の男らしさである。首里戦線への出動命令を受けた翌十二日、佐鎮宛て次の要旨の電報を発信している。

「十一日の三十二軍命令によって、一部で小禄を守り、主力の五個大隊約二千名を本職が直接率いて、十六日十六時までに首里南東地区に進出する予定であった。しかし、その後の情勢の急迫により、十二日夕、一個大隊を与那原方面に出し二十四師団の指揮下に、一個大隊を首里南西地区に出し独混四十四旅団の指揮下に入れることになった」

軍司令部は同日、沖根にさらに二個大隊の抽出と、斬込隊二十組の派遣を命じた。斬込隊は各組三～五人編制で、首里攻防戦が終わるまで総数約百組が投入される。正に「秋水ヲ払ヒテ」の死闘だった。

陸軍の八原高級参謀は斬込隊について、前出の戦記で《大田海軍少将は非常な張り切りかたで、攻撃状況を見届けようと、わざわざ小禄から軍司令部に進出して来られた。（中略）徹底した総斬り込みには、胸の躍るような期待を寄せた。ところが、彼らは全員弦を離れた矢の如(ごと)く敵中深く突入し、再び帰還するものなく、遺憾ながらその戦況は詳(つまび)らかにすることはできない。》と書いている。少人数の隊員の動向は、捉(とら)えにくかったようである。

しかし、部下の功績資料の作成に熱心な大田司令官は毎日、派遣大隊と一部斬込隊員の戦闘概報を丹念に打電している。日を追って、要点を抜粋する。

十二日「泊(とまり)付近ニ戦車ヲ伴フ敵上陸シ来り　海軍部隊ハ此ノ敵ニ備フル為　陸戦隊三箇大隊ヲ首里西方ニ　又一箇大隊ヲ東岸与那原方面ニ進出セシムルニ決シ一部進出を開始　敵機ノ銃爆撃艦砲射撃熾烈ヲ極ム」

十三日「真嘉比方面ノ敵ニ対シ陸上挺身斬込隊二〇組六四名ヲ出ス　味方陣地ニ対シ敵機延七六機竝ニ戦艦、巡洋艦、駆逐艦等ノ艦砲射撃昼夜連続　戦死兵八　重傷兵一」

十四日「敵艦艇ノ第一線陣地及那覇、小禄地区ニ対スル射撃モ益々強化セラレツツアリ　友軍陣地ニ対スル敵ノ来襲機ハ延七一機ナリ　昨夜天久方面ニ進出セル挺身斬込隊中　二二〇〇迄ニ帰還セル者五名　戦果人員殺傷十六名　被害調査中」

護部隊十二分隊長・蒲地大尉も陸戦隊指揮官として首里戦線に派遣されていたが、報告のため一時帰隊した時、部下の東江さんは最前線の模様を聞いている。

「戦争に勝つか、負けるかではなく、戦争が出来ない状態にある。敵の攻撃が激しく、壕から頭も出せない。兵隊も従軍看護婦も、壕の中で平気で用便をする状態だと聞かされ、暗澹たる気持ちでした」

首里戦線に派遣された陸戦隊は、大隊要員、斬込隊員とも正規の海軍軍人としての教育を受けた沖特陸の主力だった。派遣する以上、陸軍にひけを取らぬ実戦部隊を、との大田少将の考えだったと思われる。

上等機関兵に昇進していた護部隊の東江さんも斬り込みを志願したが、小隊長の福生重夫兵曹長（熊本出身）が許可してくれなかった。それには経緯がある。

「実は那覇に赴任後、私に八重山諸島への転勤命令が来ました。ところが、小隊長は『俺の仕事を手伝って欲しいから』と言って、蒲地中隊の人事担当官の資格で、異動を他の兵隊に振り替えました。

沖縄戦は始まったが、八重山は無事。小隊長は、行かせておけば死なせなくて済んだのでは、と私に負い目を感じていたようです。だから、斬り込みや斥候（せっこう）に頑として出してくれませんでした」

その出撃の様子を、出してもらえなかった東江さんは辛い思いで目撃している。

「十中八、九は戦死という厳しい任務ですから、毎夜、交替制という建前で、三名一組の斬込隊を送り出しました。出陣祝いの赤飯を炊いてあげるのも、伝令の私の役目でしたが、皆淡々としていました。それっきり帰らず、最期も確認出来ないまま、戦死と本部報告される人も多々ありました。

中には戦果を上げて命からがら帰ったら、翌日また出撃を命じられ、反発する兵隊も居ました。上官と部下が言い争う場面も、正直言ってありました。なぜ行かん、貴様は国賊だ、と言われると、最後は軍律がものを言いました。沖縄県人で、お前たちの国はお前たちで守れ、と何度も出され、死んで行った戦友もいます」

大隊もまた、悲痛な戦いを強いられた。

首里山の西麓・安里の五二高地で、米第六海兵師団と対峙（たいじ）した山口大隊（山口勝一少佐以下約五百人）は、負傷者二十二人を残し全滅した。同海兵師団二十二海兵隊も六十パーセントが戦死、千二百八十九人の精神病患者が発生している。いかに死闘だったかが分かる。

勝田大隊（勝田忍少佐以下約六百人）は、首里東南の与那覇などで九十五パーセントが戦死した。丸山大隊（丸山貞喜大尉以下五百七十人、護部隊の二百二十人を含む）は後、首里の陸軍部隊撤退の掩護に当たり、計五回の激闘の果てに生還者はゼロ。

他に隠岐大隊、田淵大隊などの名が電文に散見されるが、人員すら不明のままである。

　五月二十二日、米軍は安里川を渡って那覇市内に突入、首里戦線は崩壊の危機に瀕した。同夜、三十二軍司令部は沖根を含む各兵団の参謀を召集、意見を聞いた上、喜屋武半島への後退を決めた。

　それは本土決戦までの時間稼ぎとして、守備隊に課せられた当然の戦略持久策であったかも知れないが、多数の県民を決定的に戦火に巻き込むことになる。

　沖特陸は主力の五個大隊と約百組の斬込隊、計約二千五百人の精鋭と、迫撃砲の大部分、軽兵器の三分の一を三十二軍の指揮下に入れた。このため小禄半島を守るのは、設営隊の軍属や防衛召集兵が大多数の竹槍部隊になっていた。兵力抽出計画が持ち上がった時、大田司令官が「残置兵力ハ槍ヲ主体トスル烏合ノ衆トナル」と恐れた事態が、現実になったのである。

　そこで、軍の喜屋武半島への撤退が決まった五月二十二日夜、大田少将は槍部隊を南部に移動させようと考えた。〝人命尊重の人〟としては、当然の発想だったろう。

　護部隊の東江上等機関兵はその夜、突然、福生小隊長に「沖根司令部へ命令受領に行くから一緒に来い。前線かもしれんぞ」と言われた。沖特陸の他の部隊からも、小隊長と下士官が呼ばれていた。

「初めて見る司令部壕でした。入口に着剣した衛兵が二人立っていまして、出入りを厳重にチェックしていました。中は現在ほどではないが、電灯が明るく灯り、今のままの幅の廊下が迷路のように延びていました。小隊長たちが命令を受領したのは多分、幕僚室だったと思いますが、前の通路で大田司令官の顔をチラッと拝みました。お元気そうでした」

命令は前線への出撃ではなく、護部隊が南部へ撤退した時に入る壕の先発調査だった。翌日の正午ごろ、東江さんらは主計科の烹炊長、下士官と、激しい艦砲射撃と梅雨の土砂降りの雨をついて出発した。主計科の二人は、糧秣の受け入れ準備のようだった。

福生小隊長は軍刀、拳銃、水筒だけの軽装、東江さんは二人分の着替え、食糧を詰め込んだ背嚢を背負い、九九式の小銃を持っての行軍。容赦なく襲いかかる艦砲射撃の度に、連日の雨で泥濘の道路に伏せるから全員泥人形のようになった。

「そのうちに疲れ切って、伏せる気力もなくなりまして、もう死んでも良い、っていう感じですよ。無我夢中で歩いていると、数名の陸軍の兵隊の遺体に行きあわせました。

これも初めて見る戦死者でしたが、艦砲で一度にやられたらしく、頭を砕かれたり、腹がなくなっていたり、手足が吹っ飛んでいたり。我々も何時かは、あのような酷たらしい姿になるのか、と思うと、やり切れない気分になりました。ガダルカナルの生き残りで、それだから沖縄へ送り込まれた福生兵曹長がポツリと言いました。『東江、これが戦争なんだ』と」

一行は糸満の南約二キロ、目的地の真壁村伊敷（現・糸満市）にたどり着いた。そこはまだ、緑したたる田園が広がり、鶏、山羊の鳴き声がのどかな平和郷だった。

伊敷にたどり着いた東江さんらは、一夜を過ごすため、集落の裏山にある自然壕に入った。そこには、一足先に首里から逃れて来たという五十歳代の民間人夫婦が入っていた。

「兵隊さん、食事は如何ですか、と親切に声を掛けてくれました。有り難う、私たちも食糧は持っています、と断わったのですが、しきりに勧めてくれる。それで、着替えを済ませてから、一緒に食事をしました。とても品の良い夫婦でしたが、あの後どうされたか。戦後も全く行き会わぬところを見ると……」

と言って、東江さんはしばらく黙りこくった。だが、壕確保の任務について聞かねばならない。

「集落の前に松の大木が三、四本繁っていましたが、その地下に二、三百人は入れる立派な自然洞窟がありました。水も豊富に湧いているので、そこを護部隊の本部候補地にしました。うちの部隊は正規の隊員は八百名でしたが、防衛隊や徴用の女子軍属などを入れると千名は居ましたから、付近に幾つかの自然壕を確保しました」

そんな一日、主従は村の旧家に泊めてもらい、子供と遊んだり、ふかしたてのサツマイモを御馳走になったり、戦場とは思えない束の間の安息を味わうのだが、東江さんは壕の状況を知らせるため本来の伝令に戻り、一人で再び沖特陸の司令部に馳せ戻る。

「友軍陣地では、撤退の際、運びきれない重火器や敵の手に落ちては困る施設の破壊が、大方済んでいました。沢山残っていた衣服は、軍司令部の指示で、地元の壕に潜んでいる民間人に配っていました。私の報告で各中隊の壕の配置が決まり、部隊が撤退を開始したのは五月二十六日ではなかったかねぇ」と言う東江さんの記憶に誤りはない。

大田司令官は佐鎮へ「二十六日　第三十二軍ハ島尻半島南部地区ニ兵力ヲ集約スルニ決セルニ策応　海軍部隊モ該地区ニ転進ヲ開始　司令部ヲ真栄平（筆者注・与座岳の南約二キロ）ニ移転」と打電している。

護部隊は五月二十七日の海軍記念日、羽田司令をはじめ本部の一行が伊敷に転進した。そのころから、部隊移動を察知した米軍トンボ偵察機の通報で、艦砲射撃や艦載機の爆撃がひどくなったという。

東江さんは豊見城や宇栄原で小隊長から命じられた任務を済ませ、二十八日夜、再び伊敷へと引き返したのだが……。

「砲撃をかいくぐり、二十九日午前三時ごろ、やっと真栄里（糸満と伊敷の中間）まで来た時です。南から友軍の部隊が北上して来る。よくよく見ると、何と羽田大佐以下の我が護部隊じゃありませんか。先頭に居た先任将校に聞くと『海軍部隊は小禄の元の陣地に復帰だッ』と吐き捨てる様に言う。私は半信半疑で、伊敷の自分の小隊に戻りました」

運べぬ重火器、施設を破壊し、砲爆撃の危険を冒して一旦、南部・島尻に転進した海軍部隊が、元の小禄陣地に戻ったのは、三十二軍が軍隊用語で言う「過早後退」と断じ、復帰を命令したからである。

何故、そんな無駄（むだ）な事が起きたのか？　その真相は未だに沖縄戦最大の謎とされいるが、公刊戦史は「海軍部隊は命令（電報）を誤解し」とか「沖方根は命令を誤解していたことを知り」と、海軍側に一切の責任がある表現になっている。誤解とすれば、それはどの様な形で起きたのか？

検証してみよう。

南部への撤退を決めた陸海軍合同幕僚会議は、既に書いたように五月二十二日夜、首里の軍司令部壕で開かれた。沖特陸からは中尾防備参謀が出席している。この会議には各兵団を代表する幕僚が激しい弾雨をついて参加したが、喜屋武半島への撤退方針を決めただけで終わり、どの兵団が何処へ、どの様に転進するのかを打ち合わせなかった所に、先ず問題がある。

軍司令部が各兵団の新しい「部署の概要」、その部署につくまでの「退却作戦指導要領」を決め、各兵団に打電するのは、二十五日の夜である。

それによれば、海軍部隊の新部署は「軍占領地域の中央部地区に位置し、軍の総予備となる」とあった。新しい軍占領地域は南部の八重瀬岳―与座岳以南の喜屋武半島ときめられていたから、これで見る限り海軍部隊の南部への撤退は認められていた。

ところが「退却作戦指導要領」では、「海軍部隊は現陣地のほか、有力な一部をもって長堂（津嘉山南西一粁(キロ)）西方高地を占領し、軍主力の後退を掩護する。後退の時機は全般の作戦推移を考察し、軍司令官が決定する」となっていた。

この二重構造の、分かりにくい命令文が、首里戦線崩壊の混乱の中で正確に伝わらなかったようだ。しかも、公刊戦史には「本要領は二十三日以降の戦況に応じ　逐次修正された」とある。連絡の遅れはなかったか。文言の追加、修正はなかったか。

弁明を嫌う大田司令官は黙して語らなかったから、真相は藪(やぶ)の中だが、沖特陸の生還者は黙っていない。

先ず東江上等機関兵。「陸軍は海軍に撤退の掩護をさせて、先に後退しようと考えていたのに、我々がいち早く転進し、良い陣地を確保したものだから、居場所がなくなると追い返したのですよ。一旦、壊した陣地を復旧するのは、そりゃあ大変でした」

沖根の西川従軍看護婦。「戦後、三十二軍の将校さんに理由を聞いたら、海軍が大量に運んだ食糧が目当てで、小禄へ返したと告白しましたよ」

最後に司令部付の新山兵曹長。「あの温厚な大田司令官が、復帰命令を聞いた時『今ごろ何を言うか』と激怒されました。海軍が命令を誤解したのなら、あんなに激怒されるはずがありません」

伊敷の福生小隊四個分隊、約六十人は、東江上等機関兵の帰りを待っていてくれた。東江さんの回想。

「小隊長の命令で、持っていた食糧は全部、近辺の壕に潜んでいる住民に分けてあげました。海軍は小禄地区住民の島内疎開といい、撤退する時の衣類の分配といい、随分、住民には気を配ったと思いますが、あれは大田司令官の意向だったでしょう。我々は必要な武器だけを背負い、再び小禄を目指し出発しましたが、その頃には東の空が明るくなり、大変な行軍になるのです」

東江さんは顔を歪めながら、続けた。

「糸満まで帰り着いた頃には、すっかり太陽が昇り、嫌なトンボ偵察機がブンブン付きまとって、その通報による正確な艦砲射撃がドンドン撃ち込まれる。糸満から那覇までの糸満街道（今の国道三三一号線）はセメント舗装されていましたが、それが穴だらけで、砲爆撃を避ける度に、その中へ転がり落ちる。

そのうち私は二往復の疲れからか、足の裏が熱くなり、立って歩けなくなって、四つん這いで進みました。余りの辛さに、もうどうにでもなれ、死んだ方がいっそ楽だと、身を隠すことすらしなかったが、弾丸は居直ると案外、当たらないものです。普通なら一時間で行ける所を半日がかりで、二十九日夜、やっと小禄に帰り着きました」

三十二軍司令部はこれに先立つ二十七日、首里を脱出、三十日、摩文仁高地に入るが、大田司令官は同日、佐鎮にそれまでの経過を次のように報告している。

「二十七日　陸軍部隊転進支援ノ為　小禄地区ニ有力ナル一部兵力ヲ残置セル外　概ネ転進ヲ了ス」

「二十八日　第三十二軍命令ニヨリ海軍部隊ハ小禄地区ニ復帰スルニ決シ　直ニ行動ヲ開始　司令部ヲ豊見城ニ移転」

「二十九日　部隊小禄地区復帰完了　敵兵約五〇　那覇市内第一波止場北　明治橋付近ニ出現スルヲ望見スルニ至ル」

明治橋は旧那覇市内と小禄半島の間に流れる国場川に掛かる橋だが、米軍は早、そこまで進出していた。米軍が首里を占領するのは、三十一日である。

言いたいことが山程あったろうに、事実経過だけを淡々と報告する態度には圧倒されるが、この自責の念厳しい人が自らの非を認めていないことが、「命令の誤解」でない何よりの証拠と言えよう。

小禄に帰った沖特陸は陣地の回復に躍起となったが、重火器類の破壊が、やはりこたえた。大田司令官は同じく三十日、「陸軍ノ運ビキレザル迫撃砲弾三、〇〇〇発アリ　今此処ニ迫撃砲一〇門ノ夜間空輸ヲ得バ大ナル戦力ヲ発揮シ……」と連合艦隊に手配を依頼した。しかし、その空輸は成功しないまま、小禄半島に米軍は殺到する。

第二十一章　前線へ送る夕

1

死闘続く沖縄戦線から、本土へ目を転じる。

大田少将が沖縄へ出撃した昭和二十年一月の末、身重のかつ夫人は四女・昭子さん以下七人の子供を連れて、佐世保市の「白南風の家」から呉市の「川原石の家」に帰った。少将が「九州は米軍上陸の可能性があり、呉の方が安全」と言い残していたからである。二女すが子さんは既に村上大尉に嫁いでいたので、母子十人の賑(にぎ)やかな生活が十ヵ月ぶりに復活した。

だが、軍港・呉もまた、戦火にさらされて行く。その第一波は、米軍沖縄上陸の前ぶれとして紹介した三月十九日の呉空襲だった。

当時十歳で、元の五番町国民学校四年生に編入した長男・英雄さんは、前出の著書で回想している。

《――米軍艦載機グラマンは、呉湾に停泊していた軍艦めがけて襲いかかった。(中略) 怖いもの見たさで庭の松の木によじのぼり、空襲の光景を見物しようとした。しかし、凄まじい轟音、稲妻のようにとびかう炎、立ちこめる硝煙にたちまち怖くなり、滑り落ちるように松の木を下り、庭に掘ってあった防空壕に逃げ込もうとした。

その目と鼻の先に、シュルシュル、ダーンと轟音がして、何かが足元の地面に突き刺さった。後からわかったことだが、それは何と、日本の軍艦から撃たれた高射砲の砲弾が、空中で炸裂した、その破片だったのだ。――》

呉空襲は終戦まで、周辺部も含めると十四回を数えるが、当時五歳で、まだ学校に上がっていなかった三男・晙さんも、一つの出来事と共に覚えている。

「私のすぐ上の姉までは、勤労動員や学校へ行っていましたから、昼間、家に居る子供は私と妹の千冬(四歳)の二人だけでした。ある時、二人でおやつを食べていたら、空襲になりましてね。私はちゃんと、おやつを持って防空壕に入り、悠々と食べていたら、忘れて来た彼女が、自分のが無い、と泣き出したのです。妹思いの兄貴としては、ようしッ、待ってろ、という訳で、身の危険をも顧みず、取りに行ったのですが、おふくろから、えらく叱られました。この空襲の中、お菓子を取りに走るなんて意地汚い、って。だから、今も千冬に会うと、言うんですよ。お前のお蔭で、とんだ迷惑を被った、ってね」

本土決戦に備えて都市の非戦闘員を減らすと共に、将来の日本を背負う国民を空襲の惨禍から守ろうとの考えで、大都市で学童疎開が始まったのは昭和十九年八月からだったが、激しい空襲が始まった呉市でも、二十年四月から実施された。

五年生になった英雄さんは、広島県賀茂郡高屋町造賀の源光寺というお寺に集団疎開し、大田家は九人家族に減った。

英雄さんが学童集団疎開に参加し、大家族が一人減ったと思ったら、同じ四月の二十日に、末っ子で、四男の豊さんが生まれた。呉市が相変わらず空襲に見舞われている中での出産だった、と五女・寺島勝子さんは記憶している。

「私は県女（広島県立呉第一高女）に入学したばかりでしたが、その朝、生まれたというので、三年生の浩（二男）と二年生の八千代（六女）を連れて、母が入院していた海仁会病院へ面会に行きました。ところが、国鉄呉線を跨いでいるコンクリートの陸橋の下まで来ると、空襲警報が鳴りまして、二人がワアワア泣くのね。なだめすかして、一時間くらい避難して、やっと病院にたどり着いたら、お母様は防空壕に退避中で会えないんですよ。困りましたねえ。結局、私が、真っ赤な顔でスヤスヤ眠るゆうちゃん（豊さんの愛称）に会えたのは、学校の帰りに、もう一度寄った時でしたの」

大田少将は五十四日後に戦死するので、豊さんは同家で只一人、父の顔を知らないのだが、「不思議なことに、父に一番よく似ている」と姉兄全員が認める。右代表で、長姉・中嶋みどりさんが話してくれた。

「お父様って、どんな人と聞かれたら、ゆうちゃんを見て下さい、と言う程、似てるんです。顔も、歩き方も、何から何まで生き写し。優しいところもね。我が家の命名役だった祖父が亡くな

モンペ姿が目立つ昭和16年の大田家家族。左から五女・勝子、長男・英雄、二女・すが子、二男・浩、三女・愛子、七女・千冬を抱くかつ夫人、四女・昭子、三男・畯、長女・みどり、六女・八千代(村上すが子さん蔵)

っていましたので、父が唯一、自分で名付けた子供ですが、それもあって生まれ変わりじゃないかと思う程です」

そういえば今回の取材でも、豊さんは忙しい公務の間を縫って、男では只一人、姉さんたちの〝全員集合〟に参加してくれた。それはとにかく、豊さんの誕生、しかも男子であったことを、沖縄で戦っていた大田少将が知ったか、否か、は家族ならずとも気に掛かるところだ。

それについては、姉兄の間に両論がある。

みどりさんは豊さんが生まれたその日、沖縄の父宛てに速達を出した。ところが、その手紙は終戦後の二十年十一月、「敵占領地につき、返却します」との附箋付きで、ボロボロになって返って来た。

また、男子出生を知らせてくれるよう、佐世保、呉鎮守府に依頼するような状況ではなかったことから、知らずじまいになったのでは……というのが一つ。

一方、心臓を傷めていたかつ夫人を案じながら出征した少将は、何らかの方法で問い合わせ、知っていたに違いない、という希望的観測。

今、父と同じ道を歩む当の豊さんは「あの戦況では、そんな私的なことを知るのは無理でしょう」とサバサバしているが、筆者もまた、男子出生を知ってから亡くなった、と思いたい。

豊さんが生まれた四月二十日以降は、首里戦線が崩壊した時期でもあったから、大田少将は家族に便りを認める余裕はなかったと思われる。しかし、沖縄赴任後、米軍上陸までの二ヵ月余の間には、便りは何度かあったようで、家族はその度に「お父様、まだ大丈夫なのね」と安心し合ったと言う。

三女・板垣愛子さんが話してくれた。

「庭の防空壕の一番奥の棚に、母が命から二番目に大事にしていた〝大田家の宝物〟が二点、置いてありました。一つはゆうちゃんのおむつ、もう一つは一升枡ぐらいの木箱に入っていました。何だと思います？ 父が忙しい軍務の合い間に、沖縄から誰かに言づけてくれた特産の黒砂糖でした。母はよく『防空壕から逃げる時は、この二つだけは絶対に持って逃げてね』って言っていました。

空襲警報になって壕に避難しますと、母は『お父様のプレゼントだから、大切にしましょうね』と言って、黒砂糖をこれぐらいずつ（角砂糖ぐらいの大きさを親指と人指し指で作って見せて）配給してくれるのね。私たちは、すこーしずつ大事に、大事に食べながら、警報が解除になるまで壕の中に潜み、父の居る沖縄の味を楽しんだのです。だから、その時に手紙が付いていたと思いますよ」

という、その手紙の内容の一部は、勝子さんが覚えていた。

「沖縄では外へ出る時に、雨が降ってなくても番傘を差すんですって。どうしてかって言うと、ハブが飛んで来るから、それを避けるためですって。お母様にその手紙を読んでもらったのが、凄く印象に残っているんです」

もう一通、かつ夫人が生前、話していたハガキがある。それは米軍本島上陸七日前の三月二十五日付けで、文面は「小生元気。艦砲日夜激しけれど、士気旺盛なり。皆、健康に気を付けられたし」

例によって「お父様の三下り半」で、得意の和歌もなく、慌ただしさが読み取れたという。

ところで、この時期、娘婿の方にも異動があった。みどりさんの婚約者・中嶋大尉は健康を回復、二十年二月、愛知県知多半島の第一河和航空隊へ転勤した。

結婚は大田少将の言いつけを守って先送りにしていたが、かつ夫人が文通の中でお許しをもらってくれた。みどりさんはモンペ姿で一人、河和に駆けつけ、海軍記念日の五月二十七日、同航空隊の士官室で、同僚に祝福されて結婚式を挙げた。

すが子さんの夫・村上大尉は、前記のように四月、佐特陸参謀兼副官に赴任、同じ佐鎮の指揮下にあった沖特陸の岳父が、沖縄から打って来る電報を注意深く読める立場にあったが、「十分な部下も、武器も無い状況が察せられて、辛かった」と顔を歪めた。

2

昭和二十年春、勝子さんが四人の姉たちの母校でもある県女に進学したことは既に紹介したが、紺色のセーラー服を着ていたので、入学間もない四月末か五月初めごろの事ではないか、と言う。

夕方、学校から家に帰ると、一番奥、十二畳の座敷の床の間に飾ってあった父の写真や陰膳の前で、一人の若い中尉が深く頭を垂れて正座し、肩を震わせて慟哭していた。

「私、まだ十三歳でしたし、お母様に聞いても教えてもらえなかったので、事情が良く飲み込めなかったのですけど、電灯の下で唯一人、泣きながら端座する彼の姿は尋常ではありませんでした。ですから。その日は、弟妹と遊ぶのも遠慮した程です。

余程経ってから母に聞きましたら『命令で、京都へ竹槍を注文するために沖縄から脱出して来たのだけど、帰れなくなっちゃったから泣いていたのよ』と教えてくれました。あの中尉はあの夜、どうなさったのか。

でも、今考えますとね、あの頃の状況では沖縄に戻れないのは分かっていますから、父がムザムザ死なせるのを惜しんで、若い優秀な将校を一人、帰したのではないか、とも思えるのです」

佐世保で沖特陸の電報に注目していた村上さんは言う。「無駄に人間を死なせたくない、という気持ちは強い人でしたが、武器も無かったですからねえ。佐特陸でも小銃が定員の二十五パーセント程度でした。大田は武徳会の関係で、しょっちゅう京都へ行ってましたから、知り合いに竹槍の調達を頼んだのかも……」

同じ頃、勝子さんには、忘れられないもう一つの悲しい思い出がある。それは県女のクラスで、出征している何人かのお父さん宛てに、級友が作ってくれた慰問袋のことである。

「担任は奈良女高師出身の県女の大先輩で、川原石の家の近くにお住まいだった石田（現姓・栗林）幸子先生でした。我が家は五人姉妹が全員、後輩だったからでしょうか、私たちのことを大変気づかって下さった優しい先生でしたが、戦地のお父様にお手紙を書きましょうと提案して下さって、みんなせっせと書いてくれました。

ところが、父宛の慰問袋は姉の手紙同様、届かず、ボロボロになって返って来ました。学校は七月一日の呉空襲で焼けてしまいますが、慰問袋はそれまでに返って来ましたから、六月中の事だと思います。……」

と言って、勝子さんは涙声になった。

そんな一家を覆う不安な日々の中で、かつ夫人は勝子さんを進学させ、英雄さんを疎開に送り出し、豊さんを出産し、みどりさんの結婚を決めるなど、少将の口癖「俺は軍務に全力を尽くす、お前は子供の養育に責任を持て」を見事なまでに実践した。

さらに、次の大仕事を秘かに進めていた。

かつ夫人が秘かに進めていたもう一つの大仕事は、この年三月、呉第一高女の専攻科（五年生）を卒業、学徒動員先の呉海軍工廠水雷設計部で引き続き挺身隊員として働いていた三女・愛子さんの縁談である。

みどりさんを機関学校出身の中嶋大尉、すが子さんを兵学校出身の村上大尉にめあわせた少将夫妻は、愛子さんは経理学校出身の軍人に嫁がせ、ネイビー万般の一家を作ろうとしたようだ。

そこで夫人は、呉に停泊していた戦艦「榛名」の主計長で、同市両城町に住んでいた旧知の菅(かん)野(の)行雄大尉（七六）（海経28期）に候補者選びを頼んだ。

かつさんと、菅野夫人・晴子さんのお母さんとが千葉高女時代の親友で、十九年初め、新婚ほやほやの菅野大尉が「榛名」に赴任した時、夫妻を川原石の家の一部屋に住まわせたこともある間柄。

この時、白羽の矢を立てられたのが愛子さんの夫で、宮城ダイハツ販売会社社長の板垣欽一郎さん（七〇）（海経34期）。菅野大尉が経理学校教官をしていた時の教え子で、沖縄へ海上特攻に出撃（四月六日）する前の戦艦「大和」で、庶務主任（少尉）を務めていた。

そんなこととは露知らなかった板垣さんは「変だなあ、変だなあと思っていたんですよ」と、とても七十歳とは思えないエネルギッシュな顔を綻(ほころ)ばせ、愛子さんの傍らで早口で語る。

「春先でしたか、菅野さんに、郷里の仙台に帰りたいなぁ、と漏らしたら、貴様ん所とよーく似た、兄妹が一杯居る家へ案内してやろうか、と言う。我が家は男女それぞれ五人の十人兄妹で、私が長男なんです。えっ、どこですか、と聞いたら、大田少将のおうちだって言うから、あ、そんな偉い人の家は駄目です。苦手ですから、とその場は終わりました。

それから間もなく、菅野さんのお宅で朝ご飯を御馳走になっていたら、また大田家の話になった。そこへ『晴子さぁーん』と、明るく呼びかけながら一人の娘さんが訪ねて来ました。すると菅野さんが、噂(うわさ)をすれば影とやら、大田少将のお嬢さんだ、って言うんでしょ。ワアーッと驚いたのなんの。

見ると、この人は挺身隊で、桜に錨のマークの凛々しい鉢巻き姿だもんね。ああ、あの人がお嬢さんか、と思っただけで、その時は話も何もしませんよ。それが初対面でした。この人も何も知らず、大田の母と菅野さんの連携プレーで、寄り道させられたようです」

中尉に昇進した板垣さんは三月二十七日、舞鶴工廠で竣工した戦時急造型一等駆逐艦「椎」の主計長に転勤になった。艤装を済ませると呉へ回航することになっていたので、荷物を菅野大尉宅に預けて舞鶴に向かったが、五月初旬、呉へ戻ると、大尉も大阪経理部に転勤していた。そして、荷物は大田少将宅に預けてある、との伝言だけが残っていた。

荷物は大田少将宅に預けてある、と聞いて板垣中尉は弱った。この後の展開は、ご本人に話して頂く。

「一介の中尉が自分の上司でもない少将宅を訪ねるのは、調子悪いですよ。年頃の娘さんも居るし。だけど一方で、三女は兵学校出身の誰だかと結納が整ったという噂を聞いていましたので、関係ないわと荷物を貰いに行きました。五月九日じゃなかったかな。

行きましたら、成る程、子供がワンサと飛び出して来て『ワアーッ、欽ちゃんが来たーッ』って大騒ぎしている。私は海軍で姓で呼ばれたことはなく、欽ちゃんで通ってましたから、菅野大尉が教えたな、ぐらいの気持ちで、勧められるままに上がり込みました。

大田家の十一人家族は意気軒昂でね。皆で軍歌の月月火水木金金、艦船勤務、海の進軍などを歌ったり、ほたえたり、それは賑やか。言わば、大田家の〝前線へ送る夕〟ですよ」

「前線へ送る夕」はNHKが昭和十八年一月から終戦まで、毎週木曜日の夜、放送した前線の日本軍将兵向けの慰問ラジオ番組。歌あり、演芸ありの娯楽プログラムで、娯楽に飢えていた国内でも良く聞かれた。

「大家族育ちの私はすっかり嬉しくなっちゃって、上陸したら飲もうと思ってポケットに忍ばせていたウイスキーの小瓶二本を、ペロッと飲んじゃった。

当時は呉の水交社も焼けて、大田家が海軍将校の宴会場の様になっていましたから、軍艦から運んだ酒があったのでしょう。それも頂いて、すっかり良い気分になって、得意の裸踊りをしちゃった。ゴリラのポンちゃんなんて、ゴリラの真似をすると、小さい子供たちからキャッキャ、キャッキャの大受けですよ」

「明日もまた来てねッ」の声に送られて、駆逐艦「椎」に帰ったら、海軍経理学校教官への転勤命令が来ていた。板垣中尉は翌日、夜行で呉を発つ。

「駅に行ったら、お母さんと、この人が見送りに来ている。そして、学校へ赴任したら、お母さんじゃなくて、この人から葉書が来た。おっかしいなあ、という訳で、次に菅野大尉に会った時、聞いたんです。あの人には婚約者が居るんでしょ、って。そしたら、居ないよ、俺はお前を推薦しているんだぞっ、と言うんです。

ヒェーッ、菅野さんも人が悪い。それならそうと、早く言ってくれないと、私はウイスキーをがぶ飲みして、裸踊りをやっちゃった、と言ったんです。するとね、それが口頭試問だ。結果はどうだったんだろう、なぁんて冗談を言われました。そして、板垣ーぃ、ボロは最初に出しておいた方が良いぞ。俺なんか最初、点数が良かったから、段々悪くなる一方だ。貴様の方が良い、だって。参りましたねえ」

愛子さんは戦後の二十二年、板垣家に嫁ぐが、この縁談、沖縄の父・少将は、どこまで知り得たか――。

第二十二章　小禄の死闘

1

沖縄本島南部・島尻地区は、矢尻（やじり）の様な形をしている。それも左右両翼が尖（とが）った鋒矢（ほうし）の様な形で、先端が喜屋武、右の尖りが知念、左が小禄の各半島である。

米軍は本島の中部西海岸に上陸してから二ヵ月、矢柄部分をじりじり南下、南部では矢尻部分を余すだけになり、沖縄戦は最終段階を迎えようとしていた。

首里陣地を放棄し、この矢尻部分に退却した第三十二軍、その命令で一旦南下した喜屋武地区から小禄半島に復帰させられた海軍部隊の六月初旬の状況はどうだったか。大田司令官が四日午前九時十八分、佐鎮など関係各方面へ打電した内容が、すべてを語っている。

「第三十二軍ハ六月二日〇九四〇　各部隊喜屋武半島南部ヘノ兵力集中行動ノ目的ヲ達成セリ
此ノ間海軍部隊ハ小禄地区ヲ拠点トシテ陸軍部隊輸送ノ支援ニ任ゼリ

第三十二軍ハ六月二日以後　小禄地区ニ残存セル海軍兵力ノ主力ヲ喜屋武半島ニ合流セシメントスル最初ノ方針ニ従ヒ　当方亦着々準備中ナリシ処　二日夕刻ヨリ敵ノ進攻急ニシテ　真玉橋（筆者注、以下同じ。那覇市と島尻郡を分ける国場川に架かる橋。南部へ後退する軍官民の砲爆撃被害が甚大だった）、嘉数（同橋の南）、根差部（沖根司令部壕から東約一・五キロ）ニ於テ予備隊（槍部隊＝大田司令官注）ノ大部ヲ戦闘ニ参加セシムルノ情況トナル

更ニ四日早朝　小禄地区海正面ヨリ敵上陸開始ノ為激戦ヲ展開スルニ至リシ為　遂ニ陸軍部隊ニ合同不可能ノ状態ニ至レリ

右事情ニ依リ海軍部隊ハ最後ノ一兵ニ至ル迄　小禄地区ヲ死守セントトス　本職ハ三日司令部ヲ小禄第九五一空戦闘指揮所（筆者注、宇栄原集落の通称・羽田山にあった護部隊本部）ニ移転　作戦指導中」

要するに、陸軍部隊の撤退を掩護しているうちに小禄半島脱出が不可能になったので、ここで最後の一兵まで戦う、という悲痛な電報である。電文に出て来る三つの地名は、矢尻の両翼の線よりやや南へ入った場所。これだけでも左翼に陣取る海軍部隊は孤立の危機に曝されているのが分かるが、小禄半島への米軍上陸で、遂に腹背に敵の攻撃を受けることになったのだ。

電文にもあるように、沖根司令部は四日、豊見城村に今も残る司令部壕から、小禄飛行場寄りに西北西約一キロの護部隊本部に進出した。このため、護部隊は同じ宇栄原の民間壕に移ったが、同部隊の伝令を務めていた東江さんは、米軍上陸の様子を目撃している。

「場所は鏡水の、皆さんが沖縄へ来られたら先ず第一歩を踏みしめる那覇空港の国内線ターミナ

ル。あの辺から水陸両用戦車が続々と上陸するのが、宇栄原からも見えました。南部に転進する前なら、あの辺には沿岸砲も配備してあったので、かなりの反撃が出来たはずですが、全部破壊した後で、残念ながら……」

小禄半島への米軍上陸について、大田司令官は六月五日午後零時三十八分の電報で詳報している。

「六月四日〇五〇〇　水陸両用戦車約一〇〇　兵員約六〇〇名　小禄（鏡水）附近ニ上陸開始
機銃、迫撃砲、噴進砲等ヲ以テ之ヲ邀撃（ようげき）猛撃ヲ加フル等撃退ニ努メシモ敵ハ逐次滲透（しんとう）一八〇〇ノ戦線概（おおむ）ネ当間、安次嶺、気象台前、糸満街道以西ニ及ベリ　夜間各隊全力ヲ挙ゲ挺身斬込ヲ決行セリ――」

鏡水、小禄飛行場を含む小禄半島の先端を守っていたのは、巌部隊（南西諸島空）である。本部は海岸線から約三キロ内陸の田原地区、今の小禄学校給食センターの前にある通称・ことぶき山に置いていた。

前衛の小隊本部は同約二キロの当間にあった。さらに第一線の分隊は海岸べりの鏡水に、南北に三百～五百メートル間隔で数列の塹壕（ざんごう）を掘り、一つの壕に一個分隊十七、八人ずつが入って、敵の上陸に備えていた。

同小隊の整備兵長・野間浩二さん（六八）（大阪市住之江区南港中五の六の二の一二一五）は、眼下に那覇港を見下ろす、その最前列の塹壕に居た。

昭和十八年、十八歳で海軍を志願、広島県の大竹海兵団で初年兵教育、三重航空隊、千葉県の香取航空隊で飛行機整備術の訓練を受け、十九年七月、南西諸島空の一員として小禄に配属されていた。同小隊唯一の生還者・野間さんが語る米軍上陸日の状況は……。

「明け方、塹壕の中で仮眠していますと、見張りの兵隊が起こしました。変な旗が見えます、と言う。急いで彼と一緒に壕を飛び出し、小高い場所に上がって目を奪われました。岸壁に旗竿(はたざお)がたくさん並び、色鮮やかな旗が風に靡(なび)いてました。

アメリカ第六海兵師団の各部隊旗だったのですが、その時は分かりません。第一線の指揮官である阿部上等兵曹に報告しようと、見張りを残して壕へ下りた途端、機関銃の連射音がして、今、話を交わしたばかりの見張りが撃たれて、転がり落ちて来ました。敵は秘かに塹壕の西側の海岸に上陸し、側面から攻撃を始めたのです。敵だ、起きろ、と全員を起こし、銃撃戦を開始しました」

戦闘を指揮していた阿部上曹が、真っ先に胸を撃ち抜かれて戦死した。他に上級下士官は居ない。指揮は二十歳の野間兵長の役割となった。

これに先立つ五月十二日、同小隊も三十二軍の総攻撃に狩り出されたが、首里方面へ出掛けた隊員は一人も帰らなかった。その時、野間さんは艦砲射撃の破片による負傷、阿部上曹はマラリアで寝ていたため鏡水に残ったのだが、その後、補充されて来た約二百人は三十歳を過ぎて初めて召集された下級兵士ばかり。しかも小銃は、五人に一梃(ちょう)しか持たされていなかった。

「たちまち劣勢になり、その老兵たちが、どうしますか、と十歳以上も若い私に聞いて来るのです」

中年の補充兵から「どうしますか」と聞かれて、若い野間兵長は正直言って困った。

「私も本を糾せば戦闘員じゃなく、飛行機の整備兵ですからねえ。海兵団での訓練で小銃を五十発ほど撃った経験はあるが、戦闘なんかしたことがないから分かりません。だけど、そんなことを言ってられませんから、当間の小隊本部に伝令を出しました。伝令文の作り方も何も知りませんから『敵が攻めて来た。只今、応戦中。食料と指導者を寄越して下さい』という連絡でした。その間にも塹壕の十七、八人は次々撃たれ、バタバタと死んで行く。待ちに待った伝令が持って帰った小隊本部の命令は、何だったと思いますか。『いずれはここもやられる。どこで死ぬのも一緒だ。そこを死守せよ』という内容でした。撤退を具申した訳ではないのに、そこで死ねとは……と無性に腹が立ちました」

分隊員は、既に半数以上が戦死していた。約三百メートル後ろにも塹壕があり、一個分隊が戦っていた。野間兵長は命令への反発もあって、自分の責任で「一つ下がろう」と皆を促し、弾雨の切れ目を縫って、一つ後ろの塹壕に転がり込んだ。

「振り返ると米軍は、つい今しがたまで私たちが居た塹壕を既に占領していました。それ程の接近戦でした。しかも、私たちが二列目の壕からも逃げてしまったと思ったのか、銃を腰だめにしてジリッジリッと近づいて来る。三十メートルの至近距離まで接近、鬼と教えられていた赤黒い米兵の顔がはっきり見えました。あの時の心境は、怖いの一言に尽きます」

引き付けるだけ引き付けての一斉射撃。米兵たちは巨体をひるがえして逃げた。相手も同じ心境と分かって幾らかホッとする間もなく、迫撃砲のお返しが雨あられと塹壕に降り注いだ。また、

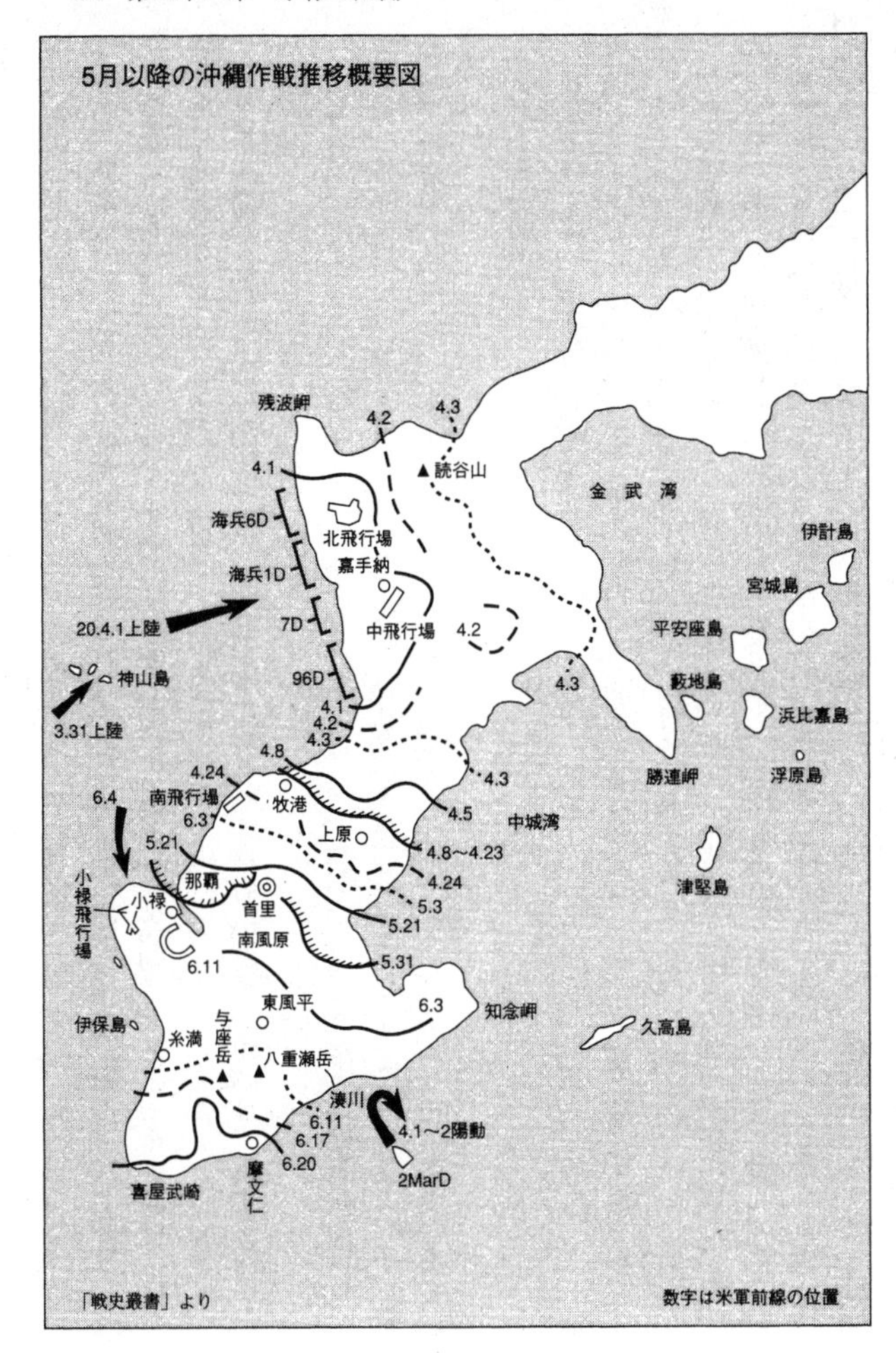
5月以降の沖縄作戦推移概要図
残波岬
4.2
4.3
▲読谷山
金武湾
4.1
海兵6D
北飛行場
伊計島
嘉手納
海兵1D
宮城島
20.4.1上陸
7D
中飛行場
4.2
平安座島
神山島
96D
4.3
藪地島
3.31上陸
4.1
4.2
4.3
浜比嘉島
4.8
4.24
4.3
勝連岬
浮原島
南飛行場
牧港
6.4
4.5
中城湾
6.3
上原
5.21
4.8～4.23
那覇
4.24
小禄飛行場
小禄
首里
5.3
津堅島
5.21
南風原
5.31
6.11
東風平
6.3
知念岬
伊保島
与座岳
久高島
糸満
八重瀬岳
湊川
6.11
4.1～2陽動
6.17
6.20
喜屋武崎
摩文仁
2MarD
「戦史叢書」より
数字は米軍前線の位置

何人かの戦友が戦死。しかし、その日は何とか二列目の塹壕で踏み止まった。長い一日だった。

一方、陸戦隊への改編後は浜野部隊と呼ばれた佐世保海軍軍需部那覇派遣隊の宮城上曹は、敵の上陸地点から南西へ約二キロ、糸満街道に面した安次嶺の、標高約二十メートルの高台に作ったトーチカ陣地に潜んでいた。

台地を円筒形に掘り下げ、内部にコンクリートを打ち、上に厚い鋼板をかぶせて銃眼を作った急造陣地。その背後にH字型の居住壕を掘っていた。

部隊と言っても、総員約五十人。うち正規の軍人は九人だけで、他は軍属と防衛召集の県民。武器は、那覇港外で空襲を受け、座礁していた機帆船からはずして来た十三ミリ機銃と、小禄飛行場で離着陸に失敗して、もんどりうっている友軍機からはずして来た七ミリ機銃数梃があるだけだった。

宮城上曹の回想。

「午前五時ごろ、敵上陸の無線連絡が入った。僕が『敵襲ーッ』と叫んで銃眼からのぞくと、前方四百メートルくらい先に、もう深い緑色の水陸両用戦車がズラッと十二台も並んでおるのですよ。後で分かったのですが、第六海兵師団のマリーン（海兵隊）でした。

彼らの戦闘は、日本軍のそれとは根本的に違う。徒歩の偵察隊が戦車の後ろ両側に居るのだが、高い姿勢であちこちへ散発的な小銃射撃を繰り返し、安全を確認するまでなかなか進んで来ない。

地雷探査も徹底している。私たちは南部から引き返して来てから、敵が攻めて来そうな個所に地雷をいっぱい敷設したのですが、巧（うま）い具合に擬装（ぎそう）したつもりのものを、探知機でどんどん回収していく。こっちは引きつけるだけ引きつけて一斉射撃したつもりですが、彼らには全然こたえない。それどころか猛烈に撃ち返して来る」

午後遅く、後方の沖根司令部付近から、新兵器の噴進砲（ロケット砲）の掩護射撃が始まった。奇妙な発射音、煙の尾を引きながらユラユラと飛んで行く様は頼り無げだったが、それでも敵の上陸地点辺りで火の手が上がり、友軍を大いに勇気づけた。

昭和二十年の沖縄の梅雨は平年より少し長く、沖縄戦の組織的抵抗が止む前日の六月二十二日まで続くが、この日も夕方から激しい雨になった。午後五時、米軍はその日の〝仕事〟を終え、さっさと後退した。

「やれやれ、何とか一日、持ちこたえたと思ったらもう弾丸が、あと三十分も連射したら尽きるぐらいしか残っていないのです。ああ、明日からどうしよう、と思っていた時、司令部から今夜、挺身斬り込みを決行せよとの命令が届きました」

宮城上曹は中隊長に出撃を申し出たが、本部残留組に回された。

「僕は南北五キロ、東西三・五キロある小禄半島の地形を、知り尽くしていましたから、翌日からの米軍の攻撃に対応するために、本部に居ってもらわねば困る、という訳です。そこで兵曹長を指揮官にした三十人くらいが、篠（しの）つく雨の中を出撃しました。

浜野部隊の正面に居た米軍は、占領した小禄飛行場内に幕舎を張り、音楽を流すわ、自家発電の電灯をこうこうと灯すわ、ピクニック気分だったそうです。しかし、周囲にはピアノ線を張りめぐらし、ちょっと触れると、自動小銃や機関銃が雨霰（あられ）と飛んで来る。結局、斬り込む余地はなかったと聞きました」

宇栄原の護部隊でも、斬り込み隊が編制された。伝令の東江上等機関兵が箱爆雷を背負っていると、福生小隊長から険しい声が飛んで来た。

「お前、そんな物を背負って何処へ行くのか」

箱爆雷を背負う東江上機を、小隊長の福生兵曹長は叱りつけた。

「バカ、貴様は爆雷を持つな。伝令が突っ込んだら、誰が戦果を報告するのか。貴様は手榴弾を持って指揮班に付き、戦況を報告しろッ」

東江さんが述懐する。「小隊長は前にお話しした私の転勤問題に、まだこだわっているようでした。二十七、八歳、中背、やせ型で、眼鏡をかけ、えらの張った、一見神経質そうな人でしたが、人間味豊かでした。あの命令で、私は生かされたのですからねえ」

前記の宮城上曹の場合といい、沖縄県出身兵が尊重された話は、沖縄戦の中ではホッとさせられる挿話だが、今は夜襲の状況を追わねばならない。

護部隊は約八百人が出撃、数十名の福生小隊も全員参加した。今、那覇空港から市内へ入る時に通る国道三三一号線の、南側にある小高い丘が目的地だった。今は陸自那覇駐屯地第一混成団の敷地になっている。

大雨の中、照明弾が上がる度に伏せ、泥んこの匍匐前進で敵の歩哨線に接近、散開した。敵陣の方が高い、嫌な地形だった。福生小隊では、小隊長、高橋兵長、東江上機の指揮班を挟んで、右に松村、左に浜田、丸山、普天間の各分隊が並んだ。武器は箱爆雷と手榴弾である。

「攻撃開始で手榴弾を一斉に投げ込んだ途端、頭上から機関銃で撃ちまくられ、戦友がなぎ倒されて行きました。鉄兜を土にめり込ませて伏せたが、銃撃で持ち上げられた土砂が体にバサバサかかるのです。右側にいた小隊長は、声も上げずにうつ伏せに倒れ、戦死したのは分かったが、側へ寄りつけない。その向こうの高橋兵長も右足貫通の重傷で、敵の死角へ引きずり込むのが、やっとでした」

東江さんは、日露戦争の二百三高地の激戦で、郷里・久米島の一等兵が弾雨の中、上官の遺体を収容、金鵄勲章に輝いた故事を思い出した。

「この状況だな、と思いましてね。恩のある小隊長の遺体を何とか収容してあげたいと、夜明け近くまで粘りましたが、駄目でした。分隊長の松村一曹も瀕死の重傷を負い、爆弾の穴に落ち込んでいましたが、この人も結局は断念しなければならなかった。無力感にうちのめされました」

東江さんは大きなため息をついた。この斬り込みで護部隊全体では約六割が戦死、福生小隊は七割が死んだ。報告もまた辛い役目だった。

「羽田部隊長は私の報告に『ご苦労』と言うだけで、全くしおれ切っていました」

大田司令官は四日から五日にかけての「判明セル斬込隊戦果」を次のように打電している。

「機銃六挺、迫撃砲二門、幕舎二破壊、人員殺傷約一一〇名」

戦死者の割には少ない戦果だった。

2

明けて五日の小禄半島の死闘を、大田司令官は次のように打電している。

「六月五日　陣前二五〇米ニ於テ機銃ニ依リ三〇名殺傷　戦果、迫撃砲ニヨル人員殺傷約六〇名其ノ他陣前殺傷一〇〇ヲ下ラズ（中略）東部真玉橋ヨリ侵入ノ敵ハ逐次勢力ヲ増加　味方防戦ニモ拘(かかわ)ラズ戦線ハ嘉数、根差部、高入端(たかのは)東南端ノ線ニ及ビシ為　主トシテ糸満街道ニ進出防止ノ為　平良方面ニ増援部隊ヲ出シ之ニ備フ」

〝矢柄〟を真っ直ぐ南下して来た敵に圧迫されつつある状況を伝えているが、挟み打ちのもう一方、半島側の状況はどうだったか？　午後五時の電報。

「小禄地区朝来ヨリ戦車七〇台以上ヲ伴フ一、〇〇〇名以上ノ敵ハ飛行機ノ爆撃支援ノ下ニ攻撃ニ出デ彼我激戦中ニシテ　逐次味方陣地ニ滲透(しんとう)シツツアルモ　南西空（巌）部隊陣前ニ克(よ)ク防戦中ナリ
一七〇〇ノ戦線ハ垣花、赤嶺西端（中略）大嶺海岸ヨリ戦車約一五輌(りょう)、歩兵約五〇新ニ上陸セシモ　内戦車二ヲ擱座(かくざ)炎上セシメ　人員ノ他戦車ハ撃退ス」

挟み打ちどころか、米軍は半島の西海岸・大嶺からも上陸を試み、包囲殲滅(せんめつ)態勢を取り始めていたのだ。

巌部隊の小隊本部があった当間は、大嶺のすぐ東にある集落で、しかも最前線と報告されている赤嶺の方が約一キロ内陸部だから、同本部は完全に孤立していた。野間整長（整備兵長）は、その重囲の中に居た。

「猛攻の度にたまらず鏡水の塹壕を一つ、また一つと後退して、夕方には生き残った数名が当間

の本部壕へ逃げ込みました。すると、日頃から口うるさい一曹から『死守せいと命令されたのに、逃げ帰るとは何事だーッ』と怒鳴られました。そして、『掩護射撃してやるから、元の陣地へ戻れッ』と命令しました。

戻れと言われても、既に占領されていて戻れる訳がない。それでも命令とあれば、戻らねばならないのが軍隊です。仕方なく私たちが壕を飛び出した時、入口で掩護射撃を始めたその一曹が、米軍の射撃を受けて倒れました。銃弾が額を貫通して、即死です。命令者が倒れたので、私たちはそのまま本部壕へ戻りました」

一方、摩文仁に後退した牛島軍司令官は、三十二軍主力の撤退が完了したので、ここでやっと海軍部隊の島尻南部への撤退を命令した。これに対し、大田司令官は五日、忙しい戦況報告の合間をぬって、大要次のように返電している。

「海軍部隊は最精鋭の陸戦隊四個大隊を陸軍の指揮下に入れ、首里戦線で遺憾なく敢闘したことはご承知の通りである。また今次、軍主力の喜屋武半島への撤退作戦も、我が海軍部隊の奮闘により既に成功したものと認める。本職は課せられた主任務を完遂した今日、思い残すことなく残存部隊を率いて小禄地区を頑守し、武人の最期を全うせんとする考えである」

大田司令官の小禄死守の考えは、既に書いた通り四日朝の電報で打ち出されていたが、三十二軍司令部は初め、額面通り受け取っていなかったきらいがある。八原高級参謀は、前出の著書で書いている。

《――軍首脳部は、深く覚悟を決めた大田将軍の決意を知って驚愕（きょうがく）した。（中略）武運尽きて倒れるときは、陸海軍もろとも我々の心が承知しない。陸軍としては、孤立無援の海軍部隊を、指呼の間に眺めながら、その全滅を黙視するに忍びない。軍司令官は直ちに次の電報を発せられた。（中略）

「海軍部隊が、人格高潔な大田将軍統率の下、陸軍部隊と渾然一体になり勇戦敢闘せられ、沖縄作戦に偉大なる貢献を為されたことは、予の感激に堪えざるところである。海軍部隊が、その任務を完遂した今日、なお孤立無援、小禄陣地を死守せんとする壮烈な決意には、満腔の敬意を表するが、陸軍に先だち、海軍の全滅するは到底予の忍び得ないところである。海軍部隊の後退は、状況上なお可能である。貴部隊が速かに陸軍部隊に合一され、最期を同じくされんこと切望に堪えず」》

牛島司令官は、この電報に加え、親書まで送って後退を促したが、時期既に遅く、大田司令官の決意も固く、小禄死守を見守るほかなかった。

沖特陸の生還者は「大田少将のあの断固たる姿勢には、後退が早過ぎるとして小禄に復帰させられた煮えくり返るような怒りが背景にあった」と口をそろえる。

六日は朝から、梅雨の晴れ間になった。それは米軍機の行動を容易にし、艦砲射撃の精度を高めた。北側の最前線は半島のほぼ中央部まで押し下げられ、わずか十五平方キロの半島は、彼我入り乱れての死闘となった。

沖根司令部が戦闘指揮所として使っていた字栄原の「羽田山」（元・護部隊本部）も、米軍戦車の「馬乗り攻撃」を受ける切迫した戦況となり、司令官と幕僚は同夜、豊見城七四高地の元の司令部壕に戻る。

馬乗り攻撃とは、洞窟陣地の頂上を敵が占領し、攻撃を加えて来る状態で、上から穴を開けてガソリンを流し込まれ、入口から火炎放射器で攻撃されると、絶対に助からない。

五日から米軍占領地域となった当間で孤立していた巌部隊の小隊本部壕も六日、その馬乗りに遭い、野間整長ら約百人は壕内に閉じ込められていた。壕は三方に入口があり、真ん中が広場になっていた。その夜、全員がそこに集合した。中央に座った若い少尉の小隊長の前に、対戦車用の箱爆雷が二個置いてあった。点火すれば、山ごと吹っ飛ぶ威力がある。

「小隊長が『もう逃げることは出来ない。潔く死のう。何か思い残すことはないか。言いたい事があれば言え』と言いました」

小隊長が自決を切り出し、全員に意見を求めたが、誰も何も言わないまま三時間、重苦しい沈黙が続いた。その間、野間整長は激しい心の葛藤と闘っていた。

「三日前、米軍が上陸して来た時、私たち第一線の応援要請に対して、小隊長は地下壕から出てこようともせず『どこで死ぬのも一緒だから、そこを死守せよ』と命令しました。そして今また、敵の顔も見ないで『潔く死のう』と言っているのに腹が立ちました。私はそんな上官と運命を共にする気にならんかったのです」

抑え切れない思いが、関西弁丸出しの呟きになった。

「ここで死ぬのは嫌やなあ」

小隊長がそれを聞き付けたことから、後は銃殺覚悟のやりとりになる。

「お前、そこで何をぐずぐず言っとるんだ」

「ここで死ぬのは嫌ですわ」

「嫌ですわと言ったって、敵に囲まれて行く所もないのに、どうするのだ」

「敵の弾に当たって死ぬのんやったらしょうがないけど、自分で地雷を叩いて死ぬのは嫌です」

見かねた下士官が側から口を出した。

「同じ釜(かま)の飯を食った我々が武士らしく、潔く自決しようと相談しているのに、お前だけが勝手な事を言うのか」

そう言われると返す言葉がなく、野間整長はまた黙り込んだ。沈黙が、また約一時間。しかし、どうしても自分の気持ちを偽れず、遂にキッパリ言い放った。

「今から敵の方へ向かって進んで行きます。それで撃たれたら仕方ありません。ここで死ぬのは嫌です。俺の意見に賛成の者は立てッ」

バラバラと三十人くらいが立ち上がった。小隊長は怒って、怒鳴った。

「お前ら勝手にせい」

抗命は本来なら銃殺刑だが、まだ結論が出ていなかったのと、敵中へ飛び出すのだから、戦線離脱や敵前逃亡にも問えず、脱出は黙認された。

脱出組は先ず腹ごしらえをし、銃眼に備え付けてあった十三ミリ機銃を気の済むまで撃った後、七日午前三時ごろ、三ヵ所の出入口の内、小禄飛行場に通じる南口から脱出した。

野間整長らは飛行場の下水溝伝いに南部へ脱出するが、夜が明けたころ、数時間前まで自分たちが居た小隊本部壕が爆発し、土砂と白煙が吹き上がるのを目撃した。小隊の残留者約七十人の玉砕だった。

十日以上かかって、島尻郡南部の喜屋武半島にたどり着いた時、約三十人はわずか六人に、さらに九月に米軍に収容された時には、たった一人になっていた。この間の過酷な体験については、同氏が劇画物語「19歳の沖縄戦」（日本機関紙出版センター刊）で詳しく述べておられるので、それに譲りたい。

第二十三章　沖縄県民斯ク戦ヘリ

1

六月六日、米軍は小禄飛行場と周辺の海岸線を完全に制覇、戦線は豊見城の沖根司令部壕を中心に直径約四キロの小さな円に圧縮された。同日の戦況を大田司令官は次のように打電している。

「朝来　赤嶺、金城（かなぐすく）、小禄部落ニ対スル重圧加ハリ　一部兵力小禄西部高地ニ侵入　一応撃退セルモ夕刻更ニ兵力増加シ約一〇〇侵入セリ　此ノ敵ニ対シ二三〇〇ヨリ邀撃ヲ敢行　七日〇二三〇奪回セリ

赤嶺陣地ニ対シ約三〇〇攻撃シ来り　一時馬乗リトナラレ危険ニ瀕シタルモ　友軍迫撃砲機銃ノ連携ヨク直チニ撃退セリ

各部隊ヨリ報告シ来レル六日中ノ綜合戦果　戦車一擱座、車両一破壊、人員殺傷約一二〇　報告未着ノ為右戦果ハ増大スル見込」

六日夕方の時点で、大田司令官は沖根、並びに同連合特別陸戦隊の運命を見通したようだ。午後五時三十二分、訣別電報を発した。

「戦況切迫セリ　小官ノ報告（通報）ハ本電ヲ以テ此処ニ一先ヅ終止符ヲ打ツベキ時機ニ到達シタルモノト判断ス　御了承アリ度」

辞世の句は「身はたとへ沖縄の辺に朽つるとも守り遂ぐべし大和島根は」。

さらに同夜、追っかけて認めたのが、本稿の最大眼目である、あの有名な「沖縄県民斯ク戦ヘリ」の長い電文である。

沖縄県民の献身的な戦いぶりを具体的に述べた上、痛ましい犠牲を払わせられた県民への後世にわたる特別の配慮を正面から訴えた内容。

人間味溢れる文章は、当時の日本軍の文書は勿論、世界の戦史にも例がない不朽の電報と言えよう。その原点は、これまで縷々綴ってきた大田司令官の文・武・仁の人間性の発露であることは言うを俟たない。

ところで、大田少将の県並びに県民に対する配慮は、実は、この電文が最初ではない。

沖縄戦が激しくなり始めた四月十六日、島田叡・県知事に頼まれ、海軍省副官に「左ノ電伝ヘラレ度」と次の内務大臣宛電報を打っている。

「四月十三日迄ノ被害ハ家屋破壊一二三〇七　首里市及沿岸部落ノ建物ハ殆ド潰滅　但シ中頭郡以北ハ四月一日以降連絡不能ニ付損害其ノ他ノ状況ハ不明　県庁員ハ知事以下士気軒昂（中略）県民ノ戦意概ネ旺盛ニシテ治安上ノ懸念ナキモ　食料制限ハ逐次逼迫　六月上旬以後ハ困窮

一部飢餓ニ瀕センコトヲ憂慮ス」

島田知事は大田少将より十一日遅れ、一月三十一日大阪府内政部長から、なり手のない沖縄県知事に敢然と赴任した。少将の郷里・千葉県の警察部長も務めた人情家だったので、肝胆相照らす所があったようだ。「沖縄県民斯ク戦ヘリ」の電文の県及び県民への思いやりに、それが良く読み取れる。

防衛庁防衛研究所が所蔵している「昭和二十年六月　南西諸島方面電報綴」によれば、大田司令官の「沖縄県民斯ク戦ヘリ」の電報は、六月六日二十時十六分、沖根司令部発となっている。しかし、戦況報告を優先し、「閑送」（暇な時に送る）扱いにしたせいか、受信時間は第一回が「七日一七三二」。これは通信状況が悪く、一部が届かなかったので、「七日一八〇五」に再送している。

全文を紹介する。□は不明部分、読み易いよう適宜行を替え、文節に余白を入れた。

「発　沖縄根拠地隊司令官
宛　海軍次官
左ノ電□□次官ニ御通報方取計ヲ得度
沖縄県民ノ実情ニ関シテハ県知事ヨリ報告セラルベキモ　県ニハ既ニ通信力ナク　三二軍司令部又通信ノ余力ナシト認メラルルニ付　本職県知事ノ依頼ヲ受ケタルニ非ザレドモ　現状ヲ看過スルニ忍ビズ　之ニ代ツテ緊急御通知申上グ
沖縄島ニ敵攻略ヲ開始以来　陸海軍方面　防衛戦闘ニ専念シ　県民ニ関シテハ殆ド顧ミルニ暇

20年6月4日～13日の小禄地区戦闘経過図
(注)海軍電報綴、米軍戦史「太平洋の勝利」から要約
N
那　覇
鏡水
垣花
北明治橋
識名
与儀
6.4
安次嶺
金城
6.8
6.9
6.10
小禄
国場
大嶺
赤嶺
真玉橋
6.5
6.11
50.8
6.5
高宮城
宇栄原
豊見城
嘉数
根差部
6.4
74
長堂
具志
6.9
宜保
6.9
高安
6.6
6.8
高入端
6.6
田頭
6.8
伊良波
金良
瀬長島
6.7
地覇
宇栄田
平良
翁長
保栄茂
0
2km
6月4日の米軍の線
「戦史叢書」より

ナカリキ
然レドモ本職ノ知レル範囲ニ於テハ　県民ハ青壮年ノ全部ヲ防衛召集ニ捧ゲ　残ル老幼婦女子ノミガ相次グ砲爆撃ニ家屋ト財産ノ全部ヲ焼却セラレ　僅ニ身ヲ以テ軍ノ作戦ニ差支ナキ場所ノ小防空壕ニ避難　尚　砲爆撃下□□□風雨ニ曝サレツツ　乏シキ生活ニ甘ンジアリタリ
而モ若キ婦人ハ率先軍ニ身ヲ捧ゲ　看護婦烹炊婦ハモトヨリ　砲弾運ビ　挺身斬込隊スラ申出ルモノアリ
所詮　敵来リナバ老人子供ハ殺サレルベク　婦女子ハ後方ニ運ビ去ラレテ毒牙ニ供セラルベシトテ　親子生別レ　娘ヲ軍衛門ニ捨ツル親アリ
看護婦ニ至リテハ軍移動ニ際シ　衛生兵既ニ出発シ身寄リ無キ重傷者ヲ助ケテ□□　真面目ニシテ一時ノ感情ニ駆ラレタルモノトハ思ハレズ
更ニ軍ニ於テ作戦ノ大転換アルヤ　自給自足　夜ノ中ニ遥ニ遠隔地方ノ住民地区ヲ指定セラレ輸送力皆無ノ者　黙々トシテ雨中ヲ移動スルアリ
之ヲ要スルニ陸海軍沖縄ニ進駐以来　終始一貫　勤労奉仕　物資節約ヲ強要セラレツツ（一部ハ兎角ノ悪評ナキニシモアラザルモ）　只管日本人トシテノ御奉公ノ誇ヲ胸ニ抱キツツ　遂ニ□□□与ヘ□コトナクシテ　本戦闘ノ末期ト沖縄島ハ実情形□□□□□
一木一草焦土ト化セン　糧食六月一杯ヲ支フルノミナリト謂フ　沖縄県民斯ク戦ヘリ　県民ニ対シ後世特別ノ御高配ヲ賜ランコトヲ」
締めくくり部分に不明個所があり、残念だが、青壮年の防衛召集、老幼婦女子の苦難、若い婦人や看護婦さんの奮闘、そして沖縄全般の悲劇に言い及び、戦争の惨禍を伝えて余すところがない。

護部隊の東江上機が所属した福生小隊は、四日夜の斬り込みで福生兵曹長が戦死したため、丸山上等機関兵曹を長とする丸山小隊となり、二十人程に減ってなお、激しく戦っていた。

陣地は当初の宇栄原からぐんと南下、沖根司令部壕西約一キロ強の同字松川原、現在の高良小学校（那覇市高良二丁目）の校門辺りにあった陸軍の旧探照灯陣地壕である。陸軍が首里戦線へ出動した時、残して行った噴進（ロケット）砲や迫撃砲があり、飛行場方面から侵入して来る敵戦車をかなり悩ましたのだが……。

東江さんの任務は、相変わらず伝令。一日数回、横なぐりの弾雨を衝いて戦場を駆け巡っているので、悲痛な小禄戦線の実際を目撃している。

「宇栄原集落の一角で、同じ久米島出身の糸数正雄一曹の率いる地雷班七、八名が、敵戦車爆破用のバッテリー地雷の配線作業をしていました。ところが、任務を果たした帰りに通りかかると、艦砲の直撃に遭い、さっきまで元気だった全員が掻き消えていました。一曹は私の顔を見る度に、お前は伝令で危険が大きいから今の内に遺書を書いて俺に預けろ、と言っていたが、人の運命なんて分からないもんです」

丸山小隊の猛攻は、やがて報復の十字砲火を食い、全滅の危機が迫った。東江さんは七百メートル南の我那覇陣地へ応援要請を命じられ、壕を飛び出した。

途中、先に出ていた伝令二人とすれ違った。その真ん中で、戦車砲弾が炸裂した。二人は伏せたが、駆けていた東江さんは、そのまま突っ走った。

「これも帰りに見ると、二人は伏せたままの形で戦死していました。おまけに、私の小隊本部も戦車砲の集中攻撃を受け、丸山小隊長以下全滅していました」

一人になってしまい、我那覇陣地に合流したが、そこで十四、五歳と十一、二歳の娘を連れ、物陰で弾を避けている四十歳くらいの女性に声を掛けられた。

「兵隊さん、うちらはどうしたらよいですか。もしもの時、娘二人を自分では殺すことが出来ません」

娘二人を殺してもらえまいか、との依頼である。東江さんは、慌てて言った。

「皆さんは非戦闘員なのだから、決して早まったことをしてはいけない。アメリカの捕虜になっても良いから、自決をしてはいけない」

その時、丁度、南約一キロの伊良波(いらは)の街道を、民間人捕虜の列が米軍に引率されて行くのが遠目に見えた。

「あれを見なさい。大勢のウチナーンチュ(沖縄人)がアメリカに連れられて行く。でも、殺しませんよ」

「言葉遣いで分かったのか、母親は私が沖縄出身であることを確かめ、涙を流しながら『もしもの時は、そうします(捕虜になる)』と言いましたが、あの猛攻の中、子供連れでは逃げきれなかったでしょう」

と言って、東江さんは目を拭った。

2

《――頑強な日本海軍の防衛線にあって、海兵隊は六月七日、八日と二日間にわたる戦闘で、わずかしか進撃出来なかった。戦車は使用出来なかった。泥の層があつく、広い地域にわたって地雷が埋めてあり、さらにその周囲の丘には機関砲座がいっぱいあったからだ。――》

米陸軍省の沖縄戦記録「日米最後の戦闘」は、小禄半島での海軍部隊の抵抗をこう書いている。

そんな七日午後、大田司令官は指揮下の全部隊に訓電を発した。

「小禄地区ニ敵来襲以来　各隊連日肉弾特攻精神ヲ以テ勇戦敢闘セルハ本職ノ最モ心強サヲ覚エ戦果ノ期待ヲ大トスル所ナリ　今ヤ当地区ノ決戦段階ニ入リ　諸子益々強靭作戦ニ徹シ　短兵功ヲ焦ルコトナク極力敵出血ヲ強要シ　予ネテ覚悟シタル小禄死守ニ海軍伝統精神ノ発揚ト戦果獲得ニ全力ヲ致サンコトヲ望ム

予ハ七四局地（司令部壕のある高地）ニ在リ」

これに対して、沖根の上級司令部である佐鎮の杉山長官は八日、次の激励電報を発信している。

「驕敵ヲ邀ヘ撃ツコト既ニ二ケ月余　此ノ間ニ於ケル貴隊ノ勇戦　感謝ノ他ナシ　而モ重大ナル戦況ニ当面ノ将兵欣然一体トナリ　愈々忠誠ノ念ニ徹シテ士気軒昂　血闘銘記シアルノ報告ニ接シ　真ニ感激ニ堪ヘズ　本府ノ全力ヲ挙ゲテ急遽増援スルノ途ナキニ切歯シツツ　切ニ健闘ヲ祈ル」

最後の一節に、大田司令官を沖縄へ送り込んだ人の辛さが滲んでいるが、五航艦はこの夜、小禄戦線支援のため、陸攻機三機に手榴弾千八十発を空中投下させた。しかし、一機は投下前に撃墜され、二機分は友軍の位置が確認出来ず、沖根は入手出来なかった。

米海兵隊の公刊戦史「太平洋の勝利」によれば、手榴弾は糸満北東地区に落下、海兵隊の手に入ったという。

九日、沖根の陣地は直径二キロ余の小さな円に狭められ、米軍の猛攻は四方からこの狭い地域に集中した。七四高地の西・数百メートル、今の宇栄原団地辺りにあった司令部医務隊壕にも、馬乗りの危機が迫っていた。衛生兵長だった田畑幸之信さんが辛そうに話す。

「戦闘で負傷した者や、敵がほとんど夜通し上げている照明弾の灰で火傷した人など、患者は約三十人程居ました。そのうち、少なくとも足腰の立つ者、這ってでも歩ける者には肉薄攻撃、つまり肉攻隊への出撃命令が出ました。敵の戦車が通りそうな道路の要所要所に、夜のうちにタコツボ壕を掘っておく。そこへ箱爆雷を持った肉攻隊を潜ませ、敵が現われたら爆雷に点火して飛び込めと言う訳です。そんな陸上特攻に、二十名は出ました。

私もそのうちの何人かをタコツボへ連れて行きましたが、皆それっきり帰りませんでした。医務隊として誠に辛い任務でした」

六月十日、米軍の攻勢はいよいよ激しくなり、沖根司令部壕のある豊見城の七四高地も戦闘に巻き込まれた。大田司令官はこの日の戦闘概報を、次のように打電している。

「平良、宇栄田、伊良波方面及高安、宜保、地覇方面（筆者注、司令部の南乃至南西数百メートル

米軍上陸地点となった読谷村楚辺の住民は多幸山山中に逃れたが、4月8日、米軍に投降した（沖縄県立平和祈念資料館所蔵）

〜二・五キロ）敵兵力次第ニ増加、七四高地ニ近接、午後ヨリ銃砲撃戦展開セリ　小禄部落ヨリ一四〇〇　戦車二、敵約五〇名豊見城道ヲ南下シ来レルモ　戦車一擱座一破壊之ヲ撃退セリ

金城、赤嶺、宇栄原（同、北西乃至西約一・五キロ）ノ線ニ於テハ我敢闘逐次圧縮全兵力ノ一部陣地収縮ヲ実施スルノ止ムナキニ至ル

確認セル戦果　人員殺傷二五〇、戦車擱座炎上四

被害　戦死傷者一一〇」

電報にも「一部陣地収縮ヲ実施」とあるように、この日、司令部は北西及び西方面に展開していた部隊の一部を司令部壕に撤退させた。

医務隊も同日、司令部壕に移り、田畑衛長は壕北口の監視を命じられた。

「衛生兵の同僚と交代で見張っていました。オイ、交代時間ぞ、と私が言ったので、その兵隊がそろっと壕の入口をのぞいた途端、銃で首を撃ち抜かれ即死しました。壕の出入口が狙撃されるところまで、敵は迫っていたのです。

壕内に友軍の火炎放射器がありました。上官がある兵隊に、それで敵を焼いて来い、と命じました。彼はガスボンベを背負い出ていきましたが、長い間壕の中に置いてあったから、点火しないんです。壕を出るなり、蜂の巣になって戦死しました」

三十二軍司令官・牛島中将は沖根の十日の戦闘概報に、小禄戦線の危機を感じ取ったようだ。大田司令官に真情を吐露(とろ)する電報を送った。その電文は残念ながら残っていないが、大田司令官は次のように返電している。

「小地区ニ敵ヲ邀ヘ一週日ニ際シ　御懇電ニ接シ感激ニ堪(た)ヘズ海軍部隊ガ陸軍部隊ト合流スル能(あた)ハザリシハ　真(まこと)ニ已(や)ムヲ得ザルニ出デタルモノニテ　固(もと)ヨリ小官ノ本意ニ非ズ　従ツテ南北相分ルルトモ　陸海軍協力一体ノ実情ニ於テハ　聊(いささ)カノ微動アルモノニ非ズ　今後ハ貴電ニ従ツテ益々柔軟ナル持久戦ヲ以テ　敵ニ大出血ヲ強要セントス　尚、戦果ニ就イテハ努メテ正確ヲ期シ確認セルモノノミヲ御報告ス」

首里戦線への主戦力抽出、南部撤退から小禄陣地への再復帰など、三十二軍司令部には二度、苦汁を飲まされながら、最後まで陸海軍一体の協力を述べた大田少将の度量には、全く敬服の他はない。

護部隊の東江上等機関兵も十日、司令部壕に帰った。色々な部隊の生き残り約五十人を寄せ集め、工作科の大尉を長にした新しい中隊が再編制された。夜、南東約五百メートル、今NTTの電信電話送信所のある辺りにタコツボ陣地を掘り、夜明けとともに擲弾筒（てきだんとう）攻撃を開始したのだが……。

「敵は豊見城城跡（北東約八百メートル）から迫撃砲で集中攻撃して来たから、ひとたまりもありません。タコツボから半身を乗り出して指揮していた若い少尉の小隊長が吹っ飛んだほか、隊員はバタバタと自分が夜通しかかって掘った穴の中で死んで行きました。手製の墓穴ですよ。これでは全滅してしまう。相変わらず伝令役の私は、中隊長が居る岩蔭へ実情の報告に走り、撤退命令を受けました。

　その時です。福生小隊当時から一緒だった年配の重住一曹が右手首をもぎ取られ、『オイ、殺せーッ』としがみついて来ました。私には出来ない。『中隊長殿、お願いします』と振り払い、各小隊に撤退命令を伝えに走ったが、司令部壕に帰ってから聞くと、中隊長がピストルで楽にしてやった、という事でした」

　十一日早朝、司令部壕に帰りついた中隊員は、約十人に過ぎなかった。東江さんが見た壕内は、前日とは打って変わった混乱状態に陥っていた。

「通路という通路は負傷兵で埋め尽くされ、足の踏み場もない状態でした。山根部隊の顔見知りの軍属などは、大声で泣きわめきながら私に助けを求めている。『こらっ、どこが痛いのか。傷を見せろ』と言って下着を引き下ろしたが、どこもやられていない。腹が立つので尻（しり）を蹴（け）っ飛ばしたら、普通に歩いた。戦場の物凄（ものすご）さに、腰を抜かしておったのです」

第二十一海軍航空廠（長崎県大村）小禄派遣隊（長・鈴木勝登中佐）の軍属だった狩俣（旧姓・仲間）マサさん（六六）（那覇市古島九、主婦）も、その日、司令部壕へ身を寄せた。

那覇市西町にあったデパート「円山号」の店員をしていたが、十九年十二月、軍属を志願、宇栄原の航空廠壕で飛行機の計器の修理をしていた。小禄の戦闘が激しくなるにつれ、他の女性軍属は看護婦に引き抜かれて行ったが、狩俣さんは航空燃料を使って炊事をしていて足に大火傷を負い、留めおかれた。いまだに、往時の苦悩を滲ませて語る。

「司令部壕への集結命令が出ましたので、激しい銃爆撃の中、班長さんの肩にすがって壕の南口へ行きました。入口に居た兵隊に『女が何故、今まで生きているのか』という酷い言葉を投げつけられましたが、二十一空廠所属と分かって入れてもらえました。

壕の中の通路は、もうごった返しで、血と膿の臭いが充満していました。そこを気もそぞろで、目を吊り上げた人が北へ南へワッサワッサと動き回るのです。既に、この世の空気ではありませんでした」

3

小禄戦線生還者の証言に、豊見城・七四高地の沖根司令部壕が登場し始めた。

今、現地では「旧海軍司令部壕」と呼ばれ、財団法人・沖縄県観光開発公社旧海軍司令部壕事業所が管理、年間三十万人以上が訪れる戦跡公園となっている。行かれた方も多いと思うが、東江さん、宮里一夫・事業所長（四九）、宮里勝治・同副所長（四八）の案内や略図で、内部の概略を紹介しておきたい。

今、壕を訪れると、百二十四段の昇降廊（階段）で一気に地下二十数メートルの壕内に達するが、この階段は沖縄観光開発事業団（開発公社の前身）が昭和四十四年から四十五年にかけ、一年がかりで壕を発掘、修復した際に付けたもので、往時は高地の中腹に出る南、北、西の三つの口から出入りした。

発掘されている壕の総延長は四百七十メートルだが、メーン通路のうち南北に延びる約百メートルの半分など、落盤の危険がある部分は閉鎖しているので、公開しているのは二百七十メートル。しかし、修復前に調査した旧国鉄技術陣は、発掘分の倍近くはあったと見ている。

メーン通路は西口に通じるものとの二本で、いずれも幅二・五メートル、高さ二メートル。天井は主な部屋ともども、今はコンクリートや漆喰で丸いドーム型に綺麗に塗り固めてあるが、東江さんは「戦中は炭鉱の坑道の様に木枠組みで、荒々しい構造でした」と言う。

見学順路に従って案内すると、取っ掛かりの作戦室、続く幕僚室はいずれも四畳半くらいの長方形の部屋。幕僚室の壁一面に手榴弾の弾痕が残っている。沖根玉砕で、将校が自決した時のものである。

メーン以外の通路は幅一メートル余で、人がやっとすれ違える程の狭さ。壁はまだ土質が剝き出しで、そこには兵隊たちがツルハシを振るった跡が無数に残っており、往時の苦労と戦争の空しさを語り続けている。

そんな細い通路を通って西口への通路に出ると、向かい側に五段の階段があり、その奥が大田司令官と六幕僚が自決した司令官室。東西に長い十畳敷ぐらいで、壁には幕僚が書いたと思われる「神州不滅」「醜米覆滅」や、幕末の志士の和歌「大君の御はたのもとにしゝてこそ人と生れし甲斐ぞありけり」の墨痕がある。

再び西口への通路に戻り、先へ進むと、左手に十畳ぐらいの暗号室、四畳半大の医療室、三畳くらいの発電室が三つある。いずれも壁の木組み、床材の跡がミイラ状になって残っており、生生しい。

西口の手前に右手へ入る幅一メートルの狭い通路があり、それを進むと右手に八畳ぐらいの下士官室が二部屋続き、「玉砕の近い二十年六月頃には立錐（りっすい）の余地もない程兵士が入り、立ったまま睡眠、休息をとった」の説明書がある。

その先で南北のメーン通路に戻るが、南へ下がると右手が司令官室のもう一方の入口。こちらが正面入口だったらしく、部屋に入る途中に衛兵の待機所がある。

壕には今、沖縄駐留米軍人の見学も多く、その規模に一様に感心しているが、当時、機能的にはいろいろ問題点があった様で、大田司令官は五月、この壕での生活から得た戦訓を、次の様にまとめて報告している。

「一、壕内居住

1、電力確保　二ヵ所の発電機が必要。

2、通風装置　入口を多く設け、又は艦船のエアートランクのごとき通風機を要す。

3、居住施設　畳の確保肝要、ノミ、シラミ、蚊の対策が要るが、ノミによる戦力減は大きい。

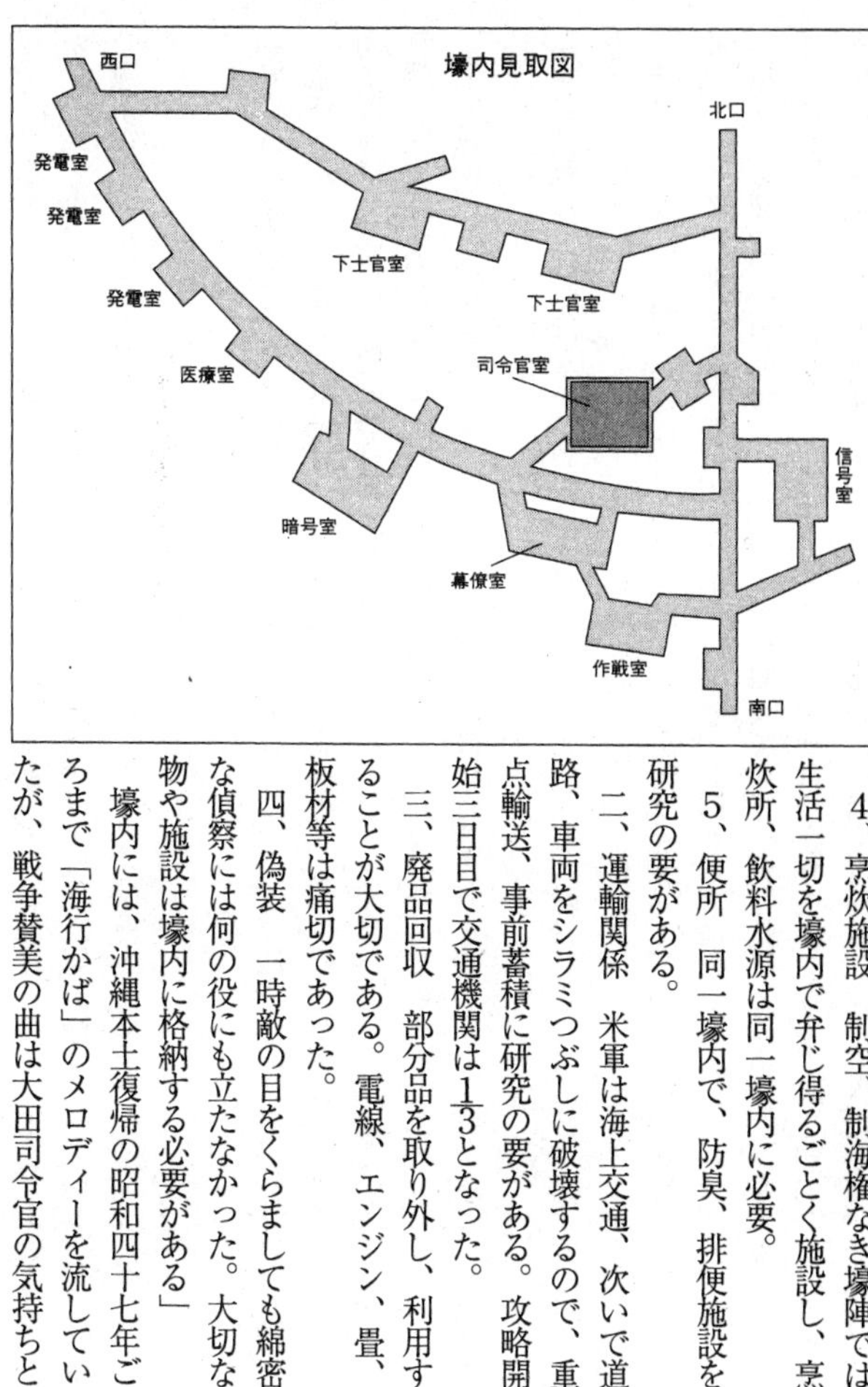

4、烹炊施設　制空、制海権なき壕陣では、生活一切を壕内で弁じ得るごとく施設し、烹炊所、飲料水源は同一壕内に必要。

5、便所　同一壕内で、防臭、排便施設を研究の要がある。

二、運輸関係　米軍は海上交通、次いで道路、車両をシラミつぶしに破壊するので、重点輸送、事前蓄積に研究の要がある。攻略開始三日目で交通機関は1/3となった。

三、廃品回収　部分品を取り外し、利用することが大切である。電線、エンジン、畳、板材等は痛切であった。

四、偽装　一時敵の目をくらましても綿密な偵察には何の役にも立たなかった。大切な物や施設は壕内に格納する必要がある」

壕内には、沖縄本土復帰の昭和四十七年ごろまで「海行かば」のメロディーを流していたが、戦争賛美の曲は大田司令官の気持ちとはそぐわないとの批判もあって、その後は八重山民謡「月の美しや」(作者不詳)に替えた。青白い月の光を思わせるスローテンポのもの悲しいメロディーは、米軍上陸後、月光の下でしか外気を吸えなかった将兵や県民の苦闘をしのばせて、人々の心を暗然とさせる。

4

「先程見た医療室で、私は従姉妹の東江ツルと別れました」と東江さんは、ポツリと言った。

東江さんの三歳年上の従姉妹・ツルさん(二四)は沖根司令部の士官集会所に勤めていたが、司令部壕に合流後は、臨時看護婦として働いていた。東江さんは自身の死期が近いと感じ、十一日朝、医療室に訪ねた。久々の再会を喜ぶ暇もなく、声をひそめてのやりとり。

「上官は国頭方面へ脱出せよと言うの。最後の手段に青酸カリを持っているけど、どうすれば良い?」

「絶対に死んではいけない。頑張るんだ。最後は必ず僕と一緒に行動しよう。それまでは早まるな」

そこへ「東江、斬り込みに行くぞッ」の下士官の声。兵曹四人と兵長一人が待っていた。「ツル姉、行って来ます」と挨拶して、午前十時過ぎ、北口から飛び出した。

「機銃、迫撃砲、戦車砲弾で空気がワーンと鳴っていて、斬り込みどころか、身動きも出来ない。私は甘藷畑に掘ってあったタコツボに転げ込み、それっきり夜まで脱出出来なかった。戦車がカタピラーをカタカタ不気味に鳴らしながら、頭の上を何度も通り、全く生きた心地がしませんでした。神や仏やご先祖様に祈願したのも、自分の小便混じりの溜まり水を飲んだのも初めてでした。日付が変わってから司令部壕に帰ったら、ツル姉の姿はなく、結局それっきりになりました」

十一日付け大田司令官の戦況報告電報。

「早朝ヨリ司令部ニ対スル包囲攻撃熾烈トナリ　司令部全力及九五一空一部ヲ以テ夕刻ニ至ル迄激闘ヲ交ヘ　多大ノ出血ヲ強要セリ　司令部陣前ニテ二〇〇〇迄ニ収メタル戦果　人員殺傷約一〇〇〇　被害一一〇」

この前後、司令部壕内外でも様々の悲劇があった。証言するのは司令部付の新山兵曹長。

「敵の砲弾が炸裂した震動で、さしもの壕がグラッと揺れましてね。棚に置いていた拳銃弾が、照明用に焚いていた油の中に落ちて暴発し、側に居た徳大寺少尉という公爵の三男が、頭に大怪我を負いました。

もう助からないと思われたのでしょう。私に『家宝の軍刀を持って来ているが、貴官がもし帰れたら私の家に届けてくれないか』と言われるので引き受けたら、その夜、拳銃自決されました。その後、約束を果たせる見込みが絶えたので、刀は木箱に入れ、菰包みにして壕内に埋めましたが、どうなりましたか。

壕の前面に現われた敵の戦車二台のうち、一台に我が擲弾筒が命中し、動かなくなりました。敵兵は天蓋を開け、飛んで逃げましたが、こんな時は大体、救援の戦車が来て、後方に曳行する。幕僚がそれまでにと、この戦車爆破の勇士を募りますと、二十一、二歳の野間清美上等水兵が即座に『私が行きます』と名乗り出て、急造爆雷を抱いてその戦車に飛び込み、自爆しました。健気でした」

司令部壕が包囲攻撃される中で、大田司令官は六月十一日が沖縄方面根拠地隊の最後の日になるのでは……と考えたようだ。この日午後一時三十七分、三十二軍の長参謀長宛に次の作戦特別緊急電報を発した。

「敵後方ヲ攪乱又ハ遊撃戦ヲ遂行スル為　相当数ノ将兵ヲ残置ス　右将来ノ為一言申シ残ス次第ナリ」

人命を尊ぶ少将の頭に、死なばもろともの全員玉砕の考えはない。可能な限りの部下を包囲された陣地から脱出させ、後方攪乱や遊撃戦を命じたが、これらの兵士が戦線離脱や脱走などと誤解されないようにとの心遣いだった。

そして同夜、牛島軍司令官宛に、六日に続いて二度目の訣別電を発信する。

「敵戦車群ハ我司令部洞窟ヲ攻撃中ナリ　根拠地隊ハ今十一日二三三〇玉砕ス　従前ノ厚誼ヲ謝シ貴軍ノ健闘ヲ祈ル」

戦闘部隊ではない医務隊には、いち早く後方攪乱部隊として脱出が認められたが、負傷者に後ろ髪を引かれる田畑衛生兵長の辛い回想。

「壕内の通路は運び込まれる負傷者の悲鳴や唸り声で、阿鼻叫喚でした。治療の仕様がない患者も多く、最後の一言は皆『お母さぁーん』でしたねえ」

夜更け、米軍の攻撃の止み間を見て脱出、北部へ行こうと小禄地区と那覇市を隔てている国場川の、周囲十五メートルぐらいの小さな中州に這い上がった。対岸は照明で昼間のように明々と照らし出され、敵のトラックがひっきりなしに通っているので、渡れない。結局、身動き出来ぬまま夜が明けてしまう。

「民間人が作った壕があったんやけど、岩の上に板を掛け、土をかぶせて阿檀の葉で擬装しただけのものでね。そこへ兵隊や民間人が三十人近くも隠れたもんやから、すぐ見つかって擲弾筒を撃ち込まれ、県民が随分亡くなりました。可哀相に赤ちゃんも含めて。十二日の昼頃、私らは中州へ上がって来た米兵七、八人の捕虜になりましたが、七四高地の司令部壕は見ているのも辛い程、集中砲火を浴びていました」

十一日夜の玉砕を思い止まり、なお奮戦する司令部壕の様子は、新山兵曹長が再び語る。

「七合目の味方タコツボに籠もって応戦していたら、隣で小銃で戦っていた主計科の先任下士官が頭をやられた。すると『煙草を吸ってから死のう』とタコツボから這い出しまして、どっかとあぐらをかいて、煙草をふかしつつ、ハチの巣の様に撃たれて亡くなりました。

午後になると、壕の上でコツコツと穴を穿つ音が聞こえ始めた。馬乗り攻撃で、ガソリンを流し込もうとする様子です。館山砲術学校から陸戦指導のため派遣され、そのまま帰れなくなっていた杉内兵曹長が、これを察知しました。真下に爆薬を仕掛け、先手を打って電流による遠隔操作で爆破すると、二人の米兵が吹っ飛びました」

十二日午後、七四高地の頂上は米軍に占領され、司令部壕の最後の時は迫った。

新山さんの記憶によれば、壕内に居た各部隊の生存者に最後の非常呼集が掛かったのは午後八時ごろだったと言う。司令官室と幕僚室にはさまれた通路に整列したのは、血潮と硝煙にまみれた約二百七十人にすぎなかった。

大田司令官の他、幕僚は首席参謀の前川大佐、南西諸島空司令から連合艦隊兼沖根参謀に転じ、四月から司令部に詰めていた棚町大佐、護部隊司令・羽田大佐、二十一空廠小禄派遣隊の鈴木中佐、軍医長・小山少佐、機関参謀・山田少佐の六人が顔を揃えていた。

司令官は普段と全く変わらぬ温顔で、歴戦の部下の顔を慈愛に満ちた眼差し(まなざ)で見回していたが、「敗軍の将、兵を語らず」故だろうか、伝達事項は山田参謀が声を張り上げた。大要次の様な内容だったと言う。

「司令官及び幕僚は本日、自決される。これまで、諸官と共に随分、奮闘したが、遂に敗れた。しかし、友軍は必ず逆上陸して、沖縄島を奪回すると信じる。自力で行動出来る者は最後まで生き延び、地理に明るい諸官が逆上陸軍に協力してくれ。自力で行動出来ぬ者は、残念ながら自決してくれ。自力で行動出来る者は只今から自由行動を取れ」

新山さんの辛い述懐。

「壕には他に、身動き出来ぬ傷病兵が約三百人は居まして、その処置が早速、始まりました。軍医長は『自分は皆を殺すために軍医になったのではないが、事ここに至っては止むを得ない。どうか死んでくれーッ』と泣きながら、注射していきました。これらの人々も無念の涙にくれながら、次々に瞑目(めいもく)しました。

ですが、中には手も足も動かせぬ兵隊で『軍医長、待ってくれーッ。このままでは、死んでも

壕西口から「司令官室」や「幕僚室」に通じるメーン通路（右）と「下士官室」へ通じる細い通路。司令部壕の最後が近い昭和20年６月10日ごろからは、負傷兵の血と膿の臭いで埋めつくされた（旧海軍司令部壕事業所提供）

死に切れん。せめて手榴弾の一発でも、敵に投げさせてくれーッ』と絶叫する者も居まして、その悲壮な光景はとても言葉では言い表わせません」

一旦、司令官室に入った幕僚たちは、そのまま自決するに忍びなかったようだ。二度の斬り込みから命からがら壕に帰った東江上機の回想。

「羽田大佐が通路の人波をかき分け、かき分けしながら『護(まもり)の部下は居らんか』と近づいて来られた。我々十人程が『護です』と答えましたら、『ご苦労だった』と一人一人に挨拶して行かれた。誠実な司令の最後の言葉だと思うと、たまらなかったですねえ」

女性軍属の狩俣さんは鈴木中佐とお別れをした。

「四十歳代の穏やかな司令でしたが、わざわざいらっしゃって『もう最後だ。皆さんともお別れだねぇ』と涙を流していらっしゃいました。

私たちもいよいよ最後だと思って、持って来た白いブラウスを着、薄化粧の死拵えをしました」

断末魔の絶叫、呻き声が満ち、肉親、知人を求めて右往左往する人々で大混乱の司令部壕内。

三人の証言を綴り合わせ、状況を追う。先ず東江上機の証言。

「時間ははっきりしませんが、山田機関参謀が大声で『総員脱出せよ。壕は爆破させる』と言い終わるか終わらぬうちに、何発かの拳銃の発射音がしました。『あの音は司令官の最期だ。早く外に出ろ』と皆が口々に言い、脱出する人、動けない兵隊や将校の自決などで、壕内は阿鼻叫喚の状態に陥りました」

狩俣さんも火傷の足を引きずりながら、一度は脱出を試みた。

「大勢の人にもみくちゃにされ、押され押されて行ったら、司令官室の前に出ました。部屋には電気が灯り、扇風機も回っていました。のぞくと、幕僚の方々が日本刀を側に置き、胸で手を合掌して（両手の指を組み合わせる仕草をしながら）横たわっておられました。最後に自決された機関参謀が、あの様にされたのではないでしょうか。通路から割と近くに見えましたので、西口に通じる側の入口から見たと思います」

公刊戦史によれば大田司令官の自決は、十三日午前一時となっている。

壕内の混乱は、なお続く。再び狩俣さんの回想。

「その後、南口の方で『突撃ーッ』の兵隊さんの声がして、ワアーッという喚声がした途端、壕内で爆雷がドーンと爆発しました。爆風が押し寄せ、電気が消えて真っ暗になり、ああ、もう今、自分は死んだのだという気分になりました。兵隊たちが出た後へ、米軍が毒ガス弾を投げ込んだらしく、全員フラフラになり、気がついた時は民間人の女性六人、傷病兵二人の八人だけになっていました。

二、三日後、米軍が攻撃を仕掛けて来た時、民間人のうち三十歳くらいと十二、三歳くらいの母子が手榴弾で自決してしまい、私らは一週間後、先に脱出していた東江さんに救出されました」

その東江さんは司令部壕が爆破された時、二人の兵曹と共に脱出した。西北西約一キロ、現在の小禄中学校の所にあった護部隊整備科六分隊の壕に潜み、司令部壕や近辺の壕に残っていた食料で食いつないで、九月五日、狩俣さんらと共に投降する。

一方、新山さんは司令部壕内の、狩俣さんらとは別の個所に戦友十四人と立てこもったが、米軍の攻撃で戦友を全て（すべ）失い、九月十五日に投降している。

沖特陸は三十二軍に抽出された兵力を除き約五千五百人だったが、うち約四千人が小禄戦線で戦死したと言われる。司令部壕内の惨状を語る東江さんの苦渋の証言。

「食料の調達や壕内に残っていた人の救出で、その

正面入口から見た壕内「司令官室」。この部屋で大田司令官と六幕僚は自決、遺骨も収集された（旧海軍司令部壕事業所提供）

後、何度も司令部壕に出入りしました。真っ暗なのでビール瓶にガソリンを入れ、ランプ代わりにしましたが、銀蠅がワーッと集まって一瞬に吹き消す。至る所、死屍累々。嗅覚も神経も麻痺していたからこそ耐えられた、敗残の日々でした」

5

大田司令官の最後の電報がどういう内容であったかは、これまでどの史料にも明らかにされていない。公刊戦史さえ、宇垣・五航艦司令長官の「戦藻録」の記述「沖方根の通信は十二日一六〇〇連絡を絶つ」を根拠に、日時を確定しているだけである。

沖縄戦直前まで機関参謀として大田司令官に仕えた新宅さんを広島市のお宅に訪ね、話がその辺に及んだ時、新宅さんは突如、肩を震わせて泣いた。やや間があって、「いやぁ、どうも失礼」と気を取り直し、語ってくれたのは衝撃的な新事実だった。

昭和二十年六月十二日、新宅参謀は三重県鳥羽市の第四特攻戦隊司令部に居た。前述の様に四海護専務の参謀となり、沖縄から指宿の司令部に転勤したが、本土決戦体制が進む中で前月、再び転勤していた。

「確か夕方だったと思いますが、沖根からの電報を傍受しました。文章の立ち上がりはよく覚えていないのですが、ここの所は今も頭から離れなくて……」

また、こみ上げて来る激情で話が出来なくなり、新宅さんは机の上のメモ用紙に鉛筆を走らせた。

「……敵戦車数十輛　我ガ司令部ヲ囲繞シツツアリ　凡ソ刀ヲモテ戦ヒ得ル者ハ悉ク敵ニ当タリ立ツ能ハザル者ハ自決シツツアリ　七四高地ニケ月ニ亘ル奮戦モ　本日ヲ以テ終止符ヲ打ツモノト認ム……」

涙を流しながらの説明。「文の言い回しは、文章をよくされた大田司令官のものに違いないと思いますが、全部隊で傍受された筈のこの電報が、何故か公刊戦史にも記録されていない。こんな事なら、全文書き残して置くのだったと悔やんでいます」

側から信子夫人（七二）が、口を添えた。

「その夜、私も主人に大田司令官から最後の電報が来た事を聞かされ、余りに悲痛な内容にもらい泣きしました。そんな内容だったのは間違いありません」

その後、取材を進める中で、新宅さんの話を裏付ける証人を二人、見つけた。一人は小禄の九五一空から奄美大島の古仁屋空に転属した通信科兵長・西原清さん（七一）（沖縄県浦添市安波茶七三九）である。

「沖縄から送られて来る電報の地名が分かりにくいと、昭和十九年八月、沖縄出身の私ら三人が古仁屋へ行かされました。昭和二十年六月十二日は非番でしたが、先任下士官から『沖縄方面根拠地隊から最後の電報が来る。お前たちが受信しろ』と言われ、担当しました。電文が長かった上、翻訳は暗号員がやりましたので全文は覚えていませんが、『刀ヲモテ戦ヒ得ル者ハ』のくだりを覚えていますので、間違いありません」

もう一人、与論島出身の少年通信兵で、同室暗号員だった喜山輝三さん（六四）（鹿児島市大明丘三の七の一一、司法書士）も「確かにそのような電文が来たと記憶しています」と言う。

後日、娘婿の村上さんから「佐世保（特別陸戦隊）在勤当時の覚書を調べたところ、左の電文が出て来ました」との手紙を頂いた。それに依れば、最後の電報の内容はこうである。

「発　沖根　昭和二十年六月十二日　一三三五
一、朝来　敵戦車及ビ歩兵　当司令部壕外ニ蝟集シ　煙弾ヲ打込ミアリ
二、我方　凡ソ刀ヲ以テ戦ヒ得ル者ハ　孰レモ敵ニ当リ　然ラザル者ハ自決シアリ
三、七四高地二ケ月余リノ奮闘モ本日ヲ以テ終止符ヲ打ツモノト認ム」
「発　沖根　昭和二十年六月十二日　一六一九
此ニテ通信連絡ヲ絶ツ」
新宅さんの記憶と、言い回し、時間に些かの違いはあるが、双方とも武人・大田の壮絶な最期を伝えている点では一致している。

第二十四章　大田中将の死

1

昭和二十年六月十三日の夜、東京帝大医学部薬学第二講座の落合英二教授は、本郷の大学の研究室に居残り、実験をしていた。午後八時ごろ、研究室の窓ガラスが三回叩かれ、壊かしい義弟・大田實の声が「英ちゃん」と三回呼ぶのを聞いた。慌てて窓を開けたが、誰もいなかった。

この話は、落合教授の妹で、大田かつ夫人の姉でもある谷野せつさんが、兄から直接聞いている。

「科学者だから普段、霊とか幻とかいう話は一番バカにする兄貴が、大田が来たよ、と極く普通の話のように言いました。霊が呼ぶ、という事はあるみたいですねえ。大田は公人としては決然と自決しましたが、沢山の子供を残して逝くのは、やはり心残りだったのでしょう。どうか、かつを助けてやってくれ、と頼みに来た、と思えてならないのです」

同じ日、村上大尉は身も世もあらぬ悲しみようで悄然と佐鎮から帰宅した。その様子で、すが子さんは父の戦死を知った。

「それまでに訣別電や『沖縄県民斯ク戦ヘリ』の電文など、どんどん入る父の電報を逐一、聞いていましたから、ああ、お父様はとうとう亡くなられた、でもこれは仕方のないことだ、と思いました。

沖縄の方や残した部下に対する気配りなど、父の最後は立派だったと思います。それにも増して、村上が実の息子でもこんなに悲しまないのでは、と思える程、嘆き悲しんだのには、びっくり致しました」

その村上さんの述懐。

「戦争中、しかも軍人が、相当辛く、悲しいことがあっても、表に出しちゃあいかんのです。しかし、十分な部下も装備もなく、あれだけ戦ったのを思うと、もう少しちゃんとした部隊で戦わせてあげたかった、勿体ない、と思うと涙を禁じ得ませんでした」

中嶋大尉は河和航空隊に入った電報で知り、通勤に使っていた自転車で、みどりさんに知らせた。「親父さん、無理みたいだぞ」という言葉をみどりさんは覚えている。

呉市川原石の大田家には十三日午後、海軍関係者からの通報が入ったようだ。年長の子供は挺身隊や疎開、学校へ行き不在で、家にはかつ夫人と小学校二年生の六女・八千代さん以下、幼い人ばかりが居た。五歳の畯さんも異常な空気を察知している。

「母が玄関の間に座り、訪れた人と話していました。何か只事じゃないぞ、という気配を感じました」

　八千代さんの記憶は、さすがにもう少し詳しい。

「私は母に言われて、家のすぐ近くにある郵便局へ電報を打ちに行ったと記憶しています。幼心に父の死が分かったのでしょうか、母に『これからウチはどうなるの』って聞いたら、『子供はそんな心配はしないでよろしい』と叱られました」

　大田司令官は戦死の六月十三日、即日、海軍中将に任ぜられ、従四位、功一級金鵄勲章、勲二等旭日重光章を授与された。享年五十四歳だった。

　英雄さんは父の訃報を、少し遅れて疎開先で聞いている。

《――六月の半ば過ぎだったかと思う。先生にお寺の奥の部屋に呼ばれた。先生はひどく話しにくそうだった。口ごもる先生の前で、私は何となく予期するものがあった。果たして、先生の話は、沖縄海軍部隊が玉砕し、父が戦死したとのことだった。

　先生や、心配してくれた友の前では、「そういえば夕べフクロウがよく鳴いていた、軍人が戦争で死ぬのはあたりまえだ」と、私はうそぶいた。しかし夜、布団に入ると、どっと涙があふれて、一晩中泣き明かした。涙が涸れたころ、「憎っくきルーズベルト、チャーチル、親父の仇は必ずうつ、アメリカ人、イギリス人は皆殺しにしてやる」と固く誓ったのは、当時の軍国少年にしては当然のことだったろう。》

　かつ夫人は子供を悲しませまいとしたのか、中将の死を家族には改めて話さず、毅然としていた。だから勝子さんは父の戦死を、県女で担任の先生から聞いている。

「あれは父が亡くなった翌々日ぐらいだったのでしょうか、担任の石田先生が、どうしてお知りになったのか分かりませんけど、教室で『大田さんのお父様は亡くなられました』と教えて下さった。私は母や姉の会話から、父はいずれ戦死するのでは……と乙女心に覚悟していましたから、意外に冷静だったと思いますが、クラスメートが皆泣いてくれましたので、つられて泣いてしまいました」

三十二軍の牛島軍司令官と長参謀長が摩文仁の丘で自決、守備隊の組織的抵抗が止むのは、海軍部隊の玉砕から十日後の六月二十三日。大本営発表は二日後の二十五日午後、新聞に載ったのは翌二十六日の朝刊である。

その日の読売報知新聞一面の見出しは「壮烈・沖縄軍官民一体の闘魂」「廿日、全戦力挙げて最後の攻勢を実施」「小禄海軍部隊　十三日総斬込み」などとあり、裏面の第二面では牛島、大田両司令官、島田知事の横顔を紹介しているが、大田司令官の項には「上海戦以来陸戦隊の猛将」「情誼（じょうぎ）にも厚い武人中の武人」とその人柄に相応（ふさわ）しい見出しを付けている。

沖縄戦の戦没者は米軍側の一万四千五人に対し、日本側は二十万七千五百八十七人（内訳は他都道府県出身将兵六万五千九百八、沖縄県出身軍人・軍属二万八千二百二十八、一般住民十一万三千四百五十一）、つまり沖縄県民は日本側戦没者の六十八パーセントに及ぶ十四万千六百七十九人が犠牲になり、沖縄の戦いは熄（や）んだ。

月日ははっきりしないが、終戦までのある日、大田中将の遺骨が呉の自宅に帰った。遺骨と言っても、白木の箱にただ「大田實　英霊」と書かれた半紙が入っているだけの、遺族には無念な箱だった。当時、同家に居た子供の中で、最年長の愛子さんが記憶している。

「もうあの頃は慰霊祭も何もなくて、箱だけが我が家に寂しく帰ってきました。母は一番奥座敷の十二畳の床の間に、父の軍帽、軍刀と共に供え、話し掛けていました。『お父様、とうとう戦死してしまったのねえ。本当にご苦労様でした』って丁寧にお辞儀をして。でも、涙一つ零さない母。偉いですよねえ……」

愛子さんが後に、父の辞世の句を知って詠んだ和歌二首を、ここに献じる。

「身はたとへ沖縄の野辺に朽ちるとも祖国守ると父は逝きにし」

「大君の御楯と死すは甲斐ありとちちのみの父戦い死ににき」

2

大田中将戦死直後のかつ夫人の気丈な態度については、大田家を良く知る左近允尚敏さん（六八）（海兵72期、海自・元海将、平和・安全保障研究所研究委員、神奈川県三浦郡葉山町堀内一一六二）も、目の当たりにしている。

第十六戦隊司令官や支那方面艦隊参謀長を務めた故・左近允尚正中将（海兵40期）の二男で、家は横須賀市中里町で大田家のすぐ近所、小学校はみどりさんと同級生、かつ夫人には「大田家の姉弟以上に可愛がってもらった」人である。

二十年三月、戦時急造型一等駆逐艦「梨」の航海長になり、呉に入港したが、七月一日の空襲で海軍士官が出入りしていた呉市の料亭、例の隠語で言う「ラウンド」こと徳田、「ロック」こと岩越などが焼けたため、同月十一日の出港まで、毎晩のように大田家へ押しかけた。

「艦長以下士官数人で、一升瓶二、三本、サケやウナギの缶詰などを下げて行き、奥の座敷で飲ませてもらいました。夫人は中将の戦死をとっくにご存じだったが、そんな気配も見せず、愛子ちゃんから生後三ヵ月の豊君まで九人の子供を抱えながら、何時も明るく歓迎して下さった。さすが武人の妻でしたねえ」

家族や知己が様々な思いで聞いた中将の死は、どのような状況だったか。話を再び、沖縄へ戻す。

沖縄を占領した連合軍は、日本の陸海軍司令官の遺体確認に躍起となった。このうち豊見城村の海軍司令部壕には、組織的抵抗が止んで二日後の六月十五日、攻撃部隊である米第六海兵師団のG2（情報関係幕僚）情報部長トーマス・ウイリアムズ中佐（のち大佐で退役）ら八人が、早々と入っている。第六海兵師団長L・C・シェファード海兵少将の命令だった。

その時の状況は、沖縄戦の真相を過去十年間追い続けているフリーのドキュメンタリーライター・上原正稔氏（五〇）（沖縄県糸満市字糸満一六七九の二）が平成三年五月、ウイリアムズ氏をアメリカ・コロラド州デンバーに訪ねて取材、翌四年、沖縄タイムスに寄稿、連載した「続　沖縄戦　トップシークレット」の中で書いている。遺族の方々には酷なリポートだが、沖縄島連合特別陸戦隊壊滅直後の司令部壕内の様子を知るため、お許しを得て引用させて頂く。

リポートに依れば、壕に入ったのはウイリアムズ中佐、日本語将校のタド・バンブラント中尉、カメラマンのコナリー軍曹、海兵隊員三人と、遺体確認のため同行した捕虜の山崎来代一海軍少佐（昭和四十二年、他界）と下士官一人の計八人である。
《──日本海軍の司令部壕に着くと、最大の壕の入口に向かった。前日、われわれは五つあるいは六つの入口を確認していたのだ。壕に入ると、数人の日本軍の負傷兵が転がっていた。その一人が私の足をつかんだのだ。ぎょっとしたよ。その時、われわれの懐中電灯の照明の先に、一人の日本兵がパッと姿を現したので、われわれはとっさに発砲してしまった。おかげで、敵に知られず、こっそり忍び込むという作戦はオジャンになってしまった。（中略）
山崎少佐の案内で司令官室にたどり着き、そこに大田實提督の外に五人の死体を発見したのだ。もちろん、死体の身元の確認は山崎少佐がやってくれた。現場写真を撮影したのがコナリー軍曹だった。
コナリーは数枚の写真を撮った。今、私の手元にあるのが、そのうちの二枚。一枚は大田提督だけの写真で、もう一枚が大田提督と士官らの写真というわけだ。ご覧の通り、大田提督ののどは切られている（ウイリアムズ大佐は提督の写真を指さした）。外の者も皆、のどを切られていた。これは間違いない。私は現場で目撃したんだ。》
この喉の傷と写真については、少し注釈が要る。上原さんはこれに先立つ昭和六十年、第六海兵師団G2の報告書を発掘、やはり沖縄タイムスに「沖縄戦アメリカ軍戦時記録」のタイトルで連載したが、その中で海軍壕に入ったウイリアムズ中佐の証言を既に一部紹介していた。それは次のような内容だった。
《──われわれが目にしたのは、おそらくこれまで知られた中でも最もおぞましい日本人の狂気を示す凄絶な場面であった。畳があげられた床には六死体が仰向けに並び、それぞれノドを切られていた。死後三、四日たつものと思われる。死体は清潔なオリーブ色のズボンと上着を着ていた。（中略）

死体の身元確認に関しては、捕まったばかりの捕虜山崎海軍少佐によって決定的となった。少佐は大田提督の死体を確認し、さらに前川大佐、棚町大佐、羽田大佐も確認した。他の二人は不明である。》

昭和六十年当時、この記事が発表されると、旧海軍上等兵曹の宮城嗣吉・沖映社長から「大田司令官の頭蓋骨の後頭部には、拳銃自決を物語る弾痕があった。提督が喉を切るという様な無様な死に方をするはずがない」との強い疑問が寄せられた。宮城さんは昭和二十年八月二十七、八日ごろ、米第十軍スチルウェル陸軍中将の要請で大田司令官以下、沖根幕僚の遺体を確認、さらに同二十七年三月四日には前記のように壕内から遺骨を収集していたからである。

この疑問に答える意味もあって、上原さんはウイリアムズ証言の信憑性を裏付ける現場写真を平成三年、同氏から入手した。それが前記証言中の二枚の写真で、大田提督の写真からは喉の傷痕が分かり、全体写真からは遺体の配置がわかったという。裏面の写真説明では左から前川大佐、大田司令官、棚町大佐、一人置いて羽田大佐、その向こうに氏名不詳のもう一人の順になっている。

それでもなお、上原さんはウイリアムズ氏から直接取材の必要を感じ、平成三年に渡米したのだが、喉の傷に就いての同氏の証言は、G2報告書の通りだった。ウイリアムズ氏が上原さんに語った昭和二十年六月十五日の司令部壕に関する証言の先を急ごう。

《――そのときは全く気付かなかったのだが、提督らが頭部を射ち抜かれていたとしても不思議ではない。十分あり得るね。

写真撮影が終わると、われわれは別の場所の捜索を続けた。その時、だれかが「エイッ」と叫び、次の瞬間、爆発が起き、私は吹き飛ばされた。日本兵が手りゅう弾を投げたのだ。意識もうろうとなって立ち上がったが、握っていたピストルも懐中電灯もない。ようやく、正気を取り戻してピストルと懐中電灯を見つけ、あとは一目散、壕の出口に向かって走った。自分の後ろで、手りゅう弾が爆発し、何か柔らかいものを踏んづけ、電線に引っかかり、無我夢中で走り、気が付いてみると壕の外にいた。そこには顔面蒼白（そうはく）になった部下たちが、あえぎながら待っていた。

（中略）

命からがら逃げ出したものの私の気持ちはおさまらない。私は部下二、三名に命じて、第四海兵隊から持てるだけの硫黄弾を持ってこさせた。彼らがどっさり運んでくると、私は偵察隊を数チームに分け、指示した。「これから、日本海軍司令部壕にガス弾を投げ込むんだ。入口は五カ所わかっているが、それぞれの入口の前で『ガス弾を投げるぞ』と日本語で叫び、それからガス弾をぶち込むんだ。日本兵があぶり出されたら、武器を取り上げて保護しろ」

「ガス弾は日本語で何と言うのでしょうか」。部下の一人が聞いた。「ガスは日本語でもガスだ」と日本語将校のバンブラント中尉が言った。各チームは五カ所の入口で硫黄弾を次々投げ込んだ。うまくいった。壕から出てくる日本兵はいなかった。壕内でガス弾がズシン、ズシンと響いた。

われわれは日本海軍司令部壕の近くで日本兵捕虜を捕らえた。捕らえたというよりも拾ったというべきだろう。彼らはもう戦う意志を失くしていた。素直にわれわれの指示に従った。負傷した日本兵二人は仲間に担がれて山を下り、われわれと一緒に司令部に向かった。私の任務は終わった。だが、悲しいことに私は二人の部下を失った。二人の家族にどう説明すればいいんだ。死んだ敵の大将の写真を撮るために私は二人の大事な部下を死なせてしまったのだ。敵の大将の命を取るのならまだしも、死体の写真を撮って、命を捨てるなどばかばかしい限りだ。

第六海兵師団のシェファード将軍に事の顚末（てんまつ）を報告すると、将軍は勲章をやろうと言った。勲章！　そんなものをもらっても部下の命が戻るものか。私は腹の底からうんざりして将軍に言ったんだ。「将軍、私はあなたの命令に従って日本海軍司令部壕に戻り、大田提督の死体の写真を撮ったにすぎません。私は自分の任務を忠実に遂行しただけであり、勲章にふさわしいことはしておりません。そういうことですから勲章をお受けするわけには参りません」。これが私の精いっぱいの抵抗だった。》

3

ウイリアムズ氏が語る六月十五日時点の壕内は、まだ立てこもっている日本兵が多く、生還者の東江上機、新山兵曹長、女性軍属の狩俣マサさんらが先に語った状況と合致している。しかし、大田司令官らの自決の状況は、予期せぬ内容だった。

では、二ヵ月余り遅れて八月二十七、八日ごろ、司令部壕に入り、ウイリアムズ証言には批判的な宮城さんの目撃はどうか。その証言を聞く前に、この人が大田司令官の遺体確認のため司令部壕に入ることになった経緯を説明しておかねばならない。

宮城さんは第三十二軍の組織的抵抗が熄んだ六月二十三日、島尻郡真壁村伊敷の通称「轟の壕」から投降した。壕内には日本軍兵士と住民約千百人が潜んでいたが、壕内からの日本軍兵士の抵抗に手を焼いた米軍は、ガソリンを流し込み、火を放とうとした。宮城上曹は米第六海兵師団の情報将校ジェイムズ・ジェファーソン中尉に頼んで猶予してもらい、捨て身の説得で全員を救出した。

この行為は屋嘉捕虜収容所の憲兵隊長・モーレンシー中尉の知るところとなり、宮城さんは投降を潔しとしない日本軍将兵向けの宣撫活動を頼まれた。宮城さんは県警察部の佐藤喜一・特高課長（殉職）と肝胆相照らす仲で、沖縄戦前からどちらかが戦場で消息不明になった時は救出し合おう、と話し合っていたから、行方知れずの佐藤課長を捜したい思いもあって快く引き受けた。

「私たちが宣撫活動を始めたのは七月初旬からですが、それまでに既に六人の宣撫班が友軍に殺されていました。自由に仲間を選べ、と言うので、やはり投降していた後輩で、信頼していた司令部車庫長の堀川徳栄上曹、海軍地方人事部の森田孟睦上曹の協力を得て、各地の壕を回りましたが、最も危険な地区の宣撫は全部、私たちのチームに回って来ました。至近距離から手榴弾を投げられたが、不発で助かったり、十数メートル先から発砲されたりで、命からがらの毎日でした」

宮城さんと行動を共にし、額に友軍兵士から撃たれた時の傷痕を今も残す堀川さんが回想する。

「大田司令官が『自力で行動出来る者は最後まで生き延びよ』と言い残して下さったお陰で、折角ここまで生きて来たのだから、その時点で生きている人は皆、生かしたかった。もうこれ以上、一人も死なせたくない、という気持ちで取り組みました」

そんな日が続いていた八月下旬、収容所に居た宮城さんの所へ、モーレンシー憲兵隊長が米第十軍司令官・スチルウェル陸軍中将の情報参謀・バーシー中佐を案内して来た。用件は大田司令官の遺体を確認したいので立ち会ってくれ、との申し入れだった。

第六海兵師団長・シェファード海兵少将の命令で、ウイリアムズ中佐が六月十五日に行なった前記の調査との関係は良く分からない。しかし、宮城さんが聞いたところでは「既に三回、司令部壕へ確認に行ったが、八名も殺害され、いずれも不成功に終わった」との事だった。

憲兵隊長の申し出を聞いて、宮城さんは二つ返事で引き受けた。危険度は他の壕の比ではなかったが、高級将校も一部、捕虜になっている中で、自分たちのような下士官が提督の遺体を確認させてもらえるのは、身に余る任務だと思ったからである。堀川さんらも、全く同感だった。

だが、一日で何もかも一度にやるのは危険となって、先ず自分たちが先に入って宣撫し、翌日、米軍に確認してもらうことにした。

八月二十七、八日ごろ、としか覚えていないのだが、宮城、堀川、森田の三氏は、バーシー中佐の部下七、八人を海軍壕の北入口に待機させ、三人だけで壕に近づいた。

「壕の入口で、それぞれが旧所属部隊と氏名を名乗りました。その上で『我々は大田司令官の戦死の確認に来た。今から入って行くが、僕たちは懐中電灯を持っているだけで、丸腰だ。拒否するのなら、そう言ってくれ。決して撃つな。もし話し合えるなら、中で話そう。あんたたちが出て来て話し合うと言うのなら、それでも良い』と言うてやったが、応答はない。しかし、人が居ることは、気配で分かる。そこで再び『とにかく撃つな。もし今度抵抗したら米軍にガス弾を撃ち込まれ、大変なことになるから攻撃するな』と呼びかけながら、中に入りました」

先ず宮城さんが入り、二人が後に続いた。入口付近の壁は、米軍の何度にもわたる火炎放射器の攻撃で真っ黒に焼け爛れていた。誰も出て来ない。抵抗もない。三人は懐中電灯で足元を照らしながら、司令官室にたどり着いた。ここで宮城さんらが見た状況は、遺体の数、並び方が違うなど、ウイリアムズ証言とはかなり食い違う。

「大田司令官を最左翼に、幕僚たち六人がカーキ色の第二種軍装で部屋の東から西へ、整然と一列に並んで自決しておられた。北枕ではなく、頭は南の方を向いていました。遺体が腐乱していたの、蛆が湧いていたのという人がいます。幾らかは痛んでいたが、私の見た限りミイラ状で、秩序整然としておられた。皆、帽子や肩章を枕元に置き、拳銃を手にしておられ、口から頭を射抜いての拳銃自決でした。

大田司令官から右へ、氏名の分からぬ一人を置いて、羽田大佐、棚町大佐、また一人置いて、機関参謀の山田少佐、更にもう一人の七人でした。

ふと、壁に懐中電灯の光を当てると、達筆の筆文字で『大君の御はたのもとにし丶てこそ人と生れし甲斐ぞありけり』の和歌が書いてありました。それを見た途端、万感胸に迫りまして、三人とも男泣きしました」

遺体を確認した三人は立ち去る時、再び壕内に呼びかけた。「我々は明日また来る。入口に手紙を置いていくから読んでくれ」。その手紙は、宮城さんが次の様に認め(したた)たものだった。

《戦友の皆さん

天皇陛下から八月十五日、終戦の勅語を賜(たまわ)り戦争は終わりました。戦友の皆さん、私達は海軍を代表して皆さんを迎えに来ました。

皆さんは五日前、皆さんを迎えに来た戦友五名中三名を射殺しました。是(これ)は壕外の事情を知らない為と思います。私達は今、大田司令官の戦死のご遺体を拝して帰ります。明日、米第十軍司令部の方々と共に、大田司令官の戦死の確認立ち合いの為に来ます。

此の手紙を読まれ、私達を信頼して明日は壕外に出て、私達と会って下さい。私達は終戦の状況を皆さんに知らせます。

佐世保軍需部沖縄支所　上等兵曹　宮城嗣吉
沖根司令部　上等兵曹　堀川徳栄
沖縄海軍地方人事部　上等兵曹　森田孟睦》

翌日、三人がバーシー中佐ら米軍人十五人と共に壕へ行ったら、手紙はなくなっていた。壕内になお、人が潜んでいることの証左だった。そこで「今から入って行くぞ」と呼びかけ、抵抗がないことを確かめてから、バーシー中佐らを壕内に案内した。

一行が大田司令官らの戦死を確認し、最後に写真を撮り終え、司令官室を出ようとした時、いきなり手榴弾が飛んで来た。宮城さんが語る。

「先頭に居たバーシー中佐が拳銃を構え、パンパンパンと銃撃戦ですよ。私は咄嗟に中佐を庇おうと、彼の前に飛び出した。中佐の安全については、僕に一番責任がありますからね。だって、抵抗しないから安心して壕に入りましょう、と言ったのは僕ですから。怪我、あるいは殺されでもしたら、大変なことになりますからね。

　僕はバーシーの盾になろうとするんだが、彼は僕を後ろへ押し退けてバンバン撃つんですよ。そうして前になり、後ろになり、もつれ合うようにして入口にたどり着いた。明るい所に出た途端、バーシーは僕の顔を見て、ハッという表情になり、僕の手を握ってくれた。庇ってくれて有難う、という訳です。あの時は何とも言えない程、感動しました。日本の将校で敵国の捕虜を庇える人が、果たして居ますか。敵国人ながら沈着な将校でした。

　それから、第十軍の将校クラブへ連れて行かれた。国道五八号線沿いの、今、嘉手納航空隊のある所ですが、今日は有難うという訳で御馳走をしてくれた。その時になって、撃ち合いで日本軍兵士三人が亡くなったことを知り、愕然としました。終戦になってからもまだ、軍国教育は生き続けていたのです」

　ところで、ウイリアムズ大佐と宮城さんらが確認した遺体は、その数、並び方、喉の傷などが食い違ったままである。その点について上原さんは、こう書いている。

《――大田提督ら六人がどのように自決したのか、その詳細はまだ明らかにされていない。六人がけん銃自決したことは事実であり、六人ののどが切られていたことも事実である。二つの事実に何ら矛盾はない。けん銃自決かのど切りか、という二者択一の発想では真実は見えてこない。

のどを切った理由を推理することは容易である。だが、歴史は推理小説ではない。歴史の真実はいつも予断を許さないものだ。目撃証言が得られるまで、それはなぞのままに伏しておこう、と思う。》

遺体の数、並び方についても同じことが言えるであろう。本稿もまた、これ以上の追求は差し控えておこう。

第二十五章　必死モングリ

1

大田中将の戦死直後、毅然としていたかつ夫人の様子が、八月十五日の終戦で一変したのを、当時、十七歳の愛子さんは忘れようとしても忘れられない。

「父が戦死した時、涙一滴零(こぼ)さなかった強い母が、張り詰めていた糸が切れたのでしょうか、放心状態になって一晩中泣いていました。そして、父の英霊の箱や遺品を祭っていた奥座敷に、私を呼んだのです」

目の前の呉湾に残っていた軍艦から、敗戦に腹を立て、やけ酒を飲む軍人の蛮声(ばんせい)や、機密書類を焼く煙が流れて来る中でのやり取りは、愛子さんに依ればこうだ。

「愛子ちゃん、私ね、もうこれから子供を育てて行く喜びとか張り合いが全然無くなったわ。男の子を立派に育てたって、軍人には出来ないし、アメリカに占領されたら、日本なんて、どんな

国になるか分からないもの。どんな日本人、どんな日本男児に育てれば良いのか分からないし、
これからどうやって生きて行くっていうあても無いし。負けてアメリカに占領される国で、何を
おめおめ生きなきゃあならないの」
「それで、お母様、どうなさるの」
「生きて、おめおめ恥をさらすよりは、潔くお父様の後を追った方がいいと思う。軍医さんから
家族全員の頭数分、青酸カリを頂いて用意したから、お父様の後を追いましょう」
愕然（がくぜん）とした愛子さんは、部屋中に素早く視線を走らせた。床の間の違い棚の上、子供の手が届
かない所に白い薬包みが並べてあった。
「あれ、青酸カリ？　と聞きますと、母がうなずきました。その顔は、明日の朝のお味噌汁あた
りに入れるな、と思える程、殺気立っていました」
　愛子さんは「これは大変だーッ」と思う一方で、三年前の父娘二人っきりのお伊勢参りで、父
が言った言葉を思い返していた。
「お父様が戦死しても泣かないで、弟や妹の面倒を見てやってくれ。お母様をよろしく頼む。大
切にしてあげてね」
「そうだ、今こそ、お父様との約束を守らなきゃ。私がお父様の代わりに家族を守らないと大変
なことになる、と思いましたから、私、必死で言いました」
「お母様、一寸待って下さい。私、十七歳まで折角この世の中に生まれて来て、まだ、これから
ずーっと生きたら、また良いことがあるかも知れないのに、そんなに簡単に死ぬのは嫌です。死

にたくありません。それに、その青酸カリで、巧く全員がコロッと死ねるのならとにかく、たった一人でも死に損なった人が居たら、どうなるのですか？　残されたたった一人の子供は、どうやって生きて行くのですか？」

「だけど、愛子ちゃん、どうやって生きて行くの？　貴女、生きて行く自信ある？」

　一家心中を持ちかける母の殺気立った顔を見て、愛子さんは必死の説得を続けた。

「自信はないけど、死んだつもりで生きて行けば、何かは出来るでしょ。戦争に負けて、これからは大田中将の家族とか何とか、地位も名誉も、恥も外聞もないから、私たちが子守でも、皿洗いでも、靴磨きでもすれば、家族散り散りばらばらになっても生きて行くことは出来ると思うの。この家も空襲から焼け残ったことだし、何とかなるんじゃあないですか」

「それも、そうだけど、でも……」

　まだ翻意し兼ねている母の様子を見て、愛子さんは密かに青酸カリを処分し、母の一挙手一投足に目を光らせる。

「違い棚の上に白い薬包みが十人分、並べてありました。お味噌汁にでもチョンと入れられたら終わりだな、と思いましたから、その日のうちにトイレに捨てちゃったの。母は、大事な物がなくなったって、一生懸命探していましたけど、知らん顔をしていました。そして、八月十六日も、十七日も、母が死ぬんじゃないか、また薬を何処かで手に入れて私たちを殺すんじゃないか、とホント、鬼みたいになりました」

　と言う愛子さんだが、二十数年後、自身が当時の母と同じ四十歳代になり、五人の子供を抱えた時、初めて母の苦しみを理解する。

「わあー、この歳で十一人の子供を残して旦那様に死なれたのか、と思うと、青酸カリを飲ませようとしたのも無理ないな、どんなに辛かっただろうなあ、と分かりましたが、その時は分かりませんものねえ。

だけど、ああいう時って、人生の正念場ですよね。私が『死んだつもりで』を繰り返したら、母も『そうねぇ、そうするより他ないわねぇ』と呟く様に言って、我が家の辛く、悲しい戦後が始まりました」

前にも少し触れたが、中将は「軍人には財産も土地もいらん。なまじそんなものがあると、死に際が汚くなる」が口癖で、金銭や物には全く執着しなかった。当然、美田などは残していない。だから、戦後、遺族はたちまち窮乏生活に追い込まれた。辛い話を英雄さんが、前出の著書で率直に書いている。

《――戦争の終わりは、食べるためのたたかいの始まりだった。とくに父を失った家族は、襲ってくる飢えを自らの手で解決しなければならなかった。政府は、一度だけ支給した扶助金も恩給も打ち切り、年金は受取りの申請をしただけで廃止された。（中略）

わが家も姉二人が嫁いだとはいえ、九人兄弟に変わりはなく、食いざかりの顔がズラリと並び、その食料調達に、母の奮闘が開始された。それほどもない着物や帯や、宝石などをかかえては県北の農家を米を求めてたずねまわった。指輪、装身具はもとより、掛軸、陶磁器なども、わずかの米、いやメリケン粉、ジャガイモと交換されていった。（中略）

もと深窓の令嬢、海軍将官の令夫人が、リュックサックに闇物資をつめて、警官の目を盗み、満員列車の窓にぶらさがった。軍需物資の毛糸を、名古屋まで売りさばきに行ったこともあるという。魚、化粧品、文房具の行商もやった。生きていくためには、手段は選べなかった。まして、もと将官夫人の体面など気にしている余裕が、あろうはずはなかった。

（中略）

家計の状況はギリギリまで追いつめられていたらしい。ずっと後になって、母が語ったことがある。

「いくら買い出ししてきても、すぐに底をついてしまう。生きていくのに疲れきって、いつだったかの夕食時、十人のドンブリの中に、万一の場合にと、お父様から渡されていた青酸カリを、混ぜてしまおうと思ったこともあるのよ」》

またしても青酸カリ。それ程、大田家の戦後は、辛く、厳しかったということだ。

この頃、大田家で流行(はや)った言葉が、この章のタイトルに頂いた「必死モングリ」である。「さあ、必死モングリでやりましょう」というふうに、歯を食いしばって頑張る時の合言葉として使われた。その語源について勝子さんは「我が家へ出入りしていた海軍士官がフト呟いた言葉を、誰かが真似して使い始めたのではなかったでしょうか。甲板士官は上官と水兵の間に立って、なかなか苦労が多かったそうで、そんな必死の態を言った言葉だと思います」と言う。

「死んだつもりで頑張りましょう」と母を説得した愛子さんは、正に必死モングリで頑張った。その奮闘ぶりを一、二紹介しておこう。

彼女は二十年春、県女を卒業、学徒動員先の呉海軍工廠水雷設計部に引き続き勤めていたが、終戦と共に工廠は解体、暗中模索の時期だった。そこで二十一年の春、県女三年生の昭子さん、同一年生の勝子さんを伴ってゼリーの行商を試みる。菓子製造業の友人宅で、売れたら原価だけ納めたら良いという条件で仕入れ、トランクに詰めて、安芸の宮島、厳島神社の春の大祭の日に売りに行ったのである。愛子さんが話す。

「朝、お弁当持ちで川原石の家を出て、午前十時ごろに着いたと思います。厳島神社の大鳥居の下で、雨戸の上に一皿十円のゼリーを並べたんだけど、ぜーんぜん売れないんです。恥ずかしくって。色とりどりのゼリーだけど、あれ、ゼラチンとサッカリンで作ってあったのか、ねとっとして、何ともおいしくないのよ。売ってる人がおいしくないと言ってるんだから、買う人がいない訳よね。

三人が只、ぼんやりと突っ立って、見ているだけなの。すると、隣でお面を売っていたおばさんが見かねて、『お嬢ちゃんたち、そんなことして飾っていたって、誰も買うてくれないよ。おいしいゼリーだよ。買うてくださいーッ、と声を出しなさい』って言うの。でも、言おうとしても恥ずかしくて声が出せないの」

宮島の桟橋に船が着く度に、参詣の人がどっと通りかかる。物を売るには絶好のチャンスなのだが、三人とも誰か知った人が来るような強迫観念に襲われて、競争で鳥居の陰に隠れたから、ゼリーを売るどころではない。再び愛子さんの述懐。

「お昼を食べる頃になっても、只の一皿も売れないの。情けなくって、帰りたくって。それにつけても昭和十五年の春、お父様と一緒にこの神社へお参りに来た時の事を思い出しました。同じ場所でみんな揃って写真を撮って、家族が最高に幸せな時代でしたものねぇ。それが今は、十円店屋の店番ですもの。

でも、お父様が戦死したんだもん、戦争に負けたんだもん仕様がないわ、と諦めをつけようと思うんだけど、やっぱり声は出ないのよ。参拝客が少なくなる夕方の四時、五時になっても、ぜーんぜん売れない。三人はもう泣きそうになって『日は暮れるし、誰も買ってくれないし、もう帰ろうよ。仕入れた所に売れませんでしたと返せば良いから、帰ろうよ。もう嫌だ、こんなの。もう絶対、商売なんかしないッ』なんて言って、トランクにゼリーを突っ込んで帰ろうとしました」

その時、詰め襟の国民服を着た六十年配のおじさんが三人の前に立ち、声を掛けてくれた。その時のやりとり。

「あんたたち、どこのお嬢さん?」

「お嬢さんと言いましても、父が戦死して今、貧乏しているものですから、呉から今日一日、行商に来てみたんですけど、少しも売れないんです。物を売るって、すごく難しいんですねえ、おじさん」

「そうだねえ。でも、呉からの旅費と船賃と、お菓子を仕入れた元手を返さなきゃいけないんでしょ」

「そうです」

る。

「幾らで仕入れたの？　旅費は幾ら？」

仕入れと旅費が幾らだったのか、今は忘れましたけど……との注釈が入って、愛子さんは続ける。

「いくらいくらの元手だけ返せばいい、って言われました。儲けなんか無くってもいいから、トランクは空っぽで帰りたいねって、今、妹たちと話していたところです」

「じゃあ、私が全部、引き受けてあげよう」

おじさんは財布を取り出し、これは元手、これは貴女たち三人の旅費、と払ってくれた上、これは親孝行したあんたたちのご褒美に、と三人に十円ずつくれた。渡る世間に鬼はなし。姉妹は「もう行商なんか嫌ッ」と逃げるように呉へ帰るのだが、愛子さんはその嫌な行商に再び、一人で挑戦することになる。

2

海軍経理学校の教官で終戦を迎えた板垣欽一郎さんは二十年九月、生徒の帰郷を見届けてから郷里の仙台へ帰ったが、そこへ大田かつ夫人から電話が入った。「貴女と愛子との仲を菅野行雄さんに取り持って頂いていますが、私の方は戦没者の家族だし、貴方のご家族に反対があれば大変だろうから、あの話にはこだわって頂かなくても結構です」との心遣いだった。

大田中将の壮烈な戦死に打たれていた板垣さんに、心変わりなどあろう筈はなかった。昭和二十二年二月十八日、菅野さんは仲人として仙台の板垣家を正式に訪問、婚約は整う。

その菅野さんは、兵庫県宝塚市の旅館を借り上げていた海軍大阪経理部で終戦を迎え、晴子夫人を呼び寄せて残務整理に当たっていたが、一方で大田家の生活が立ち行くよう何かと心を配った。二十一年秋、呉鎮守府復員局が民間に払い下げた放出物資の靴墨(くつずみ)を斡旋(あっせん)してくれ、宝塚のお屋敷街を売り歩いたら、と勧めてくれたのも、その一つである。そう言われると、宮島で行商に懲(こ)りた愛子さんも行かないわけにはいかなかった。

「靴墨を復員局で受け取り、スーツケースに入れて宝塚まで運んで行ったのですけど、四十個位ありましたかねえ、重かったですよ。一個五円でしたか、茶筒をポンと横に切った様な何の飾り気もないブリキ缶に靴墨がぎーっしり詰まっていました」

愛子さんは菅野さんの「全部売れたら、文楽をお見せします」の言葉に励まされ、宝塚の高級住宅街に飛び出したが、前回同様やはり行商は辛かった。

「こんにちは、靴墨を一つ買って頂けないでしょうか」とお屋敷や旅館の勝手口から入って行くと、「なあに、靴墨なんて。今時、磨く靴もないわ」とか「同じ商売するなら、もっと気の利いた物を持っていらっしゃいよ」と叱られるのはまだ良い方。押し売りと間違えてシッシッと追い払われたり、塩でも撒(ま)き兼ねない剣幕だったりで、一個も売れず、また天を仰ぐことになる。

「あーあ、大田司令官のお嬢さんも、なれの果ては靴墨売りだ。でも仕様がない、世が世だもの。生きるためには、どんな事でも耐えなきゃ、と重たい荷物を引きずって、また、こんにちはーを繰り返しました」

しかし、何処へ行ってもお払い箱。もう一軒行って駄目だったら諦めて帰ろうと、最後に大きな料亭の勝手口を恐る恐る訪ねた。品の良い和服を着て、角帯をぴしっと締めた五十五、六歳、ロマンスグレーの、この家の旦那さんらしい人が、流しで女子従業員が何か洗っているのを見ていた。

「従業員の女性は私を追っ払おうとしましたが、私はそれには構わず、立派な人だなあ、料亭の旦那さんていうのは、こんな人なのかと思いながら、何も言わずに突っ立っていたの。そしたら、その旦那さんが『何ですか』と聞いてくれたのよ」

　行商の訪問先で、初めて接した穏やかな言葉。事情を聞いて貰えた十八歳の愛子さんは、息せき切って大田家の窮状を話した。

　料亭の主人は「それはそれは。日本の為に戦死した方の遺族に、そんな苦しい思いをさせているとは申し訳ないねぇ。それにしても貴女は感心だなあ。どれどれ、どんな物を持っているの？」と靴墨を見てくれた。「あ、こりゃあ売れないわ。これは貴女の仕事じゃないですよ。大変だなあ」と同情してくれたが、次の言葉は愛子さんを飛び上がらせた。

「私もこれを引き受けて、何処へどう売るというあてはないが、貴女の親孝行のご褒美に全部、引き取って上げよう。ここへ置いていきなさい。スーツケースを軽くして帰んなさい」

「私、嬉しくって、嬉しくって、地獄で仏とはこのことだと思って、靴墨を全部出して、四十個ほど並べたのね。すると、ご主人は懐からお財布を出したんですが、いっぱいお金が入っているんですよ。あら、お金持ち、と横目で見ていたら、ハイ、これが靴墨代、これが呉からの往復の旅費、それから貴女の親孝行に対するご褒美も上げよう。これはお代と違うから、熨斗袋に包んでプレゼントしたいところだけど、この紙でも良いわなあ、と言って、懐から懐紙を出し、ハイ、これは貴女のお母さんに子供を一生懸命育てて下さいって上げるんだよ。もう一つは貴女へのご褒美だ、と言って、二つ包んで下さったの。

有難うございます、有難うございます、って私、泣きながら、お礼を言ったら、もう良いから早く帰んなさい、夕方だから早く、と言って下さった。菅野さあーん、晴子さあーん、売れたの、売れたの、と私、宙を飛ぶように経理部の旅館に帰りました」

その夜、経理部の旅館でお風呂に入らせてもらった愛子さんは、湯殿からの帰り、渡り廊下のガラス窓越しに見えた隣の旅館で、夢の様な光景を垣間見る。

「どこかの上品な旦那様と奥様方四組が、磨き上げた板の間のホールで一心不乱に社交ダンスをしているのね。驚きでしたねぇ。ハアー、日本が戦争に負けて、私たちはこんなに貧乏しているのに、こういう世界もあるのだな、と思って、湯上がりの頬をペタッとガラス窓にくっつけて、何時までも見ていましたよ。

菅野さんに言うと、世の中には戦後のどさくさに紛れて、金儲けをしている人が一杯居るんだよ、と言われ、複雑な気分になりました」

翌日、菅野夫妻は大阪・四ツ橋の文楽座に招待してくれた。

一度見たいと思っていた憧れの古典芸能にも触れ、愛子さんは嬉しさのあまり、軽くなったスーツケースを何回も網棚へ上げたり、下ろしたりしながら呉へ帰ったが、そこにはまた厳しい生活との闘いが待っていた。

3

その頃、中嶋みどりさんも、村上すが子さんも川原石の実家を案じながら、戦後の生活と闘っていた。

佐鎮の残務整理に当たった村上光功さんは二十年十月、佐賀県西松浦郡西有田町蔵宿に疎開した。米軍の進駐を控え、杉山元長官から海軍士官の家族は佐世保を立ち去るようにとの指示が出たからである。蔵宿に二ヵ月居た後、夫妻は大田中将の実家から四キロしか離れていない千葉県長生郡水上村（現・長柄町）刑部の光功さんの実家へ帰った。すが子さんの回想。

「そりゃあ私だって、川原石の母や弟妹のために働きたかったですよ。だけど、大田さんの娘はご亭主が海軍士官の時は田舎へ来たけど、戦争が終わったら寄りつかないなんて言われたら悔しいし、みっともないじゃない。ここは辛抱しなければいけない、と思ったから、刑部で三年間、みっちり農業をしました」

知多半島の河和で終戦を迎えた中嶋忠博さん夫妻は二十年暮れ、在勤武官勤務が終わった後も新潟にいた父・千尋少将を訪ね、身の振り方を相談した。出身地の北海道岩見沢市へ帰るか、ブラジルへ脱出するかとの話も出たが、肺結核が完治していなかった忠博さん、みどりさんは二十一年二月、呉市東塩屋町の中嶋さんの亡母の実家へ、千尋さんは母校・海兵がある江田島町秋月の旧海軍官舎を借りて移り住んだ。

みどりさんが思い返す。「中嶋の父はとっても優しい人で、大田さんの奥さんは沢山の子供を抱えて苦労しているんだから、貴女が少しでも働いてあげれば助かるんじゃないか、と言ってくれました。私たちを川原石町から道路一つを隔てた東塩屋町に行かせてくれたのも、そんな配慮があってのことだったと思います。
それに義父は大変良く働く人で、午前中は江田島の小用から秋月へ通じる道路の建設工事に雇われ、午後は農業と養鶏をしていました。新聞に『元海軍少将が道路工夫』なんて書かれたものです」

続いて忠博さん。「親父は、いち早く旧海軍の用地を借り、農業と養鶏を始めましたが、大田家のことと病人である私の栄養補給を気にしていたからだと思います」

みどりさんは朝、自宅の家事を済ませると、大田家を手伝いに行き、午後は船で江田島に渡り、義父の仕事を手伝った後、また実家経由で帰宅する日々。養鶏は二百羽も居たから隔日に卵二百個を千尋さんが持たせてくれたので、生まれたばかりの長女・憲子さんをおんぶして大田家のために呉市内を売って歩いた。

「物売りは玄関から来ないで、と言われるなど、辛い思いもしました。ある日、焼け残った小料理屋さんを訪ねると、県女のお友達の家なの。在学中は特に仲良しでもなかったのに、あんたぁ、どうしたん？　可哀相で見てられんわい、と同情してくれ、それから一日置きに卵を全部買って下さったの。涙が出る程、嬉しかったですねぇ」

中嶋さんの呉第一中学（旧制）時代の同級生で、陸軍士官学校55期に進んだ大崎光男さん（昭和四十八年、五十三歳で他界）は、江田島と能美島の接点にある広島県佐伯郡大柿町飛渡瀬（ひとのせ）で製塩業を始めていた。長男で、いま広島市の中心街で喫茶や炉端焼きの店を営む有限会社モンブラン社長・大崎浩志さん（四六）（広島市中区堀川町三の一七）は「父の兄と弟は海兵出身で、三人とも復員して来たものの職がなく、製塩を始めたと聞いています」と言う。

中嶋さんはその親友に頼み、大田家に塩を分けてもらった。引き取りに行くのは、毎日、江田島へ通っていたみどりさんが主だったが、時にはかつ夫人も直々に出掛けた。

「リュックサックに入れて運んだのですが、まだ乾き切っていないものですから、リュックも、もんぺもボトボトに濡れて、それは大変でした。でも、専売制の物を闇で売買するのですから、田舎へ持って行くと、米とか麦とか良い食料と交換してくれました。竹の子生活の大田家にとって、あの塩は救いの神でした」と今なお感謝する。

食べるための闘いも大変だったが、旧軍人、とりわけ将官の遺族として、プライドを傷つけられる精神的苦痛は耐え難かった。英雄さんは著書で書く。

《――戦後の変化がよくわからなかった私は、父に贈られた金鵄勲章を自慢げに学校へ持って行った。先生に、そんなものをと冷ややかにしりぞけられ、級友からも、馬鹿にされた。

なぜ「そんなもの」なのかがわかったのは、それからしばらくしてからだ。五年生から六年生にかけて私は、近所の子供たちからはもちろん、級友たちからもよくいじめられ、石さえ投げられた。「お前の親父のような軍人がいばっていたから、日本が負けたんだ。みんなが飢えているのは、お前の親父のせいだ」というわけだった。

当時、五番町小学校には、弟の浩（四年）、妹の八千代（三年）に加え、弟の畯まで入学していて、その晙までがいじめられた。一年生までいじめたことに腹を立てて、その仇をうつために、喧嘩の弱い私が、あえて挑戦したのも、弟たちの手前もあったけれども、父たち軍人への悪口が許せなかったからだ。》

同じ辛さは、寺島勝子さんも嘗めている。

「戦中は大田さんのお嬢さんと呼んでくれた近所の商店のおばさんから『あんたのお父さんみたいな人が居たから日本は負けた』って言われたの。学校へ行くと、教科書は墨で塗ってあるし、先生方も時代に迎合し始めるし、すっごく悔しかったし、反発もしました」

ここから先は、もう涙声での述懐。

「でも、家へ帰って、そんなことお母様に話せないでしょ。英雄ちゃんも男の子だから、じっと堪えていたのね。弟たちまでそんな目に遭っていたのは、四十数年後に彼が書いた本を読んで初めて知りました。私たちは貧乏なんかニコニコしながら受け流しましたけど、あれだけは辛かった」

第二十六章　とん

1

貧苦と食料難と、それにも増して辛い価値観の逆転の中で、大田家の人たちが「必死モングリ」を合言葉に歯を食いしばって生きた陰には、かつ夫人の物事にくよくよしない、豪放磊落な性格が与かって力があった。いわゆる、肝っ玉母さんである。夫人は終戦の時、後追い一家心中を持ちかけたことなんかすっかり忘れたように、底抜けに明るかった。そうすることで、ともすれば挫けそうになる心を自ら奮い立たせたのかもしれない。そば近くで、それを目の当たりにした愛子さんが、にこやかに話す。

「着物も帯も、お父様の上海からのお土産の素敵な指輪も、総てがみるみるうちにお米やジャガイモに化けて、十人の口の中へ消えてしまった時でしたのにねぇ。お米が珍しく沢山手に入ると、『愛子ちゃん、今日はスペッシャルに御馳走を作って、大いに食べましょうよ。今日は今日、明日は明日の風が吹くわよ』と何時も前向きでした。お砂糖が手に入ると、『おいしいスイートポテトを作りましょう』と、二日も三日も食べ延ばせるサツマイモを全部ポテトにして、皆に食べさせたり。デラックスにしたい性格だったのでしょうねぇ」

そんな豪快さは、行商でも現われた。寿司海苔（のり）を広島の山奥へ売りに出掛けた時、相手が陽にかざして、破れていると苦情を言った。その日、帰って来ての怒りの一言。「武家の商法で、海苔の破けたのまで関わっていられるものですか。もう海苔は止めますッ」

川原石は元々、海軍工廠と共に発展した町で、工員さんや、軍人では下士官以下の住宅が多かった。階級差の激しい時代だったが、夫人は近所の家庭と別け隔てなく付き合い、どこの子供でも温かく迎え入れた。娘婿の中嶋さんは「そういう人たちは生活力があるから、戦後、食料品を届けてくれるなど、大いに大田家を助けてくれました。大田夫妻の教育は間違っていなかったと思います。蒔（ま）かぬ種は生えぬ、ですよ」と言う。

その頃、大田家では布団のことを「とん」と呼んだ。綿を包む布地が擦（す）り切れてなくなり、綿だけだったので、「布」抜きの布団、つまり「とん」という頓知（とんき）の利いた命名。ちゃんとした布団は、お客さんを大切にする夫人が客用にとっておいたという事情もある。その様子を再び愛子さんが語る。

「裸の綿の上にシーツを横に敷いて、みんながズラッと並んで寝ますので、枕と足の所は綿の上に直接寝ることになるのね。ところが、みんなが暴れたり、足で蹴っ飛ばしたりしますから、綿に穴があくのよ。翌日は固まった綿を千切って穴をふさぎ、それが当たり前だと思って平気で寝ていましたよ」

そんな「とん」で眠りこける八人弟妹の寝顔を見ながら、二十一年秋、かつさんと愛子さんは話し合った。

「愛子ちゃん、行商は苦労するだけだから止めましょう。お母様はゆうちゃんを抱えて働けないから、貴女、勤めてくれない？」

「私も行商は、絶対嫌です。就職口を捜して見ます」

愛子さんは懸命の職探しの末、二十一年秋、旧呉鎮守府に進駐していた豪州軍に就職したが、十八歳の乙女の給料では一家十人の家族を食べさせるには足りなかった。窮状を見かねて四女・昭子さんは自身で県女をやめたが、十六歳では働き口はなかった。やむなく飛び込み同然で訪ねたニュージーランドＹＷＣＡ主幹、フィリス・ヒンズル女史宅にハウスガールとして住み込ませてもらい、口減らしに協力する。

そんな二十二年春、千葉・刑部に居たすが子さんは東京の伯父・落合英二さんに呼ばれた。

「おかつが貧乏している。雑草のように沢山いる子供が、しおれているようだ。めしさえ食わせると元気になるから、一人連れて来い。女の子はホームシックにかかるから、男の子が良い。長男を連れて来る訳にはいかないが……、って言いました」

落合教授は養子の話を、終戦直後から既に妹の谷野さんに相談していた。

「兄貴は自分に子供がないこともあって、一人、自分の方へ引き受けてやるのはどうだろう、と相談して来ました。子供は食べさせるだけでなしに、教育してやらなきゃなりません。それは妹一人の手に余ることでしたから、私は大賛成だと言いました。でも、当時は都内転入には都庁の許可が要りましたから、許可が出るのを待って声を掛けたのです」

すが子さんは久々に、呉の川原石の実家へ帰った。事前に話を聞いていたかつ夫人は子供を手放すことに反対で、随分悩んでいたが、背に腹は代えられず、強気の人らしい理由付けをして泣く泣く自分を納得させた。「子供の無い人に親の気分を味わわせてあげるために、仕方がないから預けよう」

夕食の後、すが子さんは仲良く、楽しそうに「とん」をしいている弟妹を集めて、声を張り上げた。

「誰か、東京の英二伯父様のお家へ行きたい人、って募ったら、小学一年生のたあちゃん（畯さん）が飛び出して来て、ハーイ、ハイ、ハイって手を挙げたんです。たあちゃんは長い間、私がお当番を務めた子でしたから、私の呼び掛けに何処へ行くのか分からないまま飛び出して来ちゃったの」

畯さんが落合家の養子になる経緯だが、ご本人は笑いながら言う。

「私は記憶していないんですが、姉が『伯父様の家へ行ったら毎日、卵が一つ食べられるよ』と付け加えた途端、私がハイッと手を挙げたと、後に姉弟に冷やかされました。あの頃から食い意地が張っていたって。その真偽はとにかく、長男、二男は連れて行けないし、小学一年生を終え、比較的腕白で、放っといても育つ奴、ということになると私しかいませんから、選ばれたと思いますよ」

峻さんはすが子さんに連れられ、呉を発った。かつ夫人も名古屋まで見送った。当時の列車事情は悪く、京都で故障、名古屋、蒲郡で乗り換え、峻さんは網棚に乗せられて東京・石神井の落合家に着いた。

四十八歳にして、間もなく小学二年生になる養子を迎えた落合東大教授は、何かと気を遣ったようだ。

「光代伯母様の妹の子、戸籍上は峻の従兄弟に当たる室賀修ちゃんを呼んで歓迎会を開いてくれ、修ちゃんがティンクルティンクルリトルスターを歌いました。峻と私を豊島園へ連れて行ってくれたり、彼が淋しがるといけないからと私に暫く滞在を命じたり、大変な気の配りようでした」

と話したすが子さんは「それで面白い話があるの」と笑いながら続けた。峻さんはその春、第三師範付属小学校（今の東京学芸大学付属大泉小）二年に編入したのだが、その秋の遠足の時のことである。

「朝になって雨がじゃんじゃん降り出したのね。ところが、遠足のしおりには雨天順延と書いてなかったものだから、伯母様がお弁当を作り、伯父様が峻を集合場所まで送って行ったの。そしたら、だーれも来ていなかったんですって。さあ、伯父様が怒りまして、学校へ怒鳴り込みに行ったんです。雨天順延なら、そう書いておけ。はっきりしろーッって。峻は泣くし、俺は怒るし、大騒ぎだったと話してくれました。

だけど伯父様、雨が降ったら遠足が中止になるのは常識じゃありません？　と言ったら、決めたことはきっちり書かなきゃ駄目だ。俺は悪くない、学校がいけないんだ、と怒っていました。

頑固で、へそまがりで口が悪く、理屈っぽい人でしたが、畯のためにはカンカンだったのです」

一方、昭和二十二年二月に婚約がととのい、旧海軍記念日の同五月二十七日に挙式の運びとなっていた愛子さんは、日が近づくにつれて悩んだ。只一人の稼ぎ手である自分が、母と六人の弟妹を残して出たら、この家はどうなるのだろう、との心痛である。

「一時は私、板垣家にお断わりして結婚を断念しようと思い、母に言いました。私、お母様の片腕になって皆を養うために、お嫁に行かないで頑張ろうかしら、って。ところが母は、何と言ったと思います？　あんたなんか当てにしていないから、さっさとお嫁に行きなさい、ですよ。強気と言うのか、やせ我慢と言うのか。でも、娘の幸せを遂げさせてやりたい、との母の愛を感じて、結婚を決心しました」

ならば、せめてと、彼女は嫁ぐ日まで必死に働いた。そのすさまじいばかりの姿を、みどりさんが話す。

「出発前夜まで三晩くらい徹夜して、弟妹の洋服を縫ったり、仕立て直しをしていました。見かねた中嶋が、愛子ちゃん、良い加減にしないと結婚式で倒れちゃうぞ、と言った程です」

愛子さんの嫁入り支度は、かつ夫人が夜なべで手作りした。「なーんにも持たせられなくて、御免なさいね」と愛子さんに渡したのは、自分の羽織をほどいて作った布団と、赤いバラの花の刺繍（ししゅう）を並べ、イニシャルのAを浮かび上がらせた胸当てのあるエプロンの二点だった。

夫人ら家族は式に合わせて後日駆けつけることになり、「瀬戸からの花嫁」は一人で呉を発った。敗戦で、どん底に突き落とされた大田家からの初めての巣立ちだったが、愛子さんは泣いていた。

「呉駅で見送ってくれた幼い弟や妹たちの可愛い顔、ハンカチを振ってくれる小さな手を見ると、自分はお嫁に行って幸せになっても、この沢山の子供をお母様一人でどうやって育てていかれるのか、この人たちは明日から何を食べるんだろうと思うと、後ろ髪を引かれるような、胸の張り裂けるような思いでした」

式には、かつ夫人のほか、父親代わりの伯父・落合教授、姉弟代表で村上すが子さんが参列、夫人がおぶって行った四男・豊さんは、付き添った四年生の八千代さんが式の間、お守りした。先に書いたように、愛子さんが嫁いだ板垣家も大家族だった。夫の欽一郎さんは長男で、両親の他、弟妹が九人も居た。だから、実家の心配をしている暇もない忙しさだったが、母から贈られたエプロンを「健康で働けるように作ってくれたお守りだと思って、擦り切れるまで一日身に付け頑張りました」と言う。

愛子さんが嫁いだ後、同家に再び稼ぎ手は居なくなった。そこで、かつ夫人は八方手を尽くした挙げ句、YWCA呉宿舎に寮母の職を得た。三歳になったばかりの末っ子・豊さんを一人、家に残しての就職で、この年、五番町小学校に入学したばかりの七女・千冬さんは授業が終わると急いで家へ駆け戻った。

そんな中で、家に居た子供のうち最年長だった十五歳の五女・勝子さんは、通学を続けて良いのかどうかで悩んだ。通っていた広島県立呉第一高女が学制改革で昭和二十三年四月、県立白楊高校になり、彼女は一年生だった。

「母はとにかくこぼさない人で、お金が無くったって、無いと言わないんです。だけど、母一人の収入では、火の車は察しがつきます。学校へ行っていて良いんだろうか、いけないんだろうか、と恐怖感に曝されるような毎日でした」

結局、一学期が終わったところで勝子さんは高校を自ら退学した。職業訓練学校へ半年通い、タイプライターを学んだ後、旧海軍関係者の世話で海上保安庁航路啓開部の部長付秘書として就職した。

しかし、向学の念やみがたく、翌二十四年四月、県立呉三津田高校定時制の二年生に編入、昼夜兼行の奮闘を始めた。

「弟妹が居ることは凄いプレッシャーであると同時に、支えでした。お姉さんがしっかりしないと、小さい人はもっと辛いんだという思いだけで、突っ張って来ました。だから、定時制のクラスメートは皆、私を長女だと思っていたようです」

2

一難去ってまた一難。戦後の風は、尚も大田家に辛く、冷たく当たり続ける。

大田家が昭和十五年から借りていた中将と家族の思いこもる「川原石の家」が、売りに出されたのである。所有者である土地の素封家・沢原氏が戦後の税制改革で苦境に立ち、止むなく手離さねばならなくなったのだ。

この話は昭和二十二年ごろから切りだされていたが、大田家に豪邸を買う資力があろう筈はない。一日延ばしに先送りにしている内に、買い手がつき、当然のことながら新しい所有者から立ち退きを迫られた。それがまた、みどりさんの県女時代のクラスメートの家という辛さだった。

かつ夫人やみどりさんは、いろいろ手を尽くして転居先を捜したが、旧軍港の町・呉市は戦中の空襲被害が大きかっただけに、安い家賃の借家はおいそれとは見つからなかった。只、新しい所有者は旧海軍工廠に出入りしていた実業家で、大田中将を良く知っており、大田家に深く同情してくれたのが僅かな救いだった。

そこで、期限の来た二十四年春、かつ夫人はその家主に頼み込み、同家で通称「女中部屋」と呼んでいた二間だけを引き続き無償で借り、住まわせてもらうことにした。『川原石の家』の章で紹介した玄関口に近い和室の六畳と四畳半である。

この時点で同家に居た家族七人は、のびのびと使っていた広い邸宅から一転、二部屋に引き下がり、遠慮しながら、肩身の狭い雑魚寝（ざこね）の悲哀を味わうことになる。

その生活は、ほぼ一年間続いた。大田家の窮状を目の当たりにして、みどりさんの義父であり、海兵が大田中将より二期後輩の中嶋千尋さんは大変気の毒がり、「亡き先輩に申し訳ない」と辛がった。

その結果、考えたのが息子の忠博さん、みどりさん夫妻が住まっていた同市東塩屋町の亡妻の実家に住んでもらうことだった。

同家には中嶋夫妻の他、旧満州や樺太から引き揚げて来た亡妻の姉弟たち一家が転がり込み、一時は四家族もが同居していたが、この頃になるとそれぞれが新しい就職口、落ち着き先を見つけて巣立って行ったからである。忠博さんもシェル石油会社に就職が決まり、横浜市へ転居することになったので、昭和二十五年三月、大田家はその後へ移り、狭い二部屋生活からやっと解放される。

この辺でも、大田中将の人徳が、一家の窮状を救ったと言えるだろう。

昭和二十二年春、畯さんが落合家の養子になった時、兄の英二さんから相談を受け、一も二もなく賛成した労働省婦人少年局長の谷野せつさんは、三年後の二十五年春、今度は自身が同じ問題で兄に相談した。谷野さんは銀行員のご主人を戦中に病気で失い、子供がなかったからだが、引き取るのが兄さんより少し遅れたのは、社会福祉の専門家らしい深慮遠謀(しんりよ)からであった。

「私も妹を助けるために、早く子供を一人預かってやりたかったのですが、我が家は私一人っきりの欠陥家庭で、家庭の様を成していなかったから、こんな家で子供を育てるのは大丈夫かなと悩んでいたのです。しかし、たあちゃんは兄貴の所で落ち着いているようだったので、『ウチも一人引き取るかな』と相談したら、兄貴が『出来るなら、そうしてやってくれ』と言いましたので、決心しました。そういう意味から、男の子は難しくて世話し切れないけど、女の子なら気心も分かるし、何とか育てられると思って、指定した訳です」

姉の好意は分かりながらも、畯さんを養子に出し、淋しさを募(つの)らせていたかつ夫人は、再び掌中の珠を取られるような心境に陥ったようだ。谷野さんから申し出があった後、この件で母から相談を受けたみどりさんが話す。

「他人の家ならとにかく、母の姉の家ですから、私は『良いお話じゃあありませんか。伯父様や伯母様が援助してくれると言うんですから』と言ったの。すると母は血相を変えて、『貴女は母親になっていながら、よくそんなことが平気で言えるわね。どうせ東大教授と労働省のお役人に尻尾を振っているんでしょ。貴女はそんな娘だったの』と物凄く叱りました。母は伯母にも八つ当たり気味にそんなことを言ったのでしょう。伯母には『貴女のお母様に裏切られた』と泣かれるわで、大騒動でした」

結局は六女の八千代さんが谷野家へ行くことになるのだが、谷野さんは人選が決まると、この年、中学に進学した八千代さんが二年生になるのを待った。中学生活と新しい家庭生活が一時に訪れるのを避けたのと、二年生になれば自分の立場も良く理解出来るだろうとの考えからである。また、谷野家には入籍せず、大田家の娘のまま預かることにした。淋しがっているかつ夫人への配慮だった。

さらに自身が言う「欠陥家庭の教育」を補うために、伝統があり、教育方針がしっかりしているミッション系私学へ進学させることを考えた。ちょうどこの年、労働省の仕事で三ヵ月渡米した際、日曜日毎に各地の教会を視察、フレンド・スクールの教育方針に共鳴し、東京・三田の同学園を選定するなどの準備を整えた。大切な姪を預かるための精一杯の愛情だった。

八千代さんは二十六年春、東京・等々力の伯母宅へ行くことになるのだが、家を出る時、学校へ行って留守の妹・千冬さんに置き手紙を書いた。

「土間を掃く箒を買っておきました。明日からはちいちゃん（千冬さん）のお当番ね。英雄兄ちゃまに掃除のことでよく叱られたのは、ホウキが悪かったからです。これで綺麗にしてね」

大田家の当番制は、必死モングリの生活の中でも脈々と受け継がれていたのだ。
谷野家へ行く八千代さんは、勝子さんが送って行くことになった。事情を知った海上保安庁航路啓開部長の池端鉄郎さん（故人）は丁度、東京出張の用事があったため「連れて行ってあげよう」と同行してくれた。

「池端さんは、しょんぼりしている私たち姉妹の気持ちを引き立ててやろう、と気を遣って下さったのでしょう。仕事もそこそこに有楽町の日劇へ案内して下さったのですが、ダンシングチームを見ながらやっちゃん（八千代さん）も、私も泣いていました。レビューというものを、あの時、初めて見たのですが、それどころじゃないんです。もうすぐ、お別れだと思うと。やっちゃんはクスンクスンと鼻を鳴らしているし、こちらもクスンクスンしているし……」

夕方、姉妹は世田谷区等々力の谷野家にたどり着いた。だが、谷野さんは勝子さんを即刻、その場から帰らせた。八千代さんに独立心を早く持たせたい、と考えた末の厳しい親心だった。みどりさんも「貴女、暫くウチに来ないでね。貴女が来ると、里心がついて呉に帰っちゃうから」と言われたものである。

だが、勝子さんには耐えられない淋しさだった。彼女は後年、自らが編集した小冊子「喜寿の母へ」に寄せた叙事詩「たくましく　そして優雅に」の中で、こう綴（つづ）っている。

お姉様達はお嫁に行き
晙ちゃんは英二伯父様の家へ

八ちゃんは谷野伯母様の家へ
あの等々力の路に
春の宵闇(よいやみ)に響いた十七才の私の靴音
あの夜の八ちゃんの眠りは……

八千代さんも、当初は淋しさに泣いた。

「姉弟が沢山いた家から一人で来たものですから、寂しかったのは確かです。母から手紙が来ますと、涙が出て困りました。呉では姉弟みんなで仕事を分担する習慣が身に付いていたものですから、この家へ来ても、さっさと掃除などをしました。ところが、お手伝いさんの仕事を取るような感じになり、これも困りました。そんなことで学校が奨励していた乳児院や養老院へ週末、奉仕に行くようになり、それに紛れて寂しさを感じなくなりました」

中、高校ともフレンド・スクールを出た八千代さんは、伯母の母校である日本女子大へ進学、同じ社会福祉学を専攻してYWCAに二十三年間も勤めるなど、社会福祉に献身する。

話がちょっと先走ったが、呉では夫人と勝子さんの奮闘が続いていた。英雄さんは昭和二十五年、広島県立呉三津田高校へ進学、二十七年三月に同校定時制を卒業した勝子さんはABCC(原爆影響調査委員会)に転職した。

「航路啓開部は海軍掃海部の後身で、掃海作業が専門でしたが、二十五年の朝鮮戦争で掃海艇が元山沖で触雷事故に遭い、犠牲者が出ました。私、部長秘書だったので、それを知りました。戦争の犠牲を目の当たりにするのはもうこりごりでしたし、国家公務員は月給が安くて家の足しになりにくかったので、第六管区海上保安本部長さんのお世話で、航路啓開部と同じ宇品（広島市南区）のビルの中にあったＡＢＣＣへ移ったのです」

　同じ頃、かつ夫人も旧海軍関係者の紹介で、呉市吉浦町の海上保安大学校図書館に勤務することになった。また、大田家の懸案であった新しい住まい捜しも、呉市吉浦池ノ浦町の市営住宅に入居出来ることになった。とは言え、生活苦は相変わらず厳しかった。勝子さんが声を潤（うる）ませながら話してくれた。

「池ノ浦は市営住宅なので商店はなかったのですが、住民の便宜のために市が許可していたのか、雑貨兼食料品店を営んでいるおばさんの家が一軒だけありました。母は食料の調達を全部、そこでしていたのですが、ツケの支払い残高が相当嵩（かさ）んでいたのです。でも、母は滅多に私に払いに行かさなかったので、知りませんでした。

　ある日たまたま、お給料日に母より早く帰ったので、払いに行きました。ところが、お給料を全部出しても足りないのです。おばさんが全部取っちゃって『はあ、どうも有難うございました。あと幾ら幾ら残っています』って言われた時は、愕然（がくぜん）としました。情けなくって、情けなくって、本当に死にたかった」

　豪放磊落な夫人は、そんな生活の中でも旧海軍関係者が訪れると、手厚くもてなすことを止めなかった。勝子さんの思いには、そんな母への反発もあったようだ。

「確かにあの時期、私はお母様のこと、余り好きじゃあなかった。いや、むしろ反発していたと思います。お客様に接待するくらいなら、小さい人たちにもっと食べさせれば良いじゃない、って。でも、結婚して、家庭を持ってみて、母の気持ちがやっと判りました。すべて家のことを考えてのことだった、と。ですから今は、母を〝戦友〟だと思っています。父亡き後の大田家の戦いを共に戦った、頼り甲斐のある戦友だったと……」

第二十七章　火番森に塔を

1

かつ夫人と勝子さんの再就職、狭いながらも楽しい我が家の確保など、大田家に戦後初めて曙光らしきものが射しはじめた昭和二十七年春、沖縄でも旧海軍軍人がやっと戦後処理へ動き始めた。

終戦直後、米軍の要請を受け、火番森（豊見城村）の旧海軍司令部壕で大田中将らの遺体を確認した沖縄県出身の旧上曹・宮城嗣吉（沖映社長）、堀川徳栄（当時、合同トラック具志川出張所長）、森田孟睦（商業）の三氏が三月四日午後、大田司令官と幕僚の遺骨収集に入ったのである。宮城さんが首里寒川町の自宅で回想する。

「本来なら将校がやるべき大田司令官の遺体確認を、下士官の分際でやらせてもらえた時から、ようしっ、閣下以下約千体はあると思われる壕内の遺骨は、何としても僕らの手で遺族の元へ送り届けよう、と心に決めていました。しかし、戦後、私は米軍政副長官・ヘイドン准将のハウス・マネージャーに雇われたり、収容所の県民を慰問するための映画の巡回上映に追われたりで、なかなか機会が巡って来ませんでした。巡回映画がきっかけで昭和二十二年に設立した沖縄映画興行会社（沖映の前身）が、戦後の映画ブームで軌道に乗り、身辺が落ち着いて来たので、火番森の司令部壕へ行ったのです」

因み（ちな）に、南部・島尻を中心に本島全体に散乱していた戦没者の遺骨は、二十年暮れ以降、収容所から旧住居地に帰った住民が真っ先に収集にかかった。沖縄県民の戦後の生活は、遺骨収集と共に始まったとも言える。その証拠に無名戦没者の碑とも言える糸満市米須（こめす）の「魂魄（こんぱく）之塔」は、早くも昭和二十一年二月二十七日に建立されている。しかし、軍関係壕の収骨は、住民を巻き込んだ戦闘への恨みつらみもあって、誰も言い出さないままこの時期まで放置されていた。

七年ぶりに訪れた司令部壕は荒れ放題で、南の入口は崩れ落ちていたので、北口から入った。その時の状況は、同行取材した沖縄タイムスの仲本政基記者（平成二年十二月、七十一歳で他界）が、昭和二十七年三月六日付同紙に、

「七年目に明るみへ出る
　大田海軍少将らの遺骨
　　生き残りの三部下が壕内から拾う」

の見出しで書いている。同社のお許しを得て、その大要を紹介する。当時の文章、文節は長いので、読み易いよう適宜、句読点を入れ、行を替えた。括弧内は筆者の注である。

《四日午後二時、一行は壕入口に到着、靴をゴム長にかえ、あらかじめ用意した白木の箱二つと線香、花、供物などを持ち、くずれ落ちて這ってやっと一人ずつしか入れぬ入口をくぐって暗黒にとざされた壕内に入る。

入口の光はわずかに二間程しかさしこまず、一同じっと立ちつくしてしばらく暗黒に眼のなれるのを待つ。一行は各自懐中電灯の光をたよりに進むと、通路は一杯の水びたし。（中略）痛々しい七年前の様相がありありと描かれるようで、地べたには赤茶けた骨が五つ六つ、こわされた電気器具と一緒にころがっているのもあわれである。しばし黙禱を捧げて更に奥に入ると、つきあたって左右に長いトンネルが走る。これを右にまがり、程なく司令官室入口に出る。

「こゝだ」。宮城氏が先頭に立って中へ入ると、森田、堀川両氏は肩にかついだ白木の箱をおろして静かに入る。必勝を期し、小禄飛行場を死守しようと必死の反撃作戦が七年前、この部屋で行われたかと思うと、何かしら緊張させるものがあるが、今はすっかり内部は荒れて地面はぶかぶかとやわらかい。当時、畳を敷いてあったのが、ボロボロに腐って、骨はこの中にうもれている。（中略）

室内の坑木は一物もなく取り去られ、既に壕内は荒らされていた。それでも七つの頭蓋骨と大田少将の襟章が発見され、白木の箱につめきれない種々の骨を集めることが出来た。

大田司令官、棚町先任参謀、羽田大佐、機関参謀山田少佐の遺骨は生き残り三氏の立会で確認、残る三つの遺骨は氏名不詳となったが、いずれも口中にピストルを発しての自決で、脳天に弾の通った跡が歴然と認められた。三氏は大田少将の頭蓋骨を手に「そっくり司令官だ、当時の顔かたちがありありとうかぶようだ」と語っており、一つ一つ丁寧に洗骨。大田司令官、棚町参謀、羽田大佐という順に、しつらえた白布の上にならべ、持参したミカンと菓子を供え、花をかざって一同焼香、めい福を祈った。――》

宮城さんは往時を思い出しながら補足してくれた。

「最初、司令官室に入ったら、遺骨が見当たらない。落盤よけのため壁際に支柱として建ててあった坑木が全部無く、剝がした跡だけが残っていたのにはギョッとしました。薪に困った人がはずして行ったらしいんだなあ。コンクリートの様に固い島尻ニービだったから崩れる心配はなかったが、遺骨も荒らされたのではと心配しました。しかし、三十センチ程積もっているボロボロの土を探ると、綺麗な骨が出てきたのでホッとしました」

それにしても七遺骨中、四体の氏名の確認は、どの様に行なわれたのか?

「遺骨の判定について、僕は父から秘訣を聞いていました。頭蓋骨の上に水に浸したハンカチを静かに被せると、その人の生前の顔を知っていれば、目も鼻も口もちゃんと出てくる、と言うんです。洗骨の後、それを故事に倣ってやったら、やっぱり出て来ました。先ず、一番特徴がはっきりしている大田司令官が判り、次いで棚町、羽田、山田の各参謀の遺骨が判った。この四体の頭蓋骨は、頭蓋に合う顎の骨を合わせて完全に揃いました」

大田司令官の顔は皆が知っていたし、既に書いたように棚町大佐は元・南西諸島空司令、羽田大佐は護部隊司令、山田少佐は機関参謀として、宮城さんらが良く顔を知っていたから、確認は早かった。

他の三人は、司令部壕からの生還者・新山重満さんが『沖縄県民斯ク戦ヘリ』の章で語ったように、首席参謀の前川大佐、二十一空廠小禄派遣隊長の鈴木中佐、軍医長の小山少佐であることが後に確認される。仲本記者は遺骨収集同行記を次の文章で締めくくっている。

《――この大任を果たした宮城氏は「僕達が生き残ったのは司令官以下各幕僚の御庇護があったからだと今はじめてきづきました。こうして遺骨が無事手に入りましたので、一日も早く遺族の方たちにお届けしたいと思います。来る六月十三日は自決の日に当たりますので、七周忌をかねて壕内の遺骨を火葬、慰霊祭を行い、火番森のてっぺんに塔を建て、沖縄戦における日本海軍の最期の地として記念したいと思っています」と語った。》

大田中将以下七体の遺骨は三日後の七日、宮城さんが経営する沖縄映画興行会社の東京支社長・崎山喜昌さんに守られ、午後二時十五分、東京・羽田空港着のノースウエスト機で、七年ぶりに日本本土の土を踏んだ。

遺骨は厚生省援護局で確認作業の後、日ははっきりしないが、芝の増上寺で旧海軍関係者による合同慰霊祭が営まれた。その後、各出身府県の援護課へ送られ、遺族に返還されたもののようである。当時、呉三津田高校三年に進級直前だった長男・英雄さんは前出の著書で書いている。

《一九五二（昭和二十七）年三月、十八歳の誕生日もまぢかな春の日、私は母と二人、国鉄（JRの前身）呉線で広島へ向かった。父の遺骨が還ってきたので、それを引き取りにきてほしいと連絡があったからだ。

桃の花がほころびかけているとはいえ、汽車の窓を開けるにはまだうすら寒い陽気だった。複線にするため掘ったところどころのトンネルには、旧軍用の残りと思われる資材が散らばり、沿線には枯れたペンペン草がヒョロヒョロと立ち並んでいた。広島駅で宇品線に乗り換え、当時、霞町にあった県庁へ出向いた。

原爆で痛めつけられた市街地は、復興の息吹きがみられるとはいえ、駅舎の一部にはまだ鉄骨がむきだしになった所もあり、いたるところが掘り返されて、ゴミゴミした感じだった。ただ沿線一帯は、比治山の陰になっていたため原爆の惨禍が比較的少なく、近くに見える町並は古く、蓮田の多い、のどかな田園風景が開けているのが救いであった。

大田家の長男である私は、母と共に、広島県庁で、「父」を引き渡してもらった。白い布に包まれた白木の箱の中の「父」は、母と私の膝に交互に乗り、胸に抱かれての帰還だった。帰宅して焼香した後、私や弟、妹たちが神妙に見守るなか、母は白木の箱を包んだ白い布をとりはらい、ふたをあけた。箱の中におさまっていたのは、一個のシャレコウベであった。一瞬、時間が止まった。

母が取り上げたやや黒ずんだ頭蓋骨は、前歯が無くなり、左側後頭部には、弾丸が貫通したことを示す、小さな穴があいていた。明らかに、ピストルを口にくわえて引き金をひき、自決したことを物語っていた。これが、七年ぶりに妻と子供たちのもとに帰ってきた「海軍中将・大田實」の姿だった。——》

中将の葬儀は戦後間もない二十一年春、「大田實　英霊」と書かれた半紙だけが入った白木の箱を祭って、復員局主催で川原石の家で営まれたが、その時、「紙切れだけのお父様」に悔しい思いをした勝子さんが、しみじみと回想する。

「遺骨が池ノ浦へお帰りになった時は、嬉しかった。でも、御法事は何もしませんでした。お母様が『生きている人が大事ですから、今は何もしません。三十三回忌を沖縄でしますから、みんなお金を貯めておいて下さい』とおっしゃったのね、貧乏でしたから。尤(もっと)も日本中がそうでしたけどねえ」

2

その年の夏、宮城さん、堀川さんらはかつ夫人を沖縄に招待、司令部壕内を案内した。白南風町で夫を見送ってから丸七年余、最期の場を初めて目にした夫人の感慨は、如何(いか)ばかりであったろう。それは今、窺(うかが)う余地はないが、みどりさんは「母の興奮ぶりはそれは大変で、帰ってからも暫くは何時もの気丈な母ではありませんでした」と回想する。

一方、宮城さん、堀川さんらは本業の合間を見て、壕内の遺骨収集を地道に続けた。集めた遺骨は三つの棺に納めて安置、厚生省援護局に引き渡した。それまで個人や地域住民の善意に任されていた遺骨収集は、これがきっかけで日本政府による調査団派遣など、民間から公共の手へと移ることになる。

そのかたわら三人は、念願の「慰霊之塔」建立に必要な土地の買収に着手した。火番森一帯は、既に書いたように民有地であった。そこでとりあえず、塔を建てるてっぺん付近の三百三十二坪

（千九十五平方メートル）を二人の住民から買収する。資金は宮城さんが経営する沖縄映画興行会社の利益の一部を充てた。

沖縄の旧海軍ＯＢ組織・沖縄海友会に引き継がれている当時の領収書によれば、豊見城村字豊見城火番原二三六、二三七番地の百八十一坪は昭和三十二年六月三十日、同村豊見城原二三三、二三四番地の百五十一坪は同八月三十日の買収で、坪当たりの価格は六十円。総計一万九千九百二十円が支払われている。

整地は、車両に強い堀川さんが自らブルドーザーを運転、森田さんの助けを借りて、台地に撃ち込まれた砲、爆弾を危険を顧みず撤去した。

この年十一月、沖縄県出身の海軍軍人としては最古参の旧海軍大佐・渡名喜守定氏（九一）（海兵50期、現・海友会顧問。那覇市小禄五四三、高良アパート内）が十八年ぶりに帰郷した。この人は南西方面艦隊や大本営海軍部の各参謀として故郷の戦闘を指揮する立場にあったから、沖縄戦戦没者の慰霊を自らがやらねば……の使命感に駆られていた。そこで、宮城さんらの慰霊碑建立計画を引き継ぐ。

翌三十三年三月、海軍慰霊之塔建立発起人会を旧海軍軍人・軍属三十八人で結成、自ら代表となり、直ちに総工費三十三万円の募金運動を始めた。募金は二次に及んだが、八月末になっても五万八千五百円しか集まらなかった。それでも沖縄銀行から十万円余を借り入れ、九月五日見切り着工する。

思案に暮れた渡名喜代表は、沖縄随一の人気劇団・乙姫劇団の上間郁子団長への協力要請を思いついた。氏が海南島海軍根拠地隊参謀長在任中の昭和十五年、同劇団は慰問に訪れており、以来「乙姫劇団後援会長」を自認する程の親交があったからである。上間団長は二つ返事で引き受けてくれ、十月五日から三日間のチャリティ興行は大成功をおさめた。

塔は十月三十日竣工、除幕式と慰霊祭を行なった。仲座久雄・県建築士会会長の設計になる塔の台座は、軍艦の艦首を模し、艦橋の中程に「海軍戦歿者慰霊之塔」と書かれた約五メートルの白い墓標がそそり立った。碑文は野村吉三郎・旧海軍大将（海兵26期、故人）の筆になる。

古くは火番森、大戦中は七四高地と呼ばれた沖縄県島尻郡豊見城の高台にそびえる「海軍戦歿者慰霊之塔」。左下は「仁愛之碑」、司令部壕はこの下にある。

昭和三十三年時点で沖縄各地に建立された慰霊塔・碑は数十基を数えていたが、火番森の海軍戦歿者慰霊之塔の特徴は、それ自体が遺骨の奉安室を持つお墓であることだ。

除幕に先立つ十月二十六日、建立発起人会は壕内でセメント袋十五杯分、約二百柱の遺骨を収集、豊見城の火葬場で荼毘に付した後、那覇市字識名の中央納骨所に納めたが、その一部を塔の奉安室に分骨した。

発起人会は翌三十四年五月二十七日の旧海軍記念日に「沖縄海友会」へと発展的に解消、会長に渡名喜氏を選び、旧海軍軍人・軍属及びその遺族による戦没者の慰霊活動を本格的に始めた。その第一が塔の下に埋もれている旧海軍司令部壕の復元と整備で、早速、この年十月、ポンプを入れ、壕内の水を汲み出し、会として二度目の収骨を行なっている。しかし、復元には膨大な費用がかかるため、会の力だけではどうにもならず、いたずらに歳月を重ねるばかりだった。

ところが昭和四十三年一月、琉球政府松岡行政主席が渡名喜会長を沖縄観光開発事業団の理事長に任命したことから、発掘・整備問題がにわかに具体化する。その経緯を渡名喜氏は当時、こう語っている。

《――事業団の目的は、観光立県の旗印の担い手として沖縄の観光施設の整備、振興に先導的役割を果たすことであった。海軍部隊が最後の砦として築いたこの地下要塞、大田司令官以下将兵四千名が壕内で玉砕し、国に殉ぜられた海軍壕は、世界戦史に類のない立派な戦跡と言えよう。私は事業団の第一の開発事業は、海軍壕整備であると決めた。英霊の鎮まります聖地を観光の対象にするとは、との異論もあったが、英霊の殉国の精神に触れると共に、二度とこのような悲惨な戦争があってはならない、世界恒久平和を祈願する聖地として永久に保存する、という見地からも、事業団で整備することが最も適切だと考えた。幸いに松岡主席もこれに賛同された。》

壕の修復工事は翌四十四年三月六日に着工、総工費六万五千ドル（二千三百四十万円）を費やし、四十五年二月二十八日完成、かつ夫人を迎えて落成式を行なった。現在、公開されている部分の中心、二百二十五平方メートルである。

事業団は昭和四十七年の沖縄本土復帰で県観光開発公社に改組、引き続き壕の管理と慰霊に当たっている。それにしても、あの戦争を憎み、日本軍閥を憎む沖縄で、海軍壕が何の妨害もなく、悲劇の戦跡として真摯に語り継がれているのは、大田中将の人格抜きでは考えられない希有の事実と言えよう。

第二十八章　それぞれの沖縄

1

「もはや戦後ではない」というキャッチフレーズは、評論家の中野好夫氏が昭和三十一年二月号の文藝春秋に発表したエッセーのタイトルだが、これを経済企画庁が同年七月に発表した経済白書に拝借したことから、俄(にわか)に流行語となった。

この昭和三十年前後は、戦後の窮乏生活を「必死モングリ」で切り抜けた大田家にとっても、漸(ようや)く訪れた巣立ちの季節だった。

長男・英雄さんは二十八年春、呉三津田高校を卒業、広島大学教育学部に現役で進学した。四女・昭子さんは同六月、ニュージーランド軍通信部の兵士ゴードン・サザーランド氏と呉の聖ペテロ教会で結婚（のちニュージーランド・ジャパンソサエティー会長エリック・J・オーモンドソン氏と再婚）、三十年春には二男・浩さんが大阪の栗田工業会社に就職した。

三十一年五月には五女・勝子さんが千葉県市原市の産婦人科医・寺島克郎氏に嫁いだ。寺島家は愛子さんの縁談を取り持った菅野さんの親戚で、克郎さんの父で、やはり医師の亨さん（昭和四十四年、七十二歳で他界）は大田中将を尊敬して止まぬ千葉中学の後輩。戦中、やはり千葉中同窓の落合教授の蔵書、論文を土蔵に預かったこともある間柄である。勝子さんは「寺島の父は大田の父とそっくりの童顔、人情家で、私は主人より先にお父様の方に参っちゃいましたの」と笑う。

三十二年春には英雄さんが広島県立音戸高校を振り出しに高校の社会科日本史の教師生活に入り、翌三十三年、キリスト教の青年会活動で知り合ったとみ子夫人と結婚するなど、おめでたの目白押しである。

その一方で、大田中将の生と死は、成人した子息たちの生きざまに影響を及ぼさずにはおかなかった。戦中、軍人を間近に見すぎたせいか軍隊には批判的で、敗戦による辛酸を嘗め尽くしている英雄さんは「父の戦死を教師としての自分の生き方に反映させる必要があるのではないか」と考え、平和教育に打ち込む。

一方、落合家の養子になった三男・畯さんは三十四年に、また呉で母や兄姉の愛を一身に受けて育った末弟の豊さんは三十九年に、そろって防衛大学校に進学、申し合わせたように海上自衛隊を志願、父と同じＮＡＶＹの道を歩むことになるのだが、とりわけ畯さんの進路決定には、父・中将の〝血〟を感じずにはいられない。

畯さんは落合家が石神井から文京区茗荷谷へ引っ越した二十四年春、第三師範付属小学校から東京教育大学付属小学校に転校、同大付属中、高校へと進んだ。

落合教授の家庭教育は、学者と軍人との違いこそあれ、大田中将と同じ明治生まれの人らしい質実剛健だったが、科学者であり、ドイツ留学が永かったせいか、合理性に貫かれていた。晙さんの述懐。

「落合の親父は自分がやっている薬学か医学へ進め、と盛んに言ってましたが、私はそんな気持ちは全くなかった。物心ついた時から、もっと具体的に言えば中学生時代から、防衛大、それも海上自衛隊へ進みたいと思い続けていました。大田の父の潜在的な影響でしょうねえ。だって、川原石の家に海軍士官が沢山来た頃は、私はまだ小学校に上がる前で、憧れを持つ年齢じゃあなかったですからねえ」

しかし、落合教授は、晙さんの防衛大進学には反対だった。義弟の大田中将を理解していたのとは別に、「日本は軍隊が威張り過ぎたから駄目になった」が持論だったし、この平和な時代に、進む道は幾らもあるだろう、という訳である。しかし、晙さんは防衛大進学の夢捨て難く、育ての両親に黙って受験する。

「願書を取る時には親友の家気付けで送ってもらい、秘かに出願し、受験しました。一次試験が終わった日に、二次試験の連絡先を書かされたのですが、やはり緊張していたのか、本当の住所を書いちゃったんですよ。そしたら間もなく、一次試験の合格通知が家に来まして、私の留守の間に、それをおふくろが見たわけです。

さあ、落合の両親は、烈火の如く怒りました。初めから話せば判ることを、何で貴様は黙って、こんな勝手なことをする。その態度が許せない。一週間、勘当だーッ、となりました」

それから一週間、晙さんは友人宅を泊まり歩いて、二次試験の日を迎えた。

「仕様がないから黙って出掛けようとしたら、おふくろが弁当をそーっと出してくれました。あ、これで了解してくれたな、さしもの敵も陥ちたな、と思ってね」と晙さんは笑う。

こうして入った防衛大七期生から希望通り海上自衛隊に進み、後は順風満帆。昭和四十一年末に第一〇一掃海隊五号艇長、四十四年末に第四〇掃海隊「いぶき」艇長など、第一章で紹介したペルシャ湾掃海派遣部隊の成果につながる掃海のエキスパートへの道をたどり始める。

ただ、四十四年十一月の日米首脳会談で、沖縄の本土復帰が四十七年五月十五日と決まったことで、落合さんの職に些かの変化が生じた。当時、一等海尉だった落合さんは、実父・大田中将最期の地に何としても赴任したいと思った。自衛隊は毎年四月一日、全隊員に対してポストの希望申請を出させるが、落合さんはその機会に沖縄に配属されていた第三七掃海隊の艇長を志願した。

艇長の希望は容れられなかったものの、沖縄勤務だけは聞き届けられ、防衛庁沖縄地方連絡部名護募集事務所長を命じられた。自衛隊員の募集事務が任務で、もちろん単身赴任である。

沖縄派遣要員は四十七年三月、熊本市健軍の駐屯地に集結、復帰の日を待って続々現地入りした。落合さんは七月十日、沖縄に入り、同十八日、陸曹の副所長、所員一人の計三人で、本部半島の付け根にある名護市中心街の民間ビル一階の一室を借り、事務所を開設したが、これが一筋縄ではいかなかった。

自衛隊の沖縄移駐に対する県民の反対は想像を絶する激しさで、労組員の「人殺し集団・自衛隊は出て行けーッ」のデモとシュプレヒコールが全島に渦巻いた。沖縄戦の惨禍の果てに、二十七年間も米軍政下に放擲された人々の怒りとアレルギーが噴出したと言える。

沖縄に、一般の隊員とは別種の感慨を持つ落合さんは、当然のことと受け取りながらも、余りの変わりように驚いた。というのは、戦後の沖縄訪問は初めてではなかったからである。

昭和四十一年度海上自衛隊遠洋練習航海の旗艦「あきづき」以下四隻は七月、東京港を出航、ニュージーランド、オーストラリア、フィリピンなどを航海したが、帰途、十月五日に那覇港に寄港、県民の大歓迎を受けた。当時「あきづき」の水雷士を務めていた落合二尉は儀仗隊指揮官として、練習艦隊司令官の「海軍戦歿者慰霊之塔」公式参拝を先導、父の戦死の地初訪問を極めて華やかな形で実現していた。

「あの時は町中に日の丸の旗が揺れ、拍手と笑顔で迎えてくれたのが、復帰した途端に何でこんなことになるのか、と暫く理解できなかったですねえ。あの時は占領下だったから、母国の船が来てくれたという感慨だったのでしょうねえ」

名護募集事務所の前には三百人近いデモ隊がピケをはり、事務所開きを宣言したが、入れてくれない。仕方なく警察機動隊の出動を要請、排除して事務所に入ろうとしたら、鍵穴がコンクリートで固められていた。

それから十月末まで約三ヵ月半、募集事務所とデモ隊との根比べが続くのだが、落合所長が大田中将の三男であることは、着任当初からデモ隊側に知られており、こんな抗議が殺到した。

「沖縄県民斯ク戦ヘリ……と県民のことをあんなに考えてくれた人の息子が、沖縄の子弟を再び戦場へ駆り集めるために宣撫工作に来た」「お前のお父さんは沖縄県民のことを考えてくれたのに、お前は何だ。また我々の子供を戦場へ連れて行くのか」

「しかし、私は全然、腹が立たなかった」と落合さんは述懐する。「沖縄は誠に素晴らしい島ですが、とりわけ素晴らしい所は全部、米軍の金網で囲われていて、その奥は別天地になっている。その高嶺（たかね）と高嶺の間、ドブ川が流れているような所に、人間と豚が一緒に住んでいる。これを二十七年間やられたら、誰だって頭にきますよ。そんな立場に置かれたら、俺だってやるな、と思ったからです」

この辺が、並みの自衛官とは違う所だ。加えて毎日、朝八時から夕方五時まで、教職員組合の二十名くらいが事務所の前に座り込み、午前と午後に抗議書を持って来た。

「あちらは、今日はどこそこの学校から何人、の交代制ですが、こっちは変わらない。明けても暮れても抗議書を受け取り、『ハイ、分かりました。戦争を憎む気持ちは自衛隊員とて同じです。協議して防衛庁長官に報告します』と答えるのが仕事でした」

募集事務所は開設以来、機能麻痺（まひ）していたから、落合さんらは先ず外部に仕事を求めた。幸い急ぐ仕事に、地方自治体に対する自衛官の募集業務の委託があり、それには市町村長に直接会って依頼する必要があった。

ところが、各役所の労組員にも自治労の手配が回っていた。自衛隊が来たーッ、となると、ワッと取り巻かれ、うっかりすると玄関で捕まってしまい、吊るし上げを食うことが再三だった。

「そこで、作戦を練りました。大体、沖縄の市町村長さんの部屋は、役場の表玄関に面した二階にある。そこで、表にエンジンをかけた車を待たせておき、私と副所長がタイミングを計って『行くぞっ』と階段をダダダーッと駆け上がる。部屋に入るなり、『こんにちはーっ、自衛隊です。委託業務を宜しくお願いしまーすッ』と叫んで、名刺を置いてサッと引き下がる戦法を取りました。今、考えたらバカみたいな話ですが、そんな情勢だったのです」

昼間、走り回ってクタクタになって帰っても、十月末までは体を休める宿舎も確保出来なかった。

適当な借家を見つけてお願いに行くと、皆「どうぞ、どうぞ」と一旦は誠に快く引き受けてくれる。自衛隊員は国家公務員で、家賃は国が払うから取りはぐれがなく、条件は良い。ああ、良かった、と喜んで帰ったら、翌日、必ず家主さんから断わりが来た。

「私は個人的には本当は入ってもらいたいのだが、回りの人に色々言われて……。昨日の話は無かったことにして欲しい」

「十軒以上も、そんな目に遭いましたか。仕方がないから十畳ぐらいの事務所のコンクリートの床にマットと毛布を敷いて、ごろ寝のキャンプ生活ですよ。風呂は近くの銭湯に通いましてね」

その道中は、事務所が入っているビルの壁も、電柱も、掲示板も真っ赤っか。デモ隊やピケ隊の人が張った「自衛隊ハンターイ」の赤色のアジビラだった。そんな中で、教職員組合員の座り込みは毎日続いていた。全く、痛めつけられっぱなしのワンサイドゲーム。如何に自衛隊を認めないからといって、それでは余りに気の毒だ、との判官びいきは沖縄にもあったようだ。

ある日、トントンと事務所の裏口を叩く音がするので、落合さんが出て見ると、近くのオリオンビールの工場長が立っており、同情に耐えぬ表情で話し掛けた。

「毎日、事務所に閉じ込められて大変でしょう。一週間に一、二回はコソッとうちへいらっしゃいよ。ビールは勿論、テニスコートも有りますし……」

赴任以来、初めて掛けてもらった優しい言葉に、落合さんはホロッとした。

工場長は、なおも話し続けた。

「貴方たち、随分苦労されている様子だが、こんなの苦労と思ったら駄目ですよ。短いレンジで考えては駄目です。我々が戦後、ビールを作り始めた時も同じでした。ビールは本土産に限る、沖縄のビールなんか売れる訳がない、と言われながら、毎日毎日、勤務が終わってから夜、那覇へ出掛け、飲み屋へ行っちゃあ、自社のビールを注文しました。そんなもの置いてない、と言うのを無理矢理注文し、置かせました。飲んでは吐き、吐いては飲みしながら、何十軒も回って銘柄を売り込んだ。あんたたちも、それぐらいの気概を持ってやらなきゃあ通用しません。短気を起こしちゃあ、駄目ですよ。苦しいことはまだまだあるでしょう。その時はウチへ来なさい」

隊員の募集業務にも、密かなバックアップが寄せられた。いろいろな人が、各地の協力者を紹介してくれ、その人がまた次の協力者へとつないでくれた。やがて、座り込みの教職員組合員との間にも、奇妙な友情が芽生え始める。

「最初のうちは双方、立場の違う知らない同士が、朝から夕方まで面突き合わせている訳ですから、エキサイトします。しかし、一週間経ち、二週間経ちしているうちに、人間的なふれあいが出来るんです。

沖縄の夏、事務所の前のコンクリートの駐車場での座り込みは、カンカン照りで大変です。私、見るに見かねて、冷蔵庫の冷たい水とコップを持って行かせますとね、有難うございます、と素直に好意を受けてくれました。それが毎日のことになりまして、そのうち帰りには、所長さん、箒(ほうき)と塵(ちり)取りを貸して下さい、と自分たちが座っていた所を掃除して帰るようになったのです」

落合さんは、組合員と話し合いたいと思った。

「こちらから話の通じそうな人を見込んで、先生、今夜一杯やりましょうか、と声を掛けると、向こうも声をひそめて、何処ですか？　そして夜、一杯やりますとね、国がある以上、国防は絶対必要だ、と言うんです。それが分かっているなら、先生、明日からもう座り込みは止めて下さいと言うと、いや、それとこれとは別だ。明日もまた行くぞっ、って言うんです。参ったなあ。これはもう、組織と組織、立場と立場の違いだから、とお互いに慰め合いましたよ」

と言って、落合さんは豪快に笑った。こんなソフトな県民との触れ合いに、支援もおおっぴらになる。

「三ヵ月ぐらい経つと、我々は現地の新聞が書き立てるような人殺しでも、石頭の右翼でもないし、一寸間は抜けているけれど、普通の人間だと分かったんでしょう。名護の人たちが町の美化運動ということでビラを剝(は)がしてくれた。ああいう運動というのは、住民と遊離すると弱いですねえ。もう馬鹿らしくてやってられない、ということでデモも座り込みも十月一杯で終わりました」

2

当初、三ヵ月半にわたる針の筵の沖縄勤務の中でも、落合さんには唯一、心和む時間があった。それは大田家の七女で、すぐ下の妹に当たる千冬さん夫妻が、旧海軍司令部壕所在地の豊見城村にある国家公務員合同宿舎に赴任して来ており、心身共くたくたになっている兄をしばしば招いて家庭料理を御馳走、慰めてくれたことである。

妹婿の石谷恒夫さんは海上保安庁勤務で、那覇に新設された第十一管区海上保安本部の準備委員として本土復帰前年の四十六年二月に赴任、千冬さんは復帰四日目に駆けつけた。この異動、千冬さんのたっての希望を石谷さんが容れ、志願してくれたというから、父の最期の地へ一刻も早く行きたい、と願う兄妹の思いは同じだった。

「青森県八戸に勤務中、主人がオイ、沖縄にいよいよ十一管が出来るぞ。新しく出来る所は忙しくて大変だけど、君が希望するのなら行こうぜ、と言ってくれました。私、何時も沖縄へ行きたいと、うわ言のように言っていたものですから、ぜひ志願して、と頼み込んだのです」

大田一族は娘婿に至るまで、中将の慰霊第一なのに打たれる。千冬さんは県立呉宮原高校を卒業、旧海軍関係者の世話で江田島の海上自衛隊第一術科学校、呉地方総監部に勤務した後、三十九年に結婚した。

千冬さんの沖縄入りには、かつ夫人もこの年の慰霊祭参列を兼ねて同道、三ヵ月滞在しているが、他の姉弟もこの前後、陸続と沖縄を訪ね、司令部壕参拝を果たしている。

板垣さん夫妻は既に書いたように昭和四十二年、同業者の堀川・旧上曹の案内で、中嶋さん夫妻は四十六年、当時忠博さんが勤務していたシェル石油会社の油槽所長の案内で訪れている。本土復帰の四十七年はさすがに多く、連れ立って行ったのではないが、昭子さん、英雄さん、浩さん、八千代さんらが石谷さん宅を足場に、二十数年ぶりに父の最期を偲んだ。

かつ夫人らの沖縄入りを知った沖縄海友会は、早速慰霊祭を開いてくれた。夫人、落合さん、石谷さん夫妻と長男・憲史さんが参列した。壕に入った時の感慨を千冬さんが話す。

「壕内は電灯が今程明るくはなく、司令官室もまだツルハシやスコップで削った跡が残っていまして、蚊がブンブン飛んでいました。それが、かえって往時の様子を偲ばせまして、『ああ、お父様は、この壕で……』と思うと、涙が止まりませんでした」

「ちいぺいた行ってきますといったまま二十七年ここに眠れる」

「おじいちゃま初めましてと小さな手合わせ詣でるいとしの我が子」

千冬さんが当時、日記に書き付けた和歌である。

司令部壕からバスで十分程の官舎にくつろいだ時、落合さんは言った。

「オイ、チンコロ（千冬さんの愛称）、名護へ来る時は落合の妹とは言わず、石谷で来い」

ピケ隊の反感を気づかってのことだったが、千冬さんはこう答えた。

「嫌よ。たあちゃんの妹で行く。石ぶっつけられたって平気だもん」

千冬さんは沖縄入りしてすぐ、畯さんの仕事が大変なことを肌身で感じていた。

「当時、官舎の前を通るバスが一時間に一本なので、タクシーに乗ろうとすると、運転手さんが、自衛隊の家族ね？　と聞くんです。いいえ、どうしてですかと聞くと、自衛隊なら乗せんもんね、ですって。私たちは自衛隊の家族じゃありません、と言って乗りましたが、兄のことを思うと、そう言うのに抵抗を感じましたねえ」

そこで、畯さんを官舎へ呼び、また逆に名護へ出掛けて一緒に食事をするなど、慰問に努めた。

もう一つ、千冬さんが欠かさなかったのは旧司令部壕訪問。毎月十三日の命日には花束を持ってお参り、それ以外にも月に何日かは訪問の機会を作った。憲史さんが通ったのが、たまたま旧司令部壕真ん前の「コイのぼり幼稚園」だったし、同園のＰＴＡの役員を引き受けたこともあり、行く度に寄った。

「壕の事業所へ、また来ましたあ、って寄ると、所長の武村さんが顔パスで入れて下さるんです。その都度、司令官室まで下りて、お父様とゆっくりお話をしました」

壕訪問については、畯さんも負けていない。ご本人は多くを語らないが、忙しい任務の合間、石谷さん方へ呼ばれた時、しばしば「お父様とお酒を飲んでくる」と一升瓶を下げて、夜の壕へ出掛けて行ったという。

千冬さんはまた、かつさんの勧めで、父を知る人も訪ね歩いている。その一人が、当時まだ元気だった司令官の専任理容師・金城義雄さんだった。

「貴女が十番目のお子さんですか、と感に耐えぬご様子でしたが、沖縄県民斯ク戦ヘリ……の電文も、私をはじめ部下に脱出を許したのも、貴女のお父様でなきゃあ出来ない英断でしたよ、と言って下さいました」

良い事ばかりではなかった。英雄さんの四十七年八月の沖縄初訪問は、歴史教育者協議会が沖縄本土復帰を記念して現地で開いた全国大会への参加が目的だった。そこで英雄さんが語った平和アピールと、晙さんが自衛隊員の募集事務に従事していることをとらえて、地元新聞が終戦記念日の八月十五日に七段抜きの記事を書いた。大見出しを拾うと、

「戦争に引きさかれた兄弟―大田中将の遺児」「27年ぶり、父の眠る沖縄へ」「兄は反戦教師　弟は自衛隊員　隊員の募集に奔走」

「反戦教師」と書かれた英雄さんについて、義兄の中嶋忠博さんが憤然と語る。

「彼は反戦と言うより、平和主義者なんです。自分の親父を戦争で亡くし、教え子の中にも自分と同じ遺児が居る。しかもクリスチャンですから、平和を尊ぶのは当たり前でしょ。人間をあんな風に皮相に捉えてはいけません。兄弟は共に父の死を背負い、同じ思いで生きて来て、たまたま選択が二つに別れただけなのです」

一方、晙さんは豪快に笑い飛ばす。

「私はあの頃、毎日、新聞に否定的に書かれていましたから、平気でした。兄貴は反戦教師なんて書かれたが、平和を愛する心が人一倍強いだけで、活動家でもなければ、思想的におかしい人間でもない。あの記事以来、私と兄貴は仲が悪いと思っている人が多いようですが、実は一番仲が良いんですよ。私のペルシャ湾行きで、一番心配してくれたのは兄貴なんです」

3

大田中将の遺骨が自宅に帰った時、かつ夫人が言った「御法事は三十三回忌に沖縄で」の、その時は昭和五十二年に巡って来た。

回忌法要に先立つ三月十六日、夫人は中将の遺骨を抱いて沖縄を訪問、豊見城の「海軍戦歿者慰霊之塔」に納骨した。夫人の気持ちは同日、沖縄海友会主催の納骨式で語られた言葉と三首の和歌に込められている。

「主人は、沖縄の土になるんだ、と言って出撃しました。部下の方が慰霊之塔に祀られているのに、自分だけが遺族の元に居るのを心苦しく思っていたでしょう。沖縄に納骨されることが故人の遺志でもあり、念願が叶えられて嬉しく思います。故郷に帰した思いで一杯です。夫も部下と一緒できっと喜んでいることでしょう。どうぞ戦友と共に安らかにお眠り下さい」

「亡き夫（つま）の遺骨をひざに飛びゆけば南の島は碧（あお）く澄みたり」

「亡き部下のみたましづもる沖縄にかへり給ひて永久（とわ）にやすけく」

「島人のまことあふるるみなさけに笑顔の浮かぶ彼岸の彼方」

三十三回忌の慰霊法要と、海友会が大田中将の遺徳を偲び「沖縄県民斯ク戦ヘリ……」の電文全文を刻んだ「仁愛之碑」の除幕式は、同年五月二十七日の旧海軍記念日に関係者約三百人が参列して慰霊之塔前で営まれた。大田家からは夫人をはじめ、遠くニュージーランドに住む昭子さんなど全国各地に分散している子息、子女、伴侶（はんりょ）、お孫さんに至る二十四人が参列した。

来賓（らいひん）として出席した故・高松宮宣仁殿下は、次のようなお言葉を述べられた。「大田司令官は私の教官の一人であった。自決前の電文は、沖縄県民を思う切々たる内容の不朽の名文である。

現在の平和な世の中、沖縄の復帰も英霊たちの賜物であることを私たちは忘れてはならないと思います」

悼辞は当時、高校二年生だった英雄さんの長男・聡さんが、父のアドバイスを得て書いたものを読んだ。

「明るい太陽に輝き、青い海を見降ろす丘に眠るおじいさま。

私達は昨日、生まれて初めて沖縄の地に降り立ち、空港からいの一番に、この海軍壕にやってまいりました。暗くて深い壕の中で、改めてここで戦われた方々の労苦と戦争の無意味さとを思い、胸が痛くなりました。

おじいさま達が亡くなられたこの地は、今、祈念碑が立ち並ぶ立派な平和公園となっています。沖縄戦によってたくさんの御家族を犠牲にされたにもかかわらず、立派な碑、公園をつくって下さいました沖縄の方々の御努力に大変感謝致します。またそれ以上に、沖縄の方々の永遠の平和への祈りと再び戦わぬ強い意志を感じ、その重みをかみしめています。

おじいさま方がなくなられて早、三十二年の年月がたちました。

自決される前に海軍省宛に打電された『沖縄県民かく戦えり　後世特別の御高配を賜らんことを』という言葉を今改めて思います。

この三十年余り、『特別の御高配』によって、この沖縄が本当に平和で豊かな島になったとは決して言えません。おじいさまの強く、そして深い意志を実現するのは、むしろこれからだと思います。戦争を知らない世代と言われる私達、若者や高校生が未来をみつめ、しっかり勉強して、おじいさまの本当の遺志である、平和で豊かな沖縄を実現するために、努力したいと思います。その努力をお約束して、悼辞といたします」

中将の意志は、三代目へと確実に受け継がれた。以後、夫人は毎年、慰霊祭に参列されることになるのだが、昭和五十九年十二月に脳梗塞（こうそく）で倒れ、平成元年三月、三度目の発作の末に、同年十一月八日、中将の許へ旅立たれた。夫人の遺骨もまた、遺言によって翌年、夫の眠る慰霊之塔に納められ、火番森から沖縄の後世を見守っている。

第二十九章　大田中将の遺産

1

「沖縄県民斯ク戦ヘリ　県民ニ対シ後世特別ノ御高配ヲ……」と訴えた大田中将の遺志は、日本政府の戦後の沖縄政策にどう生かされたか。

この電文に戦後、最も早く心動かされた政治家は、鹿児島三区選出の自由民主党代議士で、同党顧問の山中貞則さん（七二）（鹿児島県曽於郡末吉町深川二一五）である。自身も第三十七師団山砲兵三十七連隊（熊本編制）の陸軍中尉で、中国で終戦を迎えている。

「私が衆議院議員二期目の昭和三十一年ごろと記憶しますが、防衛研修所戦史室に勤めていた軍隊時代の友人が、あの電文の写しを届けてくれました。驚きましたねえ。あの激戦を戦った将官の中に、県民にこれ程思いを馳せた人が居たのか、これこそ我々が引き継ぐべき沖縄問題の原点ではないか、と。それに引き換え、当時の本土の沖縄対策はどうだ。国内唯一の戦場になり、地獄の苦しみを味わった人々の血の叫びを、座して見ているだけではないのか、と」

　この人の沖縄への関心には、下地がある。

「私の台北第二師範時代の恩師が、後に沖縄県知事として〝本土並み〟へ奮闘された屋良朝苗先生ですし、他にも沖縄出身の先生、同級生、友人が沢山います。それに沖縄は、宮崎県立都城中学の同級生で、親友だった落合逸郎・獣医中尉が、本部半島で斬り込み、戦死した地なのです。もっと遡って言うなら、私の出身地である鹿児島は琉球侵略や琉球処分で彼地に圧政を布いたという負い目も底流にある」

　大田中将の電文を読んで一層、沖縄への思いを募らせた山中さんは、その直後、第三次鳩山内閣の国会で、首相に質問している。

「戦前からの国会をご存じの鳩山総理は、衆議院に沖縄県出身議員の議席があったのを知っておられるだろう。しかし、今、沖縄は米軍の占領下にあり、議席は無い。最前列に沖縄県出身議員の空の議席を作り、我々の復帰促進への反省材料にしてはどうか」

　この発言はアメリカ大使館から国務省に打電され、翌年、山中さんが初めて渡米した時、問題にされた。

「君は自民党員の筈だが、実は社会主義者かと聞くので、資本主義と自由主義経済の信奉者だが、沖縄問題に関しては愛国主義、民族主義だ。日本人として当たり前の事を叫んだまでだ、と言ってやりました」

　その後、佐藤栄作蔵相の政務次官を務めた山中さんは、佐藤さんが三十九年十一月、首相に就任すると、膝詰めで談じ込んだ。
「戦後二十年、歴代首相は誰一人、沖縄へ行っていません。あなたが行って『永い間苦労をかけたが、もう少し待ってくれ』と慰めて下さいと言ったんです。すると首相は『それをやれば、沖縄に内閣の命運を賭けることになるぞ』と言いました。県民が祖国に復帰出来るか否かには、内閣の命運を賭ける値打ちがありますと言いますと、暫く考えていたが『君が道案内しろ』と言ってくれました」

現職首相の初の沖縄訪問は四十年八月十九日、遂に実現した。そして、その第一歩の那覇空港で、山中さん自身がびっくりすることが起きる。

それは、佐藤首相が那覇空港に着くなり発表したステートメントの内容だった。大田中将が「県民ニ対シ後世特別ノ御高配ヲ」と訴えたのに応えるかの如き、「沖縄の祖国復帰が実現しない限り、日本の戦後は終わらない」との、これまた歴史に残る名言である。
「事前に何の相談もなかったので、びっくりしました。ああ、総理は遂に沖縄の本土復帰に政治生命を賭ける決心をしてくれたな、と嬉しかったですねぇ」

沖縄返還に関する日米協議は四十三年五月にスタート、四十四年十一月の日米首脳会談で四十七年五月返還が合意されるのだが、四十五年一月の第三次佐藤内閣で、山中さんに初の閣僚ポスト・総理府総務長官が回って来た。
「総務長官では役不足だ、と生意気にも一旦断わりました。すると佐藤さんは例の大目玉をひん剝いて『山中君、沖縄をやるんだよ』と言う。途端に『沖縄のことでノーと言っちゃあ、日本の政治家じゃあないですなあ』と引き受けましたよ」

就任直後に沖縄へ飛び、早速、旧海軍司令部壕と親友が死んだ本部半島を訪れた。壕は既に書いたように修復の完成寸前だったが、「隼人」の号を持つ歌人でもある山中さんは歌を詠んでいる。

「戦死せし友の臨終は何処ならむ甘蔗の穂並に風渡るのみ」

「自決せし手榴弾痕夥し地下壕照らす裸電球」

沖縄への、思いの深さが分かる二首である。

こうして山中さんは、沖縄本土復帰の準備段階から実現まで陣頭指揮、さらに初代の沖縄開発庁長官を兼任するが、難問山積の二年半だった。

琉球政府への財政援助に始まって、復帰後の権益保護のための観光戻し税、毒ガス移送費の本土負担、為替差損の補塡など、実現した〝山中構想〟は枚挙に暇がないが、最も心を砕いたのは通貨交換である。

「四十六年八月の円の変動相場制移行で、一ドル三百六十円の為替レートが三百五円になり、県民の間に大きな動揺が起きた。そこで十月八日の閣議で、三百六十円の固定相場で交換することを決めてもらったのだが、ドル投機を防ぐために、前日の記者会見で『三百六十円交換は断念』と泣いて見せる芝居もやりました。とにかく、あらゆる局面で大田中将が言われた『後世特別ノ御高配』に応えているか、沖縄戦の償いを幾らかでも果たしているか、を自問自答しながら、対策を進めたものです。

そうそ、通貨交換の当事者である日本銀行の初代那覇支店長に、新木文雄君（福岡銀行会長在任中の平成四年八月、七十歳で他界）を推薦したのも、彼が海軍少尉時代、鹿屋の五航艦司令部通信室であの電報を傍受し、大いに感激した人だったからですよ」

2

新木文雄さんには、亡くなられる二ヵ月余り前に福岡銀行本店の会長室でお会いした。その時はとてもお元気で、訃報に耳を疑った程だが、この人もあの電報を通じ大田中将の信奉者になった人だった。

昭和十八年十二月の第一回学徒出陣で、入学したばかりの東京帝大から横須賀の第一海兵団に入団。久里浜通信学校を経て、二十年二月、沖縄海軍航空作戦を指揮した鹿屋の五航艦司令部通信室に配属された旧海軍少尉である。

「私の任務は対飛（たいひ）通信と言いまして、大尉を長にした将校数名、通信技術にたけた下士官約十名と共に地下壕に篭（こ）もり、出撃乃至戦闘中の機に即断即決の命令を出すのです。沖縄特攻作戦のため急遽（きゅうきょ）、整えられた通信手段でした。

その他に通信機器約四十台を備えた大部屋があり、ここへはありとあらゆる無電が入りました。大田司令官からのあの電報は六月上旬、この大部屋で傍受し、我々の方にも回覧で回って来ました。

私は大田司令官にはお会いしたことも、仕えたことも、教わったこともありませんが、自分や自分の部下のことは何も言わず、ひたすら沖縄県民の労苦と行く末だけを縷々述べておられる名文に、御立派だなあと感銘しました。だから、戦後、色々な人にこの電報の素晴らしさをお話したものです。

そんな訳で、沖縄の本土復帰一年前、那覇支店開設準備室長（のち初代那覇支店長）を命じられた時、今こそ沖縄県民のためにやって上げねばならん、それが大田司令官の御遺志に報いる道だ、と思いました」

只、当時はまだ米軍政下。日本政府が積極的に沖縄対策を講じることは憚られたので、経済政策に限らずあらゆる問題の相談が日銀の窓口へ押し寄せた。

「戦後二十七年目ですから、本土ではとっくに済んでいる問題が多かったが、一つ一つ大蔵省を通じて政府に報告し、対応を求めました。それに、復帰時の琉球政府主席で、復帰後の初代沖縄県知事である屋良さんは、革新の方ですが、あの電文を『沖縄本土復帰の原点』と評価していましたから、通じない話も何時か通じましたよ」

その屋良朝苗さん（九〇）（那覇市松川一の六の三〇）は老衰のため寝ついておられ、直接話は聞けなかった。しかし、落合さんは名護募集事務所長を務めていた四十八年春、直接、屋良さんに会い、父・大田中将への思いを聞いている。

「ある日、私の直属上司で、初代沖縄地方連絡部長の又吉康助陸将補が、県知事がお前に会いたいと言っているが、会いに行くか、と聞くのです。又吉さんは沖縄出身で、戦後の一時期、沖縄の読谷中学で教員をしていたそうですが、その時の校長が屋良さんという間柄だったので、面会を申し入れて来たようでした。

当時、私は若気の至りで、自衛隊の仕事が思うように出来ない理由は革新知事にある。元凶は屋良朝苗のコンコンチキ奴だ、と偏に思っていましたから、行きます、行きます、行って日頃思っていることを目一杯話して来ます、と言って出掛けました」

その日、約束の午前八時、那覇市の知事公舎を訪ねると、屋良知事は自ら公舎の表に立ち、落合一等海尉の到着を待っていてくれた。

「会うなり、やあ、落合君、よく来てくれた、と言って握手をして下さったが、そのまま私の手を握って放さないんですよ。さあ、こっちへいらっしゃい、と立派な応接間へ通してくれたが、その間もずーっと手を握ったまま。そして、コンコンとおっしゃった。

あなたのお父さんが自決寸前に、沖縄県民の苦労を電報で知らせてくれたお蔭で、今、こうして色々な対策を講じてもらえ、ようやく本土に復帰出来た。私をはじめ沖縄県民は大田中将に本当に感謝している。君が今、非常に苦労しているのは良く知っているが、沖縄の心を理解するために、沖縄の歴史を勉強して下さい、と言われた。

途中で何回も秘書が、知事、議会の時間です、と来るのですが、待たせておきなさい、と言って、十五分の予定が何と一時間半ですよ。一度滅びた国が再興するには五年とか、十年とかの短いレンジで考えてはいけない。五十年、百年の計を持って考えなさい。今の苦労は貴方方が受けなかったら、誰も受ける者が居ない。若いから悔しいだろうが、ここでしっかり沖縄を受け止めなさい、と言われた。

あの人は革新でも、左でもなく、沖縄県民党なんです。県民の幸せだけを願っている人だと、この時初めて分かりました。我が人生で忘れ難い印象と感銘を受けた人です」

大田中将は経済的、物質的な遺産は残さなかった。しかし、平成の今に脈々と受け継がれる精神的な遺産を一族と、内外の多くの人々の心に刻み付けて逝った。その仁愛の心は、沖縄に、本土に、そして一族の中に生き続けている。

十一人のお子さんから二十五人のお孫さんが生まれ、曾孫（ひまご）さんも三十一人と裾野を広げた大田家は、今、幸せの中にある。その喜びは、亡きかつ夫人が昭和五十六年、自身の喜寿の祝いに詠まれた和歌に、しみじみと歌い込まれている。

「亡き夫のみたまにつげん我が思い　みめぐみふかくやすきくらしと」

「子等よみな手を取りあって末ながく　今の幸せ守れといのる」

あとがき

大田實海軍中将とそのご家族のことを書きたい、と思い始めたのは、十四年も前の昭和五十五年のことである。

そのころ、私は読売新聞大阪本社社会部次長の職にあり、昭和五十年からスタートした長期連載〈戦争〉（昭和六十年、第三十三回　菊池寛賞受賞）のデスク兼取材班長を務めていた。この年、三度目の沖縄戦シリーズを書くことになったが、その時の主人公は大阪府の内政部長からなり手のない〝最後の沖縄県知事〟に敢然と赴任、県民保護に全力をあげたすえ殉職し、今も県民から「島守の神」と尊ばれている島田叡知事であった。

その時、島田夫人の兄さんで、朝日新聞社社友の故・勝島喜一郎さんが貸して下さった沖縄戦の資料の中に、ハッと胸を衝かれる一枚の写真があった。この本にも使わせて頂き、本稿の第二章「白南風の家」の冒頭で詳しく紹介した、大田家の皆さんの記念撮影である。

真ん中にどっかと座る少将（当時）を囲む夫人と十人のお子さんたち。「沖縄県民斯ク戦へリ」の仁愛溢れる電報を打った提督は、この人か。この子沢山と、あの電報は決して無縁ではないのでは？　家族の背後に靄る雲バックまでが、その後、一家を襲う運命を予言しているようにも思えて、写真からしばらく目が離せなかった記憶が、今も鮮明である。

仁愛の電報は、それ自体で、大田中将の条理を弁えた人間性を十二分に物語っている。しかし、その因って来る所以を中将の生い立ち、人となり、軍・戦歴、家庭生活の中にも探っておかねば、との思いが広がり、以来「大田中将とその家族」は私の宿題となった。

だが、長期連載には流れのようなものがあり、なかなか大田中将に行き着けなかった。そのうちに私自身が畑違いの写真部に数年、転出したり、社会部に戻ると管理職の仕事に追いまくられたりで、執筆の機会は一層遠ざかった。その後、再び、古巣の〈戦争〉担当を志願、五度目の沖縄戦シリーズとして、やっと一人細々と取材を始めたのが、この大田中将シリーズである。

大田家一族の取材をする以上、長男であり、家長である英雄さんのお許しを得なければならない。忘れもしない平成四年の一月八日、英雄さんが当時、教頭を務めておられた広島県立呉宮原高校へ電話し、取材のお願いをしたが、電話の向こうの声は硬かった。

県下有数の進学校の教頭。三年生全員の進路指導に当たっている時期だから、分秒刻みの忙しさでとてもそんな時間はない、ということだったが、それでも掻き口説く当方へ、もう一つの理由が返って来た。「本当はそういう話は願い下げにしてほしいのです。家族がひけらかすような話ではありません」

海軍軍人は武勲を誇らず、失敗を言い訳せずの「サイレント・ネービー」は、英雄さんにも受け継がれていた。それが、大田中将程の人物にかかわらず、これまで生涯を綴った伝記的な記録がないことにつながっていると思えた。しかし、こちらも十数年来の懸案のテーマ、そう簡単には引き下がれない。とにかく会うだけ会ってほしいと強引に頼み込み、翌々十日の午後一時から一時間だけの約束をやっと取り付けた。

さて当日、会った英雄さんは、意外に気さくな好人物だった。ちょっと時間が出来たからと、約束の時間を一時間延ばしてくれ、あなたがそうまでおっしゃるのなら、他の姉弟に取材されるのは自由です、とワープロから姉弟全員の住所、氏名、電話番号を引き出してくれた。自宅に保管している手持ちの資料類も後日、わざわざ郵送してくれた。

これに力を得て、私は先ず現地・沖縄の取材から始めた。姉弟全員にお会いする時、皆さんが御存知ない土産話の一つも持って行きたいと考えたからである。沖縄の国吉鶴さんからお借りした上海陸戦隊時代の写真は、正にそのお土産となり、皆さんから大変喜ばれたが、二番目に長姉・みどりさんに取材をお願いした時も、英雄さん同様一旦は〝お断わり〟があったことを付け加えておく。要するに、大田家一族は謙虚なのである。

中将は日清戦争直前に生まれ、日露戦争後の軍拡競争の中で海軍兵学校を志願、第一次世界大戦が初陣、という戦争の申し子のような人だが、在学中に結核を患い、三年間も長期療養を余儀なくされたこともあって、所謂（いわゆる）エリートではなかった。

艦船勤務に不向きなことから陸戦の研究、研修に進み、やがて「陸戦の大家」と称せられるようになるが、ハンモックナンバーの序列は最後まで付きまとい、上海事変以来、常に第一線で戦う運命を背負わされた。その最後の勤めが、太平洋戦争の最後の砦・沖縄であったという悲劇の提督である。

しかし、そうした逆境が、逆に中将の豊かな人間性を涵養する結果になったと言えよう。生い立ちや平時、家庭での立居振る舞いに相当な紙数を割いたのは、そんな人間性とあの電文の背景に迫りたかったからで、本稿は中将の初の伝記であると同時に、戦前、戦中から戦後へ、栄光と悲哀綾なす大田家の苦闘の昭和史になったのでは、と思っている。

それにしても、私の取材着手が遅れたために、大田家の生き字引きであった故・かつ夫人に二年余の差でお会いできなかったのが残念でならない。会っておれば、本稿にもっと厚みと深みが出たと思うが、今更悔やんでみても詮ないことである。一族と読者の皆様には、前記のような事情に免じてお許し頂きたい。

しかし、両親の薫陶で体を鍛えられ、一人も欠けることなく壮健な十一人の姉弟が、それを補ってくれた。両親を尊敬し、愛し、菩提を弔うに熱心な姉弟は、抜群の記憶力で可能な限りのエピソードを思い出してくれた。戦後の苦難の時代を励まし合って生き抜いて来た連帯感から、姉弟は誠に仲が良い。分からないことがあれば直ちに電話で連絡を取り合い、空白はたちどころに埋まった。ご協力に厚く御礼を申し上げる。

取材、連載の間、一族の皆さんから数十通にものぼるお便りを頂いたが、それを代表して七女・千冬さんからの一節を紹介しておきたい。

《――拝読させていただいていますうちに、お目にかかりたい方、懐しく訪ねてみたい処等々、たくさんございますから、早いうちに、〝大きい人〟たちと相談致しまして「父母を偲び大田家の足跡を訪ねる旅をしましょうよ」と集合ラッパをかけるつもりの私です。（中略）私はいつも、お送り下さいました〈戦争〉を我が家のお父様、お母様（小さな仏壇です）に、笑ったり泣いたり、「あ、今度は〝川原石の家〟よ」と話しかけながら、毎回、読んであげていますの。きっと父母とも、喜んでいてくれることと存じます。（後略）》

二連特、八連特司令官時代はもちろん、沖根─沖特陸司令官時代についても、中将の謦咳に接し、せっかく生還された人の多くが鬼籍に入られていた。止むなく、遺稿を使わせて頂いた方も数多いが、ご遺族の皆さんが快く承諾して下さったのも、中将の人徳であろう。

大田中将シリーズは平成四年七月十四日から翌五年四月三十日まで二百二十八回連載したが、実は戦後部分を大幅に割愛して終わらねばならなかった。まる十八年続いた連載〈戦争〉自体が、同年六月三十日をもって幕を引くことになったからである。私自身も同十月に定年退職を迎え、三十八年半の新聞記者生活に終止符を打った。

私はこのシリーズが未完のままで終わるに忍びなかった。退職に当たって社から個人名での出版許可をもらい、戦後部分を五章、約四十回分書き足した。また、連載中に多くの読者から寄せられた情報も可能な限り取り入れ、全般にわたってかなり大幅に加筆、校訂した。わがままを快く聞き届けてくれた読売新聞大阪本社にも深く感謝したい。

私は一つの仕事に掛かると、その所要時間を毎日、手帳に書き留めるという妙な癖がある。今回の大田シリーズは新聞連載に二千三百六十九時間、増補、改訂に四百二十三時間計二千七百九十二時間とある。ぶっ通しで勘定すれば、百十六日余を費やしたことになる。浅学非才のため、やたら時間が掛かり過ぎたと思うが、この原稿に掛けた熱意が分かって頂ければ幸いである。

その結果、大田中将とその家族についての証言者は百一人、お名前が出なかった人を含めると、協力者は百二十五人に上った。紙幅の都合で一人一人のお名前を挙げられないのが残念だが、厚くお礼を申し述べる。

大田中将の名前はご遺族の希望があり、旧字にしたが、他の方々は常用漢字にさせて頂いた。年齢は原稿が出来上がった平成五年十月末現在である。

また出版に際しては画家で、奈良女子大剣道部師範の福山清隆氏、日刊現代事業社社長の国分三郎氏にご尽力を願い、講談社の宣伝局事業部副部長・杉山捷三氏、文芸図書第二出版部長・林雄造氏、同部次長・岡圭介氏に色々ご教示頂いた。明記して感謝の意を表したい。

平成六年一月

田村洋三

大田 實 海軍中将年譜

西暦	元号	大田 實 海軍中将関係記事（敬称略）	日本	世界
1891	明治24	四月七日、尋常高等小学校教員・大田弥三郎、乃ぶ夫妻の二男として、千葉県長生郡水上村高山（現・同郡長柄町高山六八六の一）に生まれる	巡査・津田三蔵、露国皇太子ニコライを傷害（5月） 日本鉄道上野—青森間全通（9月）	露仏同盟 ロシア、シベリア鉄道起工
1905	38	県立千葉中学（旧制）入学	日露戦争ポーツマス講和条約締結（9月）	ロシア第一次革命
10	43	九月十二日、海軍兵学校生徒（41期）となる	大逆事件（6月） 韓国を併合、朝鮮総督府設置（8月）	英、南ア連邦を併合
13	大正2	十二月十九日、海軍兵学校を卒業、即日、海軍少尉候補生として練習艦隊巡洋艦「吾妻」乗り組み、第一期実務練習航海で中国、ハワイ、北米沿岸へ	日比谷の桂内閣弾劾国民大会騒擾化、内閣総辞職（2月）	中国、第二革命 袁世凱、大総統に就任
14	3	八月十一日、帰国。第二期実務練習で第一艦隊戦艦「河内」乗り組み。第一次世界大戦で初陣 十二月一日、海軍少尉に任官	シーメンス事件（1月） ドイツに宣戦、第一次世界大戦に参戦（8月） 山東半島に上陸（9月）	サラエボ事件 ロシア、総動員令 第一次世界大戦始まる
15	4	六月、横須賀在泊中、別科の相撲競技で左膝	対中国二十一ヵ条要求（1	ドイツ軍、西部戦線

年	大正	事項	日本	世界
		関節を脱臼、公務負傷で横須賀海軍病院に入院	月）	で毒ガス使用
15	4	十月二十七日、戦艦「扶桑」乗り組み	同条約調印（5月） 大正天皇、即位の大礼（11月）	ドイツUボート、英豪華客船「ルシタニア」号爆沈
16	5	十二月一日、任海軍中尉	加藤高明を総裁とする憲政会結成（10月）	ロシアの怪僧・ラスプーチン暗殺
17	6	一月一日、従七位に叙せられる 肺結核療養のため休職、十一月十四日待命仰せ付けられる	西原借款（1月）、石井・ランシング協定で中国蹂躙（11月）	ロシア帝政倒れる（二月革命） ソビエト政府成立（十月革命）
18	7	九月二十日、引き続き休職のため横須賀鎮守府付仰せ付けられる	米価暴騰、米騒動全国に起こる（8月）	ドイツ帝政倒れ、第一次大戦終結
20	9	復職、十二月一日、任海軍大尉。同時に横須賀砲術学校高等科入校、砲術科将校の道へ	戦後恐慌始まる（3月） 第一回メーデー（5月）	国際連盟創立 アメリカ、禁酒法時代に入る
21	10	巡洋戦艦「比叡」分隊長となり、一年九ヵ月の艦隊訓練で中国、ロシア沿岸、南洋諸島方面へ	奈良県橿原で青年同志会（水平社の前身）結成（1月） 平民宰相・原敬、東京駅で暗殺（11月）	中国共産党創立 ワシントン会議開催
23	12	八月、戦艦「扶桑」に分隊長で戻る 十一月、千葉県立木更津中校長・落合初太郎	「文藝春秋」創刊（1月） 関東大震災、死者、行方不明	仏、ベルギー軍、ルール占領

		の二女・かつと結婚、横須賀布堀ノ内に新居を構える	十万六千人（9月） 虎の門事件（12月）	仏で第一回ル・マン耐久レース ドイツでインフレ加速
24	13	十二月、横須賀鎮守府付、海軍砲術学校長承命服務を命じられ、陸戦の研究、研修を始める 同月、横須賀市中里町へ転居	政友、憲政、革新の護憲三派が提携（1月） 築地小劇場完成、小山内薫ら活動開始（6月） 市川房枝ら「婦人参政権獲得期成同盟会」結成（12月）	中国で国共合作 米で排日移民法 レーニン死去
25	14	三月二十六日、長女・みどり誕生 十二月一日、海軍砲術学校教官兼分隊長を拝命、海軍機関学校教官も兼任	講談社の娯楽雑誌「キング」創刊（1月） 治安維持法・普通選挙法成立（3月）	ヒトラー「わが闘争」刊行 チャップリン「黄金狂時代」ヒット
26	15	十月二十九日、二女・すが子誕生 十二月一日、任海軍少佐	改造社が一冊一円で「現代日本文学全集」刊行（12月） 大正天皇崩御、昭和と改元（12月）	中国国民革命軍、北伐を開始 バレンティノ、突然死
28	昭和3	四月、上海方面視察 七月十九日、三女・愛子誕生 十二月十日、第一遣外艦隊司令部（巡洋艦「利根」）付となり、中国山東省へ居留民保護に出動	第一回普選実施（2月） 第二次山東出兵（4月） 特高警察を全国に設置（7月） 昭和天皇、即位の大礼（11	伊、ファシスト独裁を国会で承認 ニューヨークでテレビ放送開始 極地探検家アムンゼ

年齢	昭和	事項	日本の出来事	世界の出来事
28	3		月）	ン遭難
29	4	十月、佐世保海兵団長承命服務を命じられ、陸戦術の研究を重ねる	共産党大検挙（4月）ツェッペリン伯号日本へ（8月）	世界恐慌始まる
30	5	六月一日、横須賀海兵団砲術長兼分隊長となる 九月十八日、四女・昭子誕生	東京市電・鐘紡争議起こる（4月） 浜口雄幸首相撃たれ、重傷（6年8月死亡）	ロンドン軍縮会議始まる 米国で核反応に成功
31	6	十一月二日、海軍砲術学校教官となり、陸戦術を担当	三月事件。満州事変始まる（9月）。十月事件	米でエンパイアステートビル完成
32	7	一月二十九日、第一遣外艦隊司令部（巡洋艦「常磐」）付となり、上海陸戦隊第五大隊長として第一次上海事変に出征 四月十四日、五女・勝子誕生 四月二十日、海軍砲術学校教官を拝命、翌日上海を去り帰国 十二月一日、任海軍中佐	上海事変起こる（1月） 井上準之助・前蔵相暗殺（2月） 満州国成立（3月） 団琢磨・三井合名理事長暗殺（同） 五・一五事件起こる（5月） 東京・白木屋で火災、死者十四人重傷者百数十人（12月）	六代目ターザンにJ・ワイズミュラー ロサンゼルスで第10回五輪 ナチス、第一党となる
33	8	愛子、昭子、勝子姉妹、疫痢に罹るが助かる	国際連盟脱退（3月） 滝川事件（5月）	ドイツ、ヒトラー内閣成立
34	9	四月二十九日、上海事変の戦功により功四級金鵄勲章と年金五百円、勲四等旭日小綬章を受ける	室戸台風、全国で死者行方不明三千三十六人（9月） 大日本東京野球倶楽部（巨人	ソ連、国際連盟加入 中国共産党西遷始める

		翌日、待望の長男・英雄誕生、大鯉のぼりを掲げる	軍の前身）誕生（12月） ワシントン条約破棄（同）	満州鉄道の特急「あじあ」号発車
36	11	二・二六事件で横須賀第一特別陸戦隊を率い、巡洋艦「那珂」で東京へ急行、霞が関の海軍省を警備 四月二十五日、二男・浩誕生 十二月一日、戦艦「山城」副長となる みどり、すが子、愛子姉妹、猩紅熱に罹る	ロンドン軍縮会議脱退（1月） 二・二六事件（2月） 軍部大臣現役武官制を復活（5月） 日独防共協定成立（11月）	スペインで内乱 綏遠事件 西安事件 「風と共に去りぬ」ベストセラー 恋のエドワード八世退位
37	12	十月十六日、特務艦「鶴見」艦長となり、日中全面戦争の後方支援に当たる 同二十九日、六女・八千代誕生 十二月一日、任海軍大佐	蘆溝橋事件で日中戦争始まる（7月） 上海に戦闘波及、南京占領（8～12月） 国民精神総動員運動始まる（10月）	中共、抗日救国綱領発表 中国抗日統一戦線成る 中ソ不可侵条約
38	13	八月十日、海軍軍令部出仕、海南島上陸作戦を研究。宮本武蔵の「五輪書」に心酔 年末から翌年正月にかけ海南島を偵察飛行	日本政府、国民政府対手にせずと声明（1月） 国家総動員法公布（4月） 徐州占領（5月） 張鼓峰事件で敗退（7月）	中華民国維新政府、南京に成立 ドイツ、オーストリア併合
39	14	一月二十日、呉鎮守府第六特別陸戦隊司令となり、二月十二日、海南島へ出征、占領 四月一日、呉六特を改編した第六防備隊司令	海南島占領（2月） ノモンハン事件起こる（5月）	ドイツ、チェコスロバキアを併合 米、日米通商条約を

39	14	を拝命 同十五日、呉海兵団副長兼教官に転任 七月五日、三男・畯（たおさ）誕生	日本軍、天津の英、仏租界を封鎖（6月） 欧州戦不介入を声明（9月） 日米和解の道さぐる東京会議もの別れ（11月）	廃棄 第二次世界大戦始まる
40	15	一月十五日、呉市川原石町の和洋折衷の大邸宅を借り、横須賀から家族を呼び寄せる 四月二十九日、日中戦争の功績により旭日中綬章と二千二百円をもらう。家族を会食や小旅行に連れていくなど大田家至福の時代	衆院、斎藤隆夫議員を除名（3月） 新体制運動起こる（6月） 各政党解散（7月） 日独伊三国同盟締結（9月） 北部仏印に進駐（同） 大政翼賛会創立（10月） 大日本産業報国会創立（11月）	中華民国国民政府（汪兆銘政権）南京に成立 ドイツ、ベルギー・オランダに侵入、フランス降伏
41	16	一月十一日、七女・千冬誕生 九月、グアム島攻略作戦参画のためサイパン島へ飛ぶ 十一月一日、支那方面艦隊司令部付兼第一遣支艦隊司令部付・漢口海軍特務部長を拝命 十二月三十日、父・弥三郎、七十六歳で死去	東条英機陸相「戦陣訓」を通達（1月） 日ソ中立条約締結。日米交渉開始（4月） 関東軍特別大演習始まる。南部仏印進駐（7月） 日米開戦論者・東条英機内閣成立（10月） 真珠湾奇襲、対米英宣戦、太平洋戦争勃発（12月）	中国、国共関係悪化 米、対日資産凍結 米英、大西洋憲章

<table>
<tr><td>17</td><td>42</td><td>一月十五日、横須賀鎮守府出仕
翌十六日、三重海軍航空隊設立及び飛行場建設準備委員長となる
四月二十五日、海軍軍令部出仕
この春、長女・みどり、海軍機関学校50期、中嶋忠博中尉と婚約
五月一日、ミッドウェー島攻略の第二連合特別陸戦隊（二連特）司令官を拝命。同十五日、出征
同二十五日、指揮権をめぐり陸軍一木支隊・一木清直大佐と対立したが、同二十七日解決
七月一日、ミッドウェー海戦の敗退で二連特解隊、呉鎮守府付となる
八月十日、佐世保第二海兵団長を拝命、夫人と幼い三児を連れ佐世保市相浦町に転宅
この夏、四女・昭子、毎日新聞社主催の満州国建国十周年記念綴り方使節の一員として渡満
十一月一日、任海軍少将
同十一日、第八艦隊司令部付となり、赴任の途次、三女・愛子を伴い伊勢神宮参拝
同二十日、ガダルカナル戦支援の第八連合特別陸戦隊（八連特）司令官を拝命
同三十日、出征、ガ島の戦況不利で中部ソロモン・ニュージョージア、コロンバンガラ島守備に任務変更
十二月八日、ラバウルに進出</td><td>食塩、通帳配給制に（1月）
毎月八日が大詔奉戴日に（同）
衣料切符制実施（2月）
味噌、醤油通帳配給制に（同）
シンガポール、ジャワ占領（2～3月）
大日本婦人会結成（2月）
米空軍、日本本土初空襲（4月）
翼賛政治会創立（5月）
日本海軍、ミッドウェー海戦で決定的敗北、主力空母全滅、制空・制海権奪われる（6月）
全国の新聞が一県一紙制に（7月）
米軍、ガダルカナル島に上陸、猛反攻に転じる（8月）
十八年新学期から中学は四年、高校・大学予科は二年に短縮と閣議決定（同）
全国の百貨店売場の縮小を決定（10月）
大東亜省設置（11月）
愛国百人一首選定（同）</td><td>日本海軍の落下傘部隊、蘭印（オランダ領東インド）セレベス島メナドに初奇襲降下、陸軍降下部隊もスマトラ島パレンバンを奇襲
ナチス、ユダヤ人の大量虐殺を示唆
グレン・ミラー、ミリオンセラー続出
日本海軍、スラバヤ・バタビヤ沖海戦で連合軍艦隊を撃破
米西沿岸の日本人に強制退去令
マッカーサー米極東軍司令官、フィリピン脱出
日本軍、コレヒドール島占領
米、マンハッタン計画（原爆開発）本格化
泰緬鉄道の建設始まる
英軍、ロンメル軍撃</td></tr>
</table>

西暦	昭和	事項	国内	世界
42	17		英語を使った雑誌名は改題と決まる（12月） 大東亜戦一周年記念国民大会（同）	破 ソ連軍、ドイツ軍に反攻開始
43	18	一月八日、八連特ニュージョージア・コロンバンガラ両島に進出 同十八日、長女・みどりの婚約者で、駆逐艦「秋月」罐部指揮官・中嶋中尉、敵の雷撃で瀕死の大火傷 二月初旬、八連特司令部ムンダに進出 六月九日、勲二等瑞宝章を受ける 六月三十日、米軍、レンドバ島に来攻、八連特は陸戦に関して陸軍南東支隊司令部の指揮下に 七月三日、南東支隊司令部と八連特対立 同十四日、米軍ムンダに来攻、陸海軍守備隊死闘 八月四日、南東支隊は八連特に指揮権を戻し、無断撤退、八連特孤立、損害甚大 同二十三日、コロンバンガラ島へ撤退 十月二日、南東支隊・八連特両司令部コ島も撤退、ブーゲンビル島ブインへ帰着 十二月一日、八連特はビスマルク諸島守備の第十四根拠地隊に改編、司令官を拝命	日本軍、飢餓と悪疫のガ島から撤退。米軍上陸以来の戦没者は二万千九百人（2月） 陸軍省決戦標語「撃ちてし止まむ」を決定、朝日新聞社これに呼応、東京・日劇正面に百畳敷の大写真を掲げる（3月） 山本五十六・連合艦隊司令長官戦死（4月） 米軍、アッツ島上陸、守備隊約二千五百人玉砕（5月） 大日本労務報国会創立（6月） キスカ守備隊五千七百人撤退（7月） 南東支隊支援の千八百人を乗せた駆逐艦三隻が米軍に撃沈される（8月） 島崎藤村、七十一歳で死去（同） 学徒出陣、神宮外苑で壮行会	米、日独伊に降伏勧告 スターリングラードの独軍降伏 ニューヨークで開催中のミュージカル「オクラホマ！」が空前のロングランに ソ連秘密警察、カチンの森でポーランド将校四千人虐殺 米で炭鉱ストが再燃参加五十三万人 仏で全国レジスタンス評議会結成 東部戦線クルスクで独、ソ連軍が史上最大の戦車戦 連合軍、イタリア上陸。イタリア降伏 フィリピン共和国が独立宣言

44

19

二月十日、海軍軍令部出仕、帰還途中、トラック島で空襲に遭い、片耳難聴に陥る
三月二十日、佐世保海軍警備隊司令官兼佐世保海兵団長を拝命、団内の防空壕作りを指導
同月、二女・すが子、海兵69期の村上光功大尉と婚約
春休みに夫人と昭子、英雄以下の「小さい人」が佐世保市の白南風へ転居、一年四ヵ月ぶりの家族団欒
四月、長女・みどりと婚約者の中嶋大尉を厳しく叱責
四月二十九日、呉に残っていた家族を呼び寄せ一家揃っての記念撮影
十一月十五日、二女・すが子、村上大尉と結婚したが、軍務多忙で式に参列出来ず

(10月)

米軍、ブーゲンビル島に上陸。マキン島守備隊（約千三百人）、タラワ島守備隊（約四千四百人）相次いで玉砕（11月）

クェゼリン、ルオット島守備隊玉砕。戦没者約六千五百人（2月）米機動部隊、トラック島を大空襲（同）インパール作戦開始（3月）サイパン島守備隊玉砕。将兵約四万三千人、在留邦人約一万二千人戦没（7月）東条内閣総辞職（同）テニアン島守備隊玉砕。将兵一万四千人、在留邦人約四千人戦没（8月）大都市の学童疎開始まる（同）グアム島守備隊約二万人玉砕（同）兵役徴集十八歳に引き下げ（9月）大本営が捷一号作戦を命令（10月）アンガウル島守備隊約千二百人玉砕（同）米軍、比島レイテ島上陸（同）レイテ沖海戦（同）海軍神風特別攻撃隊、比島・マ

カイロ、テヘラン会議

ハンガリー発アウシュビッツ行き第一便出る
連合軍、ローマを解放
連合軍、ノルマンジー上陸
「星の王子さま」の著者サン・テグジュペリ、偵察飛行から帰らず
パリ駐在ドイツ軍降伏、パリ四年ぶりに市民の手へ
アンネ・フランク、アウシュビッツに到着
星条旗、フィリピンに帰り、マッカーサー将軍「I shall re

西暦	昭和	事項	日本	世界
44	19		バラカット基地から初出撃（同）人間魚雷「回天」が初の特攻（11月）ペリリュー島守備隊約一万人玉砕（同）マリアナ諸島を基地にするB29八十機が東京初空襲（同）東南海地方大地震（12月）	turn」を実現
45	20	一月十五日過ぎ、同二十日付の第四海上護衛隊（四海護）司令官兼沖縄方面根拠地隊（沖根）司令官転勤を拝命 同十八日夜、白南風の家でお別れの小宴 同十九日早朝、夫人ら家族十人の見送りを受け出発 同二十日、水上機で沖縄県小禄の司令部に着任、直ちに海軍部隊の陣地視察、戦備不十分を知る 一月末、夫人ら留守家族は白南風の家を引き払い、呉の川原石町の家へ戻る 一月三十一日、島田叡・沖縄県知事、大阪府内政部長から敢然と赴任、肝胆相照らす 二月二十四日、大本営海軍部に「沖根と四海護の司令部を分離すべし」との上奏書を提出、翌日付で四海護から分離した沖縄方面根拠地隊司令官専任に 二月末か三月初旬、豊見城村の海軍司令部壕掘削現場で起きた住民とのトラブルを誠実な	日本軍の風船爆弾が米・モンタナ州に落下（1月） 米軍、ルソン島に上陸、マニラ市内に進行し占領（1～3月） 国民勤労動員令出る（3月） B29が夜間の東京を無差別大空襲（同） 国民学校初等科を除く大都市の学校授業を一年間停止（同） 硫黄島守備隊二万百人玉砕（同） 米機動部隊の艦載機が九州、四国地方を爆撃（同） 米軍、沖縄・慶良間列島へ上陸、占領（同） 新聞の連載小説、姿を消す（4月）	米軍がルソン島に上陸 ソ連軍がワルシャワ占領 ソ連軍がアウシュビッツを解放 連合軍ベルリン大空襲 米英ソがヤルタ会談 ルーズベルト米大統領急死、トルーマン大統領就任 ソ連軍がウィーン占領 サンフランシスコで国連全体会議開く ムッソリーニ銃殺 英軍、ビルマ・ラン

対応で解決

二月二十八日、本土上級司令部の参謀ら中佐四人が実情視察のため飛来

三月一日、大空襲が襲うと、四中佐のうち大本営と連合艦隊参謀の二人が突如帰国し、憮然

三月中旬、海軍部隊で沖縄島連合特別陸戦隊（沖特陸）十八部隊約一万人を編制、小禄半島に約八千人を配備

同二十三日、米軍、沖縄に来襲、連合艦隊の要請に基づき以後、詳細に戦況を打電。現在、防衛省防衛研究所に七冊の「南西諸島方面電報綴」として残る

同二十七日、麾下の特攻部隊に恩情溢れる出撃命令を下す

同三十日、沖根全部隊に「秋水ヲ払ヒテ決然起ツベキノ秋」の訓電

四月一日午前八時、米軍沖縄本島に上陸の第一電を沖根司令官名で打つ

同三日、陸軍三十二軍の戦略持久作戦とは対照的な水際撃退作戦を具申

同二十日、四男・豊誕生

同月、長男・英雄、広島県賀茂郡のお寺へ学童集団疎開

五月二日打電した戦訓速報第四号で、四海護を主とした司令部のあり方、戦備不十分を「大ナル過失」と指摘

病院船「阿波丸」米潜水艦に撃沈される。死者二千人以上（同）

米軍、沖縄本島に上陸開始（同）

鈴木貫太郎内閣成立（同）

戦艦「大和」などの沖縄特攻艦隊、九州南西洋上で米艦載機の攻撃により壊滅、連合艦隊の終焉（同）

日本軍のビルマ方面軍がラングーンから撤退（同）

米軍、東京大空襲（5月）

空襲で社屋が焼失した東京の新聞社五社が共同新聞を発行（同）

九州帝大医学部第一外科で、B29搭乗員の生体解剖事件（同）

第三十二軍が沖縄の首里を放棄、南端・喜屋武半島へ後退開始（同）

沖縄戦終了。日本側戦没者約二十万七千人、うち沖縄県民約四万二千人（6月）

国民義勇兵役法公布（同）

秋田県花岡鉱山に強制連行さ

グーンを占領

ヒトラー自殺

独軍無条件降伏

トルーマン米大統領が対日声明を発表。

無条件降伏を勧告

米、英、仏、ソ四国がベルリン協定に調印

国連憲章調印される

英、米、仏、ソのオーストリア分割占領決まる

米が原子爆弾実験に成功

ポツダム宣言発表

45	20	五月、壕生活の改善点を今後の戦訓として打電 五月九日、三十二軍による首里戦線への沖特陸抽出に異議 同夜、のち三女・愛子と結婚する駆逐艦「椎」主計長・板垣欽一郎中尉、大田家を初訪問、大歓迎を受ける 同十二日、三十二軍命により首里戦線へ精鋭四個大隊二千五百人と三〜五人編制の斬込隊二十組を派遣、斬込隊は以後百組にのぼり、小禄守備は竹槍部隊となる 同二十二日、三十二軍の喜屋武半島撤退計画に基づき、沖特陸を南部へ撤退させる 同二十七日、長女・みどり、愛知県知多の第一河和航空隊士官室で婚約者の中嶋忠博大尉と結婚 同二十八日、沖特陸、三十二軍から過早後退との指摘を受け、憤然と小禄に復帰、以後、同陣地死守を決意 六月四日、米軍、小禄半島に上陸、腹背に敵を受けた沖特陸は同夜から連夜の挺身斬り込みを決行 同五日、三十二軍牛島司令官、大田司令官に南部島尻への撤退を命じたが、「小禄を頑守、武人の最期を全うせん」と返電。牛島司令官、再度電報と親書で撤退を促したが、死守の決意揺るがず	れていた中国人労働者八百五十人が虐待に耐えかね蜂起（五月） 石川島重工が海軍と協力して初の国産ジェットエンジンを試作（同） 西田幾多郎、七十四歳で死去（同） 日本政府、ポツダム宣言に対し「宣言は黙殺する。我々は戦争完遂に邁進するのみ」との態度を表明（7月） 政府が富くじ発行（同） 米艦載機千二百機が関東全域を空襲。青森では青函連絡船など九隻が沈没（同） 東部ニューギニアの組織的戦闘終了（8月） B29、広島と長崎に原爆投下（同） ソ連、日本に宣戦布告、旧満州、北朝鮮、樺太に侵攻開始（同） 天皇陛下、終戦の詔書放送（同） 鈴木内閣総辞職（同） 満州国消滅（同）

同六日、守備陣地は直径四キロの円に圧縮、
同夜五時三十二分、訣別電報と辞世の句を打電
同夜八時十六分、沖縄県民の献身的な戦いぶりを述べ、後世にわたる国の配慮を訴えた世界戦史上不朽の電文「沖縄県民斯ク戦ヘリ」を打電
同七日午後、沖特陸全部隊に「海軍伝統精神ノ発揚ヲ」との訓電
同九日、沖根陣地は直径二キロの円に圧縮、箱爆雷を抱えた肉薄攻撃隊の出動を命令
同十日、司令部西、西北方面の部隊を司令部壕に撤退させる
同日、牛島司令官からの最後の激励電に対し、陸海軍一体の協力を述べた謝電
同十一日午後、沖根の最期を覚悟、残置兵士が戦線離脱や脱走兵と誤解されぬよう三十二軍の長参謀長に特別緊急電報
同夜、牛島司令官に二度目の訣別電報
同十二日午後、米軍、司令部壕上の七四高地を占領、同一時三十五分「刀ヲ以テ戦ヒ得ル者ハ執レモ敵ニ当リ　然ラザル者ハ自決シアリ」の悲痛な最後の戦況電報
同午後四時十九分、沖根、通信を絶つ
同夜八時ごろ、壕内の生存者を非常呼集、六参謀とともに視閲、司令官及び幕僚の自決を告げ、自力行動出来る者に脱出を命令

マッカーサー連合軍最高司令官が厚木に到着（同）
東京湾上の米戦艦「ミズーリ」で降伏文書調印（9月）

45	20	同十三日午前一時、幕僚六人とともに自決、五十四歳の仁愛と波瀾に満ちた生涯を終える 同日、任海軍中将。宮内省から従四位、賞勲局から功一級金鵄勲章、勲二等旭日重光章を授かる 同十五日、米第六海兵師団長L・C・シェファード海兵少将の命令で、情報部長トーマス・ウイリアムズ中佐ら八人が大田中将以下幕僚の遺体を確認 同二十三日、牛島司令官、長参謀長、摩文仁の丘で自決、沖縄守備軍の組織的抵抗止む。戦死者は日本側二十万七千五百八十七人、連合軍側一万四百五人 同二十五日、大本営、沖縄守備軍の最後を発表 同二十六日付読売報知新聞は「上海戦以来陸戦隊の猛将」「情誼にも厚い武人中の武人」と死を悼む

参考文献（順不同）大田實自著「将校勤務録」（村上すが子さん蔵）＊大田實自著「昭和十三年当用日記」（同）＊大田實自著「昭和十四年当用日記」（沖縄旧海軍司令部壕資料館蔵）＊大田實自著のメモ帳（同）＊千葉中学校校友会発行「校友会雑誌」18、21、30、32、35号（明治38年〜43年）＊大田英雄著「父は沖縄で死んだ―沖網海軍部隊司令官とその息子の歩いた道」平成元年、高文研刊＊大田（現・村上）すが子自著「昭和十四年　夏季鍛練日誌」＊大田（現・板垣）愛子自著「波のしぶき」＊寺島勝子著「白い手袋」（俳誌「同人」昭和52年12月号所収）＊寺島勝子編　私家版「喜寿の母へ」昭和56年、素朴社刊＊防衛庁防衛研究所編「南西諸島方面電報綴」全七冊（同研究所蔵）＊宮里一夫著「沖縄海軍部隊の最後　旧海軍司令部壕の記録」昭和46年、アド・ブレーン刊＊宮里一夫著「沖縄旧海軍司令部壕の軌跡」昭和61年、ニライ社刊＊宮城嗣吉著「私の戦後史」（沖縄タイムス編「私の戦後史」第五集　昭和56年、同社刊所収）＊沖縄海友会編「25年の歩み」昭和59年、同会刊＊沖縄海友会編「沖縄海軍物語」昭和60年、同会刊＊上原正稔訳編「沖縄戦アメリカ軍戦時記録　第10軍G2レポートより」昭和61年、三一書房刊＊八原博通著「沖縄決戦―高級参謀の手記」昭和47年、読売新聞社刊＊浦崎純著「消えた沖縄県」昭和40年、沖縄時事出版社刊＊平良亀之助著「島尻郡旧小禄村戦時記録」（那覇市史資料編第二巻中の6所収）＊新山重満著「玉砕部隊・生き残り戦記」（雑誌「丸」昭和31年4月号所収、潮書房刊）＊東江芳隆著「小禄方面の海軍航空隊員」（那覇市史資料編第三巻の7所収）＊金城義雄著「大田實少将の専用理容師」（同）＊野間浩二談、松尾光喜著「劇画物語　19歳の沖縄戦」昭和63年、日本機関紙出版センター刊＊豊広稔著「第三十二震洋特攻隊・わが敵は湊川沖に在り」（雑誌「丸」別冊「太平洋戦争証言シリーズ13・最後の戦闘」所収、潮書房刊）＊住田充男著「第二十七魚雷艇隊オキナワ北部遊撃戦記」（同誌）＊山本寿彦著「幻の部隊『二連特』参戦記」（「同シリーズ7・運命の海戦―ミッドウェー敗残記」所収）平塚清一著「八連特・大田司令官の思い出」（「同シリーズ17・回想の将軍・提督」所収）＊八連特会編「八連特戦記」昭和58年、同会刊＊末国正雄著「日本の提督37大田実中将」（雑誌「軍事研究」平成4年10月号所収）＊鎌田茂雄全訳注「五輪書」昭和61年、講談社学術文庫＊久保田正文著「日蓮―その生涯と思想」昭和42年、講談社現代新書＊防衛庁防衛研修所戦史室著戦史叢書11「沖縄方面陸軍作戦」＊同叢書17「沖縄方面海軍作戦」＊同叢書28「南太平洋陸軍作戦（2）ガダルカナル・ブナ作戦」＊同叢書37「海軍捷号作戦（1）台湾沖航空戦まで」＊同叢書38「中部太平洋方面海軍作戦（1）昭和十七年五月まで」＊同叢書39「大本営海軍部・連合艦隊

（4）第三段作戦前期」＊同叢書40「南太平洋陸軍作戦（3）ムンダ・サラモア」＊同叢書43「ミッドウェー海戦」＊同叢書45「大本営海軍部・連合艦隊（6）第三段作戦後期」＊同叢書46「海上護衛戦」＊同叢書49「南東方面海軍作戦（1）ガ島奪回作戦開始まで」＊同叢書54「南西方面海軍作戦　第二段作戦以降」＊同叢書62「中部太平洋方面海軍作戦（2）昭和十七年六月以降」＊同叢書72「中国方面海軍作戦（1）昭和十三年四月まで」＊同叢書77「大本営海軍部・連合艦隊（3）昭和十八年二月まで」＊同叢書79「中国方面海軍作戦（2）昭和十三年四月以降」＊同叢書80「大本営海軍部・連合艦隊（2）昭和十七年六月まで」＊同叢書83「南東方面海軍作戦（2）ガ島撤退まで」＊同叢書86「支那事変陸軍作戦（1）昭和十三年一月まで」＊同叢書96「南東方面海軍作戦（3）ガ島撤収後」＊同叢書102「陸海軍年表　付・兵器・用語の解説」＊鶴見俊輔共著「日本の百年5　震災にゆらぐ」昭和42年、筑摩書房刊＊同「日本の百年6　成金天下」昭和37年、同＊同「日本の百年7　明治の栄光」昭和42年、同＊同「日本の百年8　強国をめざして」昭和38年、同＊加藤秀俊共著「明治／大正／昭和　世相史」昭和42年、社会思想社刊＊読売新聞社編「日本の歴史第10巻　明治維新」昭和38年、同社刊＊同「日本の歴史第11巻　明治の日本」昭和38年、同＊同「日本の歴史第12巻　世界と日本」昭和38年、同＊読売新聞大阪本社社会部編「新聞記者が語りつぐ戦争5　戦争記念館」昭和52年、読売新聞社刊＊同「新聞記者が語りつぐ戦争13　南の碑」昭和57年、同＊朝日新聞　昭和20年6月25日、26日、28日付朝刊＊読売報知新聞　昭和20年1月10日、11日、6月26日付朝刊＊ＴＨＥ　ＯＫＩＮＡＷＡ　ＴＩＭＥＳ　昭和27年3月6日付朝刊

文庫版のあとがき

本稿の単行本は、沖縄戦戦没者の五十回忌に当たる一九九四（平成六）年の春、講談社から出版した。あれから十三年、最初の文庫化（講談社文庫）からでも早、十年の歳月が流れた。十年一昔とは言いながら、この間、本稿の取材・出版に協力して下さった多くの方々が、惜しくも幽明界を異にされた。

大田一族では中将の長男・英雄さんのほか、長女から四女までの娘婿である中嶋忠博、村上光功、板垣欽一郎、E・J・オーモンドソン、中将夫人の姉である谷野せつ、の皆さん。旧海軍の部下では沖根司令部機関参謀の新宅恭二少佐、呉六特主計長の中村幸男少佐、横七特情報将校の安藤邦男大尉、沖特陸の宮城嗣吉上等兵曹と野間浩二兵長、佐世保海軍施設部の黒川平八郎一等兵曹の皆さん。知人では上海陸戦隊第五大隊長時代の横顔を知る国吉鶴さん、取材協力者の森白汀さんも亡くなられた。

また本稿を評価、単行本の編集を担当してくれた講談社文芸図書第二出版部次長・岡圭介さんは、のち月刊誌「小説現代」編集長、文庫出版局長の要職を務めたが、五十代の若さで急逝されたし、素晴らしい装丁を制作してくれた田村義也さんも今は亡い。

今回の文庫化に当たり、本文を読みなおし、一部校訂したが、取材後亡くなられた方々を故人扱いにするのは止めた。生前、大田提督を偲んで語られた生き生きした話の命までが、はかなくなる気がしたからである。著者の哀悼の思いとして、ご了承頂きたい。

年々歳々、人同じからず。取材しておいて良かったなあ、と思う傍ら、いま予定している「昭和戦争」関連の取材を急がねば……と心せかれる昨今である。

ところで本稿は、単行本刊行直後からさまざまな波紋を巻き起こした。先ず亡き黒川さんら沖縄戦生還者から「あなたの本を読んだ戦没者遺族の要望で来年、旧海軍司令部壕の五十年祭参列と海軍戦跡の慰霊巡拝を行ないたいので引率者に」との要請を受けた。著書がきっかけとなれば参加するのは務めだと思い、ボランティアとしてお引き受けした。

慰霊行は一九九五（平成七）年、沖縄海軍の命日に当たる六月十三日から二泊三日の日程で営まれ、全国から生還者と遺族九十二人が参加された。大田中将と最期をともにした第二十一海軍航空廠（長崎県大村市）小禄派遣隊長・鈴木勝登中佐の長男・俊民さん夫妻も、本稿によって父の最期を半世紀ぶりに初めて知り、鳥取県から参列された。

島尻郡豊見城市の旧司令部壕跡で営まれた五十年祭には、大田司令官の遺族も別途、子息、子女から曾孫まで四十七人も参列され、巡拝団一同を感激させた。

その他、個別の十数遺族から「本を参考にして肉親の最期の地を訪ね、拝んで来ました」との丁寧なお便りを頂いた。遺族の戦後はまだ、終わっていないのである。

昭和十三年徴集の旧軍人が組織する「全国海軍十三年会」（事務局・東京）は単行本千部を一括購入して会員に配付、これをテキストに「沖縄特別慰霊祭」を一九九七（平成九）年六月二十日から二泊三日の日程で現地で営んだ。生存者とその家族を主に三百五十人もの人々が参加され、著者は講師として招かれた。

ＮＨＫは本稿に基づいて一時間のドキュメンタリー番組『20世紀・家族の歳月　沖縄に眠る父と～大田中将遺児11人の戦後～』を制作、一九九九（平成十一）年八月九日の衛星第一テレビで放送し、大きな反響を呼んだ。「沖縄県民斯ク戦ヘリ」の電文を軸に、大田中将の人柄と遺児の戦後の生きざまを描いた本稿の映像化とも言える内容で、その後、何度も再放送され、最後は総合テレビでも放送した。

これを見て感銘した小渕恵三首相（故人）は一九九九年九月、ニュージーランドのオークランドで開催されたＡＰＥＣ（アジア太平洋経済協力会議）に出席の途次、首都ウェリントンで暮らす大田中将の四女・昭子さんをホテルに招き、戦後の労をねぎらった。

こうした遺族や生還者の熱い慰霊の気持ちとは裏腹に、大田中将が命を賭して訴えた「後世特別ノ御高配」が沖縄県民に対して果たされているか？　を顧みる時、暗然とせざるを得ない。戦後の日本は平和憲法と日米安保体制によって、国の安全を図って来た。本土に住む国民は、それによってもたらされた平和と繁栄を当たり前のように享受するだけで、安保の苦しみを沖縄に押し付けて来た。

沖縄は戦後二十七年間も米軍政下に放置された末、一九七二（昭和四十七）年、「核抜き本土並み」を謳い文句に祖国に復帰した。あれから三十五年、日本国土の〇・六パーセントしかない狭い県土は、今なお十・四パーセントが米軍に〝占領〟され、約二万五千人の米兵が駐留する極東最大の軍事基地になっている。県民は在日米軍基地の七十四パーセントを背負わされ、その重荷に喘いでいる。

日本政府の沖縄政策は基地問題を棚上げにしたまま、経済振興策ばかりを偏重して来た。「世界一危険な基地」と言われる普天間飛行場の返還問題が、日米合意から十一年たった現在も決着がついていないのは、その典型であろう。

政府は三次にわたる振興開発計画で、確かに総額約八兆円の国費を沖縄に注ぎ込んだ。しかし、その大半は大手ゼネコンを喜ばせる公共事業費で、民間産業の育成、振興をなおざりにした結果、基地経済や財政依存体質が強まった。道路、港湾などインフラは整備されたが、県民所得は全国平均の約七十パーセントで最低、完全失業率は同二倍で、本土との格差は放置されたままだ。

政治が機能していないのである。さる四月の参院補選は与野党の総力戦であったにもかかわらず、沖縄の投票率は国政選挙では過去最低の四十七・八一パーセントに落ち込んだ。再三再四裏切り続けた政治とヤマトンチュウ（本土人）への、県民の愛想づかしとも言えよう。

今こそ全ての日本人は、大田中将が〝戦後日本に託した遺言〟を反芻しなければならない。中将のみならず、沖縄に熱い思いを寄せた本土人が居たことを、県民に知ってもらわねばならない。そんな思いで著者はその後も、沖縄戦の惨禍の中で人間性を発揮した本土出身者を追い続けている。

なり手のない沖縄県の官職を敢然と引き受け、県民保護に全力を尽くした末、職に殉じた島田叡知事と荒井退造警察部長を描いた『沖縄の島守―内務官僚かく戦えり』（中央公論社刊）、沖縄航空特攻作戦のための気象報と引き換えに命を落とした沖縄地方気象台の田中静夫台長代理と笠原貞芳技師らを主人公にした『特攻に殉ず―地方気象台の沖縄戦』（同）、戦場を逃げ惑った県民の貴重な食糧となったサトウキビの品種改良に務め、本土への疎開を固辞して殉職した沖縄県立農事試験場の北村秀一場長を描いた『ざわわざわわの沖縄戦』（光人社刊、二〇〇六年度平和・協同ジャーナリスト基金賞奨励賞）は、その一連の仕事である。

これらの取材で多くの沖縄戦生還者と知り合ううち、「あなたの著書『沖縄県民斯ク戦ヘリ』を入手したい」との希望が多数寄せられた。単行本も文庫本も既に絶版になり、市中の書店にないからである。講談社に増刷の予定はなく、著者は所蔵分を届けていたが、それも底をついた。止むなく古書を捜し歩き、見つけては届ける仕儀となった。

この窮状を光人社の牛嶋義勝専務にお話したところ、特別の計らいで今回、同社のNF文庫に入れて頂けることになった。大田提督の心を知ってもらう機会が広がったのが、何よりうれしい。丹念な編集をして下さった同社出版制作部の小野塚康弘氏と合わせ、記して感謝の意を表したい。

二〇〇七年六月

田村洋三

単行本　平成九年七月　講談社刊

NF文庫

沖縄県民斯ク戦ヘリ　新装版

二〇二三年五月二十一日　第一刷発行

著者　田村洋三

発行者　皆川豪志

発行所　株式会社　潮書房光人新社

〒100-8077　東京都千代田区大手町一-七-二

電話／〇三-六二八一-九八九一代

印刷・製本　凸版印刷株式会社

定価はカバーに表示してあります

乱丁・落丁のものはお取りかえ致します。本文は中性紙を使用

ISBN978-4-7698-3312-3　C0195

http://www.kojinsha.co.jp

NF文庫

刊行のことば

第二次世界大戦の戦火が熄んで五〇年——その間、小社は夥しい数の戦争の記録を渉猟し、発掘し、常に公正なる立場を貫いて書誌とし、大方の絶讃を博して今日に及ぶが、その源は、散華された世代への熱き思い入れであり、同時に、その記録を誌して平和の礎とし、後世に伝えんとするにある。

小社の出版物は、戦記、伝記、文学、エッセイ、写真集、その他、すでに一、〇〇〇点を越え、加えて戦後五〇年になんなんとするを契機として、「光人社NF（ノンフィクション）文庫」を創刊して、読者諸賢の熱烈要望におこたえする次第である。人生のバイブルとして、心弱きときの活性の糧として、散華の世代からの感動の肉声に、あなたもぜひ、耳を傾けて下さい。